中國古代史學叢書

【宋】李心傳 撰 辛更儒 點校

建炎以来繫年要録

肆

建炎以來繫年要録卷七十九

1 紹興四年八月戊寅朔，宗正少卿兼直史館范沖入見。沖立未定，上云：「以史事召卿，兩朝大典皆爲奸臣所壞，若此時更不修定，異時何以得本末？」沖因論熙寧創制，元祐復古，紹聖以降，弛張不一，本末先後，各有所因，不可不深究而詳論。讀畢，上顧沖云：「如何？」對曰：「臣聞萬世無弊者道也，隨時損益者事也。仁宗皇帝之時，祖宗之法誠有弊處，但當補緝，不可變更。當時大臣如吕夷簡之徒，持之甚堅，范仲淹等初不然之，議論不合，遂攻夷簡，仲淹坐此遷謫。其後夷簡知仲淹之賢，卒擢用之。及仲淹執政，猶欲伸前志，久之，自知其不可行，遂已。王安石自任己見，非毁前人，盡變祖宗法度，上誤神宗皇帝，天下之亂，實兆於安石，此皆非神祖之意。」上曰：「極是，朕最愛元祐。」上又論史事，沖對：「先臣修神宗實録，首尾在院，用功頗多。大意止是盡書王安石過失，以明非神宗之意。其後安石婿蔡卞怨先臣書其妻父事，遂言哲宗皇帝紹述神宗，其實乃蔡卞紹述王安石。惟是直書安石之罪，則神宗成功盛德，焕然明白。哲宗皇帝實録，臣未嘗見，但聞盡出奸臣私意。」上曰：「皆是私意。」沖對：「未論其他，當先明宣仁聖烈誣謗。」上曰：「正要辨此事。」上又曰：「本朝母后皆賢，前世莫及。道君皇帝聖性高明，乃爲蔡京等所誤。當時蔡京外引小人，内結閹宦，作奇技淫巧以惑上心，所謂逢君之惡。」沖對：「道君皇帝止緣京等以紹述二字劫持，不得已而從之。」上曰：

「人君之孝，不在如此，當以安社稷爲孝。」沖對：「臣頃在政和間，常聞道君皇帝六鶴詩，一聯云：『網羅今不密，回首不須驚。』宣示蔡京等云：『此兩句專爲元祐人設。』以此知道君皇帝非惡元祐臣寮。」上曰：「題跋小詩，雖可以見意，何如當時便下一詔，用數舊臣，則其事遂正。惜乎不爲此。」沖對：「若如聖諭，天下無事矣。」上又論王安石之奸，曰：「至今猶有説安石是者。近日有人要行安石法度，不知人情何故直至如此？」沖對：「昔程頤嘗問臣，安石爲害於天下者何事？臣對以新法。頤曰：『不然。新法之爲害未爲甚，有一人能改之即已矣。安石心術不正，爲害最大，蓋已壞了天下人心術，將不可變。』臣初未以爲然，其後乃知安石順其利欲之心，使人迷其常性，久而不自知。且如詩人多作明妃曲，以失身爲無窮之恨。至於安石爲明妃曲，則曰：『漢恩自淺胡自深，人生樂在相知心。』然則劉豫不是罪過也？今之背君父之恩，投拜而爲盜賊者，皆合於安石之意。此所謂壞天下人心術。」上曰：「安石至今猶封王，豈可尚存王爵？」

詔象州羈管人孫覿特放令逐便。覿始坐贓貸死，至是，上書訴枉。事下刑部，刑部言：「覿所犯未嘗置對，止據衆證定罪，於法意、人情委是未盡。」故釋之。

2 己卯，右中奉大夫陳古爲成都府路轉運副使，兼宣撫司隨軍轉運副使。右朝請大夫賈若谷爲利州路轉運副使，用川陝宣撫司奏也。古爲張浚板授，至是到官，諭再歲始申命之。命未至，而王似已用便宜移古知瀘州，充瀘南沿邊安撫使。成都續記：「古以紹興二年五月九日到任，今年九月十三日改知瀘州。」

3 庚辰，御札：「參知政事趙鼎知樞密院事，充川陝宣撫處置使。」初，張浚既召歸，言者數上章，謂若無大帥，必失兩蜀。上與朱勝非謀曰：「西帥難其人。欲以趙鼎爲之，如張浚故事。」勝非曰：「聖謨如此，臣謹奉詔。」自是言者益力，踰月，乃有是命。鼎留身，辭以非才。上曰：「行朝之事，朕自主之。宰相苟非其人，自有臺諫。四川全盛，半天下之地，盡以付卿。卿以便宜黜陟專之可也。」時勝非以瘍疾在告，鼎詣之曰：「今川、陝兵柄，皆屬吴玠，大帥無他能，制玠足矣。若官與之同，豈能制乎？」勝非曰：「公以元樞出使，豈論宣撫邪？」鼎曰：「須得一使名在宣撫上者乃可。」勝非曰：「偶疾，未能造朝，公難自言，即同官可言也。」時鼎除命既出，諸名士爭願從之。趙鼎行實：「是時當國者不可否事，事多不決，吏緣爲奸。鼎受狀之日，人皆駢集，由是見忌。樞密院宰相兼領，言者論其失，令參知政事通知其事，上以爲然。於是忌者益切。至是，除川陝宣撫使，皆忌者之説也。」

顯謨閣直學士新知漳州辛炳、侍御史魏矼、直秘閣知常州鄭作肅各進官一等，以刑部言御史臺去歲平反臨安府等處獄訟二十二事，比諸路最多，用手詔陞黜也。

詔吏部編七司例册。時有旨：「六曹細務，令長貳治其事，有條者以條決之，無條者以例決之，無例條者酌情裁決。」刑部侍郎兼權吏部侍郎胡交修言：「以例決事，吏部最多。若旋行檢例，吏得爲奸，邀求貨賂。乞將應干敕、札、批狀、指揮可以爲例者，各編爲册，令法司收掌，以俟檢閱。」從之。二十六年九月戊辰所書可參考。

4 辛巳，執政進呈侍御史魏矼論淮東西屯田利害。上顧孟庾等曰：「招集流離，使各安田畝，最爲今日急務。」遂舉鴻雁美宣王詩，謂「中興基業，實在乎此」。孟庾曰：「誠如聖諭。」胡松年對曰：「古人圖必成之功，爲必取之計，於是有屯田，若趙充國破先零，羊祜守襄陽是也。朝廷行屯田累年，除荆南解潛略措置，其餘皆成虛文，無實效。」上曰：「卿論實效極是。」松年復對曰：「漢宣之治，總核名實，信賞必罰而已。天下事，若因名以責實，無有不治者。如屯田一事，尤不可欺。一歲耕墾田畝若干，收獲幾何，便足以稽考。」上曰：「卿等可商議條畫來上，當力行之。」後二日，朱勝非言：「今日之兵，既令執兵，又令服田，終歲勤勞，所得如故，有未可者。」上曰：「古者三時務農，一時講武，農即兵也。兵農之制一分，恐不可復合。勝非所陳甚善，可便施行。」庾等對曰：「淮南收復，今已數年，守令豈不欲招徠流離？但復業者未甚多，恐自此兵日以衆，食日以廣，不易供給。更容臣等與勝非熟議。」上曰：「不可既行下光世、世忠軍中，却便訴其難行，復議改更。如此，則朝廷命令自爲反覆。」議遂寢。

捧日天武四廂都指揮使、慶遠軍承宣使、神武前軍統制、充荊南府潭鼎澧鄂岳等州制置使王璦降授龍神衛四廂都指揮使、光州觀察使。徽猷閣待制、知鼎州程昌寓降充集英殿修撰。杜木寨之破也①，昌寓上疏待罪，而璦奏昌寓不濟師，朝廷以璦敗軍失將，故皆黜之②。

詔皇叔祖德慶軍節度使仲温疾速赴行在。仲温時避地廣西故也。

5 癸未，左朝請大夫、知江州陳子卿報：「岳飛已復鄧州。」上曰：「朕素聞飛行軍極有紀律，未知能破敵如此。」胡松年曰：「惟其有紀律，所以能破賊。若號令不明，士卒不整，方自治不暇，緩急豈能成功邪？」後二日，飛捷奏至，上大喜，遣中使持詔書獎諭，促令第賞將士，且賜銀合茶藥。捷奏自鄧州二十二日至行在。

6 甲申，侍御史魏矼入對，論：「遴擇羣才，隨宜器使，考之僉論，揆之已試，毋分朋類，毋狥愛憎。上自廟堂，次及將帥侍從，下至百司庶府，外至郡守監司，各因其才而任之，則天下之務，粲然舉矣。抑臣聞之，陸贄有言：『覈才取吏，有三術焉：一曰拔擢以旌其異能，二曰罷黜以糾其失職，三曰序進以謹其官守。』欲望陛下因任之外，更取是三術而力行之，則用人之道，罔不周盡。」矼又言：「國家養兵多矣，其屯行在者，實三之一。諸將間有不鈐束其下，一兩月來，造言惑衆者有之，擒人彊刺者有之，或以取質爲名，劫持財物，或因採樵之役，殺傷人民。訟牒紛紛，朝廷雖送臨安府、大理寺根治，而主名不獲，非府寺所能辦也。臣竊考自古善用兵將者，必也宰執因其事機，而御之有道；臺諫乘其闕失，而言之當理。是以國能御將，將能使兵。綱紀既張，人主可垂拱而治矣。」因舉唐韋處厚、李德裕、李勉、温造事爲證。上納其言。

7 乙酉，輔臣進呈，上曰：「朝廷當爲官擇人，不可爲人擇官。」矼論隨宜器使，正得用人之道。」胡松年指疏中語曰：「朝廷用人，誠能毋分朋類，毋徇愛憎，則大公至正之道行矣。天下幸甚。」乃詔前章令三省遵守，次章札與諸將。賜矼五品服。

8 戊子，趙鼎改都督川陝荆襄諸軍事。先是，鼎因奏事言：「臣今所行與吴玠爲同事，或當節制之邪？」上悟，是日輔臣進呈，朱勝非以疾不入，孟庾、胡松年言：「鼎使名與王似、盧法原、吴玠相似，請易一使名。」上顧鼎曰：「此是朕不思，不曾與大臣商議。所以然者，使卿知出自朕意，别無嫌疑。」鼎奏荆、襄乃川、陝後門，勢須兼領。上以爲然，故有是命。

9 己丑，趙鼎開都督府治事。鼎奏以秘書省正字楊晨、樞密院編修霍蠡、太府寺丞王良存并充幹辦公事，從之。鑫，端友子也。端友，武進人，故吏部侍郎。晨除命在庚寅，鑫在戊戌，良存在九月癸丑，今併書之。

初，上以親筆召都大主管川陝茶馬公事趙開、綿威茂州石泉軍沿邊安撫使劉錡、景福殿使宣州觀察使致仕黄冕赴行在，命川陝宣撫司津發，而宣撫使王似等數言錡守邊不可遣，又奏「開規畫利源，深知首尾。若行津遣，恐權官未諳知經畫次第，有誤邊防大計。望權留開在任，俟事宜稍息日津發」，從之。冕嘗爲成都府兵馬鈐轄。

10 庚寅，神武中軍中部將馮賽罷主管隆德府路安撫司公事，充本軍右部同統領。賽自閬州從張浚赴闕，因隸中軍統制楊沂中麾下，故用沂中請而遷之。

11 辛卯，責授寧江軍節度副使、韶州居住莫儔與改正，放令逐便。初，儔妻淑人劉氏投匭訟「靖康之末，太上皇帝出郊，係吴幵同内侍李石、金淵賫文字入城，其日儔被拘在金寨内，並無干涉」，且引兩浙轉運副使王俣爲證。俣以爲然。先是，朱勝非疽作於背，徧召醫工，不能料理。有以儔家給使爲言者，勝非用之，一日而愈。勝非方念無以酬其勞，而儔家多予之金，使爲之請，遂有是命。此以紹興八年十二月二十七日李誼劾莫儔章疏增修。

殿中侍御史張致遠言：「廣東循、惠、韶、連數州，與郴、虔接壤，自鄰寇深入，殘破無餘。今則郴寇未殄，韶、連疲於守禦，而廣州之觀音，惠州之河源，循州之興寧，千百爲羣，緋緑異服，横行肆掠，以衆爲彊。吴錫既還湖南，韓京素稱怯弱，海荒迥遠，奏報稽時。臣聞朝廷近遣趙祥一軍招捕虔寇，因降德音，開其自新之路。廣東與虔犬牙錯境，今號魁首，多是虔人。願推廣於天恩，以撫綏於遐域。令祥與京相爲聲援，諭虔守與廣東帥審處事宜，得彊梗而必誅，貸脅從而罔治，乘此軍力，悉務討平。仍嚴養寇之刑，雖去官不宥；大革相蒙之弊，每先事而圖。非惟良民不陷於非辜，庶幾陛下得行於仁政。」從之。

武功大夫、貴州刺史、知階州、充熙河路經略司中軍統領、權主管五軍軍馬李永祺爲右武大夫，武功大夫、兼閤門宣贊舍人、知岷州、充熙河經略司前軍統領段傑領吉州刺史。永祺等皆關師古部曲，先是，宣撫司用梁、洋牽制功，全軍進秩，至是申命。此亦饒風嶺功賞也。

12 壬辰，命吏部員外郎汪思温等考選人秋試，刑部員外郎劉藻考試刑法，舉舊制也。

徽猷閣待制、知衢州宋伯友與降授右朝請大夫、直秘閣、知揚州宋孝先兩易，仍命伯友兼程之鎮。孝先乞解官終喪，許之。

右迪功郎李杞追所授官，左朝散郎胡蒙貶秩二等。侍御史魏矼數言：「杞本庸人，蒙宣諭浙西，黄叔敖假大臣意風之，論薦得官，旋販私醞，郡邑觀望，不敢復治。」驗問如章，故黜之。

13 癸巳，太常少卿陳桷言：「今日之弊，物貴而錢少。祖宗以來，有司鼓鑄之數既多，而泄於四裔，其禁甚嚴。川、陝之間，以鐵易銅而行之，至於私造銅器及私賣鬻者，悉皆有禁。今鼓鑄僅有其名，約工既大，勞費既多，而官鑄所入無幾。議者往往以錢監爲可併，不思國之重寶，與其他場務所入，課利不侔。但當博求銅本，廣行鼓鑄，不當計數便議省併也。今之疆場，犬牙密接僞境，利之所在，民以死趨之。江、淮、海道難於譏察，其日夜泄吾寶貨者多矣。又銅器布於天下，不可勝數，皆毀錢而爲之。欲銅本之盛，鼓鑄不闕，何可得也？望特詔有司講求其弊，厚銅本之積，廣加鑄之數，重外泄之防，嚴銷毁之禁。庶幾國得專其權，而民用不乏。當務之急，孰先於此？」事下工部勘當。會朝廷多事，未及行。

14 甲午，尚書省言：「大理寺左斷刑實議法所在，天下奏獄，皆經取決。其間刑名實有疑慮者，自丞、評已上，次第咨禀，或聚廳會議。如各執所見，本寺不能從，不免巡白刑部。本部即合依公與決，如不能決，方合上省。舊來每歲之間，不過三五件，其所禀讞，並是議論精確，適合情法，可爲規例。近來法寺畏其疏駁，全不任責，丞、評謾各立説，卿、正以次隨而書之，次第上之朝廷，坐待處分，方行擬斷，遂致往復，淹延刑禁。」詔：「刑寺自今獄案，如刑名輕重，委有疑惑，即依例巡白，令刑部與決行下，又不能決，聽上都省。若有妄作疑難，立議不當之人，當議黜責。」

15 乙未，左宣教郎、守尚書吏部員外郎魏良臣爲左朝散郎，充大金國軍前奉表通問使，武德郎、閤門宣贊舍人王繪爲武顯大夫，副之。仍命良臣假工部侍郎，繪假右武大夫、果州團練使，各賜金帶一、裝錢千緡，官其家三人。傔從有官者進秩四等，白身人補初品官以行。

詔以餘杭縣南上下湖地置孳生牧馬監，命臨安府守臣兼提舉。每馬五百匹爲一監，牡一而牝四之，歲産駒三分，斃二分以上，皆有賞罰。

16 丙申，詔追王安石舒王告毁抹。時右朝請大夫、福建路提點刑獄公事吕聰問辭行，上疏曰：「臣聞書曰：『除惡務本。』又曰：『政事惟醇。』今國家舉事，未能大有爲者，豈非政事未醇，豈非惡未除本？安石之不利趙氏，其實迹可見，乃陛下世讎，天下所共知。然其人行僻而堅，言僞而辯，足以深惑羣衆。中人以下，鮮有不爲安石壞其心術。陛下若以其嘗被任遇，不欲痛加懲艾，至如傳習安石之學問者，謂宜深加屏遠，過於防寇。蓋彼之邪説，易以動人，爲之地者，則必曰：『政事雖有不善，學術過人。』若謂讀書爲文過人，則誠有之。豈有學術善而政事不善，學術不善而政事善之理？但乞陛下因對臣下，訪安石之爲人，有意向稍佐之者，便可見其用心之邪正。仍願陛下赫然發憤，從中下明詔，具言神宗皇帝終棄安石不用，以慰在天之靈。所有謚議，乃以文爲言，若并王爵稱之，則爲文王，實爲僭越。蓋當時太常博士許彦一意謟事蔡卞，侈大安石，輕蔑祖宗。此來若不追寢謚議，恐無以示天下，曉羣聽，鼓羣動，立政事。況方命重修二史，甚盛舉也。若此論不定，徒令天下後世終得以議。宣聖曰：『舉直錯諸枉，則民服。』今若追奪安石之謚，雖若不急，其實舉直錯枉之要道。」靖康初，已詔追奪安石王爵，至是始毁其告焉。哲宗新録安石附傳。

詔江西和買絹折納錢，每匹減作六千省，人户願輸正色者聽。舊洪州和買，其八分輸正色，二分每匹折省錢三千。至是，帥臣胡世將請以其三分折六千省。又言：「絹直踊貴，請每匹增爲五千足。」户部定爲六千。殿中侍御史張致遠言：「臣嘗考易象，剥之六四曰：『剥牀以膚。』君者，民之所戴也。剥民不已，必及於君。今江西殘破之餘，軍旅轉餉，殆無虚日。鎮南軍和預買絹，自起催至六月，纔納及一分。民力不易，自可想見。本州申乞折納價錢，朝廷從之，是欲少寬民力，每匹令納錢五千省，比之舊折二分，價例已增一半。若比二浙見價，每匹計多一千五百，可以已矣。户部勘當，便令折錢每匹六貫文足，其實八貫省耳，是於三等之中，獨取極價，欲乘民之急，而倍其斂也。物不常貴，官有定額。民得蠶織，則絹有時而易辦。錢額既定，則價無時而可減。世將出自禁從，户部天下取則，所宜推廣聖德，慰藉遠民，乃旁睨市直，錐刀取贏，幾同商賈。剥牀損下，恬不知怪。和買舊給本錢，每端一千，方時多難，白取既非得已，户部乃用極價，雖坐致數十萬緡，豈陛下本心耶？臣抑聞之，山林不能給野火，江海不能實漏卮。一二年間，費用漸廣，比之會稽已數倍矣。使户部不能均節，則雖匹絹百千，横費無緣充足。封倫法律之語，魏徵仁義之效，惟陛下慎擇而力行之。」疏奏，故有是旨。

荆南鎮撫司統制官辛太貸死除名，令本鎮自效。岳飛之復襄、郢也，上命荆南鎮撫使解潛遣兵助之。潛令太將鄉兵千二百人赴襄陽，飛命太駐清水河以掩賊，太不聽命，自鄧城擅歸宜都。潛不即遣，反妄申太先復襄陽。飛怒，乞押太赴軍前，與免罪責以自效。詔太罪當誅戮，特貸死，令潛分析。言者論「曲直未判，刑罰無章，乞令潛押太赴行在聽區處，庶幾軍律稍振，且免二人更有論辯，漸成仇隙」。潛坐降横行一官。潛降官在九月癸丑。熊克小曆稱湖北制置使岳飛劾辛太，又云：「太擅歸荆南。」皆誤也。飛此月壬寅始除湖北制置，此時但爲江西安復等州制置耳。潛自建炎末寓治宜都至今，未歸荆南。蓋飛按章有云：「太擅往荆南鎮撫使解潛處。」克遂誤也。

詔諸軍不得陳乞自往廣西買馬。先是，神武右軍遣將官曹章持羅錦綵纈至横山寨市馬，又增其直予之。提舉官李預以章所持皆蠻人所未見，恐後無繼，乃以本司所市馬五百付之，因奏其事。且謂：「若諸軍更來收買，則臣無復可措手足。乞候綱馬到日，取旨截撥，庶事歸一體。」故有是命。

承節郎李佾充閤門祗候，以江東淮西安撫使劉光世言佾係鄜延邊人，使喚得力故也。言者論「光世陳請涉私，不平者衆，乞留此異恩，以待戰士」，乃罷之。

17 戊戌，吏部尚書沈與求兼權翰林學士，中書舍人常同兼史館修撰，宗正少卿范沖爲起居郎，依舊直史館，中書門下省檢正諸房公事虞澐爲起居舍人。始，沖入對，面奏：「臣與趙鼎姻家，恐人謂臣因鼎以進，則無以自明。」上曰：「鼎未嘗薦卿，朕因與常同論修史，言及故家數人，朕以爲無如卿者，故累召卿，非由鼎薦也。」是日，鼎至漏舍，中書吏以除目示鼎。鼎謂朱勝非曰：「沖初除宗卿，已不獲避免，今又遷擢，恐招物議。」勝非曰：「前日留身，得旨如此，不敢不進擬，更自上前言之。」及進呈，鼎復申前論，上不許。會侍御史魏矼論：「沖、澐皆執政親黨，不當用。」後三日，簽書樞密院事胡松年奏：「臣叨聯政府，雖於三省進擬人才，不敢干預，緣臣前妻係澐之親妹，委於人情有嫌。乞與澐閑慢差遣。」而鼎亦奏：「臣與沖姻家，雖職事了無干涉，法不當避，而搢紳士大夫不知出自聖意，必謂臣援引親黨，在臣不得不懼，乞罷沖新除。」乃詔沖復舊職，澐除直龍圖閣、江南東路提點刑獄公事。沖復爲宗卿在是月辛丑，澐補外在九月癸丑，今併書之。

侍御史魏矼言：「今諸路兵官悉屬樞密院除授，膏粱皂隸之徒往往以請求得之，而累歷行陣、顯立功勞者，乃以孤寒寡援多至陸沉。故所在盜賊竊發，則驚懾四顧，無可措手。乞罷湖州兵馬鈐轄范寧等三人。」因薦：「湖秀州管界巡檢崔慎由沉毅勇敢，久在邊陲。頃爲江陰兵官，偶金人游兵至戞港，慎由身先士卒，掩殺迎敵，闔境賴以安全。嚴州兵馬監押王宏出自行伍，騎射過人，屢獲羣盜。近討繆羅，功效尤著。乞量材録用。」仍詔密院參照祖宗時差注兵官六等格法，遴擇其人，方行除授。詔罷寧等，慎由、宏令赴樞密院審察。後四日，朱勝非進呈慎由、宏差遣，上曰：「臺臣耳目之官，職在彈擊官邪，若因而薦論人材，竊慮私有好惡，可籍記姓名，他日量才選用。」

直史館范沖條上宣仁聖烈皇后誣謗事。沖奏：「臣親奉玉音，開諭再四。至於議熙、豐之法度，則曰：『神宗之意，初實不然。』言紹聖之繼述，則曰：『帝王之孝，豈在於是？』辯宣仁之誣謗，謂：『功烈之盛，何可不明？』思道君之聖明，謂：『奸臣所誤，安得不悔？』臣願陛下特出睿斷，明詔羣臣，以聖意所在，示之好惡。」詔付史館。

賜岳飛金束帶。

18 己亥，尚書左司郎中李大有爲中書門下省檢正諸房公事，尚書考功員外郎徐杞爲左司員外郎，司封員外郎孔端朝爲右司員外郎。已而殿中侍御史張致遠言：「端朝以幸學得官，諂事梁師成，不可用。」端朝遂罷。

新除中書舍人趙思誠復爲徽猷閣待制，知台州。思誠既爲常同所劾，抗疏力辭，而有是命。

是日，虔州興國縣南木寨周十隆等千六百人，奉德音出降。江西制置司統領官毛佐、王贇、趙恕往受之，未成，官軍掠其婦女，十隆懼，復與其徒奔突水南而去，明年三月己亥，佐等並降官。遂掠汀、循諸州。

19 庚子，僞齊保義郎卞橫刺配海南牢城。橫，濟陰人，從劉益在長安，使來偵事。橫投劉光世軍中爲義兵，光世涅其手，因不得去。至是，爲其徒所告，下大理。法寺當徒三年，依舊收管，特竄之。據招，橫以去年十二月一日離長安，今年正月四日到舒州大雲倉渡江，至池州，投充義兵。橫欸稱僞大王劉奕下充效用，即劉益也。

20 辛丑，尚書禮部侍郎兼直學士院陳與義充徽猷閣直學士，知湖州。以與義引疾有請也。

給事中唐煇試尚書禮部侍郎，仍兼侍講。

21 壬寅，鎮南軍承宣使、神武後軍統制、充江南西路舒蘄州兼荆南鄂岳黄復州漢陽軍德安府制置使岳飛爲清遠軍節度使、湖北路荆襄潭州制置使。先是，神武前軍統制王𤫉在湖北，連年不能討賊。會飛襄陽賞功，樞密院因言：「楊太等作過日久，先因張浚奏乞招安，特與放罪，許令出首，而遷延累月，終無悛心，理難容貸。𤫉出師踰歲，不能成功，與潭、鼎帥守每事忿争，不務協心，致一方受弊。」乃詔專委飛措畫討捕。仍令知鼎州程昌寓自上流進兵，湖南制置大使司遣馬準、步諒兩軍，聽昌寓節制。荆南鎮撫使解潛亦遣兵船，約期進討。命𤫉將所部還江州。飛時年三十二，自中興後，諸將建節，未有如飛之年少者。朱勝非行述云：「岳飛復襄、郢之地，朝廷欲行獻捷之禮。勝非謂：『本吾家堂奥，不足言。俟中原盡復，大駕還汴，乃可。』」今附此，更須詳之也。

資政殿學士、川陜宣撫使王似復知成都府，兼本路安撫使，以趙鼎出使故也。宣撫副使盧法原、吴玠如舊。張浚之出蜀也，奏以端明殿學士張深守成都，至是，以似代之。日曆：五月一日，張深罷知夔州。按此時深在成都，不知何以云爾。當考。

户部侍郎兼權臨安府梁汝嘉奏：「明堂行禮殿成，乞提領官以次推賞。」上曰：「朕愛惜名器，以待戰士。土木之功，豈當轉官？但可等第支賞耳。」

中書舍人常同兼權起居郎，王居正兼權起居舍人，以二史全闕官，故有是命。

22 癸卯，詔：「侍從已上外移知州差遣者，並令徑路之任。有合陳請事，畫一申奏。俟過防秋日仍舊。」時近臣外移者，例得過行在，而侍御史魏矼以爲沿江衝要所在，權官難以責成，故有是請焉。

樞密院奏：「以襄陽府、隨、郢、唐、鄧州、信陽軍爲襄陽府路，本府置帥司。緣收復之初，事務不多，未置監司，止委制置使岳飛措置，仍隸都督府。」從之。

23 甲辰，右朝奉大夫、主管臨安府洞霄宫蔡植追二官，仍追奪建炎二年冬祀蔭補恩澤。植，卞侄孫也，以濫賞改官。至是，乞審量磨勘，爲言者所劾，故黜。

右朝請大夫、權荆南制置司參議官盧宗訓知德安府，武翼郎、閤門宣贊舍人張應知鄧州，修武郎高青知唐州，承節郎舒繼明爲成忠郎、閤門祗候、知信陽軍，左文林郎李尚義爲左承事郎、通判襄陽府，右承直郎党尚友爲右宣教郎、通判鄧州，皆用制置使岳飛奏也。繼明，羅山人，身長七尺，善騎射，矢不虚發，故飛薦用之。既而侍御史魏矼言：「飛新立功，朝廷當成就其美，不宜使輕儇之徒爲其屬郡。昔郭子儀以奏請不行，爲人主所厚，願以臣章示諸將，因事機以善其後。」宗訓之命遂寢。尚義奏辟在九月辛亥，今併書之。

右承事郎、知承州劉寘罷，以淮東宣撫使韓世忠劾其貪繆也。

24 乙巳，右金吾衛上將軍、充中太一宫使錢忱復爲檢校少保、瀘川軍節度使。忱，愕兄也。愕已見建炎二年正月。靖康中以戚里故例納節。至是，其母秦國大長公主乞還舊官，仍給半俸。前二日，以忱弟左金吾衛大將軍、提舉萬壽觀公事恤爲光山軍承宣使，仍詔：「大長公主係仁廟女，特與改正舊官。應戚里之家，並不得援例。如違，重寘典憲。」至是降制焉。

校勘記

① 杜木寨之破也　「寨」，原作「塞」，據叢書本改。

② 故皆黜之　叢書本此四字後有四庫館臣按語：「宋史繫壬午日。」底本無。

建炎以來繫年要録卷八十

1 紹興四年九月丁未朔，直徽猷閣、主管臨安府洞霄宫李謨爲江南西路轉運副使，應副岳飛大軍錢糧。先是，轉運副使曾紆除司農少卿，而殿中侍御史張致遠論紆媚附中人，自絶清議，遂罷去，乃改命謨。紆以八月己亥除少農，壬寅别與差遣。

秘閣修撰王倫主管江州太平觀，放辭謝，限三日出門。日曆是日侍御史魏矼上殿，恐是論倫，當考。

右奉議郎吕應問貸死除名，化州編管。先是，朝議取宣諭官所劾贓吏，擇最重者一人，用祖宗故事決之。應問前知華亭縣，與右承奉郎、池州貴池縣丞黄大本皆繫獄。刑部言：「應問犯自盜贓六十三匹，大本犯枉法贓一百四十五匹，比之應問數多。」乃令應問先次依法擬斷。

詔諸路州軍各給承信郎至成忠郎告身一道，俟有忠義告變人，即書填給付。時論者以爲：「方今州縣皆宜曲爲之防，如建昌軍小壘，公私所傷性命金寶，不知幾何。當結謀之時，使有告者，不過費一保義郎告身爾。望給告付逐州，緩急之間，便行書填，乃是賞不踰時之意。」故有是命。

2 戊申，吏部侍郎兼直學士院孫近兼侍講。近言：「祖宗之法，無私如天地，難犯如江河，皎如日月之明，著在令甲，垂裕萬世。雖元豐之後，建三省，分六曹，更新庶事，而銓選、科舉、刑罰、廪禄之制，亦多循襲祖宗之舊。比年以來，風俗習爲僥倖，有求者志於苟得，有罪者期於幸免，而爲人變法者多矣。伏望聖慈，執祖宗之制，堅如金石；行祖宗之令，信如四時。凡啓僥倖之門而輕議變祖宗之法者，一切裁抑，以示天下之公。」詔札與六部。

給事中張綱提舉江州太平觀，以侍御史魏矼論綱傾邪媚竈，論事誕謾也。

左朝請郎致仕、賜緋魚袋徐時彦追四官，奪所賜進士及第敕并章服。時彦爲蔡京館客，用臨幸恩特赴殿試，至是請再仕，都省批送吏部審量，故黜之。

詔減淮、浙鈔鹽錢每袋三千。今年正月乙卯所增。

令諸場對支新舊鈔各半，以户部言榷貨入納遲緩故也。自渡江至今，鹽法五變，而建炎舊鈔支發未絶，乃命以資次前後，從上併支焉。建炎三年二月二十一日改鈔法，紹興二年九月二十七日又改，十一月十七日又改，今年正月五日又改。通今次所改，凡五色。趙鼎事實云：「自南渡以來，國計所賴者，惟鹽。每因闕用，則改新鈔，以幸入納之廣。第苟目前，不知利權悉爲商賈所持。去年冬，鼎請立對帶之法，商賈聽命，而鹽法遂爲定制，除去積年之弊，加以出剩，立爲分數，許入納不對帶。二法並行，出入有常，源源不絶，始不爲巨猾所制矣。」按對帶指揮，乃在今年九月，此時朱勝非爲相，鼎知密院，不知何以云鼎所請，且附此，更須詳考。

3 己酉，左中奉大夫、知開州耿自求爲川陝荆襄都督府隨軍轉運副使，自求，河南人，已見建炎二年。趙鼎所辟也。

是夜，荆南制置司統制官王槪以所部叛於鼎州之城外，西奔桃源縣。庚戌，縣寨統制官李皐遣小將龔亨率鄕兵擊敗之。制置使王瓔遣兵追至桃源，而概已死，乃責皐取敗兵器甲。皐復責亨，亨亦隨叛。會瓔聞罷命，而知鼎州程昌寓念亨屢充選鋒，勇而敢戰，作手書招之，亨即復歸。於是，知鄂州程千秋遣準備使喚李寶入周倫寨招安，得其報以歸。詔以寶爲進義副尉。寶補官在此月戊申。昌寓又乞選辰、沅、靖州峒丁牌弩手三百人相兼使喚。辛亥，從之。

4 壬子，宰相朱勝非言：「湖寇逋誅，兵久未解。今已更命荆帥，濟師益舟，期於一舉必静湖、湘。帥守、郡縣、轉運等官，如敢玩寇，尚蹈前失，但爲身謀，無狥國心，罪大當誅，次亦流竄。軍須調度，或煩民力，祗俟賊平，合行寬恤。有能出奇計、立戰功，以助破賊者，宜加高爵厚禄，以酬其勞。」詔直學士院孫近草詔戒諭，如所請。

詔賜川陝荆襄都督府度牒二萬道，紫衣師號各二千五百道。趙鼎之出使也，乞度牒等如張浚例，朱勝非難之。鼎請不已，然後許焉。鼎又乞隨軍金帶二十條、絹三萬匹、米二萬石。詔米以江西上供之數，絹以榷貨務金銀折之。鼎乞支金帶及米在八月戊子，乞支絹在此月戊申。鼎將行，上疏曰：「陛下建炎中遣張浚出使川、陝，國勢百倍於今。浚有補天浴日之功，陛下有山河之誓，君臣相信，古今無二，而終致物議，以被竄逐。夫喪師失地，浚則有之，然未必如言者之甚也。大抵專黜陟之典，受不御之權，則小人不安其分，謂爵賞可以苟求，一不如意，便生觖望。是時蜀士至於醵金募人，詣闕訟之。以無爲有，何以自明？故有志之士、欲爲國立事者，每以浚爲戒。且浚有罪，臺諫論之可也，人主誅之亦無憾也。今乃下至草澤、行伍，凡有求於浚而不得者，人人投牒，醜詆及其母妻，甚者指爲跋扈，抑何甚哉？今臣無浚之功，當此重責，去朝廷遠，恐好惡是非，行復紛紛於聰明之下矣。伏望睿鑒，憫臣孤忠，使得展布四體，少寬陛下西顧之憂。」鼎又言：「臣隨行兵，除王進外，取於密院及諸處纔二千人，而强壯者曾無數百。又錢帛合依張浚例，初乞錢百萬，止得五十萬；度牒二萬，止得三千。再乞，得萬八千。又乞，始足元數。臣日侍宸扆，所陳已艱難如此，況在萬里之外？惟望睿斷不爲羣議所移，臣實萬幸。」朱勝非秀水閑居録云：「紹興四年，趙鼎除知樞密院事，充川陝宣撫處置使。時勝非起復居位，已累章乞持餘服。鼎窺宰席甚急，被命殊不樂，申請數十條，皆不可行。如隨軍錢物須七百萬緡之類，勝非參告進呈，指此一項，言：『昔聞玉音，趙鼎出使，如張浚故事。浚自建康赴蜀，朝廷給錢一百五十萬緡，今鼎所須，三倍以上。今歲郊恩，所費不貲。』上曰：『奈何？』勝非曰：『欲支三百萬緡，半出朝廷，已如浚數。半令所部諸路漕司應副。』上可之。既退，鼎詬怒云：『令我作乞兒入蜀邪？』」按鼎所得，度牒二萬道，是時每道直二百千，止共得四百萬緡。通紫衣師號，與秀水録不合。若以初乞所得錢牒計之，止爲一百一十萬緡，亦與三百萬緡半出朝廷之説不同。此勝非作相所行，其自記不應有誤，更須詳考。

賜史館校勘鄧名世進士出身。

寧遠軍承宣使、同知行在宗正司事、安定郡王令時薨。輟視朝一日，贈開府儀同三司。嗣濮王仲湜言其貧無以殮。乃命户部賜銀帛百匹兩。

5 癸丑，廢觀州爲高峰寨、平州爲王口寨。初用明橐奏也。

是日，吏部員外郎魏良臣、閤門宣贊舍人王繪以使事入對。先是，良臣等至都堂，面請使指。朱勝非謂曰：「二君見上，當自知之。」退見趙鼎，鼎曰：「事之成否，不在二君。上所以遴選者，恐語言應對間踈脱耳。」繪艴然而去。及對，上一一訓敕詳盡。繪奏：「竊知已關僞齊，遣臣奉使，恐不測，約日過界。欲乞早辦禮物。」上曰：「大禮後可行。」退至朝堂，具道上旨。勝非等唯唯，繪曰：「前此王倫歸，言金人要遣使商量。金人先遣王倫歸，且道息兵議和之意，須使人往議。故遣潘致堯等行。洎還云：『金人欲大臣往使。』故韓、胡二樞密往。尋金使李永壽、王翊來聘，所需三事，故以章尚書、孫侍郎往。及還，所議互有可否，獨疆界一事未定。今繪輩之行，所授使指，皆章、孫已陳之迹，金人每以逗遛爲言，此行逗遛之跡明矣。今三尺童子皆謂敵情不可知，未知廟堂以爲如何？」勝非作色曰：「朝廷非不知，但不遽絶使路，公意如何？」繪曰：「欲更增歲幣耳。」趙鼎曰：「只此數，將來已不易出，須減百官俸，多方收簇，方可辦。」繪曰：「今已增幣，只是虛數。」諸公愕然曰：「何邪？」繪曰：「今敵之所欲，吾淮南、川、陝之土地耳。且以淮南鹽論之，歲一千萬緡，與歲幣孰多？今雖增數，敵未必受，故曰虛數。」勝非曰：「待來日奏知，更有何事？」繪曰：「所携禮物六分，黏罕以下皆有之，獨不及金主。萬一親至彼中相見，何以藉手？豈有與其臣下，不及其君者？更有蕭慶、高慶裔，先令王倫作手書送信物去，及章、孫二公往，二人亦來館中議事。會私覿已盡，無以贈之。斯二人者，乃用事人，金人好賄，萬一來館中，須薄賂之。欲乞更增私覿兩分，不來即已。」勝非曰：「亦待奏知。」時金人已定議出兵，而朝廷未知也。

6 甲寅，建康鎮江府淮南東路宣撫使韓世忠奏遣使議和非計，乞厲兵恢復。上謂大臣曰：「世忠爲國之忠甚切，可降詔奬諭。仍先開諭，二聖在遠，當時遣使通問。」

起復直徽猷閣張宗元充湖南制置大使司參議官，用席益奏也。

7 乙卯，殿中侍御史張致遠言：「淮南營田四五年間，不聞獲斗粟之用，是必有不可行者。況士卒驕惰，官吏苟簡，日復一日，歲復一歲，安得不解絃而更張乎？今江北流寓之人，失所者甚衆，而淮甸耕夫，往往多在南方，樵芻自給，豈無懷土之心？若委逐處守令，誘之歸業，應有照驗物産，盡數給還，仍檢括荒地，許人請佃，隨其力之大小，量給頃畝，定經界，立標表，與爲永業，十年勿問，兼營田而行之，將見鄉聚相望，阡陌相屬，雞犬之聲相聞。異時博糴其贏餘，亦足以紓急闕而省轉餉。願更詔羣臣商榷利便，斷而行之。」詔户、工部相度，申尚書省。

8 丁巳，上謂輔臣曰：「諸大將固當奉法循理，然細務末節，可略而不問。若事大體重，係國家利害者，不可不治也。」

龍圖閣直學士、提舉江州太平觀陳規復知德安府，仍令規便道兼程之任。如敢稽違，重寘典憲。

直秘閣閻旦爲成都府路轉運副使，左朝散大夫、知蜀州師驥提點成都府路刑獄公事，郭大中爲利州路轉運副使，左朝請大夫升南公提點利州路刑獄公事。紹興後，朝廷除川、陝待次監司，自此始。驥，彭山人，建炎初爲衛尉少卿。大中，成都人也。南公初除江西漕，寓居夔州，故就用之。時宣撫司已用便宜除南公宫祠，而行在未知也。南公宫祠十一月七日奏到。

9 戊午，上宿齋於内殿，百官齋於本司。

10 己未，中書門下省檢正諸房公事李大有卒，詔賜其家銀帛百匹兩。

11 庚申，命皇叔象州防禦使士街朝享太廟神主於温州。

12 辛酉，合祀天地於明堂。起復尚書右僕射朱勝非爲大禮使，惟不入殿門，他職如故。禮畢，赦天下：「勘會川、陝應副軍須，科使頻仍，民力重困，令都督府講究利害，革去舊弊。應襄陽府等六郡税租科役等事，並與放免三年。諸路人户，經金人殘破、盜賊燒劫之後，日前應干官私欠負，並與除放；歸業後税役、和買、科率等更免兩科；未曾離業者，免今年税役十分之四。州縣違戾，令提刑司按奏，當議科除名之罪。應州縣日前以軍興預借租税及錢物，並與當見今合納税租，如依前違戾，當職官衝替。應命官因出戰或捕盜中傷，不堪釐務之人，當議特加優恤。奉使金國或緣差使，及指名取過未回之家，與西北士人流寓東南者，令州縣多方存恤，按月支行合得請給。應被擄遺棄小兒，十五歲已下，聽人收養，即從其姓。殘破州縣，暴露遺骸，募寺觀重行埋瘞，每及二百人，給度牒一道。諸處盜賊，除專降指揮不許招安原貸外，限一月出首自新，前罪一切不問；内元係頭首及能勸率徒黨出首者，優與轉補官資。諸路合納和買紬絹，於五分中特減一分，以償本錢；其減下一分，令轉運司置場收買，不得虧損上供額數。應捕獲奸盜，及軍中有犯罪當誅戮者，並令依法勘鞫，俟獄成方得行遣；如事干機速不可待者，須對衆研窮，審取伏狀，然後加刑，仍即時報憲司驗實，保明以聞。如違，皆科徒三年，不以失論及以去官赦降原減；其挾私者，依本法坐罪。」初，紹興宗祀，止設天地祖宗四位。至是，始設從祀神位四百四十三，用祭器十千五百七十一，祭歌樂四十，祭服六十三，玉十二，犢四，羊、豕各二十有二，分獻官五十八，奉禮郎四，樂舞工共二百八十七，而五帝神州地祇，上不親獻，用崇寧禮也。始議設從祀諸神七百十一位，會議者請裁省，而禮官言十二階三百六十位無神名，請每階各設三十五位，每羊、豕二，正備一副，登歌之樂，通作宮架之曲，皆許之。四月乙未。又以祭玉不備，請除蒼璧、黄琮外，依天聖故事，用珉。既而得玉甚美，然尺寸不及禮經，乃命隨宜製造。五月乙丑。言者請如祖宗故事，權御臺門肆赦，七月戊辰。議裁省者，以爲宮門地隘，儀衛不能容，乃止。宣赦於常御殿前，三衛班直宿衛、忠佐忠鋭將兵、神武右軍中軍七萬二千八百餘人，共支錢二百三十一萬餘緡。劉光世、韓世忠、岳飛、王瓌四軍十二萬一千六百餘人，共支錢二十八萬餘緡。合内外諸軍，共二百五十九萬餘緡，視元年明堂，增支九十四萬餘緡，而宰執百官諸司給賜，以軍興故權住。於是，省部、禮寺、官告院、事務所行文書吏三百餘人，增給或數月所費，僅萬緡。言者以爲冗費，乃命例支一月，餘悉追剋焉。此月庚午行遣。

南丹州防禦使莫公晟知南丹州，兼管内溪洞都巡檢使、提舉賊盜公事。公晟既掠省地，廣西經略司遣人開諭，令供結狀，且要其子武翼郎延穩爲質。公晟乞別除一職事，主管彈壓一方，遂從之。

13 甲子，尚書左司員外郎晏敦復兼權給事中。

詔董巽特補武翼郎、閤門宣贊舍人。巽，商號鎮撫使董先部曲，用先請也。

14 乙丑，詔三省、樞密院録黄、畫黄，並依祖宗條例施行。先是，侍御史魏矼言：「國家法度森嚴，講議畫一，凡成命之出，必先録黄。其過兩省，則給舍得以封駮；其下所屬，則臺諫得以論列。已而傳之邸報，雖遐方僻邑，莫不如家至户曉，此萬世良法也。臣竊聞近時三省、樞密院間有不用録黄，而直降指揮者，亦有雖畫黄而不下六部者。紀綱廢弛，莫此爲甚。欲望特詔三省、樞密院，常切遵守舊典，以示至公。遇兩院御史詣省院檢察日，除實係機密邊事外，悉令取索點檢。如有違戾，即具彈奏。自古人臣弄權罔上者，固自有術。防微杜漸，得不慎哉？惟陛下留神省察。」故有是旨。

詔：「建昌軍賊首修達等五人凌遲處斬，同謀拒敵官軍江清等八人梟首。受招安人劉淨特補進義校尉，餘四人等第授官，發付本路帥司使唤。」用江西安撫制置使胡世將請也。既而殿中侍御史張致遠言：「艱難以來，外郡軍變，殺辱守長者屢矣。既以重兵討蕩，各正典刑，未聞命以官者。今建昌之變，自知、通以下數家幾至絶滅，城中縱火殺人，極其慘毒，官吏士民，悉遭黥刺，前此未有。而淨等皆素爲頭首，六七年間，累因小驚，輒唱軍衆，突入官府，邀索犒設，包藏禍心久矣。知軍劉滂等不幸而值其變，未聞朝廷窮治逆黨，褒録死事之家，遽報官此賊首五人，深駭觀聽。竊恐江西帥司解發此五人者，謬爲好語，或出不獲已，意必有在。雖非宜即械繫廷尉，責正其罪。或以爲可宥，則明白諭之，使知有更生之幸，仍分明送神武諸軍，令得自效。所以示訓，猶未深失事體。今一旦釋其孥戮，授以名秩，揚揚而歸故鄉，以歆羡其徒，此豈州郡之利邪？」樞密院勘會：「淨等元據江西帥司稱，被衆兵逼脅爲首，又曾勸諭賊衆，首先受招，委是忠義。」乃命世將究實申樞密院。致遠章在十月戊寅。

是日，吏部員外郎魏良臣、閤門宣贊舍人王繪辭往金國軍前通問。上曰：「卿等此行，不須與金人計較言語，卑辭厚禮，朕且不憚。如歲幣歲貢之類，不須較。見黏罕，爲言宇文虚中久在金國，其父母老，日望其歸，令早放還。」又言：「襄陽諸郡皆故地，因李成侵犯不已，遂命岳飛收復。」良臣曰：「臣等近聞有探報，朝廷秘不言，乞聖慈宣諭。」上曰：「止是淮陽有舟船來運麥，此不足慮。」良臣等退至都堂，朱勝非已不入，趙鼎、孟庾、胡松年聚堂同坐，良臣等起白上指，鼎曰：「事涉機密。少時閤子中言之。」松年離席曰：「乞就此共議如何？」鼎不答。繪退，謂良臣曰：「趙樞密嘗以不預始議，不肯預此事矣。」及再見，鼎遣直省吏致意曰：「督府事不暇，請與參政、胡樞密議之。」良臣等出，遇神武右軍都統制張俊來白事，俊爲二人言：「有探報，金人大舉，今過南京。」良臣等乞再對，不報。已上並據王繪甲寅通和録①。

初，僞齊劉豫既納其臣羅誘南征議，見七月末。乃遣知樞密院事盧偉卿見金主晟，具言：「國家自大梁五遷，皆失其土。若假兵五萬下兩淮，南逐五百里，則吴、越又將棄而失之，貨財子女，不求而得。然後擇金國賢王或有德者立爲淮王，王盱眙，使山東脣齒之勢成，晏然無南顧之憂，則兩河自定矣。青、冀之地，古稱上土，耕桑以時，富庶可待，則宋之微賂，又何足較其得失？」金主晟命諸將議之。左副元帥宗維、右監軍希尹以爲難②，右副元帥宗輔以爲可，於是以宗輔權左副元帥，左監軍昌權右副元帥③，調渤海、漢兒軍五萬人以應豫。宗維、希尹繇是失兵柄。又以左都監宗弼嘗過江，知地險易，使將前軍。宗輔下令燕、雲諸路漢軍，並令親行，毋得募人充役。豫遂命其子僞諸路大總管、尚書左丞相、梁國公麟領東南道行臺尚書令，合兵來寇。始議自順昌取合淝，犯歷陽，由采石以濟。簽軍都制置使李成謂：「所簽民兵盡，除山東餉道遼遠，又慮岳飛之軍自襄陽出攻其背，不如沿汴直犯泗州渡淮，以大軍扼盱眙，據其津要，分兵下滁、和、揚州。大治舟檝，西自采石以攻金陵，南自瓜洲以攻京口，仍分兵東下，掠海、楚之糧，庶幾大利。」先是，僞尚書右丞相張孝純既告老，豫復起之。孝純知豫必不能久，欲自託於朝廷。麟嘗養俠士蒯挺等二十餘人，待以殊禮。孝純與挺厚，得其陰謀。又金人於沿海州縣置通貨場，以市金漆、皮革、羽毛之可爲戎器者，以厚直償之，所積甚衆。孝純言於豫曰：「聞南人治舟久矣，旦暮乘風北濟，而所在岸口視之恬然。苟利於吾，彼寧不爲之禁？」豫大懼，遽罷通貨場。至是，豫將舉兵，乃下僞詔，略曰：「朕受命數年，治頗有叙。永惟吴、蜀、江、湖，皆定議一統之地。重念生民久困，不忍用兵，故爲請於大金，欲割地封之，使保趙氏之祀。大金以元議絶滅，但欲終其伐功，力請逾堅，方見聽許。豈期蔑棄大德，乃敢僞遣使聘，密期吞噬。是用遣皇子麟，會大金元帥大兵，直擣僭壘，務使六合混一。」以上據僞齊録及張孝純所上書并熊克小曆。於是騎兵自泗攻滁，步兵自楚攻承。諜報至，舉朝震恐。或勸上他幸，議散百司。趙鼎獨曰：「戰而不捷，去未晚也。」上用鼎計。

侍御史魏矼嘗言：「陛下宵衣旰食，將大有爲，而所任一相，未聞有所施設。惟知今日勘當，明日看詳，今日進呈一二細事，明日啓擬一二故令。政務山積於上，賢能陸沉於下，方且月一求去，徒爲紛擾。宜亟從所請，以慰公議。」先是，右僕射朱勝非因久雨，乞行策免故事，以消天變。又以餘服爲請，章十二上。上許以俟總章禮畢，如所請，且有保全舊臣之論。至是，祀明堂已畢，勝非復求去，且論當罷者十一事。矼亦疏勝非五罪，由是得請。鼎之爲參預也，常與諸將論防秋大計，獨張俊曰：「避將何之？惟向前一步，庶可脱。當聚天下兵守平江，俟賊退，徐爲之計。」鼎曰：「公言避非策，是也。以天下之兵守一州之地，非也。公但堅向前之議足矣。」鼎蓋陰有所處，故每日留身，必陳用兵大計。上意已悟，又使俊密爲之助，至是，決意親征，留鼎不遣入蜀。鼎奏用十月七日西行，許之，然上方向鼎，已有命相之意矣。

15 丁卯，知南康軍孫光庭罷端明殿學士，知饒州董耘貶秩一等。先是，耘等言鄱陽湖有水寇，詔本路帥司遣兵千人收捕。而江東宣撫使劉光世以爲所言不實，故黜之。言者論：「李敦仁、范汝爲等皆以官司不速掩捕，養成其衆。今罪此二郡，則鄉縣有賊，非州郡帥憲司審實體究，必不敢聞奏，緩急之際，致失機會，爲害不細。」命遂寢。十月辛巳，詔耘、光庭候分析到取旨。明年二月乙未，耘降官指揮不行。閏二月己酉，光庭知南安軍。

尚書兵部員外郎王純充川陝荆襄都督府詳議官。

16 戊辰，龍圖閣直學士、知静江府折彦質充川陝荆襄都督府參謀官，不許辭避，用趙鼎奏也。

左宣義郎、通判邵州劉式罷，仍毁改官告敕。式，衡陽人，與朱勝非外姻，自言宣和末權平陽縣，嘗設方略，遣巡檢官捕獲强盜十有四人，勝非不以付部，遽用特旨改官。至是，侍御史魏矼論：「式素無清白之稱，且朝廷爵命，乃爲大臣私家之用，乞行追奪。」故有是旨。

17 己巳，右司諫趙霈言：「臣嘗聞漢高祖初入關中，約法三章：殺人者死，傷人及盜抵罪。唐高祖入京師，約法十二條，惟殺人、劫盜、背叛者死。夫以漢、唐二主當草昧之初，雖約法尚簡，猶不廢先王之刑辟，故殺人者斷在必行。以是知好生雖聖人之大德，而殺有罪亦刑辟之所不赦。苟殺人而不死，傷人而不刑，雖堯、舜不能以致治也。臣竊見比來在外刑獄，例常淹延，考其奏案，原其情犯，有法當論死，初無可疑者，奈何吏緣爲奸，以獄爲市，意在縱釋。以故久而不決，使已死之魄，冤抑而不得達；被苦之家，怨憤而不得申。將何以召和氣乎？臣未暇悉數，如以建康府、婺州論之，建康百姓王紱等六人，始因失牛，仍報私怨，共殺死一十三人。獄具，得旨處以淩遲、處斬二等。後因審問，乃輒翻異，今踰一年。婺州豪民厲景忻，昨緣賊發，差充隘首搜山，因捉到孔真，疑其爲賊。其人兩次聲冤，景忻不問來歷，親斬首級。昨體究詣實，後來勘鞫，兩經翻異，今踰二年。紱等殺人命爲至衆，景忻殺平人以希賞，二獄久而不決，皆欲遷延免死，則死者何其不幸哉？乞下兩路提刑司催督，並限十日具案奏聞。如稽留出限，重行黜責。庶冤枉得申，和氣可召，仰副陛下矜慎刑獄之意。」從之。

永豐縣故射士蔣青與其徒三人殺人縱掠，縣令、左從政郎黄延年捕斬之。事聞，詔放罪。明年三月乙未降旨。

18 庚午，起復左宣奉大夫、守尚書左僕射、同中書門下平章事兼知樞密院事、監修國史朱勝非解官持餘服，從所請也。

尚書兵部侍郎趙子晝乞補外，罷爲徽猷閣直學士、知秀州。

左宣教郎、主管江州太平觀朱震守尚書祠部員外郎，兼川陝荆襄都督府詳議官。震言：「荆、襄之間，沿漢上下，膏腴之田，七百餘里，土宜麻、麥，古謂之神臯。若選良將民所信服者，領部曲鎮之，招集流亡，務農重穀，寇來則禦，寇去則耕，不過三年，兵食自足。又給茶鹽鈔於軍中，募人中糴，可以下江西之舟，通湘中之粟。觀釁而動，席捲河南，此以逸待勞之意也。」詔送都督府。震奏以此月壬申行下。時震始入見，上首問以易、春秋之旨，震以所學對。上大善之。

是日，通問使魏良臣等發行在。前二日，直學士院孫近入對，面稟國書指意。次日，良臣等省中見近，笑而言曰：「非細再添。」良臣曰：「幾何？」近舉五指於胸前，蓋聞有大舉意，遂增作銀帛共五十萬。至是，得國書辭行。會趙鼎等出餞，朱勝非謝不見。良臣等至秀州，則聞金已渡淮，遂兼程而去。此以日曆及王繪甲寅講和録參修。

19 辛未，左宣義郎熊彦詩守秘書丞。彦詩坐王時雍累久廢，至是，趙鼎引用之。

左從事郎喻樗、王居修並爲左宣教郎。樗，桐廬人；居修，中書舍人居正弟也。二人並以趙鼎辟爲江西制置大使司準備差遣，隨府罷，至是，上召對而命之。樗之制曰：「自熙寧用事之臣託儒爲奸，而斯文幾喪五十餘年。其間不以一時之是非毀譽動其心，而能審是其所學，以不失其正者，豈非豪傑之士歟？爾少稟異才，輔之篤學，謀道力久，卒用有成。既窮伊、洛之淵源，遂見古人之大體。藹然令問④，達於朕聞。燕見便朝，有嘉獻納。改錫京秩，將試爾能。夫大學之道，由誠意、正心，以至於治天下、國家，此爾昔之所聞於師，而成己成物之要在是也。勉行汝知，無負所學。」居正之詞也。徽猷閣待制胡安國聞之，語人曰：「伊、洛淵源，古人大體，雖其高第游酢、楊時、謝良佐諸人，尚難言之，而況於樗乎？」

居正又言：「草居修詞有嫌。」乃命都司官權中書舍人命詞行下。都司攝詞命，以二史皆闕，而檢正又權給事中故也。

此事十月五日得旨。按周綱除右司，在此後二日，故今不出其名。

20 壬申，輔臣進呈，上曰：「宰相有奸惡，臺諫當言，朕當施行。若摭以小過，使人無善去者，誰肯作相耶？」趙鼎等對曰：「陛下睿照如此，臣等幸甚⑤。」

中書舍人兼史館修撰常同充集英殿修撰，知衢州。

秘書少監劉大中爲起居舍人。

左迪功郎仲并特改左承奉郎，仍舊平江府府學教授。并嘗從胡安國游，至是，以薦者得召對，故以命之。制曰：「孔子稱可與共學，未可與適道；可與適道，未可與立；可與立，未可與權。夫知堯、舜、文王爲正道，而不惑於異端邪説者，可與共學也。自是而後適道，適道而後立，立而後權，然後爲成德之士。然自昔者，大學之道不明，而求士之可與共學者，殆不易得，況成德哉？爾資稟淳明，器質深厚，頃自妙齡，潛心問學，則知所謂是非邪正，拳拳服膺。雖於異端競起、邪説誣民之時，能獨立不懼，自信甚確，庶幾孔子所謂可與共學者，朕聞而嘉之。茲用錫對便朝，改賜京秩。爾其勉哉，期進於道，用其所學，以見之於行事焉。」

温州舟人林貴特補進武校尉。貴在膠西，僞齊遣土軍崔寧等八人取其舟，以爲戰艦。貴道殺四人，捕寧等四人赴行在。并其徒九人皆官之。

是日，金人及僞齊之兵分道渡淮。諸書並無金人渡淮之日，按日曆，明年正月二十四日，知建康府呂祉申：「去年九月二十六日已後，番馬、賊馬分兵兩路，侵犯淮甸。」壬申二十六日也，故繫於此日。知楚州、武功大夫、和州防禦使樊序棄城去。淮東宣撫使韓世忠自承州退保鎮江府。趙甡之遺史：「先是，岳飛軍中有校尉王大節者，蜀人，飛待以爲客。李成退走歸劉豫也，上語飛曰：『如李成歸國，朕當以節度使待之。』飛即遣大節招成歸國。是時，豫方招接江南衣冠，大節遂投劉麟，麟待之甚厚，授承務郎，爲皇子府屬官。麟問征江南之策，大節言：『四川百姓，以宣撫司征擾不已，供億重困，思得大齊以重兵臨關，則人皆嚮應。既得四川，然後發江之舟，鼓櫂而下，江南屯戍之兵，魂散膽裂矣。』麟曰：『不然，大金有命，會本國之兵趨淮甸，渡長江，直擣吴會，汝以爲如何？』大節曰：『其謀非不善，但恐南兵扼長江，未可渡，則我師挫鋭矣。不若攻四川必取之地，以圖萬全。雖若遲而迂，然大功可以必成。』麟不聽，大節既得敵人之情，乃脱身走歸報飛。飛大喜，送大節於行在。上令引見，具以奏聞，且請淮南爲防江之備。授大節承節郎、閤門祗候。至是，僞齊與金果合兵犯淮甸。」今且附此，更求他書參考。

21 癸酉，左中大夫、知樞密院事、都督川陝荆襄諸軍事趙鼎爲左通議大夫、守尚書右僕射、同中書門下平章事、兼知樞密院事。初，鼎奏稟朝辭，上曰：「卿豈可遠去？當相卿，付以今日大計。」制下，朝士動色相慶。趙鼎事實：「時獨給事中孫近直學士院，時傳鎖院，莫知爲誰。諸侍從謀於近曰：『非晚必命相公，當草制，幸密報髣髴，以解我憂。』近入院，諸人聚於沈與求之家，近密報取樞府細位，諸人喜而散。明日，拜鼎右相。」按此時近與沈與求並直，此云獨直，誤也。又朱勝非既罷，人望次輔皆應在鼎，此云莫知爲誰，恐亦非其實。今姑附此，更須詳之也。鼎入謝，命坐賜茶，即赴都堂治事。

秘書省正字張絢、樞密院編修官田如鼇並爲監察御史。

監察御史周綱守尚書右司員外郎，姜師仲爲司封員外郎。朱勝非閑居録稱趙鼎引用周綱，事見五年七月壬辰免審録濫賞注⑥。

直秘閣、通判臨安府邵相爲荆湖南路轉運判官，用帥臣梁汝嘉薦也。

22 甲戌，吏部尚書兼權翰林學士兼侍讀沈與求爲參知政事⑦。

宗正少卿、直史館范沖言：「臣於趙鼎，實有親嫌。伏念賜對之初，首蒙訓諭，謂臣之進，匪有先容，親奉玉音，不敢辭避。今鼎進位冢司，事無不統，在臣分義，滋不遑安。竊慮招致煩言，指爲附麗親黨，則臣上負聖知，何以自解？伏望除臣一在外宫觀，則臣今日之退，其榮於進多矣。」詔不允。

初，川陝宣撫副使吴玠與隨軍轉運使趙開不咸，玠謀爲牽制之舉，必欲從陸運糧，開執不可，玠迄自爲之。是秋，兩川調夫，運米十五萬斛至利州，率四十餘千而致一斛。時玠令縣官部役，先至者賞。役夫饑病相仍，死於道路，蜀人痛之。此以李燾撰趙開墓誌及馮康國奏議參修。開懼不敢言，更遣主管文字、左奉議郎張洙按後期者，洙撫其民，流涕曰：「諸葛孔明再舉，師以糧盡而返。孔明豈不智哉？懼吾民之至此也。」輒削所受令，聽民以粟輸内郡官，募舟載粟輓以上，民皆歡呼而去。玠大怒，以深文詆洙，賴宣撫司置勿問，雖開亦以爲難。洙，郫縣人也。張洙事，以邵溥所撰墓誌增入，此恐是邵溥權宣撫副使時事，且附此，更求其本日。

校勘記

① 已上並據王繪甲寅通和録　「寅」，原作「辰」，據三朝北盟會編卷一六一改。按：本書卷七二、七八、八二小注所引亦皆作「寅」字。

② 左副元帥宗維右監軍希尹以爲難　「右」，原作「左」。按：自金立元帥府，昌（撻懶）即爲左監軍，位在右監軍希尹（悟

室）之上。至宗翰（即本書之宗維）罷軍職，昌爲右副元帥，希尹始進左監軍。李心傳此處以爲宗翰、希尹并失兵柄，誤。然原文如此，不可改。

③左監軍昌權右副元帥　「左」，原作「右」，據叢書本改。又，「昌」，叢書本原誤作「昌」。

④藹然令問　「問」，原作「聞」，據叢書本改。

⑤臣等幸甚　「等」，原作「鄰」，據叢書本改。

⑥事見五年七月壬辰免審録濫賞注　「七」，原作「十」，「辰」，原作「申」，據卷九一紹興五年七月壬辰記事改。

⑦吏部尚書兼權翰林學士兼侍讀沈與求爲參知政事　此後有四庫館臣按語「宋史繫癸酉日」，叢書本無，今删。

建炎以來繫年要録卷八十一

1 紹興四年冬十月丙子朔，淮東宣撫使韓世忠奏：「蕃、僞兵馬犯承、楚州。」上謂輔臣曰：「朕爲二聖在遠，生靈久罹塗炭，屈己請和。而金復肆侵陵，朕當親總六軍，往臨大江，決於一戰。」趙鼎曰：「累年退避，敵情益驕。今親征出於聖斷，將士皆奮①，決可成功。臣等願效區區，亦以圖報。」上因曰：「伐蔡之功，亦憲宗能斷也。故韓愈謂：『凡此蔡功，惟斷乃成。』」沈與求曰：「今日親征，亦由聖斷。」遂詔神武右軍都統制張俊以所部往援世忠，又令淮西宣撫使劉光世移軍建康，車駕定日起發。熊克小曆：「時江東宣撫使劉光世在馬家渡，淮西宣撫使張俊軍在采石，遂詔光世以所部兵援世忠，且令俊移軍於建康。」與日曆所書不同。按俊此月己卯始除浙西江東宣撫使，此時未爲宣撫，克蓋小誤。

詔四孟朝獻，候過防秋取旨。

權户部侍郎梁汝嘉等奏：「左藏庫、榷貨務、都茶場見管金二萬一千餘兩，銀九十六萬七千餘兩，乞並隨駕應副支用；紬二十萬匹，絹一百六萬四千餘匹，羅一萬二千匹，乞起發一半。」從之。

起居舍人劉大中兼權中書舍人。

太府少卿馬承家知衢州。承家聞警奏，即請外補。時盡室登舟以行，言者論其陰懷苟免，乃詔承家依舊供職。十月癸未依舊。

2 丁丑，參知政事孟庾爲行宫留守，從權措置百司事務，仍鑄印以賜。庾請即尚書省置司，行移如本省體式，合行事從權便宜施行；置降賜激賞公使庫如都督府例。又請秘書省、史館書籍，三省、樞密院、諸部案牘，各差本司官一員，於深僻處收寄；大理寺，官告、糧審院，左藏東西、交引、度牒庫，南北倉，都茶、草料塲官吏並留；太常、司農、太府寺，將作、軍器監，進奏、文思院，雜買務並量行存留；宗正寺、國子監、敕令所、大宗正司、雜賣塲並令從便。庾又請留臺官一員，以警違慢。皆許之。庾乞輟留精兵三千人，分擘使唤。乃命留神武中軍五百人及統制官王進一軍，又令殿前馬步軍司及忠鋭第五將、臨安府將兵皆聽庾節制。

勒停人巨師古復拱衛大夫、忠州防禦使，充神武右軍統制軍馬，用張俊請也。

3 戊寅，洪州觀察使、權知濮安懿王園令士從乞徙神主、神貌往穩便州軍安奉。從之。於是親賢宅宗子、紹興府大宗正司皆從便避兵矣。

4 己卯，趙鼎等進呈，乞將韓世忠等奏報蕃、僞人馬犯承、楚等事，札付奉使大金魏良臣，往軍前商議，早行約束。上曰：「和議蓋非得已，儻得淮南兩路百姓安業，即内帑物帛，自可了其歲幣，不須更動户部財賦。朕宫中並無用度，凡内帑所有，專以養兵而已。」沈與求曰：「陛下爲愛惜生靈之故，至捐内帑以充歲幣，此盛德事也。」

太尉、定江昭慶軍節度使、神武右軍都統制張俊爲浙西江東宣撫使，以事係機速，更不降制，止令尚書省出敕。

直徽猷閣、新江南西路轉運副使李謨添差兩浙路轉運副使。時左朝奉郎王俣、直秘閣吴革並爲副使，户部侍郎梁汝嘉面奏，乞用謨，故有是命。

初，武岡軍猺賊楊再興連年作亂，湖南安撫司遣統制官、拱衛大夫、泰州刺史吴錫以所部討之。及是，大破賊徒，獲再興之二孫，得良民被掠者甚衆。明年三月癸巳推恩，據湖南奏稱，招出被擄良民八千餘人。今第云甚衆，俟考。

是日，淮東宣撫使韓世忠以所部自鎮江復如揚州。初，上聞敵騎渡淮，再以御札賜世忠，略曰：「今敵氣正鋭，又皆小舟輕捷，可以横江徑渡浙西，趨行朝無數舍之遠，朕甚憂之。建康諸渡，舊爲敵衝，萬一透漏，存亡所係。朕雖不德，無以君國子民，而祖宗德澤猶在人心。所宜深念累世涵養之恩，永垂千載忠誼之烈。」世忠讀詔感泣，遂進屯揚州。初，敵騎渡淮，探者未得其實，以爲賊勢甚少②。趙鼎曰：「金前犯我境，乃入敵國，即賊也，故縱兵四掠，其鋒可畏。今行豫境，即官軍也，故按隊徐行，不作虚聲，然亦不足深畏。」

5 庚辰，侍御史魏矼、殿中侍御史張致遠、右司諫趙霈以急速事乞同班入對，許之。時朝士中尚有懷疑者，或見趙鼎曰：「茲事甚大，公宜審處，無貽後悔。」鼎不答。會侍從及臺諫官同日請對，鼎留身奏曰：「今日侍從、臺諫對，必及親征事，願勿爲羣議所移。」上意益堅，既而矼等與吏部侍郎鄭滋等以上親總六師，皆乞扈從。致遠又言：「今此金敢大入，謂我猶如向來不習戰爾。若戎輅親征，必伐敵謀。」上曰：「正朕志也。」此以趙鼎行實增修，然日曆臺諫以初五日乞對，侍從以十一日上殿，疑不同日。今且從行實所云，更須參考。

左朝請郎、主管江州太平觀范振添差江南東路轉運判官，右朝散大夫逢汝霖添差江南西路轉運判官，應辦移屯大軍事務。

徽猷閣待制、知鎮江府沈晦乞促張俊統兵爲韓世忠之援，趙鼎等稱晦議論激昂，上曰：「晦誠可嘉。然朕知其爲人，語甚壯，膽志頗怯，更觀其臨事，能副所言與否。」鼎因稱馬擴極有才，可用。上曰：「宜令留守司使唤。」孟庾曰：「臣亦欲以此爲請。」胡松年曰：「擴嘗見臣，欲自將三千人禦賊③。」鼎曰：「擴嘗因苗傅事得罪，然諸葛亮能用度外人，區區庸蜀，遂致强霸。」與求曰：「今日正當拔卒爲將之時。臣聞擴持軍嚴整，願陛下留聖意，湔拭而用之。」上曰：「齊小白能忘射鉤之讎，而用管仲，朕豈不能用擴？然能用之，止與三千人非是，可令引見上殿，示以恩信，然後用之，彼必能效死力以報朕。」與求曰：「陛下駕馭諸將如此，何事不濟？」鼎對曰：「陛下開大度用人如此，天下幸甚。」擴此月丁亥除樞密承旨。先是，擴奉祠居福州，鼎開督府，引爲詳議官，故薦用之。

6 辛巳，右儒林郎、新樞密院計議官方滋特改合入官，以薦對故也。

是日，通問使魏良臣、王繪次鎮江府，而泗州言：「得宿州牒，已差引伴官孫少卿至境上。」乃命良臣等分析，仍權將禮物、私覿寄留鎮江，止持國書、物録，取天長路星夜前去。仍令韓世忠差近上使臣催促出界。時良臣亦遺書狀官梁植持稟目遺輔臣，大略言：「和議本爲淮甸，今既進兵，百端懇請，終恐無益。況臨難解紛，世無此理。自古兩國議和，皆以勢力相埒，不能相下，於是有講和修睦之請，息兵安民之議。未聞以弱和强，彼初無畏憚，曲意定和者也。澶淵之役，規摹宏遠，昭然可見。比年諸將蓄鋭練兵，志氣思奮，百倍於前日。第以朝廷方篤信詐和之請，斷然不疑，斂兵不動，以示誠意，遂遣使命淹延歲月，墮欲奮之士氣，乖違附之民心。今和議未定，敵兵已集。竊聞宣撫韓開府奮袂怒髮，遂統全軍，絶江伺便以進，其行踊躍，如赴私讎。議者謂必能成功。獨念建康控扼之地，聞朝廷已遣張太尉提兵迎敵，敵已壓境，此行似不可緩；仍命劉開府相與應援，以破逆賊三不救之説。將和兵奮，敵氣自懾，則銜命以往，宣國威靈，庶乎其有濟矣。苟不知出此，止爲退懦之計，效尤前轍，示之以怯，使吾軍士氣不揚，乘輿再動，社稷阽危。萬一敵革前日之弊，所至按兵不擾，遲以歲月，人心苟安，則大事將去矣。而乃以一介之使，馳入不測之廷，是猶以羊委虎，至則靡爾，何功之有？」詔良臣等分析在此月壬午，梁植離鎮江在甲申，今聯書之。

7 壬午，右司諫趙霈請：「令講讀官權罷供進講義，侍從官權罷供進故事，竢過防秋無警報日如舊。」從之。初，經筵乞開講，會上將親征，詔別令擇日，故霈因有是請焉。

宗正少卿、直史館范沖録其父祖禹紹聖問報國史院問目以進，又具朱墨本去取體式，請更憑衆議修立。詔送史館。中興聖政：臣留正等曰：「史所以傳信，而朱墨本各據所見，自以爲疑，將何以取信哉？以是益知人臣不可以有黨，有黨則不惟貽禍於一時，其流弊未已也。然而人有邪正，事有信否，辨其人之邪正，審其事之信否，思過半矣。人之邪正，固可以類見，事之信否，求之以當時之實，參之以故老與夫賢士大夫之所傳，其庶幾歟④？范沖具到朱墨本去取體式，乞更憑衆議看定，其用心亦公矣，是宜太上皇帝之所聽從也。」

8 癸未，左通奉大夫、福州居住張浚爲資政殿學士、提舉萬壽觀兼侍讀，不許辭免，日下起發。趙鼎言：

「浚可當大事，顧今執政，無如浚者。陛下若不終棄，必於此時用之。」故有是命。朱勝非閑居録：「紹興四年冬，劉齊、金人合兵犯淮、泗，朝廷震恐。宰相趙鼎昔嘗失身於僞楚，初無敢薦者，而浚獨薦爲言事官。鼎德之，至是乘急變召浚，復秉樞機。」其言失實，今不取。

直龍圖閣、知建康府呂祉奏淮南兵馬動息，趙鼎等稱：「江上探報，唯祉最爲詳密，慷慨敢爲，兼有措置。如此等人材，實不易得。」上曰：「呂祉真有方面之才。」上又曰：「朕留意人物，固欲得賢士大夫，協力以濟國家之難。且如鄂州劉洪道，初緣呂頤浩薦對，所言多誕謾不實，雖略有麤材，亦何所用之？」胡松年曰：「君父之前，猶敢誕謾，顧何所不至？」沈與求曰：「洪道頃知明州，脱身先遁，一城生靈，盡殪於賊。至今一方之人怨入骨髓。」上曰：「今鄂州乃上流之地，緩急安可倚仗？更須别擇守臣。」

詔沿海制置使郭仲荀兼總領海船。朝廷聞總領官、和州防禦使、同管閤門公事張公裕卒⑤，故就命之。

9 甲申，降授光州觀察使、神武前軍統制、江州駐劄兼節制舒蘄黄州王𤫊復建武軍承宣使、江西沿江制置使。

大理少卿張礿乞宮觀，上曰：「礿爲理官，頗有平允之稱。邇來有司率多觀望鍛鍊，或至刑獄失當，甚非朕所以欽恤之意。人命至重，豈可忽？擇其尤者，當痛加懲艾。大抵刑獄以明恕爲先，深戒慘酷。」趙鼎曰：「礿亦久任理官，不畏强禦，極有執守。」上曰：「當議陞擢，以爲理官之勸。」

參知政事沈與求奏：「頃臣曲謝，已蒙衣帶之賜，乞罷正謝日所賜衣帶、鞍馬。」許之。

初，淮東州縣聞敵入犯，承、楚之民相率控守水寨，而帥司選官除去運河壩閘，以阻敵兵。至是，言者以爲：「若使承、楚水澀，船不能動，則民社失其地利。敵騎衝突，直至江岸，占據渡口，復驅江北之人，以布土袋填塞壩閘，頃刻可辦。依舊引取陂塘之水，舟船復可通運，是乃所以助其勢。大害有四，無一利也。一者貽敵之笑，謂我畏彼，反生欺忽之心。二者以顯官兵無北渡之意，愈失江北人心。三者水寨既失地利，忠義之人無以措手足，反墮敵計。四者鹽商不行，有誤朝廷進軍財計，誠爲痛害。」

10 乙酉，詔通、泰、真、揚州守臣，更切體度地利，從長措置，務要限阻敵船，及不得有妨湖泊水寨民社保聚。自金人入境，揚州官吏退保陰沙，承州官吏皆散，淮東轉運判官郭楫亦挈家先遁。徽猷閣待制、新知揚州宋伯友至鎮江，奏言：「孤獨一身，委實前去未得。乞那兵萬人，與韓世忠同赴敵迎戰。」乃命伯友從便先次交割，伯友從便交割指揮在丙戌日，今併書之。伯友引疾乞奉祠，許之。伯友十二月丙子提舉江州太平觀。

11 丙戌，詔遣簽書樞密院事胡松年先往鎮江、建康府，與諸將會議進兵，因以覘察敵情。上曰：「先遣大臣，諭以朕意，庶幾諸將賈勇争先。」沈與求曰：「真宗澶淵之役，亦先遣陳堯叟，此故事也。」

詔常程事並權住，俟過防秋取旨。

殿中侍御史張致遠言：「車駕總師臨江，乞速降黄榜，預行約束，每事務在簡省。稍有配率，許人陳告，仍委侍從、臺諫官覺察彈劾。」從之。

詔：「刑部尚書章誼、吏部侍郎兼直學士院孫近、户部侍郎劉岑、中書舍人王居正、右司諫趙霈、殿中侍御史張致遠、右司員外郎王綰、樞密院檢詳諸房文字陳昂、吏部郎官汪思温、度支郎官李元瀹、金部郎官吴幷令扈從。吏部侍郎鄭滋、禮部侍郎唐煇、刑部侍郎胡交修、起居舍人劉大中、監察御史張絢並留臨安府。」於是臺臣、檢正、都司、郎官或往軍前，或押案牘往傍郡收寄，在臨安府纔十餘人而已。滋、交修乞從便，許之。

是日，侍從官同班入對，以上將親征也。

12 丁亥，降授右武大夫、和州防禦使馬擴復拱衛大夫、明州觀察使，充樞密副都承旨。擴入對，遂有是命。翊日，趙鼎奏：「陛下用人如此，何患不得其死力？」上曰：「擴知兵法，有謀略，不止於鬬將而已。」孟庾因奏：「以擴兼留守司參議官。直秘閣、新江西提點刑獄公事王圭、樞密院計議官方滋、樞密院編修官王循友，並充幹辦公事。」循友，巖叟孫也。圭之辟在丁亥，擴在戊子，滋、循友在十一月戊申，今併書之。已而，圭以省員去。殿中侍御史張致遠言：「圭張大敵數，詫說逆劉。」乃罷其新除。圭罷憲在十二月壬午。

13 戊子，胡松年辭行。時淮西宣撫使劉光世密遣屬官告趙鼎曰：「相公本入蜀，有警乃留，何故與他負許大事？」韓世忠亦謂人曰：「趙丞相真敢爲者，胡不將官家入福建穩處坐？江上之事付之我輩，或不可，則少避之，俟春首敵退徐議，何害？」鼎聞諸將之議如此，恐上意移動，復乘間言：「今日之勢，若敵兵渡江，恐其別有措置，不如向時，尚有復振之理。戰固危道，有敗亦有成，不猶愈於退而必亡者乎？且金、齊俱來，以吾事力對之，誠爲不侔。然漢敗王尋，晉破苻堅，特在人心而已。自詔親征，士皆賈勇。陛下養兵十年，正在一日。」由是浮言不能入矣。此據趙鼎事實附入。但所云韓世忠言：「胡不將官家入福建穩處坐，江上之事付之我輩，或不可，則少避之，俟春首敵退徐議，何害？」此與建炎三年閏八月世忠奏上語殊不同，恐傳聞未必實，或可削去。

參知政事沈與求兼權樞密院事。

太常寺請：「車駕所過十里内神祠及名山大川，並遣官致祭。」從之。

嚴州桐廬縣進士方行之獻家財六千緡助軍。户部乞許行獻納，依例補官。從之。自渡江後，許民間獻納補官，始此。

是日，淮東宣撫使韓世忠邀擊金人於大儀鎮，敗之。初，奉使魏良臣、王繪在鎮江，被旨趣行，乃以是月丙戌渡江，丁亥至揚子橋，遇世忠遣使臣督令出界。繪顧良臣曰：「幸免管押二字，亦是光華。」時朝廷已知承、楚路絶，乃連僞界引伴官牒付良臣等，令賫執於阻節處照驗，又令淮東帥司召募使臣，説諭承、楚州，令放過奉使。良臣等至揚州東門外，遇選鋒軍自城中還，問之云：「相公令往江頭把隘。」入城，見世忠坐譙門上，頃之，流星庚牌沓至。世忠出示良臣等，乃得旨，令移屯守江。世忠留食，良臣等辭以欲見參議官陳桷、提舉官董旼，遂過桷等共飯。熊克小曆稱世忠置酒，與良臣别。杯一再行，流星庚牌沓至。蓋承墓碑之詞，今從王繪甲寅録。世忠遣人傳刺字謝良臣、繪，且速桷等還。桷、旼送二人出北門，繪與桷有舊，駐馬久之，以老幼爲託，泣數行下，左右皆傷怛。晚宿大儀鎮。翌旦，行數里，遇敵騎百十，控絃而來。良臣命其徒下馬，大呼曰：「勿射，此來講和。」敵乃引騎還天長，問皇帝何在，良臣對曰：「在杭州。」又問：「韓家何在？有士馬幾何？」繪曰：「在揚州，來時已還鎮江矣。」又曰：「得無用計，復還掩我否？」繪曰：「此兵家事，使人安得知？」去城六七里，遇金將聶兒孛堇[6]，同入城，問講和事，且言：「自泗州來，所在州縣，多見恤刑手詔及戒石銘，皇帝恤民如此。」又問：

「秦中丞何在？」繪答以今帶職奉祠居温州。又言：「嘗聞作相，今罷去，得非恐爲軍前所取故邪？」繪曰：「頃實居相位踰年，堅欲求去，無他也。」又問：「韓家何在？」良臣曰：「來時親見人馬出東門，望瓜洲去矣。」繪曰：「侍郎未可爲此言，用兵、講和，自是二事。雖得旨抽回，將在軍，君命有所不受，還與未還，使人不可得而知。」又云：「元帥已到高郵，三太子已到泗州，是行皆劉齊間諜所致。劉總管謂韓家有幾萬，岳家有幾萬，俱在淮南，自入境來，何嘗見一人一騎？」初，世忠度良臣已遠，乃上馬，令軍中曰：「視吾鞭所嚮。」於是引軍次大儀鎮，勒兵爲五陣，設伏二十餘處，戒之曰：「聞鼓聲則起而擊敵。」聶兒孛堇聞世忠退軍，喜甚，引騎數百趨江口，距大儀鎮五里。其將撻也擁鐵騎過五陣之東⑦，世忠與戰不利，統制官呼延通救之得免。世忠傳小麾鳴鼓，伏者四起，五軍旗與敵旗雜出，敵軍亂，弓刀無所施，而我師迭進，背嵬軍各持長斧，上揕人胸，下捎馬足，敵全裝陷泥淖，人馬俱斃，遂擒撻也。通，贇遠孫也。趙雄撰世忠神道碑：「王自鎮江濟師，會朝廷遣魏良臣使金至維揚，王置酒送別，杯一再行，流星庚牌沓至。良臣問故，王曰：『有詔移屯守江。』乃撤炊爨班師。良臣竊自喜，疾馳去。王度良臣已出境，乃上馬，令軍中曰：『視吾鞭所嚮。』於是六軍大集，北行至大儀鎮，勒精兵爲五陣，設伏二十餘處。戒聞嚴鼓之節，則次第起攻。良臣至金營，果問我師動息，悉如所見以對。兀朮號知兵，聞大軍倉卒南還，喜甚，與羣帥厲兵秣馬，直趨江口。至大儀鎮五里所，王縱敵騎過五軍之東，直北傳小麾，鼓一鳴，伏者四發，五軍旗號與敵旗雜出。敵軍亂，我師伍伍迭進，步隊各持長斧斫馬足，敵全裝陷塗淖，弓刀無所施。王東西麾勁騎，四面蹂之，敵大半乞降⑧，餘皆奔潰，追殺十餘里。兀朮乘千里馬以遁。積屍如丘垤，擒其驍將撻孛耶、女真千户長五百餘人⑨，獲戰馬五百餘匹，器械輜重與平山堂齊，軍勢大震。兀朮還泗上，召良臣，詰責其賣己，將斬之，良臣好詞以免。」趙甡之遺史：「世忠以董旼軍於天長，以解元屯於承州，親與呼延通率十餘騎綽路，去大儀鎮十餘里，遇金人鐵騎二百餘，世忠與通方立馬議所以待之，有三四十騎直衝世忠，與戰不利。金人有驍將，獨戰世忠，世忠力疲，通自後攻金將，世忠墜馬，幾被執，通救止之。世忠復得其馬，回顧金人百餘騎許，世忠據坡坂，扼其路，以弓箭當之，世忠得還。」二書不同如此。熊克小曆多據墓碑。日曆：「韓世忠申，十月十三日，親領軍馬渡江，到揚州大儀鎮逢金人，掩殺趕及二十餘里。又有伏兵把頭迎敵，厮殺至酉時，殺敵尾襲殘零兵馬，走回天長縣以北，四散前去。殺死蕃人，橫屍二十里，不令斫級。活捉到萬户、千户、百人長以下闥孛也等二百餘人，奪到蕃馬一百餘疋，衣甲、弓箭、器械等物三千餘件。」以世忠捷奏考之，所獲人馬亦不及墓碑之數。蓋世忠行狀誇言之，雄不深考耳。以諸書參究，此時完顏宗弼實不在大儀軍中。又據所申，擄到器甲、弓箭果三千件，亦安得便與平山堂齊耶？如遺史所云，則其捷太小。今且參取具書之，更須詳究也。世忠又遣董旼分兵往天長縣，遇敵於鵶口橋，擒女真四十餘人。熊克小曆稱旼與敵戰於天長軍，亦誤。按此時魏良臣正在天長，今從日曆。

是日，早朝，輔臣進呈世忠奏，已統兵渡江。上曰：「世忠忠勇，朕知其必成功。」沈與求曰：「世忠平日慷慨自許，恐其乘勝追襲深入，更宜戒其持重。」上曰：「朕已戒其可戰則戰，可守則守，可令户部支銀帛萬匹兩，犒賞過江將士，以激其心。」與求曰：「自敵騎蹂踐中原，未嘗有與之戰者。今諸將爭先用命，此成功之秋也。」既而世忠又奏：「見在揚州，適霖雨未能進師，恐朝廷訝成功之遲。」上曰：「兵事豈可遙制？」趙鼎曰：「軍事不從中覆，古之制也。」乃詔世忠聽其臨機制變，而捷書已至矣。臨機制變指揮在此月庚寅。

14 己丑，尚書禮部侍郎唐煇兼權兵部侍郎。

金人圍濠州。

是日，淮東宣撫司前軍統制解元與金人戰於承州，敗之。初，金人至近郊，元知之，逆料金人翌日食時必至城下，乃伏百人於路要之，又伏百人於城之東北嶽廟下，自引四百人伏於路之一隅。令曰：「金人以高郵無兵，不知我在高郵，必輕易而進。俟金人過，我當先出掩之，伏要路者見我麾旂，則立幟以待。金人進退無路，必取嶽廟走矣。果然，則伏者出。」衆皆諾。又密使人伏樊良，俟金人過，則決河岸以隔其歸路。食時，金人果徑趨城下，元密數之，有一百五十騎，乃以伏兵出，麾旂以招伏要路者，伏兵皆立幟以待。金人大驚，躊躇無路，遂向嶽廟走。元率兵追之，金人前遇兵，無所施其技，盡被擒，凡得一百四十八人，戰馬、器械皆爲元所得。世忠神道碑：「解元至高郵，敵敗去。」按日曆，捷奏無成閔名⑩，今從趙甡之遺史。

初，聶兒孛堇既敗歸，召奉使魏良臣等至天長南門外，良臣等下馬，敵騎擁之而前。孛堇憤甚，脱所服貂帽，按劍瞋目謂曰：「汝等來講和，且謂韓家人馬已還，乃陰來害我。」諸將舉刃示之，良臣等指天號呼曰：「使人講和，止爲國家。韓世忠既以兩使人爲餌，安得令知其計？」往返良久，乃曰：「汝往見元帥。」遂由寶應縣用黄河渡船以濟。右副元帥昌遣接伴官團練使蕭揭禄、少監李聿興來迓⑪。聿興見良臣，問所議何事，良臣曰：「此來爲江南欲守見存之地，每歲貢銀絹二十五萬匹兩。」繪云：「見存之地，謂章誼回日所存之地。」聿興又云：「兵事先論曲直，師直爲壯。淮南州縣已是大國曾經略定，交與大齊，後來江南擅自占據。及大兵到來，又令韓世忠掩不備。」良臣等云：「經略州縣事，前此書中初未嘗言及，止言淮南不得屯兵，本朝一如大國所教。」聿興云：「襄、漢州縣，皆大齊已有之地，何爲乃令岳飛侵奪？」良臣云：「襄、漢之地，王倫回日係屬江南，後李成爲劉齊所用，遂來侵擾，又結楊么，欲裂地而王之。江南恐其包藏禍心，難以立國，遂遣岳飛收復，即非生事。」聿興云：「元帥欲見國書。」遂以議事、迎請二聖二書授之。吕中大事記：「建炎元年，遣傅雱使金。二年，遣宇文虚中使金。此汪、黄爲之也。三年，遣洪皓、崔縱、張邵、杜時亮四人，亦汪、黄爲之乎？紹興八年，再遣王倫，此秦檜爲之也。十一年，遣魏良臣、何蘚之徒，亦檜爲之乎？胡寅有言：『今納賂，則孰富於京室？納質，則孰重於二帝？飾子女，則孰多於中原之佳麗？遣大臣，則孰加於異意之宰輔？以使命之幣，爲養兵之費，此乃晉人征繕立圉之策，漢祖迎太公、吕后之謀也。不得已，則如李綱所謂奉表兩宮，致思慕之意可也。今尋諸仇讎而請之，何義乎？』」揭禄又問：「秦中丞安否？此人原在此軍中，煞是好人。」良臣等對如初。聿興再云：「奈何更求復故地？」繪云：「以中間丞相惠書有云：『既欲不絶祭祀，豈肯過爲悋愛，使不成國？』是以江南敢再三懇告，若或不從，却是使不成國。」聿興云：「大齊雖號皇帝，然止是本朝一附庸，指揮使令，無不如意。」又云：「此去杭州幾日可以往回？」繪等云：「星夜兼程往來，不過半月。」聿興曰：「昨日書，元帥已令譯作番字，一二日可得見矣。」揭禄，契丹人。聿興，宣和三年進士高第，金用爲樞密院令史，至是從軍。

15 庚寅，詔信安郡王孟忠厚迎奉泰寧寺昭慈聖獻皇后御容往穩便州軍安奉。忠厚援故事，乞補門客曹雲登仕郎。上曰：「昭慈聖獻皇后頃在瑶華宫三十餘年，當得恩澤近八十員，未嘗陳請。忠厚受昭慈之訓，亦不敢以私事干朝廷。今此門客恩澤既有故事，宜與之。朕見漢、唐后家亂政，累朝母后之賢，非漢、唐所可擬議。」沈與求曰：「昭慈再安社稷，其功至大。」上曰：「前日合得恩澤，俟軍旅事閒，給田以賜忠厚，庶幾少慰昭慈在天之靈。」

16 壬辰，輔臣奏事，上因言：「朕出使河朔，見汪伯彦爲郡守，頗有可觀。及作宰輔，一無可取。所謂爲趙、魏老則優，而不可爲滕、薛大夫也。」沈與求曰：「黄霸爲宰相，聲名減於治郡時。蓋其才有短長，不可彊也。」

上曰：「若伯彦得爲黄霸之流乎？」與求曰：「伯彦安足以望此？」

左迪功郎、秘書省正字楊晨特改京官。晨爲都督府幹辦公事，持詔書往四川撫諭，上召對而命之。後二日，以晨守尚書工部員外郎，賜銀二百兩。詔書略曰：「朕命趙鼎以宰相居中，仍兼領西南軍務，既總司於朝廷，益增重於使權。遲俟來春，改圖近弼。綏爾衆士，庸副朕懷。肆命屬僚，往宣德意。」先是，降充集英殿修撰、知鼎州程昌寓聞鼎以都督入蜀，遺大臣書言：「四川初無盜賊之擾，止緣宣撫使入蜀以擾之。豈爲宣撫者，固欲重困州縣乎？蓋張官置吏，屯師聚兵，所過所留，征求調發，勢有不得不然者耳。況今四川危動，民困財竭，乃欲以大臣出使，將帶官吏，抽摘諸軍，又入蜀地，征求調發。號曰圖秦，竊恐秦未可圖，而肘腋腹心之變先起矣。今四川士馬不過吴玠部曲耳，有如近復襄、鄧等州，都督之行，就嘗措置，撥軍屯守，兵勢愈分。孰若命大臣或大將，益重兵，聚貲糧，守荆州以據長江之險。根本既固，然後可以圖秦保蜀，料理襄、漢，經略中原，隨宜度勢，以次施設。荆南前日以二萬人守之亦可，今春金人取和尚原，關師古既叛，階、成州一帶，無人控扼，上流勢須益兵，非有五萬之衆，錢糧非有三年之儲，且將不假歲月責之近效，亦豈能勝其任也？」會鼎入相，乃命晨諭指西帥焉。

定國軍承宣使、秦鳳路馬步軍副都總管、知秦州兼節制階文州統制軍馬吴璘爲熙河蘭廓路經略安撫使、知熙州、統制關外軍馬，明州觀察使、環慶路馬步軍副都總管兼知慶陽府楊政爲環慶路經略安撫使、知慶陽府、同統制關外軍馬兼節制成鳳興州，用宣撫司奏也。關師古之叛也，其所部階、成二州猶在，故命璘、政分領之。自富平後，五路之地，悉屬僞齊，經略使虛名而已。

17 癸巳，韓世忠遣武功郎趙何來獻捷，詔遷何一官。

太尉、神武右軍都統制張俊乞以明堂恩任子宗元文資。吏部言有礙條法，詔特許之。武臣非使相而以文資禄子孫，自是爲例。

是日，江東淮西宣撫使劉光世引軍屯建康府。

18 甲午，尚書户部侍郎劉岑兼工部侍郎，中書舍人王居正兼禮部、兵部侍郎。

初，令江、浙民悉納折帛錢，用户部侍郎梁汝嘉請也。是時，行都月費錢百餘萬緡，且調發軍馬，財無所從出，故令民輸紬者全折、輸絹者半折見錢，每匹五千二百省，折帛錢自此愈重。汝嘉等又請江、浙絲並折見錢，綿半折錢。諸路各委漕臣一員，計綱起發赴行在。

遣侍御史魏矼往劉光世軍、監察御史田如鼇往張俊軍前計事。時光世軍馬家渡，俊軍采石磯，上命趣二人往援韓世忠，而光世等軍權相敵，且持私隙，莫肯協心。矼至光世軍中，諭之曰：「敵衆我寡，合力猶懼不支，況軍自爲心，將何以戰？爲諸公計，當滅怨隙，不獨可以報國，身亦有利。」光世意許，矼因勸之移書二帥，以示無他，使爲犄角。已而二帥皆復書交致其情，光世遂以書奏於上。熊克小曆附此事於十月朔，恐太早。日曆：十八日甲午，魏矼特引進對。丙申，田如鼇狀：「奉旨差出計議軍事，日下出門。」據此，則矼等之行，當在世忠奏捷之後，今併附甲午，更俟參考。於是光世移軍太平州。光世聞金、齊合兵，謂人曰：「劉麟逆子，可唾手取。若雜以金兵，當日月以冀。」參議官、直徽猷閣馬觀國曰：「金人長於騎射，兼以獷悍，其鋒誠不易當。」龍圖閣直學士陳規奉祠居城中，奮謂曰：「相公蒙國厚恩，義當仗忠赤，激士氣以報。參議，夷人也，是亦人而已。」此據曹筠撰規行狀增入。行狀又云：「光世引兵而西，金人遂歸河南地。」按金還河南在九年春，去此已遠。若係於六年入犯之後，則光世已先在合肥，不在太平州聞命。筠誤也。今移掇附見，庶不牴牾。

19 丙申，以車駕將發，不視朝。内殿進呈劉光世報劉豫散出榜文，有欲窺江表之言。榜文已見九月乙丑。上曰：「豫父子逆亂如此，皆朕不德所致。然以朝廷事力，遣一偏師，豫可擒也。徒以二聖在遠，故屈己通和，覬還鑾輅。今乃挾彊敵之兵，復入爲寇，此安可容忍？」沈與求曰：「和議乃金人屢試之策，不足信也。」

左承議郎、新知袁州劉一止爲兩浙東路提點刑獄公事。除名勒停人范仲熊叙右承事郎。仲熊始坐明受中爲郎遠謫，至是刑部引赦乞叙右通直郎，與差遣。趙鼎以仲熊連姻，特降五官。

是日，金人陷濠州，守臣閤門宣贊舍人寇宏棄城走，右宣教郎、通判州事國奉卿爲所殺。先是，宏率軍民守城，城中兵少，大率以三人當一女頭，軍民與僧道相參，每十人爲一甲，不得内顧。每一慢道，以二長刀監守，無故上下者殺之。宏晝夜巡行城上。北軍以衝車、雲梯攻城，宏作鐵槌，上施狼牙釘，有沿雲梯而上者，以槌擊之，頭鍪與腦皆碎，屍積於城下。而北軍來者不止，凡八晝夜不休。宏知不可爲，乃開北門，棄妻子，携母與寡嫂，棄城而去，士卒從之者七十餘人。宏之將出也，聲言登舟，欲以計破敵。奉卿信之，既而乃知欲爲遁計，已登舟不可入城矣。奉卿尤宏曰：「何不明言於我，携一妾兩子，而棄之死地耶？」宏以奉卿爲怨己，遂殺之。後以死事聞，贈右朝奉郎、直秘閣，官其家二人。奉卿五年二月戊戌贈官。宏既去，權兵馬鈐轄丁成自南門投拜，兵馬都監魏進自東門投拜。金人問宏之家屬何在，成曰：「偕去矣。」已而聞爲成所匿，遂斬成於市，取宏、奉卿家屬寘於軍中，以其將趙榮知州事。初，敵圍城急，將官楊照躍上角樓，以槍刺敵之執黑旗者，洞腹抽腸而死。照俄中流矢死。統領官丁元與敵遇於十八里洲，敵圍之，元大呼，告其徒以毋得負國，於是一舟二百人皆被害，無得免者。事聞，並贈承信郎，録其子云。明年七月丁酉贈官。

20 丁酉，執政進呈車駕進發宿頓次序，上曰：「朕奉己至薄，況此行本以安民，豈可過爲煩擾？又恐州縣以調夫修治道路爲名，並緣爲弊。」趙鼎曰：「朝廷累行約束，丁寧備至。」沈與求曰：「諸將之兵分屯江岸，而敵騎逡巡淮甸之間，恐久或生變。當遣岳飛自上流取間道乘虛擊之，敵騎必有反顧之患。」上曰：「當如此措置，兵貴拙速，不宜巧遲。機事一失，恐成後悔，宜速諭之。」

右宣義郎裴祖德除名。祖德以濫賞改官，居憂中冒覃轉及章服，又妄稱職名，爲言者所論，下大理。祖德具伏，又嘗從統制官王進、岳飛、王民得空名告身，給賣富民入己。刑寺當徒三年，特責之。

21 戊戌，上登舟，發臨安府。趙甡之遺史云：「金人在淮甸，張俊軍鎮江府，趣渡江出戰，有遲疑未渡之意，朝野驚恐。趙鼎見上，屢請車駕早幸江上。上首肯之，既退，即爲中官沮止。至是，鼎請上親征，且曰：『軍民百姓皆望陛下親征，唯中官未肯[12]。若陛下一幸江上，則諸軍皆盡力禦敵矣。中官未見陛下親征之利也。臣欲乞陛下發遣近上中官赴都堂，臣具酒醴待之，諭以禍福，然後親征可決。』上從之，遂發左右親近十餘人詣都堂，鼎具酒醴，以宗廟社稷安危之計諭之，且曰：『諸公見上，贊成其事。俟退敵回鑾，則共享安逸之福。』衆諾之，議遂定。即命草詔。」

按此説皆不見於他書，今且附此，恐須參考。奉天章閣祖宗神御以行。主管殿前司公事劉錫、神武中軍統制楊沂中皆以其軍從。上不以玩好自隨，御舟三十餘艘，所載書籍而已。上既發，乃命六宮自温州泛海往泉州。此月丙申降旨。晚泊臨平鎮，進呈劉光世乞與韓世忠軍一般支錢糧。上曰：「諸將之兵用命，則一其所支錢糧，豈容有異？此皆吕頤浩不公之弊。」趙鼎曰：「朝廷舉措既當，諸將自服。今不公如此，必致紛紛。乞下光世會合得錢米之數，然後行。」沈與求曰：「豈唯錢糧，至於賞罰亦然。惟至公可以服天下，故賞則知勸，罰則知畏。」上曰：「大臣不公，何以服衆？」鼎曰：「苟爲不公，則賞雖厚，人不以爲恩；罰雖嚴，人不以爲威。」上曰：「今日朕親總六師，正當公示賞罰。」

詔沿江州縣如排辦太過，令監司具名以聞，當重行黜責。時右司諫趙霈言：「浙右諸郡頃罹兵火，瘡痍未息，民力未蘇。今戎輅進發，又慮州縣官吏不能上體德意，帟幕之飾，務極於鮮華，膳羞之進，徧搜於珍異，或調發人夫，或差科舟船，誠不可不爲之禁。」故有是旨。

湖北制置使岳飛遣屬官孔戊來奏事，詔特改京官。

22 己亥，上次崇德縣。韓世忠遣翊衛大夫宣州觀察使本司提舉一行事務董旼、右朝奉郎直秘閣本司參議官陳桷，以所俘女真一百八人獻行在。因言：「承州陣殁人，乞厚加贈恤。」上蹙然曰：「使人死於鋒鏑之下，誠爲可憫，可令收拾遺骸，於鎮江府擇地埋殯，仍歲度童行一名照管。今胡松年尚在鎮江，可令就設水陸齋致祭。」沈與求曰：「自建炎以來，將士未嘗與金人迎敵一戰，今世忠連捷，以挫其鋒，其功不細。」鼎曰：「陛下既親總六師，則第功行賞，與他時不同。」上曰：「第優賞之，庶幾人知激勸，必有成功。」乃詔旼真除宣州觀察使，桷遷右朝奉大夫、充秘閣修撰，中奉大夫、相州觀察使解元落階官，爲同州觀察使，武功大夫、康州刺史呼延通爲吉州刺史。旼等賞功在此月辛丑，今聯書之。趙甡之遺史：「韓世忠奏通之功，乞優異推恩，授武功大夫、吉州刺史。世忠繳其告命再奏，乞重賞通以勸將士，遂落階官。」按日曆，今年五月十四日癸亥，武功大夫、康州刺史呼延通陞差浙東路兵馬副都監，依舊從軍，非因賞功始除遥刺也。恐甡之所記有誤。

23 庚子，上次秀州北門外。

24 辛丑，上次吴江縣。時知縣事楊同裒供張以待乘輿之至，民有一家當費三百縑者，其人不伏，又械繫之。御史張致遠三上章，論其擾民，同竟罷去。同三月庚辰放罷。

25 壬寅，御舟次姑蘇館，上乘馬入居平江府行宫。守臣孫佑進御膳，其桌子極弊，且有僧寺題識，上不以爲嫌。他日謂趙鼎曰：「朕念往日艱難，雖居處隘陋，飲食菲薄，亦所甘心。若邊境以清，都邑既定，迎還二聖，再安九廟，帝王之尊固在。」鼎曰：「陛下規模宏遠如此，天下幸甚。」上語在十一月壬子，今併書之。

故贈承事郎陳東、歐陽澈並加贈朝奉郎、秘閣修撰，更與恩澤二資，賜官田十頃。趙鼎進呈韓世忠奏札，世忠劄子不知所奏何事，當考。因論建炎之初，黄潛善、汪伯彦擅權專殺，寘二人於極典。上曰：「朕初即位，昧於治體，聽用非人，至今痛恨之。雖已贈官推恩，猶未足以稱朕悔過之意，可更贈官賜田。雖然，死者不可復生，追痛無已。」中書舍人王居正草制曰：「嗚呼，古之人願爲良臣，不願爲忠臣。以謂良臣身荷美名，君都顯號；忠臣已嬰禍誅，君陷昏惡。嗚呼，惟爾東爾澈，其始將有意於忠臣乎？繇朕不德，使爾不幸而不爲良臣也。雖然，爾藉不幸，不失爲忠臣，顧天下後世，獨謂朕何？此朕所以八年於兹，一食三歎而不能自已也。通階美職，豈足爲恩，以塞予哀，以彰予過。使天下後世，考古之君，飾非拒諫之主，殆不如是。魂而有知，享朕兹意。」

拱衛大夫、明州觀察使、提舉江州太平觀辛彦宗充浙西江東宣撫司幹辦公事，用張俊奏也。

26 癸卯，武功郎王權爲武略大夫、貴州刺史，武德郎許世安爲武義大夫、閤門宣贊舍人，録承、楚之功也。二人皆淮東宣撫司正將，初命進秩二等，世忠再乞推恩，乃有是命。

詔犒設隨駕諸軍一次。時堂吏以下，亦援泛海舊例，各支犒設錢，有至數十千者。及侍御史魏矼自江上還，奏言：「自臨安至平江四日耳，乘舟順流，有何勞苦？雖曰激賞庫支，其實户部係省錢也。」乃命除三省機速房、三省户房外，皆剋還焉。矼奏請在十一月壬子。

淮東宣撫使韓世忠奏：「準金部員外郎張成憲公文，支給本軍大禮賞，本司未敢帮請，乞依張俊下官兵體例支給。」許之。舊例，俊與楊沂中內二軍，賞給人三十千，世忠與劉光世、王瓔、岳飛外四軍，人給二千有奇而已。至是，俊出爲宣撫使，故世忠援以爲言。初，朝廷命成憲應副世忠軍錢糧，成憲言職事别無相干，乞用公牒往來，奏可。自是，總領錢糧官率用此例。日曆此月二十八日癸卯復置宗正丞等指揮，非本年事，蓋重疊差誤。

27 甲辰，金右副元帥完顔昌召通問使魏良臣、王繪相見，旁有四人，皆衣紗袍頭巾毬靴，與良臣等同席地而坐。昌問勞久之，諭云：「俟三二日，左元帥來議事畢，畫定事節，遣汝等歸。」良臣退，接伴官李聿興問：「沈元用在否？」蓋聿興、晦同年進士故也。聿興又言：「今年本朝試進士，張炳文侍郎出天下不可以馬上治賦，丞相問何意，張云：『事見前漢陸賈傳。』丞相命以番書譯賈傳而讀之，大喜，遂進張兩官。」繪以久未得歸，乃爲書獻昌，大略言：「頃蒙丞相都元帥惠書，許以立國。爾後江南三遣使，未獲成命。」聿興不肯受。聿興又言其國制度，並依唐室。因及蔡靖、宇文虚中事久之。王繪紹興甲寅奉使録云：「聿興言：『自古享國之盛，無如唐室。本朝目今制度，並依唐制，衣服官制之類，皆是宇文相公共蔡大學并本朝數十人相與評議。』繪問蔡大學見任，答云：『見任乾文閣待制。他兒子蔡松年，見在三太子處作令史。近來本朝又在於燕山府用一萬貫錢買一所宅子，蔡大學云，尤勝如他汴京宅子。』又曰：『丞相得宇文相公，真是歡喜，嘗説道，得汴京時歡喜，猶不如得相公時歡喜。如今直是通家往來，時復支賜宅庫裏都滿也。』」於是右副元帥昌在泗州，右監軍宗弼在天長⑬，左副元帥宗輔尚未至也。

28 乙巳，淮西安撫使仇悆遣兵擊金人於壽春府，敗之。初，親征詔未至廬州，衆譁言棄淮保江。悆得旨，急録以示人，人皆思奮，且遣其子津間道告急。上命爲右迪功郎。會敵進據壽春、安豐，悆遣兵出奇，直抵城下，與守將孫暉合兵擊之。敵戰敗，却走渡淮，官軍入城。翌日，遂復安豐縣。仇津補官在十一月七日壬子，計其離廬州，則在未復壽春已前，故附於此。

校勘記

① 將士皆奮　「皆」，原作「可」，據宋史全文卷一九上改。

②以爲賊勢甚少　「賊」，原作「兵」，據叢書本改。

③欲自將三千人禦賊　「賊」，原作「敵」，據叢書本改。

④其庶幾歟　「庶」，原闕，據叢書本補。

⑤朝廷聞總領官和州防禦使同管閤門公事張公裕卒　「公」，原作「谷」，據叢書本改。

⑥遇金將聶兒孛堇　「聶兒孛堇」，原作「聶呼貝勒」，據金人地名考證及叢書本改。

⑦其將撻也擁鐵騎過五陣之東　「撻也」，原作「托卜嘉」，據金人地名考證改。

⑧敵大半乞降　「敵」字原闕，據三朝北盟會編卷二一七補。

⑨擒其驍將撻孛耶女真千户長五百餘人　「撻孛耶」，原作「托卜嘉」，據叢書本改。金石萃編卷一五〇所載韓蘄王碑，即此三字。

⑩捷奏無成閔名　本書以上正文未提及成閔，而四庫本中興小紀卷一七載：「提舉官董旻與金戰於天長軍，又統制官解元、成閔與戰於承州，皆敗之。」

⑪右副元帥昌遣接伴官團練使蕭揭禄少監李聿興來迓　「揭禄」，原作「吉嚕」，據金人地名考證及叢書本改。下同。

⑫唯中官未肯　「唯」，原作「内」，據三朝北盟會編卷一六四改。

⑬右監軍宗弼在天長　「監軍」，原作「都監」。然宗輔、昌既進職（見上卷乙丑日記事），則宗弼理應進右監軍，以補希尹之闕。本書卷八四即載紹興五年正月，宗弼自右監軍進左監軍，故校改。以下同。

建炎以來繫年要録卷八十二

1 紹興四年十一月丙午朔，中書門下省言：「近今江、浙常平司預借買撲坊場浄利錢一界，亦恐奉行違戾，乞令鈐束州縣，不得接便騷擾。」從之。先是，户部侍郎劉岑言：「費用不貲，而豪右兼并之家累年坐收厚利，止令預借一界，亦不傷於人情。」至是又條約焉。存此已見借坊場錢事，未見降旨本日，當考。劉岑所云，此以十一月庚申岑申明劄子附入。

武德郎、閤門宣贊舍人、淮南東路鈐轄、權通判泗州劉綱就差知泗州，時泗州已爲金所據。

詔淮南州軍進奉大禮絹等並免。先是，和州言：「本州殘破，無所從出，乞蠲免。」户部奏展半年。中書舍人王居正言：「上之所取於百姓之物，其名色雖不同，然要之皆因其土地之所出，民力之有餘，以助縣官之費一也。故朝廷當察民力之有無，不當問所立之名色。就其名色論之，生辰及大禮進奉，乃是臣子用致區區傾祝饗上之誠，初非朝廷取於百姓之物。若朝廷察見民力無所從出，固合豫降指揮，曲加慰諭，以將來生辰或大禮，不須依例進奉。如此則君臣恩禮，上下兩盡。朝廷既不能然，至使州縣自乞蠲免，蓋已非是，矧又以係是進奉之物，不許蠲免，臣竊以爲過矣。兼和州申述本州殘破，無所從出，事理顯然。伏望聖慈，特與蠲免，仍乞指揮户部，今後淮南州軍，應有似此起發之物，更切審度。如見得合行除放，不須令本處再三申請，庶使恩意出自朝廷，人知感悦。」疏奏，從之。

江南東路轉運判官黄子游、俞俟並貶秩一等。初，命二人應副劉光世軍錢糧，光世抵建康，而二人皆不至。帥臣吕祉奏：「國家艱難，乃臣子盡瘁之時。若人自爲計，專務全身保家，朝廷何賴？」遂貶其秩，命提刑司劾罪，仍趣令之建康應副。

2 戊申，胡松年自江上還，入見。上問控禦之計，松年曰：「臣到鎮江、建康，備見韓世忠、劉光世軍中將士奮勵，争欲吞噬敵人，必能屏護王室，建立奇勳。」上曰：「數年以來，廟堂玩習虚文，而不明實效，侍從、臺諫搜剔細務，而不知大體，故未能靖禍亂，濟艱難。非朕夙夜留心，治軍旅，備器械，今日敵騎侵軼，何以禦之？」趙鼎曰：「臣等躬聞聖訓，敢不自竭駑鈍，少副陛下責實之意？」中興聖政：臣留正等曰：「太上皇帝可謂知備禦之本矣。備禦在疆埸，而所以爲備禦者在朝廷。朝廷不治，疆埸何恃？聖訓有曰：『數年以來，朝廷玩習虚文，而不明實效，侍從、臺諫搜剔細務，而不知大體。』誠非治朝廷之道也。然太上皇帝知虚文、細務之不足恃，而以實效、大體自圖，夙夜留心，治軍旅，備器械，誠得備禦之道，宜乎敵騎侵軼，而有以待之也。鼂錯有言曰：『五帝神聖，其臣莫能及。故自親事於法宮之中。』太上皇帝之聖德，固非羣臣所敢望其清光，親事法宮，不免上勤宵旰。然使當時輔相，臺諫之有人，少有以上裨聖畫，備禦之功，又豈止於是也？宣王内修外攘，所以必得賢能爲之任使，爲是故也。」

左朝奉大夫、知廣德軍李健爲江東淮西宣撫司參謀官，用劉光世奏也。

3 己酉，侍御史魏矼自劉光世軍前還，監察御史田如鼇自張俊軍前還，並入見。

詔：「故責授江州團練副使黄潛善更不追復。觀文殿學士、提舉西京嵩山崇福宮汪伯彦落職，依舊宫觀。」上既追贈陳東、歐陽澈官職，而中書舍人王居正言：「宰輔非才，誤國亂政。求之自昔，豈可勝誅？然至於操鄙夫患失之心，違臣無作威之戒，使人主蒙拒諫之謗，朝廷有殺士之名，此而不誅，何以爲政？潛善、伯彦，不學無術，耻過遂非，唯思固寵以保身，務懲處士之横議，致東與澈，被此淫刑。方其威命之行，實爲初政之累。然自潛善、伯彦得罪去位，於今六年，陛下喜聞謇諤之聲，包容狂直之士，崇奬臺諫，詢擇芻蕘，導人使言，不吝於爵賞。於是天下曉然，雖愚夫孺子，咸知歸者東等之死，非出陛下之心，而忠臣義士扼腕共怒，甘心於潛善等之日久矣。今陛下尚軫淵衷，痛自追咎，使潛善魂魄有知，猶思延頸就戮，而伯彦軀幹故在，不識何施面目仰視君親？伏望特賜睿斷，將潛善、伯彦，無問死生，重加貶削，慰四海愛君慕義之心，彰二子殺身成仁之志。」故有是命①。

4 庚戌，詔承、楚、泰州水寨民兵，並與放十年租税科役，仍撥錢米贍之。時承州水寨首領徐康、潘通等遣兵邀擊金兵，俘女真數十。既命以官，尋又賜米萬石。是月甲寅，撥江陰軍米三千石赴水寨；乙卯，又撥三千石；十二月丁亥，又撥四千石。今併書之。中興聖政：趙鼎曰：「陛下德澤如此，人心益以固，國祚益以長矣。」臣留正等曰：「兩淮水寨之民，正猶陜西之弓箭手、河朔之保甲、福建之槍仗手也。無事則力田以自贍，有事則固壘以相保。縣官拊之得其術，使之因利乘便，亦可以助官軍掎角之勢。曩者金人入犯，水寨之民頗能邀擊其游騎，而自衛其聚落。及敵既退，太上皇帝矜其忠而賑恤之，德至渥也。或聞當時淮上有司不能奉行太上之旨，至招其小過，而責償官帑之所失，以是苦之。故甲申之警，皆棄其寨栅，載其器具，漂流於江之南者久之，此有司之罪也。韓愈有言：『賊接界連村落，百姓悉有兵器。小小俘劫，皆能自防。識賊深淺，護惜鄉里，自備衣糧，共相保聚。賊平之後，易使爲農。』今日水寨，正與此無異。帥守、部使者安可不遵太上皇帝之旨，而勞來安集之哉？」

左迪功郎權華爲左承奉郎，以薦對故也。

監察御史田如鼇言：「機事不密則害成。比來未行一事，中外已傳，皆由省吏不密所致。」上曰：「由呂頤浩不知大體，雖鬻食物人，亦縱之入，故事每漏泄。」趙鼎曰：「舊置中書、樞密於皇城内，如在天上，人何由知？自渡江，屋淺而人雜，自然不密。」乃詔：「應漏泄邊機事務，並行軍法；賞錢千緡，許人告。令尚書省榜諭。」

詔神武中軍、水軍並令往許浦鎮屯駐。

5 壬子，手詔曰②：「朕以兩宮萬里，一別九年，覬迎鑾輅之還，期遂庭闈之奉。故暴虎憑河之怒，敵雖逞於兇殘；而投鼠忌器之嫌，朕寧甘於屈辱。是以卑辭遣使，屈己通和。仰懷故國之廟祧，至於霣涕；俯見中原之父老，寧不汗顔？比得强敵之情，稍有休兵之議。而叛臣劉豫，懼禍及身，造爲事端，間諜和好。簽我赤子，脅使征行，涉地稱兵，操戈犯順，大逆不道，一至於斯。警奏既聞，神人共憤。皆願挺身而效死，不忍與賊以俱生。今朕此行，士氣百倍。雖自纂承之後，每乖舉錯之方，尚念祖宗在天之靈，共刷國家累歲之耻，殪彼逆黨，成此雋功。載惟夙宵跋履之勤，仍蹈鋒鏑戰争之苦，興言及此，無所措躬。然而能建非常之功，必有不次之賞，初詔具在，朕不食言。咨爾六師，咸體朕意。」熊克小曆載此詔在十月己卯，今從日曆繫於此日。自豫僭立，朝廷以金故，至以大齊名之，至是，始下詔聲其逆罪焉。此據熊克小曆。

殿中侍御史張致遠乞車駕當議進發，省罷營葺，以繫軍民之心。上曰：「朕置臺諫，本所以正闕失，事有規戒，未嘗不樂聞。昨日致遠奏，自吴江至，中塗見稱御前船不計其數，此恐是諸司插一旗幟，便爲御前船。

可速行下，幾察禁止。」乃詔：「除軍兵營寨外，其餘修葺去處，並令孫佑不得應副。如違，官吏取旨，重行黜責。」

吉州廂軍曾方等謀爲變，牢城卒項勝告獲之。後以勝爲保義郎。

是日，川陝宣撫司統制官楊從儀敗敵於臘家城。岳飛之取襄陽也，朝廷命宣撫副使吴玠乘機牽制，玠遣從儀以兵入僞地，遇敵勝之。明年二月癸卯奏到。

6 癸丑，責授單州團練副使、白州安置劉子羽放令逐便。初，子羽既貶，會吴玠除川陝宣撫副使，乃奏辭新命，且言：「臣自紹興元年收集散亡，踏逐和尚原，屯駐軍馬，控扼敵路。蒙宣撫使張浚差參議劉子羽冒鋒鏑出散關，與臣商議邊事。子羽知臣愚魯，爲可以驅策，知和尚原地利，爲可以必守，言之於浚，遂差臣充秦鳳路經略使，專要臣措置戰守，捍禦金人。如錢糧器用之類，子羽悉力應辦，殊無闕少。因此原下之戰，屢破金人。至紹興二年冬，臣又與子羽議，和尚原距川、蜀地遠，終恐糧道不繼，難以持久。又於川口仙人關側近殺金平選踏戰地，修置山寨，以備奔衝。兼臣和尚原軍馬數目不多，又得劉子羽所管成州及梁、洋軍馬，臣因而簡練之，於川口併力控扼。至今年春，金四太子等再領步騎十餘萬衆，攻犯殺金平，血戰累日，敵兵敗走，僅保無虞。此豈臣之功？乃子羽知臣而薦拔之功也。今蒙驟加異數，望追還成命，於浚與子羽少寬典刑。」上曰：「進退大臣，蔽自朕志，豈可由將帥之言？況朕於浚既罰其過，詎忘其功？可聽子羽自便。」上因言：「臺諫論事，雖許風聞，須要審實。如排擊人材，豈無好惡？若果務大體，不指摘纖瑕細務，强置人於有過，豈惟陰德不淺，亦可銷刻薄之風，成忠厚之俗。」趙鼎曰：「聖訓廣大如此，言事官宜奉以周旋也。」中興聖政：臣留正等曰：「臺諫人主之耳目，蓋欲裨聰明以助賞罰也。儻徇己好惡，以誤人主之聽，俾賞罰不當，無以服天下之心，豈不辜人主委寄哉？此太上皇帝欲勵耳目之官，至言陰德以警之。此忠厚之至，雖堯、舜無以加，任耳目者可不知戒乎？」

7 甲寅，左宣教郎、太平州州學教授王言恭上書：「臣有愚計，可以大助國用，不唯不斂於民，兼亦不拂人情，不傷國體，不失民信。數月之間，定有實效。但臣管見，事屬至密，疏遠小臣，不敢求對清光。願許臣暫至行在，見宰執委曲陳之。」詔本州守臣取索所陳，實封繳進。

8 丁巳，手詔曰：「朕以逆臣劉豫稱兵南向，警奏既聞，神人共憤。朕不敢復蹈前轍，爲退避自安之計，而重貽江、浙赤子流離屠戮之禍。乃下罪己之詔，親總六師，臨幸江濱，督勵將士。然而興師十萬，日費千金，動衆勞人，懼所不免。每一念此，惻然疚懷。尚覬諸路監司帥守，與夫郡邑大小之臣，夙夜究心，以體朕意。凡借貸催科，有須於衆者，毋得縱吏，並緣爲奸。凡盜賊奸宄，輒生窺伺者，務絶其萌，毋令竊發。其或乘時擾攘，恣無名之斂，容奸玩寇，失機察之方，致使吾民橫罹困苦，有一於此，必罰無赦。候軍事稍定，當遣廷臣循行郡國。」

執政奏：「遣神武中軍統領官范温、蕭保率海舟至淮口以來，邀擊敵馬。」上曰：「須令楊沂中遣統領官朱師閔統率以行，令温等權受師閔節制。蓋欲犬牙相制，決無他虞也。」保，燕人；温，本山東義士。故上訓及之。趙鼎曰：「此非臣等愚慮所及。」

武德感德軍節度使、開府儀同三司、淮南東路宣撫使韓世忠言：「遇大禮恩，乞長女封號。」吏部言：「世忠非見任宰執，難以施行。」詔特依所乞。

9 戊午，簽書樞密院事胡松年兼權參知政事，以沈與求按行江上故也。時沿江既有備③，商賈往來自如，通、泰出納鹽貨如故。上見士氣大振，捷音日聞，欲渡江決戰。趙鼎曰：「退既不可，渡江非策也。金兵遠來，利於速戰，豈可與之争鋒？兵家以氣爲主，三鼓既衰矣，姑守江，使不得渡，徐觀其勢，以決萬全。且豫猶不親臨，止遣其子，豈可煩至尊與逆雛決勝負哉？」於是遣與求按行江上，與諸將議可否。始知敵騎大集，其數甚衆。與求回，言：「沿江居民旋造屋爲肆，敵雖對岸，略不畏之。」熊克小暦載與求按行江上事於十一月庚戌已前，注云：「據趙鼎事實修入，不得其時。」事實言：「久之，張浚來自閩中。」則知此事在浚未至之前也。按日暦，十一月戊午有旨，胡松年兼權參知政事，候沈與求回日依舊。是時，孟庾在臨安，與求獨爲參知政事，不容十餘日始差權官，當是與求出門，而松年攝其事也。今移附本日。

是日，金人陷滁州。於是，淮西江東宣撫使劉光世移軍建康府，淮東宣撫使韓世忠移軍鎮江府，浙西江東宣撫使張俊移軍常州。

10 己未，資政殿學士、提舉萬壽觀兼侍讀張浚知樞密院事。浚之未至也，左宣教郎喻樗説趙鼎，除浚閩浙江淮宣撫使，以爲後圖。鼎大以爲然。及入奏，上曰：「且在經筵亦可。」喻樗語録曰：「樗先受趙鼎辟爲川陝都督府屬官，既罷行，因過平江，見鼎曰：『相公此舉，未知果有萬全之計？或賭采一擲也。』鼎曰：『亦安保萬全？事成幸甚，不成遺臭萬代矣。』樗曰：『張樞密在福，今只召之，恐逡巡未至。若直除閩浙江淮宣撫使，不許辭免，則命到之日，便有府庫軍旅錢穀。樞密來路，即我之後門也。』鼎大以爲然。明日入奏，久之，上曰：『且在經筵亦可。』」浚請遣岳飛渡江入淮西，以牽制金兵之在淮東者。上從之。及入見，上問鼎浚方略如何，鼎曰：「浚鋭於功名而得衆心，可以獨任。」於是上復用之。

詔平江府城内舟船輒留燈火者，如開封府本法斷罪。以右司諫趙霈援臨安已得旨有請也。臨安指揮，未見本年月。

11 庚申，詔防江諸軍賜燕，準備將已上並預坐，遣刑部尚書章誼押伴。熊克小曆今年十月書：「是月，樞密都承旨章誼爲户部尚書。」此蓋承户部題名之誤。誼今年七月自都承旨除刑書，十二月兼權户書，明年正月正除，今各附本日。

12 辛酉，觀文殿學士、提舉臨安府洞霄宮李綱言：「今僞齊悉兵南下，其境内必虚。儻命信臣乘此機會，擣潁昌以臨畿甸，電發霆擊，出其不意，則僞齊必大震懼，呼還醜類，以自營救。王師進躡，必有可勝之理。非惟牽制南牧之兵，亦有恢復中原之兆，此上策也。朝廷或以兹事體大，則鑾輿駐蹕江上，勢須號召上流之兵，順流而下，旌旗金鼓，千里相望，以助聲勢，則敵人雖衆，豈敢南渡？仍詔大將率其全師，進屯淮南要害之地，設奇邀擊，絶其糧道，賊必退遁。保全東南，徐議攻討，此中策也。萬一有借親征之名，爲順動之計，委一二大將捍敵於後，則臣恐車駕既遠，號令不行，敵得乘間深入，州縣望風奔潰，其爲吾患有不可勝言者矣，此最下策也。往歲金人南渡，利在侵掠，既得子女玉帛，時方暑，則勢必還師。今僞齊使之渡江而南，必謀割據，將何以爲善後之計哉？今日爲退避之計則不可，朝廷措置得宜，將士用命，則安知敵非送死於我？顧一時機會所以應之者如何耳。望降出臣章，與二三大臣熟議。」初，張浚之謫福州也，綱亦寓居焉。浚服其忠義，除前隙，更相親善。及浚召入，綱因以奏疏附之。執政進呈，上曰：「綱去國數年，無一字到朝廷。今有此奏，豈非以朕總師親臨大江，合綱之意乎？所陳亦今日急務，可降詔獎諭。」既而綱聞上幸平江，又條陳宜防備者有四，曰生兵，曰海道，曰上流，曰四川。至於保據淮南，調和諸將，增置禁衛，廣備糧食，措置戰艦水軍及經畫楊么凡十事，以告輔臣。

直秘閣、知平江府孫佑爲廣南東路提點刑獄公事。佑言：「仇怨交攻，身既危殆，乞一待次差遣。」故以命之。翌日復令如舊。佑言仇怨交攻事，當考。

13 壬戌，詔：「諸司見占客船，並令日下放還。違者抵罪。」張俊之出師也④，多奪取士民舟船，如被寇盜。此據趙甡之遺史。而諸司所占，又以準備遷移爲名，拘留不已。言者慮其失業，故條約之。

14 癸亥，龍圖閣直學士、新除都督府參謀官折彦質爲樞密都承旨，星夜兼程，前來供職。降充集英殿修撰、知鼎州程昌寓復徽猷閣待制，充都督府參議官。

權禮部侍郎唐煇自崑山入見，請令沿江守令賙恤淮南士民之渡江者，仍許借官屋以居。從之。

武經郎、前知濟州兼管内安撫司公事楊珪爲武功大夫、榮州刺史，兼閤門宣贊舍人。珪初以子弟所授官，後仕劉豫，至是來歸。自言失武經郎已上告敕，朝廷因其所稱而命之，遂以珪知邵州。珪除郡在是月辛未。

是日，淮西宣撫司統制官、中亮大夫、同州觀察使、知蘭州王德與敵遇於滁州之桑根，敗之，生擒十餘人赴行在。後録其功，進德官五等，將士受賞有差。明年二月丙申賞功。

15 甲子，手詔曰：「張浚愛君愛國，出於誠心。頃屬多艱，首倡大義，固有功於王室，仍雅志於中原。謂闕中據天下上游，未有舍此而能興起者。乘敵首勝之後，慨然請行。究所施爲，無愧人臣之義；論其成敗，是亦兵家之常。矧權重一方，愛憎易致；遠在千里，疑似難明。則道路怨謗之言，與夫臺諫風聞之誤，蓋無足怪。比復召浚，寘之宥密，而觀浚恐懼怵惕，如不自安。意者尚慮中外或有所未察歟？夫使盡忠竭節之臣，懷明哲保身之戒，朕甚愧焉。可令學士院降詔，出榜朝堂。」先是，浚上疏辭免除命，且言：「臣以淺薄之姿，偶緣遭遇，寖獲使令。仰惟陛下任之太專，待之過厚，而有怨於臣者，竊毁之備至；有求於臣者，責望之或深。上賴聖智之獨明，乾綱之自斷，保全微跡，不爲廢人。夫以失地喪師，累年無成，臣之罪惡，臣豈不知？至於加臣以大惡之名，陷臣於不義之地，隳臣子百世之節，貽孀親萬里之憂，言之嗚噎，痛隕無已。訓詞所戒，傳之天下，付在史官，臣復何顔，敢玷班列？」趙鼎因言：「陛下幸聽臣言，驟用浚，恐臺諫未悉，必至交攻。非陛下斷自宸衷，無以息衆議。」故有是詔。

詔左承直郎、兩淮西路安撫司幹辦公事吴㮚令引對⑤。㮚建康人，以薦者得召見。而閤門言⑥：「著令，初上殿臣僚，具名銜隨事申三省樞密院審察。」乃命先審而後對。㮚言：「萬騎所過，雖膳羞亦無所取。而掊克貪墨之吏，轉以應副軍期爲名，裒斂錢物，動以萬計。官收六七，吏取三四。願下明詔，非朝廷指揮，自以軍期科率者，借無侵盗，並坐贓罪；雖有朝旨，因而騷擾者，重寘典憲。」詔諸路漕臣覺察，遂以㮚爲左通直郎、將作監丞。㮚奏疏降旨及改官在是月戊辰，除監丞在十二月丙辰。

建州禁卒江勝與其徒謀劫庫兵以叛，爲軍士葉榮所告，守臣江少虞捕斬之。後以榮爲保義郎。

16 乙丑，湖北荆襄潭州制置使岳飛言：「襄陽等六州，歸業人户全闕牛種。乞量借官錢，竢起税日分四科隨税送納。又乞支降錢米，養贍官兵，修葺城壁樓櫓。應官私欠負，並行蠲放。州縣官到罷，各轉一官，選人改合入官，仍以招集流亡多寡爲殿最。」詔賜飛度牒二百道，爲贍軍修城之費。其餘皆從之。

17 丙寅，遣内侍李肖往劉光世、岳飛軍，汪浩往韓世忠、張俊、王瓔軍撫問將士、家屬，仍賜錢有差。三宣撫軍各萬緡，岳飛三千緡，王瓔二千緡。

初，河東忠義軍將趙雲嘗出兵與敵戰。至是，敵執其父福及母張氏以招之，且許雲平陽府路副總管。雲不顧，遂殺福，囚張氏於絳州。久之，雲間道奔岳飛軍中。既而飛遣雲渡河，雲因擊曲垣縣，復取其母。飛以爲小將。此據紹興十二年六月丁丑雲自叙狀增入，蓋今年十一月二十一日事，故附於此。

18 丁卯，上謂執政曰：「朕與大臣論事，稍有不合，便輕爲去就，何也？」張浚曰：「事有可行，有不可行。陛下一言之漏，言者意其好惡，因有論列，不得不爲去就。」上曰：「君臣之間，當至誠相與，勿事形迹，庶可同心協德，以底於治。朕於三四大臣，皆當分委。張浚專治軍旅⑦，胡松年可專治戰艦。」浚曰：「仁宗時，亦嘗委范仲淹、韓琦分事而治，言者數以爲辭，不旋踵報罷。」上曰：「今日之事，若不專責，無由辦集。將來如財用，亦須委一大臣。」中興聖政：臣留正等曰：「相得於内，則可相忘於外。故至誠不必事形迹，此自古聖君賢相相與之美事。伊尹曰：『惟尹躬暨湯，咸有一德。』先其身而不以爲嫌。周公曰：『孺子其朋，孺子其朋。』以朋指其君，申言之而不以爲過。是數者，若責以形迹，無乃有大不然者乎？惟其相得之深，故一切相忘而不論。太上皇帝於君臣之間，欲其至誠相與，勿事形迹。臣竊謂此自古帝王之用心，非後世所及也。昔魏鄭公以事形迹戒太宗，今太上皇帝乃以事形迹戒其臣。太宗賢君也，視太上皇帝之聖德，其不侔如此，臣謂非後世之所及信矣。」

19戊辰，趙鼎言：「臣等商議，望陛下降一詔書，開示從僞之臣，勢不獲已，他日來歸，亦不加罪。如張孝純、李鄴子弟，服在近僚，可見陛下恩意。」上曰：「中原陷没，致士大夫不幸污於僭逆，皆朕之過。」又諭：「卿等爲社稷大計，不厭反復熟議。」鼎曰：「臣等夜以繼日，惟恐智慮有不及，又豈敢不勉？」浚曰：「前此廟堂事，多是商量不合，至有一事，各持其説，數日不決者。」上曰：「趙鼎剛正，可與同心腹。如向來議論使事，席益來朕前，終無一言。」胡松年曰：「益非不曉達，但恐懷奸自私爾。」上曰：「君臣相與，當以至誠。一有容私其間，事功何由濟邪？」十二月丙戌降詔如鼎請。

20己巳，右從事郎程晟爲江東淮西宣撫司準備差遣，用劉光世奏也。晟，頤孫，已見。

盜區稠攻樂昌縣，廣東兵馬鈐轄韓京遣統領官趙焕捕斬之。既而爲餘黨所逐，馬陷淖，焕死於陣。後贈二官，録其家一人。焕贈官在明年閏三月辛未。

是夜，淮西宣撫司選鋒副統制王師晟、親兵副統制張琦合兵復南壽春府，執僞知府王靖。詔賜師晟金帶，後録其功，二人各進官四等，將士受賞者二千九百九十六人。師晟等明年二月己丑轉官。

21庚午，上按神武中軍射士於内殿，召宰執趙鼎、張浚、胡松年、權主管殿前司公事劉錫，命坐賜茶。

吏部侍郎兼直學士院兼侍讀孫近言：「伏見朝廷以邊警未寧，專意戎事，凡常程庶務，一切罷止。臣竊謂多事之際，搜求人材可與圖事揆策、折衝禦侮者，正今日所急。與夫内外刑獄待報而決者，不唯凝寒之月淹繫可憫，亦恐非所以感人心、召和氣也。欲望申詔大臣，凡人材之可用者，以時采擢，使赴事功。而具獄之當決者，且令一面斷行。苟刑名文牘之煩，不欲以費廟堂日力，則刑部長貳許按格法權宜裁決。其有甚可疑者，乃以上聞，庶幾不廢内修政事之意。」從之。

詔岳飛母太恭人姚氏特封榮國太夫人，廬山東林寺僧慧海賜號佛心禪師。初，飛遣本軍提舉事務、武功大夫劉康年來陳乞襄、漢功賞，而康年用飛備紙，乞奏子雷文資等三事。朝論以奏文資爲不可，餘皆許之。其後，飛言：「臣近蒙恩，以收襄、漢功，寵加旌節。臣具懇辭，不敢祗受。敢謂康年於國家多事之際，輒以私門猥瑣，希求恩寵。望寢前命，仍將康年正朝典。」詔：「飛母封號係特恩，餘令改正。康年依衝替人例，其所得襄、漢功賞仍奪之。」飛奏至在明年正月壬子。

22 辛未，左朝奉大夫、提舉江州太平觀李彌大復徽猷閣待制，知靜江府。

起復秘閣修撰、知岳州程千秋移知鼎州，左朝奉郎張觷知岳州。上覽除目，問觷才術如何，趙鼎曰：「聞其能辦事。」上曰：「不須更問某人薦，惟才是用。」胡松年曰：「朝廷用人，不可不慎。用一君子則君子進，用一小人則小人進。」上曰：「君子剛正而易疎，小人柔佞而易親。朕於任用聽察之間，不敢少忽也。」

右司諫趙霈請命有司條具一歲錢穀出入之數，裁節浮費。上曰：「此疏極關治體，過防秋便可施行。」胡松年曰：「使論事之臣每如此，何患不能協濟中興？正恐敵騎既退，國家暫安，虛文細務又復出矣。」上曰：「趙鼎記此，可爲戒。」中興聖政：臣留正等曰：「唐李吉甫始部録元和國計，著爲成書，本朝因之。丁謂著景德會計録，田況著皇祐會計録，蔡襄著治平會計録，蘇轍著元祐會計録，皆所以總括國計，杜失謾，制豐耗，量入爲出也。太上皇帝因諫臣之言，以謂此疏極關治體，惜當時未有能推行之者。神聖嗣興，以恭儉先天下，比命計臣置版籍，以總四方之賦，計其入則盡矣。量入以爲出，則會計之書不可以不作也。願詔諸儒踵成之。」

直徽猷閣、兩浙轉運副使李謨言：「平江今歲苗米三十四萬石，而逃田開閤四萬餘，災傷減放八萬餘。平江最係上色肥田，豈有逃絶若干之理？又慮檢放不實，乞下憲司，委官覆實。如所委官隱蔽，許監司互察。」先是，謨言：「浙路上供稽緩，乞秀、湖州、平江府委謨督責，緊切催納。」故有是請。户部乞許之。中書舍人王居正言：「陛下仁恤百姓之心，形於詔旨，行於赦令。四方守令，固未必能上體聖意，使實惠及人。今州縣一有開閤逃田，及檢放災傷去處，則監司便指以爲官吏作弊，欲寘之於法。臣竊以爲非陛下本意，兼恐提刑司及所委官觀望，保明不實，抑勒敷納，爲害不細。望追寢今降指揮。」從之。

左朝議大夫、知和州皇甫彦丁憂，特起復。時和州爲金所破，彦率軍民據守麻湖水寨，淮西宣撫使劉光世遣摧鋒軍統制趙秉淵、統領官楊貴將其軍民乘舟南歸。秉淵等因縱火大掠，士民倉猝引避，水闊舟小，沉溺甚衆，彦之金帛、妓女皆爲所奪。明年正月行遣。

知樞密院事張浚往鎮江視師。時金人於滁上造舟，有渡江之意。趙鼎密爲上言：「今日之舉，雖天人咸助，然自古用兵，不能保其必勝。計當先定，事至即應之，庶不倉猝。萬一金人渡江，陛下當親總衛士趨常、潤，督諸將乘其未集，併力血戰，未必不勝。或遏不住，則由他道復歸臨安，堅守吴江，敵亦安能深入？臣與張浚分糾諸將，或腰截，或尾襲，各據地利，時出擾之，敵亦不敢自肆。惟不可聞渡江便退，即諸將各自爲謀，天下事不再集矣。」主管殿前司公事劉錫、神武中軍統制楊沂中見鼎曰：「探報如此，駕莫須動。」鼎曰：「俟敵已渡江，方遣二君率兵趨常、潤，併力一戰，以決存亡，更無他術。」錫等同聲曰：「相公可謂大膽。」鼎曰：「事已至此，不得不然。二君隨駕之親兵也，緩急正賴爲用，豈可先出此言？」錫等乃退。

是日，金右副元帥完顔昌遣通問使魏良臣、王繪歸行在[8]。平旦，良臣等行。接伴官李聿興謂曰：「侍郎歸矣，如聿興等，何時得離塗炭？」歎息久之。行二里許，昌擁三百餘騎相遇於塗，問難再三，良臣等答昌如初見聿興之語。昌言：「既欲講和，當務至誠，不可奸詐。況小小掩襲，何益於事？如欲戰，先約定一日，兩軍對敵則可。我國中祇以仁義行師，若一面講和，又一面令人來掩不備，如此，恐江南終爲將臣所誤。如向來大軍至汴京，姚平仲劫寨事可見。本朝事體，秦檜皆知，若未信，且當問之。」良臣等以此來有上大金皇帝表、二聖、二后表、丞相、元帥物録六封，乞留軍前。譯者云：「大金皇帝表可留，他書持去。戰而敗，録中物固非我有。即勝，詎止須此物？」遂授良臣等以左副元帥宗輔書。已上並據王繪紹興甲寅通和録。又爲良臣言：「當以建州以南王爾家[9]，爲小國。」又索金帛犒軍，其數千萬。良臣等受書，遂自鎮江赴行在。金人言建州以南等語，據張浚行狀云爾。按金人前後書辭，止欲畫江爲界，與此不同。王繪語録亦無此説，更當詳考。

23 壬申，上謂大臣曰：「朕於羣臣，或因其行事，或因其獻言，每料度曲折，十亦得五。但恐太察，不敢見於所行耳。」

左從事郎、新潭州州學教授錢秉之特改合入官。秉之避地廣西，用趙鼎薦對，而有是命。後三日，殿中侍御史張致遠言：「陛下親乘戎輅，總師拒敵，此正漢高延酈食其、光武納寇恂之時。顧雖韋布卒伍，苟有才術，足以排難解紛，亦當聽用，使羣心聳動，共赴功名之會。而乃陳誼無聞，改秩罷去。臣意朝廷祇以既降上殿指揮，不可中輟，既已引見登對，例合推恩，此豈今日所宜爲耶？當拯溺救焚之時，襲承平優暇之軌，在朝廷一時施設，因成文具，使臣下沿例獲賞，何以勸功？願陛下於延訪之際，稍從慎簡，其人才足以任事，議論足以戡時者，亟加委用，令得攄發所藴，以風厲其餘。否則，放令自便，無徒啓僥倖之門，長奔競之風。賞罰二事，在軍旅之際，所繫甚大，惟陛下無輕用之，天下幸甚。」疏奏，從之。

24 癸酉，直秘閣韓之美通判全州。之美守德安，召還而有是命。

是夜，魏良臣等至常州，見浙西江東宣撫使張俊。甲戌，夜，良臣等至許市，遇知樞密院事張浚於舟中，良臣等具告以金人所言，且謂金有長平之衆。浚謂曰：「欲同詣行在，徐思之，恐人疑惑。」乃密奏：「使人爲敵所誅，切不可以其言而動。又勿令再往軍前，恐我之虚實，反爲所得。」浚遂疾驅臨江，召韓世忠、劉光世與議，且勞其軍。將士見浚來，勇氣自倍。浚部分諸將，遂留鎮江節度之。

校勘記

① 故有是命　此句後原有四庫館臣按語：「宋史繫十月壬寅。」今删。

② 手詔曰　「曰」，原作「書」，據叢書本改。

③時沿江既有備　「沿」，原作「松」，據四庫本中興小紀卷一七改。

④張俊之出師也　「俊」，原作「浚」，據叢書本改。

⑤詔左承直郎兩淮西路安撫司幹辦公事吴㮚令引對　「淮」，原誤作「省」。叢書本同。按：「省」疑爲「淮」之誤。蓋南宋東南各路，有兩浙東西路與兩淮東西路，吴㮚既爲建康人，其所任帥司幹辦公事，當在淮西，故逕改。

⑥而閤門言　「言」，原作「下」，據叢書本改。

⑦張浚專治軍旅　「浚」，原作「俊」，據叢書本改。

⑧金右副元帥完顏昌遣通問使魏良臣王繪歸行在　「右」，原作「左」，叢書本同。按：時金左帥爲宗輔，昌爲右帥，故逕改。

⑨當以建州以南王爾家　「建」，原作「連」，據朱文公文集卷九五上張浚行狀改。下注文同改。

建炎以來繫年要録卷八十三

1 紹興四年十有二月乙亥朔，輔臣奏事，上因論：「祖宗創業艱難。未嘗不以躬儉爲天下先。蓋儉則不妄費，不妄費則征求寡而民心悦，此所以得天下也。」趙鼎曰：「仁宗皇帝時，大臣嘗入寢殿問疾，見帝蓋舊黄絁被，宫人取新被覆其上①，然亦黄絁也。躬儉如此，故仁恩滲漉，四十二年號稱至治。至今雖田夫野老，言及必流涕。」沈與求曰：「臣聞元德皇后嘗用銷金緣皂襜，太宗皇帝怒曰：『近日宫中用度不足，皆緣皇后奢侈所致。』以此見祖宗以恭儉得天下，自是家法。」上曰：「宣和以來，世習承平之久，奢侈極矣，馴致禍亂，可不戒哉？」

右奉議郎、浙西防托司提點官鮑貽遜罷。上之出視師也，置防托司於臨安府，而以貽遜與左朝奉郎孫邦同領之。至是，監察御史張絢言：「貽遜追集鄉民，聚於寨柵，人苦其擾。邦不以爲是，爲貽遜所辱。郡守梁汝嘉置酒和解之，士民駭怪。」故貽遜遂罷。防托司事始不見，因此表出之。

尚書吏部員外郎魏良臣、閤門宣贊舍人王繪自金國軍前還，入見。良臣等至平江，見輔臣已，金部員外郎吴并問金兵衆寡②，繪曰：「據所見，不及二萬人。而諜報及金人自言，以謂四路各十萬人，然未嘗見也。」日午，對於内殿。上問勞甚渥，且詢敵勢，繪舉冒頓匿壯士健馬故事爲對。且言：「願勿輕此敵。」翌日，繪即乞致仕。許之。既而趙鼎召良臣，問四路之數，良臣曰：「此副使爲吴郎中言之，若所聞審的，則必奏陳。」時良臣等既爲張浚所斥，而侍御史魏矼亦言：「朝廷前此三遣和使，而大金纔有報聘，禮意周旋，信言可考。頃復專使尋好，未有釁隙。兹乃僞劉父子造兵端，本謀窺江，初無和意。使人未見國相，報書來自近甸，此而可信，覆轍未遠。今大兵坐扼天險，援師艤舟上流，精鋭無慮十萬。彼僞劉挾金爲重，簽軍本吾赤子，人心向背，久當自携。持重以待之，輕兵以擾之，吾計得矣。昔曹操降劉琮，得其水軍人船，合八十萬，徑下江陵。吴之議者咸曰：『曹公豺虎也，然托名漢相，挾天子以征四方。今日拒之，事更不順。且將軍大勢可以拒操者，長江也，今操得荆州，水陸俱下，此爲長江之險已與我共之矣。而勢力衆寡，又不可論，不如迎之。』獨周瑜引兵與劉備并力以逆操，敗之赤壁。今劉豫挾金以叛，視操孰順？敵衆深入澤國，視操孰强？而岳飛在江西，吴玠在秦隴，形勢又孰得？更欲聽其詭計，惰喪士氣，拱手以受其弊，非臣所喻也。昔新垣衍説趙帝秦，魯仲連折之，有曰：『是使三晉之大臣，不如鄒、魯之僕妾。』秦軍聞之，爲却五十里。臣久誦斯語，不勝憤懣。惟陛下爲宗社生靈之重，仰順天意，俯從人欲，飭勵諸將，力圖攻守。」上甚納其言。矼疏不得其日，且附良臣入見之後。王繪乞致仕，據繪甲寅録云耳，日曆無之。六年四月三日，自武顯大夫、閤門宣贊舍人落致仕，充湖南制置大使司屬官。

是夜，淮東宣撫司正將許世安、王權劫敵栅於真州之東北，獲數十人。

2 丙子，賜趙懷恩隴右郡王印。

3 丁丑，左朝請大夫、知江州陳子卿爲湖北制置使司參議官，用岳飛奏也。後二日，執政進呈韓世忠辟官屬，上曰：「諸將所辟官屬，稍正當則能裨益其軍政，儻非其人，往往生事。雖朝廷用人亦然。書稱：『侍御僕從，罔非正人。』況其他乎？」沈與求曰：「致治之道，在積賢耳。左右前後皆薛居州，則邪枉之徒自然遠矣，天下安得不治？」

是日，吏部侍郎孫近、禮部侍郎唐煇、中書舍人王居正、權户部侍郎劉岑同班入見，以敵騎臨江也。

4 戊寅，侍御史魏矼、殿中侍御史張致遠、右司諫趙霈同班入見。時侍從、臺諫扈駕平江止此。

右迪功郎、楚州録事參軍、權鹽城縣令劉舜士爲右承務郎、知縣事。先是，舜士率吏民守境捍禦，又拒敵檄不從，故有是命。舜士言道梗無糧，乃賜錢二千緡、米五百斛，詔鹽城權隸泰州③。賜錢米在庚辰，隸泰州在辛巳。

5 己卯，劉光世奏統制官王德獲僞承節郎、定遠縣主簿朱從，上命釋之。既而曰：「諸將方與敵人對壘，今獻俘輒釋之，恐其意怠，勿殺可也。」趙鼎曰：「此皆吾民，誠不必殺。」遂付神武中軍，仍給五人銜官券。十二月丙申給券。

布衣王蘋特補右迪功郎。蘋，侯官人，通春秋。舍法既行，遂不就舉。至是，寓居吴江，守臣孫佑言其素行高潔，有憂時愛君之心，召對補官。後四日，賜進士出身，除秘書省正字。上謂輔臣曰：「蘋起草茅，而議論進止若素宦於朝。大抵儒者能通世務，乃爲有用。」

知湖南制置大使席益乞依李綱例，於所在州軍寄造酒。又言：「本路闕官去處，省部已下差下人未到間，乞依折彦質例，許臣選委權攝，及奏辟一次。」許之。

庚辰，中書舍人王居正言：「州郡公使造酒，命官限年之任，祖宗之法，悉有定制。昨李綱知潭州，乞於所在州軍造酒，既不指定路分，又無所造石數，是潭州得於天下州軍不限石數造酒。今益乞依綱，公議以爲不可。初，綱知潭州，應朝廷所差官並不令赴任，自行辟置。自後彦質繼之，乞省部已差下人未赴任間，許時暫差人權攝，如一季内未到，即許審量奏辟。比之李綱，已極忠恕，所以朝廷姑從其請。兼彦質到任之初，係經馬友、鍾相殘破未久，本路全然闕官，是時權宜奏辟，理或當然。今湖南州縣稍已就緒，而益乞依彦質例辟官，公議亦以爲不可。欲望詳酌，將益所乞造酒，且依彦質就潭州寄造，月不得過三十石。其辟官候踰年依條不該赴任之人，許行奏辟，庶幾稍近人情。」從之。

6 辛巳，刑部尚書章誼往江上押燕犒軍還，入見。

命行宫留守司中軍統制王進以所部屯泰州，防托通、泰，應援淮東水寨，權聽帥司節制。上召進入對而遣之。

秘閣修撰、淮東宣撫司參議官陳桷丁母憂，詔起復。

僞齊保義郎劉遠特補忠翊郎。遠，同州人，從劉麟入寇，與其徒六人自盱眙脱身來歸，皆録之。其僞告，令所屬焚毀。

7 壬午，詔知宿遷縣劉澤等並各轉一官。澤之來歸也，徐俯在樞筦，欲斬其首送劉豫，趙鼎以爲不可，至是始褒録焉。事祖已見四月丙午。

8 乙酉，直龍圖閣、新知永州胡寅試起居郎，尚書左司員外郎兼權給事中晏敦復爲中書門下檢正諸房公事。

朝請郎、通判漳州江躋守司農少卿。躋先坐秦檜黨斥去，至是，趙鼎用之。

9 丙戌，賜僞齊右丞相張孝純、僞知兖州李儔手詔曰：「朕惟强敵侵軼，迫朕一隅，叛臣乘時，盜據京邑。惟爾士大夫，蒙被德澤，服在周行。其肯失身僞庭，事非其主？顧迫脅使然，有不得已者，朕甚痛之。故若孝純、儔等，内外親屬，不廢禄仕，每飭有司，各加存恤。朕之於爾厚矣，爾尚忘之邪？其能洗心易慮，束身來歸，當復其爵秩，待遇如初。朕方布大信以示天下，言不爾欺，有如皦日。」他日，孝純與僞尚書右丞李鄴論及本朝，鄴曰：「死無所憚，但恐如陸漸之禍，惡名終不可免爾。」孝純乃止。此據孝純所上書附見。陸漸事，見二年六月戊戌。

是夜，月犯昴，太史以爲敵滅之象。上以諭輔臣，胡松年曰：「天象如此，中興可期。」上曰：「范蠡有言，天應至矣，人事未盡也，更在朝廷措置如何耳。」趙鼎曰：「當修人事以應之。」上語在是月庚寅。中興聖政：臣留正等曰：「天理人事，初無有二。人事盡矣，天理無有不應者。人事未盡，而獨言天理，亦悖矣。然而天心仁愛人君，常先事而爲之兆，有所宜禍，則戒以災異，有所宜福，則開以禎祥。戒以災異，欲使之懼而知改；開以禎祥，欲使之勉而知遂。苟惟覩災異而莫知改，覩禎祥而莫之遂，是直不知天意之所在，而以人事自棄者也。如是則離天人而爲二，其失遠矣。太上皇帝因論太陰犯昴，有滅敵之象，舉范蠡之語以曉臣下曰：『天應至矣，人事未盡也，更在朝廷措置如何。』因天象而益修人事，可謂善承天意也哉！」

10 丁亥，參知政事沈與求以兄歸安縣主簿夢求有公事定奪，乞去位避嫌。上不許。

資政殿學士、知福州張守言：「臣聞韓世忠所獻敵俘，已就戮於嘉禾，遠近欣快，不謀同辭。然臣竊謂，凡所獻俘，若使皆是金人，或他國借助，則宜盡剿除，俾無遺育。至於兩河、山東諸路之民，則皆陛下赤子也。劉豫驅迫以來，必非得已。若臨陣殺戮，勢固不免。至於俘執而至，容有可矜。臣妄意以謂，凡所得俘內，有簽軍則宜諭以恩信，以示不忍殺之之意。若可特貸而歸之，或願留者，亦聽其便。不惟得先王脅從罔治之義，而劉豫之兵，可使自潰。後雖日殺而驅之使前，將不復爲用矣。」疏奏，詔奬之。

端明殿學士、荆湖南路安撫制置大使、知潭州席益落職，降充安撫使。初，命樞密都承旨馬擴爲江西沿江制置副使，屯武昌，而令益遣統制官吴錫一軍受擴節制。至是，樞密院言：「凡三十一次札催，未肯發遣。」故謫之。仍命錫星夜兼程之武昌，如違，並寘典憲。馬擴除江西制置副使，不得其日。按擴以十月丁亥方除密旨，去此恰六旬，而益責詞乃云：「令下七十日之間。」乃在擴未召對之前，不知何也。趙甡之遺史云：「詔撥吴錫、崔邦弼兩軍付馬擴，益不奉詔。」此亦誤，今從日曆④。

初，張浚至江上，令淮東宣撫使韓世忠募軍民王愈、王德持書抵右監軍宗弼所⑤，爲言張樞密已在鎮江。金人問愈：「吾聞張樞密已貶嶺南，安得在此？」愈出浚所下文書，見浚書押，色動，即以右副元帥昌書約日索戰。戊子，愈等持昌書至行府，浚言於上，並補承信郎。此以日曆及浚行狀參修。日曆云：「愈等於今月十四日回，齎到右副元帥回書。」十四日戊子也。行狀以爲乙未，今從日曆。愈、德補官在此月癸巳。

吏部員外郎魏良臣乞從便，許之。

11 己丑，權淮東安撫司公事趙康直劾泰州兵官任顯不伏使令，已械送有司，乞行竄責。上曰：「康直既權帥事，自合施行。嘗記朕爲元帥時，有一部將醉入酒家，壞其盆盎。朕捐白金償之，而斬部將，梟其首。自此更無一人犯令者。大抵用兵，當以威信爲先。」

命都督府右軍統制李貴以所部屯福山鎮⑥。

郢州防禦使、利州路馬步軍副總管、權知興元府兼管内安撫使田晟爲護國軍承宣使，邠州觀察使、永興軍路經略安撫使、權知利州兼本路安撫使郭浩爲彰武軍承宣使，武功郎姚仲爲拱衛大夫、開州團練使，降授武翼大夫郭仲復右武大夫、文州刺史，武翼大夫吴勝爲右武大夫、閤門宣贊舍人，皆用殺金平之功也。先是，川陝宣撫使王似、副使盧法原第其功，自晟已下諸將，凡九十三人皆進秩。至是，遂申命之。似、法原諸子亦以勞進秩二等，而吴璘、楊政優異推恩者不與焉。

12 庚寅，處州雄節卒陳轉特補保義郎。時守臣耿延禧簡兵以備調發，而軍士謝紹、葉新言：「即敵至，斬延禧以順番。」爲轉所告論死，故録之。

13 辛卯，上謂輔臣曰：「韓世忠近以鰣魚鮓來進，朕戒之曰：『朕艱難之際，不厭菲食。卿當立功報朕，至於進貢口味，非愛君之實也。』已却之矣。」

集英殿修撰、知廬州仇悆陞徽猷閣待制，録守城之功也。

14 壬辰，湖北制置司統制官牛臯、徐慶敗敵於廬州。時敵增兵，復犯淮右。仇悆盡發戍軍千人拒之，既而敗北，無一還者，遂求救於湖北制置使岳飛，遣臯、慶率二千人往援。慶，飛愛將也。是日，臯、慶以從騎數十人先至，坐未定，斥堠報金人五千騎將逼城。時湖北軍未集，悆色動不安，臯曰：「無畏也，當爲公退之。」即與慶以徒騎出城⑦，謂敵衆曰：「牛皐在此，爾輩胡爲見犯？」乃展幟示之。敵兵失色，皐舞稍徑前，敵疑有伏，即犇潰。皐率騎追之，敵自相踐死，餘皆遁去。時淮西宣撫使劉光世亦遣統制官張琦至廬州城下，又遣統制官靳賽至慎縣而還。僉歎皐之功，以書謝飛，盛稱其勇。飛不悦，移其功以畀慶。後慶以奇功，自武功郎徑遷武功大夫、開州刺史，而皐止進二官。此以徐夢莘北盟會編、熊克小曆參修。但夢莘所云「皐以十三騎襲敵軍五十里」，又云：「番僞大軍十餘萬，去廬州百餘里而屯，一夕皆遁。」此則未足據也。番僞軍退，自是糧乏不支，非因廬州之敗。據岳飛奏功狀稱，實接戰立功官兵五百四十六人，雖未免泛濫在其中，然亦不止於十三騎明矣。狀又稱：「追逐敵兵三十餘里。」今但云率騎追之，庶得其實。皐、慶明年二月推恩。

殿中侍御史張致遠言：「知和州趙霖、知洪州分寧縣陳敏識、知建昌軍方昭，皆前有死守之功，後坐文致之罪，見被廢黜。臣請爲陛下言之。和州自李儔納欵之後，水寨民社，以霖爲請。霖在江東，間關赴難，悉力措畫，數與敵鬬，屢拒他盜，不廢耕植。官私就緒，冠於他郡，民到於今稱之。繼緣幕官私書，時相移怒，遂以案發屬郡，用爲互論，獄司深文，止坐公筈。霖之非辜，亦已明矣。敏識當金人初渡大冶，道出武寧，所遇迎降，禍不再計。分寧距武寧百里而近，父老列狀，願歸城於敵帥，以保全鄉井。敏識披胸示之，示以先死，率衆據險，迄免侵軼。縣之奸俠有欲乘間嘯亂者，譎誘而殺之，一邑賴以安堵。僑寓士夫述其狀，鄰路監司上其功。既嘗進秩擢用，偶挾私怒者得路，託爲疏論，遽送嶺外監當。借使不足爲功，又何罪之有？昭守建昌，苗傅之餘黨韓世清者，首殘邵武，以衆數千徑犯軍城。官吏軍民，盡欲逃去。昭以六十口爲質，揭榜通衢：

『敢言去者，以軍法從事。』率衆嬰城，親督守備。賊圍而攻之，矢石雨集，凡六晝夜，昭鼓衆益厲，攻者死傷十三四，一夕遁去，遂陷臨川。蓋自通判而下，咸被賞典，獨昭未與。是冬，昭以敵在臨川遣人約齎降書，相去一驛之間，慮爲軍民脅持，既不可從，又不能死，乃以軍事委倅，謁告寧親。繼而論罪編置，屢經恩霈，無路自明。今霖罷處祠館，敏識與昭尚在罪籍，臣若不爲伸理，非惟上負聖明耳目之寄，且使朝廷有忽功記過之失，無以勸效死守節者。伏望睿斷，察霖等已往之過⑧，録霖等未報之功，量材叙用，以爲衆勸，亦今日之急先務也。」敏識時爲降授右朝散郎，先訟枉於朝，得旨改正。霖爲左中奉大夫、直徽猷閣，奉祠家居。乃詔霖與郡，昭改正。命下而霖已卒矣。十二月壬寅，趙霖守本官致仕。

15 癸巳，殿中侍御史張致遠言：「朝廷不當除授差遣，以妨軍務。」上曰：「言者欲大臣專意軍務，誠知所先。儻因間隙，莫不妨除授否？比聞士大夫遠赴行在，而吏部既不注擬，往往貧困，無以自存，朕用惻然。」趙鼎曰：「向者車駕親巡海上，猶有差除，恐於今日未宜遽廢。」胡松年曰：「言者但當論除授當與不當耳。」上曰：「艱難之際，豈可使士大夫失職？」

浙西江東宣撫司統制官張宗顔與敵戰於六合縣，時金人瀕江，犯宣化鎮，出没踰月。張俊遣宗顔潛渡江，出金人之背，與戰不勝，詐爲捷書以聞。此據趙甡之遺史。日曆：「張俊曰：『張宗顔於六合縣掩殺敵兵不計數目，生擒七十餘人，奪到馬二十餘匹。』」

是日，承州馳潭水寨首領仲諒遇敵於山陽，獲七人。

16甲午，武功大夫、忠州團練使、神武中軍左部統領范温添差江南西路兵馬鈐轄，撫州駐劄，罷從軍。

17乙未，上曰：「敵馬近在淮甸，而將士致勇争先，至於諸路守臣，亦翕然自效。」顧趙鼎曰：「此乃朕用卿等之力。」鼎曰：「盡出聖畫，臣等何力之有？然大敵在前，方懼無以塞責。近日連南夫、張守皆有奏牘，應辦軍須錢物，曾不愆期。」上曰：「自古國家用賢則治，若警奏初聞，而朕或爲退避之計，江、浙已丘墟矣。」

詔陳獻兵書進士葉汝舟賜帛二十匹。

18丙申，淮南東路轉運判官郭楫罷。先是，上命漕司以米萬石濟接水寨民兵，及是旬而未有顆粒至者。侍御史魏矼言：「楫不才慢命。」趙鼎亦奏斥之。上曰：「今日大敵在前，欲臣下趨事赴功，不可不大明賞罰。有賞而無罰，是猶有春夏而無秋冬也。萬物之生，何由成實？」故楫遂罷。

提轄榷貨務都茶場郭川等請：「今臨安府本務將每日入納錢三分之一椿還見錢關子，仍俟客人身到乃給。」許之。時朝廷降見錢關子爲糴本，而川等言未有關防，故有是請焉。日曆無此，今以明年正月十三日章誼劄子所云修入。但降見錢關子充糴本月日，前此未見，是必與明年二月張絢所奏相關，當考。

19丁酉，侍御史魏矼言：「日食正旦，乞下有司講求故事。」上曰：「日蝕雖是躔度之交，術家能逆知之。春秋日食必書，謹天戒也。矼之言，良愜朕意，宜下有司，講求故事。凡可以消變者，悉舉行之。」沈與求曰：「日蝕雖躔度可推，然日爲陽類，至於薄蝕，則人君所當恐懼修省，以應天變。」

川陜宣撫副使吴玠奏夏國主數通書，有不忘本朝之意。及折可求族屬列銜申玠云：「見今訓練士馬，俟玠出師渡河，即爲内援擊敵，上報國恩。」上曰：「此皆祖宗在天之靈扶佑所致，亦有以見人心同憤也。」

20 戊戌，知樞密院事張浚奏捍禦敵馬次第，且言：「久相持，恐其别生奸計，已與諸將會議，凡可以克敵者，無不爲也。」上曰：「浚措置如此，敵必不能遽爲衝突。」沈與求曰：「晉元帝時，兵力未强，然石勒寇壽春，帝集將士，相持三月，其下至有勸降者，王導拒之。敵遠來，久相持，非其利也。」上曰：「朕得浚，何愧王導？」

浙西江東宣撫使張俊奏張宗顔過江擊敵馬獲捷事。上曰：「俊每言，不敢虚奏邊功，恐坐冥報。嘗有方士謂俊曰：『王淵坐誤國之罪，爲陰司治之，備極慘毒。』朕未嘗信方士之説，果有之乎？」趙鼎曰：「臣在金陵，聞韓世忠之言，大略與俊合。然淵之罪在殺已降。」松年曰：「秦皇、漢武信方士之説，卒亂天下，此可以爲戒。」上曰：「國將興，聽於民；將亡，聽於神。史嚚之言是也。」上又曰：「死生數之大常，方士豈能損益？」

責授單州團練副使劉子羽復右朝散大夫，提舉江州太平觀。時吴玠復辭兩鎮之節，且言：「子羽累年從軍，亦薄有忠勤可録。念其父韐靖康間死節京城，今子羽罪雖自取，然炎荒萬里，毒霧薰蒸，老母在家，殆無生理，誠恐子羽斥死嶺海，無復自新，非陛下善善及子孫之意。伏望聖慈特許臣納前件官，少贖子羽之罪，使量移近地，得以自新。」三省勘會，子羽與吴玠書，所論邊事，跡狀可考，乃復元官，與宫觀。翌日，詔玠篤於風義，降詔奬諭。士大夫以此多玠之義，而服子羽之知人焉。

温州文學、承揚泰三州水寨參謀趙安節特許赴將來省試。安節嘗舉進士，未赴禮部。至是，以勞補官，乞依舊省試，特許之。

21 己亥，手詔：「以日蝕來年正旦，命公卿講求闕政，察理冤獄，詢問疾苦，舉遺逸，求直言。」

22 庚子，金人退師。日曆紹興五年正月十二日，樞密院劄子：「據劉光世、韓世忠、張俊申，敵馬自十二月二十六日節次從楚州路遁走。」故繫於此日。

初，右副元帥完顏昌在泗州，而右監軍宗弼屯於竹塾鎮，嘗以書幣遺淮東宣撫使韓世忠約戰。世忠方與諸將飲，即席遣伶人張軫、王愈持橘茗爲報。報書略曰：「元帥軍事良苦⑨，下諭約戰，敢不疾治行李，以奉承指揮也？」此據世忠墓碑增入。張浚行狀云：「兀朮約日索戰，公再遣世忠麾下王愈，以世忠書往問戰期。愈回一日，而敵宵遁。」二書差不同。今且云「敵遺世忠書」，更須詳考。但碑載此事於世忠凱旋之後，則誤也。日曆通書人乃王愈、王德，而墓碑云張軫、王愈，亦須詳考。時金師既爲世忠所扼，會天雨雪，糧道不通，野無所掠，至殺馬而食。蕃漢軍皆怨憤，簽軍又爲飛書擲於帳前，云：「我曹被驅至此，若過江，必擒爾輩以獻南朝。」俄聞上親征，且知金主晟病篤，將軍韓常謂宗弼曰：「今士無鬬志，過江不叛者，獨常爾，他未可保也。況吾君疾篤，内或有變，惟速歸爲善。」宗弼然之，夜引還。金軍已去，乃遣人諭劉麟及其弟猊，於是麟等棄輜重遁去，晝夜兼行二百餘里，至宿州方敢少憩。西北大恐。何俌龜鑑：「惟紹興之四年，趙忠簡公鼎實領右揆之命，當時玉音宣諭，謂『朕當親總六軍，臨江決戰』。鼎即對曰：『親征出於聖斷，將士皆奮，決可成功。』於是移張俊於金陵，進光世於當塗，起世忠於維揚，復起張浚而董其事。自張公之出行邊郡也，今年命諸將觀機會，明年檄諸將觀兵勢，今日召諸帥議軍事，明日命諸帥分軍屯。書押之示，敵人動色。號令之下，奔走惟命。不曰今日之事，有進擊而無退保也。則曰若諸將渡江，則無淮南，而長江與敵共也。大儀之役，伏兵四起，孛堇就擒。壽春之勝，展幟示之，敵衆奔潰。鎮江勞軍，韓世忠移書兀朮，有『張樞密在此』之言。

金人相顧失色，敵於是有雪夜之走。采石徇師之令一下，諸將以死鏖戰，我於是有李家灣之捷。前乎富平之失，此魏公也，後乎江上之勝，亦此魏公也。人無愚知，作之則奮，師無利鈍，激之則鋭。茲非其驗歟？」

23 辛丑，詔葬祭浙西、江東二軍之死事者如淮東軍。趙鼎因言：「比張浚遣使臣來説，諸大將每得金字牌，則踴躍奔命，無敢不虔，由陛下素有以結其心也。」上曰：「諸將奉命，此固美事。然朝廷出號令，亦須審重，使其得之，若降自雲霄之上，其誰敢慢乎？」

刑部尚書章誼兼權户部尚書。

左朝奉郎、直寶文閣、知宣州趙不羣進秩一等，以應副軍需不擾而辦也。

是日，泰州陵亭水寨馮定捕敵三十九人。

24 壬寅，侍御史魏矼試秘書少監。矼乞依本省官例從便，許之。

殿中侍御史張致遠守侍御史，監察御史張絢守殿中侍御史，臨安府供職。

權尚書户部侍郎劉岑充集英殿修撰、知太平州，以岑引疾有請也。

倉部員外郎章傑福建路措置糴買公事。

觀文殿大學士、提舉臨安府洞霄宫呂頤浩言：「京東之民，企望王師日久，乞命諸將分道進兵。兵法所謂彼入我出，彼出我入。不二三年，則中原之地，大河之南，必先爲我有矣。」

25 癸卯，參知政事沈與求兼權樞密院事，以胡松年再往江上故也。

明州觀察使、同統制關外軍馬楊政爲武康軍承宣使[10]，直龍圖閣、都大同主管成都等路茶馬監牧公事、專一總領四川財賦趙開陞秘閣修撰。川陝宣撫司奏殺金平之捷，乞優異推恩，故有是命。

是日，金人去滁州。是役也，金據滁州凡四十有七日。

神武右軍將官盧師迪引兵至竹塾鎮，遇敵千餘騎，敗之。

26 甲辰，淮西宣撫司將官王順引兵至泗州之南，得敵所獲老弱二百。

是月，僞知光州許約攻石額山寨，破之。小校承信郎陶甫率遺民奔黄陂縣，詔以甫爲成忠郎、閤門祇候，充黄州準備將。張昂守山寨凡五年。甫除將官在明年正月丁卯。

初，通問使直龍圖閣張邵既不降，金人自燕山移邵居會寧府。兵部侍郎司馬朴、右文殿修撰崔縱、奉議郎魏行可、右武大夫和州防禦使郭元邁皆在焉。時金新立國，向慕文教，士人多從邵受書，生徒斲木書於其上，捧讀既過，削而復書。邵又以易講授學者，資用稍給。此據邵行實，乃紹興四年事，故附此年末。

是歲，四川總領所收錢物三千三百四十二萬餘緡，支三千三百九十四萬餘緡，而吴玠一軍費錢一千九百五十五萬緡。

宗子不屈等賜名者二十有三人，補南班者四人，班行十九人。

福建、廣西、兩浙、夔州路上户部户口陞降數。廣南東路見管税客户一百三萬餘，丁口二百一十三萬餘。成都府路見管税客户一百一十三萬餘，口二百三十四萬餘。

校勘記

①宮人取新被覆其上　「新」，原闕，據叢書本補。

②金部員外郎吴并問金兵衆寡　「并」，叢書本作「幵」，誤。本書卷八一亦作「金部郎官吴并」。

③詔鹽城權隸泰州　「泰」，原作「秦」，鹽城與秦州相距甚遠，當是「泰」之誤，逕改。下同。

④今從日曆　此後有四庫館臣按語：「按史，馬擴以辛巳除置副。」此見宋史卷二七高宗紀四，叢書本無。今删。

⑤令淮東宣撫使韓世忠募軍民王愈王德持書抵右監軍宗弼所　「監軍」，原作「都監」，同卷八一校勘記⑬改。

⑥命都督府右軍統制李貴以所部屯福山鎮　此後有四庫館臣按語：「史繫戊寅日。」今删。叢書本無。

⑦時湖北軍未集僉色動不安臯曰無畏也當爲公退之即與慶以徒騎出城　自「時湖」至「退之」，原闕，據叢書本補。「以徒騎」原亦闕，亦據補。

⑧察霖等已往之過　「察」，原闕，據叢書本補。

⑨元帥軍事良苦　「事」，原作「士」，據宋史全文卷一九上、三朝北盟會編卷二一七改。

⑩明州觀察使同統制關外軍馬楊政爲武康軍承宣使　「同」，原作「司」，據本書卷八一「明州觀察使環慶路馬步軍副都總管兼知慶陽府楊政爲環慶路經略安撫使知慶陽府同統制關外軍馬」之記事改。

建炎以來繫年要録卷八十四

1 紹興五年歲次乙卯。金熙宗亶天會十三年，僞齊劉豫阜昌六年。春正月乙巳朔，日有食之。上在平江。

是日，金人去濠州。初，金右監軍宗弼與僞齊之兵既退①，乃遣人報僞知濠州趙榮。榮率北軍及投拜官兵馬都監魏進偕去，出北門，市人尚未知。少頃，提轄官丁懷等四人盜庫兵，欲作亂。榮聞之而悔曰：「吾棄城而來，無守臣以主州事，安得不亂？」乃以衙兵復入城，懷遁去，執其餘三人誅之。以録事參軍楊壽亨權知州事。既而州人不便壽亨之政，奪其印，請兵馬都監孫奕代之。榮既歸，自是金人在江北者盡去矣。

2 丙午，詔户部出錢四十萬緡，付江西漕臣，增市軍儲。

3 丁未，知樞密院事張浚奏：「金人潛師遁去，今已絶淮而北。見行措置招集淮南官吏還任，撫存歸業人户等事。」上曰：「劉豫父子强誘金人，擁衆南侵，窺伺江、浙，其志不淺。今乃一夕遁去，其所亡失多矣。然敵馬方却，而浚已能爲朕措置如此，可謂孜孜奉國，知無不爲也。大臣和於内，將相和於外，故舉措得宜，而敵人知畏，此其所以遁去也。」沈與求曰：「臣聞諜者言，劉豫誘金人以我諸大將有不和者，故擁衆南來，直欲渡江。今陛下下詔親征，而中外協心，共濟國事，則敵之初謀盡伐矣，宜其遁去也。師克在和，誠見如此。」

侍御史張致遠言：「敵騎已退，緣淮南之人多爲敵所拘，兼於山間水面結集保守，又有中原被簽軍民意欲投歸，尚留敵寨及時暫逃避在村野者。不速行措置，深慮官軍以襲番僞，民社以收復州縣爲名，肆行剽掠，妄有殺戮，或執俘級，僥倖賞典，使吾民被害，重於寇盜。乞預降德音，并戒飭黄榜以付張浚。」詔以章示浚，如所請。

詔諸路州縣係官田舍，委守令取見元數，比倣鄰近田畝所收租課，及屋宇價直，量度適中錢數，出榜召人實封投狀承買，拘催價錢起發。日曆無此，今以四月二日總制司狀修入。

4 戊申，中書舍人兼史館修撰王居正兼權直學士院。

資政殿學士、知福州張守充資政殿大學士，顯謨閣直學士、知泉州連南夫進職一等。守奉詔變易度牒，得錢百餘萬緡。會有旨調海舟百艘，守因請以其舟載錢三四十萬，應副朝廷使用。南夫亦盡起本郡經制、常平錢物赴平江。中書門下省奏二人供億調度，曾不愆期。詔以憂國愛君，宜加褒寵，故有是命。

右朝請大夫、知泰州趙康直直秘閣。樞密院言：「敵犯淮甸，廬州禦敵有功，泰州措置得宜。」淮西帥仇悆已除待制，乃命廬州守禦官屬各進一官。

5 己酉，宰相趙鼎奏：「敵騎遁歸，皆自陛下聖畫素定。然善後之計，當出羣策。願詔前宰執，各條具所見來上，斷自聖意，擇而用之。」上曰：「朝廷能採衆論，則慮無不盡。雖芻蕘之言，儻有可采，猶當用之，況前宰執嘗在朕左右，必知朝廷事。」沈與求曰：「國有大議，就問老臣，乃祖宗故事。」於是賜呂頤浩、朱勝非、李綱、范宗尹、汪伯彦、秦檜、張守、王綯、葉夢得、李邴、盧益、王孝迪、宇文粹中、韓肖冑、張澂、徐俯、路允迪、富直柔、翟汝文等詔書，訪以攻戰之利，備禦之宜，措置之方，綏懷之略，令悉條上焉。

詔：「淮南州縣官吏擅離職任之人，特與放罪，令依舊還任。其抛棄官物，並與除破。」

左朝散郎何洋通判池州。時滁州初經殘破，民未復業，乃以洋知滁州。洋撫循居民，興建學校，民賴以安。

張浚赴行在奏事，命江東安撫使吕祉留行府，收接江北文字。

是日，承州馳潭水寨首領仲諒引兵入楚州。

6 庚戌，侍御史張致遠乞省并淮南官吏。沈與求曰：「官省則吏省，吏省則事省。事既省，百姓自然安矣。今州縣胥吏未嘗賦禄，皆蠶食百姓而已。淮南凋殘之後，遺民無幾，豈堪其擾也？」趙鼎曰：「祖宗差役，本是良法。所差既是等第，人户必自愛惜，豈肯擾民？王安石但見差衙前一事②，州縣奉行失當，變祖宗舊法，民始不勝其擾。」上曰：「安石行法，大抵學商鞅耳。自安石變法，天下紛然，但差役之法行之既久，不可驟變耳。」

詔百司從便官吏，限三日赴臨安府供職。

是日，淮西宣撫司統領官王進薄金人於淮，降其將程師回、張延壽而還。初，金人自六合北歸，命師回、延壽殿後，二人皆驍將也。淮西宣撫使張俊謂進曰：「敵既無留心，必徑渡淮而去，可速進兵，及其未濟擊之。」進與統領官楊忠憫偕往，敵且渡，遂薄諸河，敵衆悉潰，墮淮而死。師回、延壽勢窘而降。初，師回以俊爲浚，既降，乃悟曰：「吾以爲張樞密，乃關西也。」熊克小曆載此事，以爲張宗顔追及之。趙甡之遺史止稱王進一人，今從光世捷奏增入。日曆正月十二日丙辰，劉光世等申敵馬於正月一日渡淮盡絶，與此捷奏不同。當考。

7 辛亥，上謂輔臣曰：「恢復之圖，所宜愛日講究。要須先求人才，則天下之事無患不舉。然用人才在於進君子，去小人。」趙鼎曰：「臣待罪宰相，爲陛下分别君子小人而用舍之，乃其職也，敢不奉詔？」沈與求曰：「雖堯、舜之世，不能使天下無小人，要在處之得宜而已。書曰：『君子在位，小人在野。』此所謂得宜也。」

遣内侍趨張浚還行在。

中書門下省檢正諸房公事晏敦復言：「逮事曾祖母張氏，乞以明堂封妻恩回授曾祖母加封。」從之。

詔省試展用今年六月鎖院，以行在百司不備故也。

淮東宣撫司統制官崔德明敗敵於盱眙。

8 壬子，詔募僧人收瘞淮南客死者，每百人以度牒一道給之。

集英殿修撰、新知太平州劉岑改充右文殿修撰，尋奉祠。以侍御史張致遠論其得罪名教也。

中衛大夫、揚州觀察使、淮西宣撫司摧鋒軍統制趙秉淵貶秩五等，統領官、武功郎楊貴除名勒停，以宣撫使劉光世劾其縱掠和州水寨也。言者復奏二人之罪，且謂：「陛下親總六師，凡渡江擊敵，無問擒斬之多寡，皆旌賚有加，惟恐踰時。二人之罪，無所逃死，尚稽誅棄，是謂有賞無刑，不惟朝廷負姑息之名，光世自此亦何以令其下？望令光世押送二人，付之廷尉，速正典刑。」乃詔貴處州編管，秉淵更降二官。此月庚申再行遣。

9 癸丑，左迪功郎、樞密行府書寫機密文字張松兑爲左承奉郎。松兑，浚從子，上召對而命之。

拱衛大夫、利州觀察使兼閤門宣贊舍人、淮東宣撫司遊奕軍同統制張榮丁母憂，詔起復。

10 甲寅，詔：「諸路提刑司驅磨所屬州縣去年收支茶鹽錢數，如有違法支使，責官吏陪還，拘收赴榷貨務，仍命户部以驅磨最多處申朝廷推賞。稍有隱庇滅裂，亦許按劾。」用言者請也。

11 乙卯，張浚自江上還，入見。

詔沿江諸路監司帥臣李謨等十人各進官一等，以樞密院言應辦大軍宣力故也。其諸司屬官、諸州通判、州縣當職官實有勞效者，令逐司保奏，等第推恩。日曆無此，今以二月二日江東安撫司奏狀所云修入。

12 丙辰，上謂趙鼎曰：「大臣朕之股肱，臺諫朕之耳目。職任不同，而事體均一。或有官非其人，所當罷黜者，卿等宜亟以告朕，不必事待臺諫。」中興聖政：臣留正等曰：「昔王、魏善諫，而房、杜成其直。宰相與臺諫，固同一體，無二致也。譬之一家，其保家之子，既爲之區處衆事，訓飭長幼，而其呵護非常，攘却外禦者，則責之强勇子弟，期至於家之寧輯而已，初豈較其功之厚薄多寡哉？今夫進賢退不肖者，宰相之職，謹之於進退之初，則敗事瘝功者必少，雖臺諫無所論列可也。惟其孔跖雜售，梟鸞不分，是以臺臣不無排擊之紛紛，而是非交攻，至於上動睿聽也，其弊蓋在宰相任恩而不任怨耳。太上皇帝先責於宰相，宜矣。臣愚以爲，聖祖書成，非獨可爲子孫方來之法，凡爲宰相者，亦當敬書諸紳，奉行周旋。」

13 丁巳，詔江北敵馬已退，應行在及從便職事官，各條具利害聞奏。

武功大夫、閤門宣贊舍人寇宏依舊知濠州。宏棄城至平江府，匿民巷不敢出，邏者以聞。上召見，問以淮南事，宏戰灼不能對。乃命帶舊職，隸劉光世軍，事定別聽旨。至是，光世請遣之，尋又詔：「濠州官吏軍民，自宏出城之後，權時從僞，非其本心。今既復歸，其日前罪犯，一切不問。」後詔在是月壬申。趙甡之遺史云：「朝廷以孫奕不當代楊壽亨，黜監徽州酒務。」日曆正月壬申：「勘會楊壽亨、孫奕保全城壁，忠義可嘉。」與此不同，當考。

詔榷貨務每日入納錢，以其半支給見錢關子。用權户部尚書章誼請也。事初見去年十二月丙申。時州縣以關子抑配民間，充糴本，榷貨務又止以日納錢三分之一償之，阻滯者多，人皆嗟怨，故誼以爲請。此以張絢所奏增入。

14 戊午，輔臣進呈曲赦淮南事目。上曰：「敵雖退遁，然南北之民，皆吾赤子，當示兼愛并容之意。中原未復，二聖未還，赦文不可夸大。第使實惠加於兩淮百姓，乃朕指也。」上又曰：「敵已退遁，須當漸圖恢復。若止循故轍，爲退避之計，何以立國？祖宗德澤在天下二百年，民心不忘，當乘此時，大作規模措置，朕亦安能鬱鬱久居此乎？」趙鼎曰：「時不可失，誠如聖諭。事所可爲者，謹當以次條畫奏禀。」何俌龜鑑：「聖明天子，立志英明。每念復讎，未嘗不有比死一洗之意。考之國史，聖心可見。初年與輔臣論恢復之由，首論周宣復古之詩，次論漢光武尋、邑昆陽之勝，又其次論唐肅宗興復王室之盛，可謂志於恢復矣。又嘗語宰執曰：『今當漸圖恢復，乘時大作規模，朕安能鬱鬱久居此？』又謂宰執曰：『今已六月下旬，便可講防秋事，朕當親率諸軍，分頭迎敵。若依前遠避，何以立國？』不曰『修車馬，備器械，内修外攘之事，更須講求』，則曰『訓卒繕甲，極力措置，今冬敵來，似有可勝之理』。書車攻詩、羊祜傳，造盾琴樣以示武備，作金銀椀以旌射士，教習舟師，修復馬政，措置屯田，精擇間諜，其志蓋未嘗不在鉅鹿也。」

詔户部支金一千兩付樞密院激賞庫，充激犒使用。朱勝非秀水閑居録：「紹興四年，趙鼎以元樞爲川陝荊襄都督，須錢七百萬緡。有旨，半與之。兩浙運司、臨安府又取二十萬緡。行有日矣，會鼎拜相，使事即罷，不復差官。鼎爲奸利，效尤京、黼，因淮上用兵，遂以三百萬緡入三省激賞庫，自是得事進獻，因以侵漁。內結諸宦，外交諸將，養交持祿，首尾五年。御史謝祖信論鼎過惡數章，內一事云：『盜官錢八十七萬緡。』蓋此錢也。」按日曆，今年二月二十一日乙未，左僕射趙鼎等奏：「蒙恩除都督諸路軍馬，有合奏請事，一、川陝荊襄都督府事務在府官吏兵將官物等，合併歸本府。有旨依奏。」據此，與勝非所云差不同，當是浚罷都督，鼎再相，而始併督府錢物入激賞庫耳。今附此，更須參考。

命：「江東帥漕司繕治建康行宮，修築城壁，須管日近了畢。其省部百司倉庫等，具圖來上，務從簡省，毋得取給於民。」時上將還臨安，故有是旨。

詔行宮留守司放行常程事務。既而都省請：「就用留守司印，應合行事，並依本省自來體例。諸路申奏并合受理詞狀，應得條法，即一面行遣；如法所不載，合取得旨事，即申奏行在。應給降黃牒敕內，宰執幫銜孟庾書押。」從之。都省奏在是月乙丑。

是日，右從事郎、知嘉州龍游縣李孜將家往興化寺觀燈，觀者填塞寺門，石梯高峻，孜命從者扶之，士女墜磴，陷胸裂腸而死者百餘人。修職郎劉庠、將仕郎邵降年皆死，孜坐送獄抵罪。五月二十三日丙申，宣撫司奏其事，得旨，令趣具案，不知後來如何行遣。

15 己未，德音：「降淮南諸州雜犯死罪囚，釋流以下。應投降女真漢兒，除已等第補官外，仰諸軍並行存恤。應招捉到京東西、陝西、河東等路簽軍，許令從便。應見任官退避在山水寨保聚百姓之人，令宣撫司開具推恩。應山水寨團結人民，並放兑税役十年，其不係團結而嘗經敵馬蹂踐去處，與放五年。應因陷敵操行不屈、忠義顯著、衆所共知之人，令逐州長貳保實聞奏。」

16 庚申，行宮留守孟庾言：「別無職事，乞先次結局。」詔留守司依舊，其官屬並罷。

詔：「諸州禁卒日教射藝，守臣旬按，仍令憲臣躬親按賞，以備朝廷抽取拍試。土兵射士亦令教習，歲終比較粗精以聞。」用樞密院奏也。

17 辛酉，敕令所删定官謝祖信試監察御史。

詔：「故殿中侍御史馬伸頃因言事，死於貶所，忠直之操，念之衋然。可特贈左諫議大夫，依所賜官與合得致仕遺表恩澤。令諸路州軍尋訪家屬以聞。」伸既以斥死，會趙鼎入相，上記其忠，乃有是命。制曰：「朕觀自古奸臣，惡人議己，必罪言者，以肆志而作威。至於身不免而國家受其禍，此古今之大患也。伸操守剛正，論議凛然。方朕纂服之初，置相不善。爾任御史，力疏其奸，乃見貶於强敵方張、必不可守之地。爾之没也，可謂重不幸，亦豈獨彼奸之罪也哉？念之衋然，悔不可追。諫議大夫之秩，時所貴重。姑假此名，旌爾忠直，庶幾少慰乎泉下，尚其不昧，體茲至意。」

18 壬戌，張浚奏：「臣頃者出使川、陝，横遭誣謗。蒙陛下特降宸翰辯明之，使臣一旦昭雪，死無所畏。」上曰：「朕方屬卿中原之事，不可輒以曩日誣謗，過自畏縮。況毁譽之來，當考其實，齊威王所以封即墨大夫③，烹阿大夫。毁譽不公，自古所患。孔子曰：『如有所譽者，其有所試矣。』況於毁乎？」浚曰：「陛下於毁譽之際，曲留聖意如此，羣臣之幸。」上曰：「使其人誠非才，則言者不可謂之毁也，在於考其實而已。」

武成感德軍節度使、開府儀同三司、充鎮江建康府淮南東路宣撫使韓世忠爲少保，充淮南東路宣撫使，鎮江府置司。時世忠與劉光世、張俊相繼入覲，世忠奏：「敵騎遁去，陛下必喜。」上曰：「此不足喜，若復中原，還二聖，乃可喜耳。然有一事，以卿等將士賈勇争先，非復昔時懼敵之比，所喜蓋在此也。」後數日，上以諭輔臣，趙鼎等贊上誠得馭將之道。上曰：「楚用子玉，晉文公爲之側席而坐。今敵騎雖退，然黏罕等猶在，朕敢忘此憂乎？」上語在是月丙寅。中興聖政：臣留正等曰：「漢高祖收天下豪傑，頤指氣使，如驅羣羊，權略固高遠矣。韓信假王，不因躡足以止其怒，幾敗乃事。大抵以數術馭者，其技有時而窮也。太上皇帝駕馭諸將，出於誠信，雖辭色閒暇，無不披靡震驚，不敢桀黠者，專以君臣折服其心故也。劉光世不欲受杜充節制，上怒曰：『豈容跋扈如此！』遣使諭旨，即奉詔過江，復以銀合茶藥賜之。張俊入對，論及劉光世解罷軍政，有登仙之歎。上曰：『卿初見朕時何官？』曰：『修武郎。』上曰：『是時家貲何如？』曰：『貧甚，嘗從陛下求袍以禦寒。』上曰：『今貴極富溢，何所自耶？』曰：『皆陛下所賜。』上曰：『卿既如此，宜思自效，而有羨於劉光世何耶？』俊惶恐流涕，誓以死報恩。嗚呼！神機妙略，動與事會。與夫游雲夢以縛信，踞床洗以召布，孰爲得體乎？」

權尚書工部侍郎蘇遲充徽猷閣待制，提舉江州太平觀。遲引年告老，故有是命。

左宣教郎喻樗爲秘書省正字。熊克小曆：「趙鼎深喜程頤之學，朝士翕然嚮之。時有言：『今託伊川門人者，却皆進用。如喻樗，真其人也，乃不見知。』是月，鼎始薦樗改官除正字。」按，樗改官在去年九月壬申，又先已從辟爲江西大制司及都督府屬官，不應云乃不見知。今不取。

詔：「諸路常平司拘收耆户長雇錢，計綱赴行在。有擅用者，依上供錢法。」初，議者請并典吏雇錢不復支給，户部言恐無以責其廉謹，乃不行。

19 癸亥，參知政事、行宮留守孟庾上表請車駕還臨安府駐蹕。許之。

起復檢校太傅、寧武寧國軍節度使、開府儀同三司、充江南東路淮南西路宣撫使劉光世爲少保，充淮南西路宣撫使，置司太平州。太尉、定江昭慶軍節度使、兩浙西路江南東路宣撫使、神武右軍都統制張俊開府儀同三司、江南東路宣撫使，置司建康府。俊仍落都統制。詔：「韓世忠、劉光世、張俊各賜銀帛三千匹兩，異姓親補承信郎者二人，一子五品服，有服親封孺人者三人，冠帔五道。」

左奉議郎張九成爲太常博士④，趙鼎薦之也。

命尚書倉部員外郎章傑檢察福建、廣南東西路經費財用公事。尚書省因奏委傑起發兩路茶鹽錢赴行在，其擅用者皆責償之。此月甲子降旨。

賜故保義郎、楚州鹽城縣海道水軍將領朱欒妹銀五十兩。欒追擊敵軍，傷重，挾一敵人赴淮死。欒無妻子，知縣事劉舜士言於朝，故賜之。

20 甲子，淮西宣撫司統制官酈瓊拔光州，執僞知州、武翼郎許約。金人之犯淮也，光世遣瓊自廬州統兵聲言過淮，至芍陂，乃摘輕兵，由間道徑趨光州城下。約乘城固守，劉麟亦遣其統領官李知柔以衆援之。瓊説約降不從，即進兵急攻。城欲破，約勢窮，乃降，遂復光州。後六日奏至，既而光世以約赴行在。上謂大臣曰：「約爲劉豫結連楊么及劫張昂山寨，兇逆宜誅。今來歸，朕不欲失信，當貸之。」乃遷約一官，監南劍州鹽稅。熊克小曆載此事，以甲子爲奏至之日，誤也。日曆正月二十六日庚午，劉光世奏：「正月二十日晚，收復光州。」甲子二十日，蓋克誤以收復之日爲奏至之日爾。克又云：「瓊統兵過淮，由間道徑趨光州。」亦誤。據光世所云，乃是聲言過淮，若已渡淮而北，乃復還攻光州，則太迂遠矣。約二月辛酉轉官。

21 乙丑，罷淮南茶鹽提刑司，置提點兩路公事官一員，兼領刑獄、茶鹽、漕運、市易等事，應合行事，如發運使例。以直秘閣、江南西路轉運副使張澄提點淮南東西兩路公事，填刱置闕，仍命赴都堂稟議訖之任。尋以澄應副岳飛軍儲之勞，進職一等。澄除職在二月丙子。

詔户部進銀萬五千兩，赴内東門司，爲教閲三宣撫司官兵之費。

直顯謨閣曾紆陞職一等，尚書户部員外郎沈昭遠再進一官。岳飛之復襄、鄧也，二人以餽餉愆期貶秩。上手詔：「二人若應辦足備，飛成功，當不次除擢。如依前違慢，有誤軍期，邦有常刑，朕不汝赦。」二人惶恐受命。暨飛奏功，乃復其秩，又例進一官。中書門下省言賞未酬勞，故有是命。

太府少卿馬承家、尚書吏部員外郎魏良臣罷。時言者論：「警奏初聞，承家陰懷苟免，而良臣自知應對失詞，乃張大敵勢，恐動朝聽。謂敵有長平四十萬之衆，勸朝廷有擇禍莫若輕之説，奮臂宣言，無復忌憚。非陛下明斷，不懼不疑，則墮賊計中，爲害不細。」由是二人並罷。既而侍御史張致遠又論良臣與其副王繪所得恩數，忝冒太甚，乃詔各予二資恩澤。其非實過軍前人，皆裁削之。是月丙寅、己巳，兩次降旨裁削，今聯書之。

顯謨閣待制、提舉臨安府洞霄宮曾開知廣州。開坐累久廢，至是起用之。

詔：「江、浙諸郡守臣，銓量沿海沿江巡尉老病疲懦之人，擇見任官材武者兩易。仍令吏部今後審量差注。」

22 丙寅，詔：「淮南諸州荒閑田段，並令宣撫司經畫耕種，相兼應副軍中支用。仍置圖册，立界分，將來人户歸業，驗實給還。」

左宣教郎閭丘昕充御史臺主簿，用侍御史張致遠薦也。昕已見三年四月。

詔通、太平、江、池州守貳，各減磨勘三年。以樞密院言通州措置料角及存恤亭户，太平等州應辦大軍，理宜量行推恩故也。既而侍御史張致遠言：「通州自聞警報，守臣蔣璨未嘗輕動，又應副王進、李貴二軍，宜力居多。今例減磨勘一年，恐無以示勸。」乃進璨一官，爲右朝奉大夫。璨正月癸酉轉官。

23 丁卯，金國安州團練使、知遼州程師回特補武功大夫、忠州團練使，金國解州刺史張延壽特補武翼大夫、貴州刺史，仍並充神武中軍正將。二人除將官在是月己巳。

24 戊辰，上謂大臣曰：「劉光世、韓世忠、張俊相繼入覲，朕嘉其却敵之功，錫賚甚厚，朕服御物有可予者，亦以予之。皆拜賜涕泣，願身先士卒，圖復中原以報。」趙鼎曰：「此社稷之幸也。」

詔承州權廢兩縣，和、廬、濠、黄、滁、楚州各廢一縣，逐縣各置監鎮官一員。以民事簡少，省其繇費也。

樞密院奏：「陝西官吏軍民，昨緣金人逼脅，遂陷僞邦，蓋非得已。」詔川陝宣撫司務以恩信招來，仍出榜曉諭。此奏當是張浚再入樞府，恐諸叛將反側不敢歸，故有是請也。

詔沿江諸軍疾病者，令所在州賜錢，人一千，扈衛及殿前司、神武中軍，令户部支給。

右朝散郎、知滁州何洋言：「本州累經殘破，乞將上供及應合進貢之物，並蠲免二年。」從之。

詔：「權立諸路水陸綱運綱官酬賞格，凡金綱八萬緡，或銀五萬緡，他物直二萬緡以上，計程三千里無違欠者，遷一官。以下九分至一分，其酬賞每分皆爲九等。」此據慶元隨敕申明。後詔自行在部軍需至外路者，其酬賞皆比附而差損焉。後詔在三月戊子。

25 己巳，罷試教官法，其諸州學官，並從朝廷選差。自元豐間始立是法，及是，言者以謂：「欲爲人師，而先納所業求有司，以幸中程度，又校計格法以争得之，甚非建學校、立學官之本意。」故罷。

26 庚午，都督府前軍統制王進爲福建路兵馬都監。時賊周十隆爲神武右軍將官趙祥所破，遂犯汀、循、梅、潮等州，朝廷恐其滋蔓閩、廣，故命進帥所部，會江西、廣東諸將合擊之，仍權聽福建帥臣節制。

海賊朱聰以舟師自潮州入廣東，焚掠諸縣。

27 壬申，劉光世、韓世忠、張俊入辭。尚書右僕射趙鼎、知樞密院事張浚、參知政事沈與求、簽書樞密院事胡松年侍。上命光世等升殿，諭曰：「敵人南侵，諸名將皆在其中，蓋有侵噬江、浙之意。賴卿等戮力捍敵，卒伐奸謀，使其失利而去，朕甚嘉之。然中原未復，二聖未還，朕心慊然，卿等其勉之。」光世曰：「臣等蒙國厚恩，敢不效死？」鼎曰：「臣聞降人程師回言，逆臣劉豫紿金人云：『光世、世忠比失懽。』及至淮甸，異所聞，其氣已沮矣。」上曰：「有告朕，光世、世忠坐少嫌，意不釋然者。烈士當以義氣相許，先國家之急，而後私讎，小嫌何足校？昔寇恂戮賈復部將，復以爲耻，深銜之。光武曰：『天下未定，兩虎安得私鬬？今日朕分之。』於是並坐極歡，共車同出，結友而去。光世、世忠縱有睚眦，今日朕爲分之，宜釋前憾，結懽如初。」光世、世忠感泣再拜曰：「臣等頃過聽，嘗有違言，至於國事，不敢分彼此。今已相好無他矣，乃煩君父訓飭丁寧，臣等皇懼無所容，敢不奉詔！」鼎等頓首賀。上曰：「將帥和，社稷之福也。」上命近侍出内金盤尊斝，賜光世、世忠、俊酒一行，光世等飲之釂，并所飲器賜之，陛辭而退。與求曰：「將帥，國之爪牙，推轂授師則聞之矣，天子御正衙，賜之巵酒而親勸之，未之前聞，其禮甚重。臣聞英宗皇帝待遇司馬光，嘗有是賜。其後淵聖皇帝用李綱，實踵行之。光世等迺蒙恩寵如此，必有以圖報。」詔光世妻漢國夫人向氏、俊妻華原郡夫人魏氏，並特給内中俸，如世忠妻例。自建帥府以來，俊常以其軍從上行，至是始軍於外。在上左右者，獨楊沂中而已。中興聖政：「太祖皇帝命曹彬平江南，潘美輔之，奏事殿中，以劍賜彬曰：『副將以下有犯卿，當斬之。』美悚慄而退。創業之初，命令嚴肅，不少假借。而太上皇帝乃以光武故事，解兩虎私鬬，使耳、餘、渾、濬之徒，忿忮自息，不失爲廉、藺、郭、李之賢，與太祖威令事異而意同，馭將之法當如此。」何俌龜鑑曰：「以結友之事諭世忠，而世忠即負荆以謝光世；以滅怨之説勉光世，而光世先致意以約張、韓。此得協和之道也。」

28 癸酉，尚書户部員外郎沈昭遠試太府少卿，右朝請郎、川陜荆襄都督府詳議官王純爲吏部員外郎，左朝請郎董弅爲度支員外郎，左朝奉大夫、直徽猷閣郭執中行兵部員外郎。執中元符末以上書故入邪黨籍，張浚在川、陜，以執中知嘉州。至是，召用之。

是日，僞齊知亳州馬秦引兵犯光州，承信郎、權主管州事王莘率衆拒敵。淮西宣撫使劉光世遣統制官酈瓊、靳賽以所部援之。時劉麟既北歸，西北大恐。麟乃率其僞官屬上言：「中原制江表，其爲形勢與强弱逆順之理，何啻得百二之利也？故自古王者興起，必以河朔、山東之地，然後爲帝王之真。若乃崛起及遁居吴、越之會，計其强者，能自保一隅，遇有不振，則中原之兵已進而墟其國者，一舉也。故史册所載，如吴爲晉所滅，陳爲隋所滅，蕭銑爲唐所滅，周世宗翦伐淮南諸州，至宋之初以次就平是也。乞下合屬去處曉示。」豫以其言榜於僞境。

中書門下省檢正諸房公事兼權給事中晏敦復言：「比者陛下親總六師，遂訖却敵之功，則天意固助順矣。乃今歲正月朔，日有食之。漢策宣帝有言曰：『今日蝕於三始，誠可畏懼。小民正月朔日尚恐毁濫器物，何況於日虧乎？』是則正旦之食，災異尤甚。然以今日之事言之，臣知天之仁愛人君，欲扶持而安全之也。天意若曰敵兵遠遁，行朝粗安，正宜儆戒之時，陛下遇災而懼，側身修行，固無所不至矣。臣願益加聖心，日慎一日，雖休勿休。凡可以仰答天戒，俯慰民情者，必力行之。違於天咈於民者，必力去之。期於保固洪圖，紹隆丕緒，以爲萬世無疆之福。」

時淮西宣撫使劉光世乞以所置淮東田於淮西對換，上許之。敦復言：「淮西累經兵火，正要安集存撫，稍有騷擾，則百姓不得奠居，依前不得成藩籬矣。光世爲一路大帥，未聞爲朝廷措置毫髮利便事，先乞换易私土，似爲未便。且淮西州縣皆光世所部，摽撥田土，光世必遣人揀擇，州縣必惟命是從，豈復更問是空閑不是空閑也？光世先在淮東置田之時，其所遣幹當使臣等，惟擇利便膏腴者取之，致民間多失舊業，此衆所共知，不審光世知與不知也？今又欲易淮西田，則其所遣幹當之人及州縣之吏，貪緣爲奸，豈止取民三百頃而已耶？使兩路瘡痍之民，皆重罹殘害，豈不失人心乎？今光世以爲私田，即不復招誘人民歸業也。且敵兵方退，遽有此請，豈非謂朝廷不敢不從邪？恐非光世自爲之，必其屬官有誤光世者。比岳飛以其屬官輒以私事干請於朝，旋請加罪，中外翕然稱美，謂有古賢將之風。光世平日自處，必不在岳飛下，望以臣所言示光世，且令爲朝廷經理淮南，收撫百姓，以爲定都建康之計。中興有期，何患富貴之不足，私計之未便邪？今所降指揮，於朝廷之紀綱，大將之舉措，皆爲未得，恐非所以愛光世也。」劉光世乞換田事，日曆不見。岳飛劾劉康年在此月八日，故附月末。

是月，金主晟卒於明德宮，年六十一。左副元帥宗維以晟命，立諳板勃極烈、都元帥亶爲嗣⑤，謚晟曰文烈皇帝，廟號太宗。命諸郡邑皆立晟之靈，拋盞燒飯，吏民成服，及禁音樂一月而罷，葬豫陵。張滙節要：「紹興四年冬，吴乞買以病死。時大兵相拒江上，不敢發喪。至軍回，於次年方普告諸路。」苗耀神麓記曰：「吴乞買先患中風病，手足無力，半身不遂，約及一年。至天會十三年乙卯歲正旦，近侍扶掖而行，見佛自東方隨日而出現，從者皆觀而瞻禮。吴乞買問：『汝等見甚？』皆云：『見佛像在日傍雲間。』言未訖，吴乞買昏困，再病中風，僵仆，殂於明德宮。」二書不同，而耀所言頗悉，今從之。別書又云：「丙辰年，吴乞買死。」蓋誤，今不取。初，太祖旻有約：兄終弟及，復歸其子。及晟病，其長子宗磐自以人主之元子，欲爲儲嗣。旻之子宗幹言，己乃武元長子當立。宗維言，己於兄弟年長功高，當繼其位。晟不能決者累日。宗室完顔勗者，受師於本朝主客員外郎范正圖，粗通文藝，奏曰：「臣請籌之。初，太祖約稱，元謀弟兄輪足，却令太祖子孫爲君。盟言猶在耳，所有太祖正室慈惠皇后親生男聖果早卒⑥，有孫稱諳板勃極烈，以爲儲嗣，今年十有五矣。」宗維乃止。監軍希尹利其幼弱易制，宗幹，亶伯父，且妻其母，如己子也，遂共贊成其事。此據苗耀神麓記修入。今主，聖果之子。聖果早卒，但耀以諳板爲按節，蓋誤，今正之。亶已見建炎元年九月。洪皓松漠記聞：「長子宗磐與固倫、黏罕争立，黏罕以今主爲嫡，遂立之。其妻爲固倫所收⑦。」及忌⑧。即宗幹小名，與耀所云皆合。亶既立，追謚其父宗浚曰景宣皇帝。宗浚即聖果。勗，昌弟也。

初，金太宗晟嘗下詔改正官名而未畢。至是，置三省六部，略彷中國之制。以太師、太傅、太保爲三師，太尉、司徒、司空爲三公。尚書省置令，次左、右丞相皆平章事，左、右丞皆參知政事。侍中、中書令皆居丞相下，仍爲兼職。元帥府置都元帥、左右副元帥、左右監軍、左右都監。樞密院置使副、簽書院事。大宗正府置判、同判、同簽書事。宣徽院置左右使、同知、簽書事。六部初止吏、户、禮三侍郎，後置三尚書，仍兼兵、刑、工。既而六曹皆置尚書、郎官、左右司及諸曹皆備。國史院置監修，以宰相兼領，次修史、同修史。御史臺置大夫、中丞、侍御史以下，而大夫不除，中丞惟掌訟牒及斷獄會法。諫院置左右諫議大夫，補闕、拾遺，並以他官兼之，與臺官皆充員而已。翰林學士院置承旨、學士、侍讀、侍講學士、待制、修撰，而承旨不除。殿前司置都點檢、左右副點檢、左右衛軍。勸農司置使副，記注院置修注，太常寺置少卿，秘書省置監少以下皆備。國子監官不設。外道置轉運使，而不刺舉，故官吏無所憚。都事、令史用登進士第者預其選，人以爲榮。官無磨勘之法，每一任則轉一官，此其大略也。熊克小曆：初奉使宇文虚中留其國，至是受官，爲之參定官制。洪适撰其父皓行述，云虚中爲詳定禮儀使云云。亶又升所居故契丹西樓爲上京，號會寧府。自上京至燕二千七百五十里，自燕至汴千三百十五里，自汴至泗千三百四里。封左副元帥宗維爲晉國王⑨，皇伯宗幹爲秦國王，宗磐爲宋國王，皆領三省事。封左監軍希尹爲陳王⑩，除尚書右丞相、知燕京樞密院事韓企先爲尚書右丞相，山南西路兵馬都部署高慶裔爲尚書左丞，河南東路兵馬都部署蕭慶爲尚書右丞。宗維、希尹既罷兵，亶以慶裔與慶本二人腹心，故解其外任。苗耀神麓記稱宗磐除尚書令，宗幹録尚書事，宗維除丞相，完顏勗除右丞，與諸書不同。又封右副元帥宗輔爲冀王，遷左副元帥；左監軍昌爲魯王，遷右副元帥⑪；右監軍宗弼爲瀋王，遷左監軍；陝西經略使撒離喝爲右監軍。熊克小曆稱悟室前自右副元帥除左丞相，蓋誤。希尹自丙午至甲寅，止爲監軍，未嘗除元帥也。雜書又稱黏罕爲都元帥及與秦、宋二王爭權，恐誤。詳見紹興七年七月。

校勘記

①金右監軍宗弼與僞齊之兵既退　「監軍」，原作「都監」，同卷八一校勘記⑬改。

②王安石但見差銜前一事　「前」，原闕，據宋史全文卷一九中補。

③齊威王所以封即墨大夫　「威」，原作「桓」，據宋史全文卷一九中改。按：封即墨大夫者，齊威王是也。與齊桓公非同一時代。宋人避諱，常改桓爲威，回改時却不當一律改爲「桓」，故一併恢復爲「威王」。

④左奉議郎張九成爲太常博士　「左」，原作「右」，叢書本同。按，張九成爲紹興二年進士，故作「右」字甚誤。

⑤立諳板勃極烈都元帥亶爲嗣　「諳板」，原作「安班」，叢書本作「阿木班」；「勃極烈」，原作「貝勒」，俱從金人地名考證改。

⑥所有太祖正室慈惠皇后親生男聖果早卒　「聖果」，原作「勝果」，據金人地名考證改。考證謂「聖果」又作「繩果」。

⑦其妻爲固倫所收　「固倫」，原作「庫堪」，據松漠紀聞改。據金史卷七六宗幹傳，宗幹女真名斡本。

⑧及忌　此下底本空闕三字。按：清欽定續文獻通考卷二〇二謂宗幹名阿爾本，三字或指此。然此與金史不同，金史卷七六宗幹傳謂其名斡本。

⑨封左副元帥宗維爲晉國王　「左副元帥」，此所書黏罕軍職誤。本書卷八〇已載紹興四年九月黏罕失兵權，而以宗輔權左副元帥。金史卷七四宗翰傳謂黏罕爲都元帥，當是。

⑩ 封左監軍希尹爲陳王 「左」，原作「右」，按：自左監軍昌進右副元帥，希尹依例應爲左監軍，以補其缺。故下文又稱宗弼爲右監軍。因逕改。

⑪ 又封右副元帥宗輔爲冀王遷左副元帥左監軍昌爲魯王遷右副元帥 此諸語疑誤。宗輔與昌封王或在此時，然於金人南侵之前蓋已各權左右副元帥矣，不知此時即真否。

建炎以來繫年要録卷八十五

1 紹興五年二月乙亥朔，秘書少監魏矼直龍圖閣，知泉州。以矼引親年有請也。

殿中侍御史張絢言：「臣仰觀陛下自臨戎以來，累降詔旨約束州縣，常恐一毫擾民。今又申詔監司覺察州縣，至誠惻怛，視民如傷，雖三代明王之用心，不過是矣。然臣嘗聞，自昔國家所患者，在人君之澤壅而不下達，小民之情鬱而不上通。故君勤恤於上，而民不懷；民愁怨於下，而君不知。此最可慮也。唐德宗畋於新店，入民趙光奇家，問百姓樂乎？光奇對以不樂，但聖主深居九重，未之知也。臣每讀史至此，未嘗不歎息焉。故耳目儻有聞見，悉願爲陛下明言之。臣契勘軍興之際，諸路除預借坊場折帛錢米外，未知有無科擾。若浙西一路，則既借坊場折帛錢矣，又有貼納關子、蓋造蓆屋兩色錢，此朝廷所不知也。貼納關子錢者，當時户部之意，止謂般運見錢脚重，民間却有願來臨安府就請者，乃以關子爲公私兩便之用。今乃不然，民間多有不願兑便者，州縣不免以等第科俵，及執關子赴臨安府榷貨務請領，則官司却無見錢，惟有等守留滯之患，而所得十纔六七。蓋造蓆屋錢者，凡蓆屋一間，所費數十千，官司既無錢物，不免取於百姓。上户有認三十間者，中户不下一二十間。以一路計之，民間所出之錢甚廣，然官中現用之屋不多，未免有欺隱之弊。此二者，監司不敢輒發，則陽爲不知；州縣不敢申明，則陰自計置。所以浙西之民多有怨咨，而陛下恤民之惠，未得均被也。欲望明降指揮，令州縣從實供具，如委曾令民間分認關子、蓋造蓆屋，限半月陳首，特與免罪。却委本路監司，躬親到州縣，分明逐一點檢，察其奸弊。其關子錢民間有未請得者，畫時具姓，令榷貨務日下支給，毋得要阻稽滯。其蓆屋錢，如貪贓之吏出納不明，乘時掊斂入己自用，即具名聞奏，重行竄黜。如此，則上澤下布，下情上聞，足以消百姓怨嗟之聲，副陛下愛民之意，非小補也。」從之。

2 丙子，清遠軍節度使、神武後軍統制、充湖北路荆襄潭州制置使岳飛爲鎮寧崇信軍節度使。岳飛自池州入朝，前一日，御筆賜岳飛銀帛二千匹兩，封其母榮國太夫人姚氏爲福國太夫人，親屬爲承信郎者一人，封孺人者二人，賜冠帔三道，賞淮西之功也。既而飛言：「母見係太恭人。」乃詔福國告令吏部修洗改正，榮國告拘收，申省毀抹。改正告身在此月癸巳。

刑部尚書兼詳定一司敕令章誼試户部尚書。熊克小曆：將刑部尚書章誼移兵部，尋改户部。按誼紹興二年九月自刑部侍郎改兵部侍郎，遂遷都承、刑書。去年十二月兼權户部，今始正除，未嘗爲兵書也。

尚書吏部侍郎兼直學士院兼侍講孫近爲翰林學士，中書舍人兼史館修撰王居正試兵部侍郎，徽猷閣直學士知湖州陳與義、左朝請郎廖剛並試給事中。剛既以母憂去，言者論其匿喪求遷，落職。事見二年八月。至是，趙鼎爲辨其實，復召用之。

中書門下省檢正諸房公事兼權給事中晏敦復權尚書吏部侍郎，祠部員外郎朱震試秘書少監，直龍圖閣、知建康府吕祉爲中書門下省檢正諸房公事，秘書郎林季仲爲祠部員外郎，秘書丞熊彦詩爲秘書省著作郎。

降授左奉議郎、提舉台州崇道觀李光復寶文閣待制，知湖州。左朝請大夫、提舉亳州明道宮葉煥復右文殿修撰，知揚州。直龍圖閣、提舉亳州明道宮葉宗諤知建康府。

詔布衣陳得一就秘書省别造新曆，令少監朱震監視。自行紀元曆，至是三十餘年。會日食正旦，太史定食在辰，其驗在巳；定分以九，其驗以八。得一爲侍御史張致遠言：「此蓋造曆者不能於消息盈虛之奥，進退遲速之分，致立朔有訛，凡定朔，小餘七千五百以上者進一日。去年十二月小餘七千六百八十而不進，今年五月小餘七千一百八十而乃反進一日。定臘失序。臘日接也，以故接新當在十二月近大寒前後定之。若近大寒戌日在正月、十一月者，即用遠大寒戌日定之。如宣和五年十二月二十七日丙午大寒，後四日庚戌，雖近，緣在六年正月一日，故定十九日戊戌日爲臘。而太史建炎三年定十一月甲戌晦臘。積差之甚，將見日不食朔，月有朏朒矣。」又嘗爲致遠預言正旦日食，時分不差釐刻。致遠奏：「得一少嗜曆學，老而彌篤，年踰七十，無甚僥覬。且唐初起造曆，用道士傅仁均，肅宗改曆，用山人韓穎。苟善推步，何必世官？得一先被朝旨，待命行在，願令得一先正見行之失，别定中興之曆。仍令取其所收曆書，參較太史有無，用補遺闕。擇曆算子弟粗通了者，授演撰之要，庶幾日官無曠，曆法不絶。」故有是命。又詔川陝宣撫司尋訪眉州精曉曆數人，將所降曆日，委官監視有無差錯，申尚書省。得一，常州人也。

左朝請大夫、新知英州沈調罷。調，歸安人，從韓世忠辟爲宣撫司幹辦公事。至是爲州，而權給事中晏敦復奏：「調頃知錢塘縣，爲守臣毛友發其奸贓，荷項禁勘，獄已具，會靖康大赦得免。復令長溪，貪贓如故，不可使守遠郡。」遂罷之。

3 丁丑，上御舟發平江府，晚泊吴江縣。

4 戊寅，命祠部員外郎兼權太常少卿張銖奉太廟神主自海道至臨安府，令本府雅飾同文館安奉。其景靈宮神御祭享事，令温州通判權管。

詔諸軍揀選老疾不堪出戰人，送諸州贍養，使臣送吏部先次注授，仍限一月。以知樞密院事張浚有請也。

是夕，御舟宿平望鎮。

5 己卯，宿秀州北門。

6 庚辰，宿崇德縣。

7 辛巳，宿臨平鎮。

8 壬午，御舟至臨安府，行宮留守孟庾率京官小使臣以上迎於五里外。上乘輦還行宮，賜百官休沐三日。

9 癸未，詔扈從官吏並轉一官資。上以緩急之際，休戚所同，故有是命。

是日，樞密都承旨兼都督府參謀官折彦質至行在。始，趙鼎議遣彦質至川、陝，諭指西師，而彦質奏：「折可求辜負國恩，不能守節。臣之兒女七人，昨在京師爲金人取去，傳聞亦在府州。儻臣以督府上佐驟至川、陝，於職事豈能人人得其懽心？萬一因疑似之迹，興暗昧之謗，則臣一身不可自保，況爲朝廷辦事？伏望追寢成命，別賜使令。」詔不許，遂罷入蜀之議。

10 乙酉，尚書右司員外郎周綱兼權給事中。

忠訓郎、閤門祗候岳雲爲閤門宣贊舍人，忠訓郎岳雷爲閤門祗候。

侍御史張致遠言：

自昔立國者，兵不貴多，貴於有用；財不患乏，患於無節。聚財養兵，皆出民力。今之獻計者，孰不以儲用不繼爲先務？然莫有原其本者。且東南土地不加廣，而日以荒蕪；租賦不加饒，而日以朘耗。蓋緣民以力田爲苦，而游手者軍伍收之，避役者度牒假之，彊悍者盜賊死之。一人耕，百人食，本先瘁矣。民瘁而國富，譬人有痿瘵之疾而忽肥，何以能久？昔漢用孔僅輩，皆鬻冶大賈，言利至析秋毫。唐用裴延齡輩，皆宿奸老吏，其術多尚虛詐。納君掊克之名，斂民流亡之苦。至有請烹桑弘羊①，而恨不食皇甫鎛肉者，此斂怨之極也。故臣以爲，善理財者，宜常固邦本。夷吾、陶朱不世出，得人如劉晏、第五琦，斯可矣。

今主計者初非因任，復數更易，利源不講，權柄下移。酒稅，利源也。而諸將侵之，通都大邑，沽肆成市，巨艘成載，旗幟縱横，皆以軍器回易爲名。商販之人，復請買牌曆，假其聲勢，有司不能制也。茶鹽，利源也。而堂吏私之，往往竄弄法意，自爲商販。往歲用李仲孺，守法示信，入納漸廣，乃無故而罷。去秋變法，人人不以爲便。既輟而復變者，皆吏之爲也。銅鐵，利源也。而大賈擅之，比屋鬻器，取直十倍，海舟販運，遠出山東。雖有提點兩司，何嘗料理？且如嚴州神泉監，其所隸兵卒幾百人，所管銅鉛等物亦數萬計，罷鑄寖久，監官坐享俸禄，兵卒散充他役，餘路可知矣。常平，利源也。而憲司忽之，名存實亡，乾没無限。且如向賣蔡京、朱勔田舍，估值太賤，劉光世請稍增錢，凡合增納者，諒亦不少。緣多勢吏之家，遂緩於追索。又重疊請受，復冒軍功。或一人兼請數邑。如三省樞密院人吏者，冗費種種，臣不暇悉數。利源既湮廢，而用度復無節。户部號稱職者，不過賣度牒官告，借苗税浄利。士夫扼腕奮臂而言利者，不過鬻命婦告身，增添酒税額，復置市易，换給度牒，甚者請榷福建鹽耳。若以户部爲是，則民未有舒息之期。蓋劍、汀諸郡，爲上四州，地險山僻，民以私販爲業者，十率五六。鹽産泉、福，泝流而運，寸進於亂石奔濤之間，又非廣南平溪安流之比也。祖宗以來，獨不榷此二路者，良以郴、虔之人資鹽於廣，劍、汀、邵之人資鹽於泉、福。頃年廣東以鈔法禁絶之嚴，而郴、虔盜起，至今未熄。福建前此羣盜，皆異時私販之人也。昨者陳麟條畫賣鈔，麟兩任海鄉，詳練財計。臣初見其説，亦謂可行無疑。比令下未幾，人競般請，鄉村鹽價翔貴，銖兩計較，斤直千錢，而篙工厮役，僅輸數十千，有贏取數百千者。狡悍惡少，往往厲兵嘯黨，將營販鬻。賴朝廷察其非便，亟寢罷之。

臣竊以爲，言利之難，苟不深計，所入未毫芒，所傷已山岳矣。唐用劉晏兼領鹽鐵諸使凡二十年，今欲理財，宜三司精擇使副，罷坑冶提點，併歸諸路曹司，以常平茶鹽合爲一官，稍重其選。或憚於改爲，則姑以户部官吏，依倣三司，任以職事，全計經常，量入爲出，先務省節，次及經理。儻能盡去愚臣所陳之弊，則財用勃然將不可勝用矣。

詔户部限十日講究，條具申尚書省。此書係國家大計，故具載之。但致遠所云去冬變鹽法事，乃與趙鼎行實不同，當考。致遠又奏：「戎輅所涉臨安、平江府、秀州三郡迎駕父老，乞各擇其年最高者一人推恩。又請罷崇德縣烽火望樓，戒諸守令，毋得輒興工役。其平江府應辦事務官吏，及長安閘官兵，皆乞量與推恩。」從之。先是，崇德縣每鄉三里置一望樓，調民五人守視。論者以爲兒戲，故致遠及之。

川陜宣撫副使盧法原言：「已選鋭兵五千，令右武大夫、開州團練使劉錡統押，俟審知駐蹕之地，倍道前去。」詔將兵不須起發，令錡疾速赴行在。

左修職郎朱倬爲檢察福建、二廣財用所幹辦公事，用章傑奏也。倬爲廣東茶鹽司屬官，以宣諭明槖薦召，未至，爲傑所辟。傑言倬考第舉主皆已及格，乞就任改官。許之。

11 丙戌，宰相率文武百官赴後殿，候問聖體。承務、保義郎已上皆與焉。

尚書右僕射、同中書門下平章事趙鼎守左僕射，知樞密院事張浚守右僕射，並同中書門下平章事兼知樞密院事、都督諸路軍馬。始議浚以右揆出使湖外，平楊么，鼎陞左揆。方鎖院之夕，鼎密啓曰：「宰相事無不統，不必專以邊事乃爲得體。」暨兩制出，浚獨以軍功及專任邊事爲言。上既以邊事付浚，而政事及進退人才專付於鼎矣。喻樗語録曰：「時張、趙二公相得，人固知其並相。樗獨以爲且作樞密使，同心同德，亦何不可？趙退則張繼之，説一般話，行一般事，用一般人。如此，則泰道長。若同相，議論有不合，或當去位，則一番改更，必有參商，是賢者自相戾也。已而其事亦果如此。」

觀文殿學士、提舉臨安府洞霄宮李綱復觀文殿大學士，資政殿大學士、知温州范宗尹復觀文殿學士，左通奉大夫、提舉江州太平觀秦檜復資政殿大學士，端明殿學士提舉西京嵩山崇福宮張澂、龍圖閣學士致仕路允迪並復資政殿學士，始用明堂恩也。

神武後軍統制、湖北路荆襄潭州制置使岳飛爲荆湖南北襄陽府路制置使，充神武後軍都統制，將所部平湖賊楊么。賜錢十萬緡、帛五千匹，爲犒軍之費。以湖北轉運判官劉延年充隨軍轉運，及令湖南、江西漕臣薛弼、范振應副隨軍錢糧。

左宣教郎、直秘閣、添差通判湖州趙子偁令再任，江東宣撫司統制官張宗顔真除沂州防禦使，統制官楊宗閔、王進各遷五官，將官王再興、戚方、盧師迪各遷三官，以追襲敵馬之功也。

12 丁亥，趙鼎、張浚告謝，命坐賜茶。浚因曲謝，又以儲貳爲言，上首肯曰：「宫中見養藝祖之後二人，長者年九歲，不久當令就學。」浚復奏：「王者以百姓爲心，修德立政，惟務治其在我，則大邦畏其力，小邦懷其德，天下捨我將安歸哉？固不僥倖於近績也。仰惟陛下，躬不世之資，當行王者之事。以大有爲正心以正朝廷，正朝廷以正百官，正百官以正萬民，國勢既隆，强敵自服，天下自歸。」因書王朴平邊策以獻。又奏：

臣昨奉清光，竊見陛下於君子小人之分，聖意拳拳於此，宗社生靈之福也。昔唐李德裕言於武宗曰：「邪正二者，勢不相容。正人指邪人爲邪，邪人亦指正人爲邪，人主辨之甚難。臣以爲正人如松柏，特立不倚；邪人如藤蘿，非附他物不能自起。」臣嘗推類而言之，君子小人見矣。大抵不私其身，慨然以天下百姓爲心，此君子也；謀身之計甚密，而天下百姓之利害我不顧焉，此小人也。志在於爲道，不求名而名自歸之，此君子也；志在於爲利，掠虚美邀浮譽，此小人也。其言之剛正不撓，無所阿狥，此君子也；詞氣柔佞，切切焉伺候人主之意於眉目顔色之間，此小人也。樂道人之善，惡稱人之惡，此君子也；人之有善必攻其所未至而掩之，人之有過則欣喜自得如獲至寶，旁引曲借，必欲開陳於人主之前，此小人也。難進易退，此君子也；叨冒爵禄，蔑無廉耻，此小人也。臣嘗以此而求之君子小人之分，庶乎其可以概見矣。小人在位，則同於己譽之以爲君子，異於己排之以爲小人。不顧公議，不恤治亂，不畏天地鬼神，是以自崇、觀以來，以至今日，有異於己者而稱其爲君子乎？臣以爲必無之也。彼其專爲進身自營之計，故好惡不公，以至於亡身亡家，亂天下而莫之悔。惟陛下親學問，節嗜慾，清明其躬，以照臨百官，則君子小人之情狀，又何隱焉？

左朝散郎、提舉建昌軍仙都觀胡安國復徽猷閣待制，知永州，不許辭免。制曰：「朕惟士君子讀聖人之書，學先王之道，豈獨善其身而已哉？治人治己，成己成物，易地則皆然。世俗之儒，名師孔、孟，實蹈楊、墨，可與論中庸者鮮矣。安國學優而仕，行顧於言，通經爲儒者之宗，論事識治道之體。頃從時望，召寘瑣闈。方喜便於咨詢，顧何嫌於封駁？奉身而去，亦既累年。予力思共理之良，爾安得獨善於己？零陵雖小，有社有民。竹馬歡迎，相望數舍。往讀中興之頌，無忘平日之言。亟懷印章，祇我明命。」安國聞詔問舊宰執攻戰等四事，以書遺其子起居郎寅曰：「此詔問舊宰執，即是國論未定，正要博謀。若贊得國是，其績不小。汝勉思之。吾有時政論二十篇，雖未詳，大綱舉矣。諸葛復生，不能易此也。」

左朝散郎王擇仁知廣德軍。擇仁自蜀還行在，上召對而命之。

户部侍郎兼權知臨安府梁汝嘉請倣祖宗故事，置朝集院，以待四方之士。詔疾速措置。其後，侍御史張致遠言：「陛下鑾馭比還，祇以建康營葺未就緒，而平江素無官府，暫回之語，詔墨未乾，然輿議尚有紛紛。頃因迎奉神主，只令雅飾同文館權充太廟，示以不作久計。聞者方復竊喜，意謂陛下將載而北征，復我故都，以慰祖宗在天之靈。其企見中興之功，蓋如此。今乃過計於羈旅，若將安焉，實臣所未諭。」乃罷之。是月庚寅，前降指揮不行。

是日，定國軍承宣使統制關外軍馬吳璘、武泰軍承宣使同統制關外軍馬楊政復秦州。先是，川陝宣撫副使吳玠聞敵犯淮南，遣璘、政乘機牽制。璘等出奇兵，自天水至秦，諭僞守胡宣以逆順，宣不肯降，遂攻之，拔其城。秦民大悦。金右都監撒離喝聞秦被圍，集諸道兵來援，政復擊敗之。熊克小曆載拔秦州事，止書楊政而不及吳璘。今以璘墓碑及日曆宣撫司奏功狀修入。

13 戊子，詔都督府以諸路軍馬爲名。

命倉部員外郎章傑因便措置，招撫湖、廣、江西羣盜。

詔黄誠、楊太等如率衆出首，當議與湖南北路知州差遣。先是，張浚以湖寇爲腹心害，欲招來之。會誠之黨周倫自稱統管鄉社水陸兵馬，以狀抵岳州，乞保奏，且以鍾相作亂事歸罪於孔彦舟。詔：「以黄榜放罪，令誠等一行人船，趁此春水，順流赴張浚行府，或劉光世軍前，當議優與轉官，仍舊專充水軍。若有願乞外任之人，許乞本鄉，或鄰近州軍鈐轄、都監差遣。願歸農人，於鼎、澧州支撥閑田養贍，仍免五年税役。」倫又言：「劉豫遣來招誘使臣，前後十人，已行斬首，乞下邊界幾察。」詔誠等忠節顯著，深可嘉尚。制置使岳飛又乞以荆湖一郡授二人，故有是命。

是日，詔：「諸路宣撫司偏裨將佐，自今士卒有犯，依條斷遣問當，有官人具情犯申樞密院，量度事因，重行編置，毋得故爲慘酷，因至殺害。如遇教閲行軍，即依自來條例施行。」按此指揮雖云爲偏裨設，然令徑申密院，則是大帥亦不得專殺也。朝廷指揮，不得不爾。今具存之。

14 己丑，上躬率百官，遥拜二聖。自親征，此禮權廢，至是復行之。

左中大夫致仕翟汝文復端明殿學士。

尚書刑部侍郎兼侍讀胡交修兼直學士院，尚書左司員外郎徐杞兼權給事中，右司員外郎周綱改權中書舍人，並俟正官到日罷。

詔責授中大夫、秘書少監、分司南京黄潛厚落分司，提舉台州崇道觀。已而殿中侍御史張絢奏其宿負，且謂：「向者潛善誤國，奸謀多出此人，忠義之士扼腕憤怒，望永不收叙，以爲臣子之戒。」乃詔更俟一赦取旨。

詔臨安府修蓋瓦屋十間，權充太廟。用守臣梁汝嘉奏也。既而侍御史張致遠言：「陛下頃自平江自進發間，先降指揮，暫回臨安，委江東帥漕繕治建康路逐省部百司倉庫等，具圖來上。駕方至臨安，又首議差官奉迎太廟神主，令梁汝嘉雅飾同文館權充太廟。中外聞之，靡不忭蹈，咸謂陛下進都之意決矣。竊聞建言者以同文館隘陋不勝，當別有營造。夫奉迎神主，至孝也；宗廟事，至重也。雖罄帑藏，竭民力，宜無所吝。臣下亦駿奔肅助之不暇，宜無所言。然臣聞漢高祖有言：『吾萬世之後，老思豐、沛。』今中原雖隔絶，而陵寢故在；京都雖未復，而廟社僅存。顧澤國偏方，正使九筵複棟，極其嚴潔，萬一四方傳播，以爲朝廷剏建太廟，玆焉定都，人人解體，難以家至户曉，至失興復大計，臣恐祖宗在天之靈未必樂此。採於外議，謂同文館若就加葺飾，亦足崇奉，必不獲已，惟有明慶寺耳。伏望睿斷，以臣二説擇一而用之，所有别建太廟指揮，乞改付建康先次計置營造，以慰祖宗在天之靈，以繫將士軍民之望，以絶敵人窺伺之謀，天下幸甚。」殿中侍御史張絢亦奏：「人言籍籍，難以户曉。祇謂陛下去歲建明堂，今年立太廟，是將以臨安府爲久居之地，不復有意中原矣。萬一此疑不釋，至於蓄僞見窺，將士解體，有誤社稷之計，則祖宗在天之靈反以爲憂矣。謂宜只令雅飾同文館，權安神主，庶使羣情曉然，知陛下止爲孝思祖宗，急於祠奉，初無奠居此邦之意。」後二日，有詔汝嘉隨宜修蓋，不得過興工役，俟移蹕日，復充本府使用。後詔在二月辛卯。

是日，奉安濮安懿王神主於紹興府光孝寺之法堂②。

庚寅，賜侍御史張致遠五品服，以其數言事也。

嶺南編管人何大圭放逐便，特復左承事郎。大圭建炎末爲三省樞密院幹辦官，坐罪廢斥。及是，宰相張浚爲之保叙，故遂復舊官。

詔：「樞密院幹辦官除扈從賞外，更轉一官，減二年磨勘。尚書省户房更轉一官。」以本院言：「機速房晝夜專一行遣邊防軍機文字，利害至重。户房應辦大軍錢糧激犒等，並無曠闕。」故優賞之。

16 辛卯，特進、觀文殿大學士、提舉臨安府洞霄宫吕頤浩復鎮南軍節度使、開府儀同三司，以明堂恩也。

徽猷閣待制、都督府參議官程昌寓知江州。昌寓守鼎州六年，賊不能犯。至是，就用之。後數月，新守程千秋始至鼎州。時湖北兵馬都監杜湛亦改爲都督府左軍統制，千秋因留湛所將蔡兵捍賊。熊克小曆載昌寓除參議官，千秋知鼎州在今年六月。按日曆，二人改除並在去年十月，而昌寓以今年六月去官，克遂誤記也。

左朝奉大夫、新知建州鄭彊特遷左朝請大夫。彊前守汀州，會寧化縣按囚當死者十人，知縣事楊耆年以獄上，彊按得冤狀，悉破械縱去。刑部侍郎胡交修言：「縣令爲民父母，而殺無罪十人，徼幸進秩，不重寘典憲，無以塞天下之怒。」詔重黜耆年，進彊二秩。

左朝散郎、尚書金部員外郎張成憲進官一等，以淮東宣撫使韓世忠言本司駐劄江上近二年，成憲應辦錢糧並無闕誤故也。

福州言：「顯謨閣直學士辛炳卒。」詔：「炳任中執法，操行清修。今其云亡，貧無以葬，特賜銀帛二百四兩。」

17 壬辰，詔張浚暫往江上，措置邊防。且賜諸路宣撫制置司手詔曰：「朕以敵人遠遁，邊圉稍安，臨遣相臣，往行師壘。西連隴、蜀，北泊江、淮，既加督護之權，悉在指揮之域。既難從於中覆，宜專制於事機。咨爾多方，若時統率。欽承朕命，咸使聞知。」詔下在是月庚子。

右司諫趙霈言：「安危治亂之機，相爲倚伏。今鑾輿言還，遠邇寧乂。臣願陛下無忘親征時，臣亦無忘扈從時，則治安可保，恢復可期矣。伏望益軫聖念，載廣遠圖。知晏安不可懷，則前日跋履之勞不可忘也；知豈樂不可極，則前日宵旰之憂不可忘也。知前日倉卒之驚，則凡所謂備禦之策，其可忘乎？知前日餽餉之艱，則凡所謂理財之道，其可忘乎？臣於此當念扈蹕之勞，殫報國之誠，指陳得失，獻替可否，庶幾君臣上下，共享治安之美。如漢光武、唐太宗時，無愧馮異、魏徵之所陳，不勝至願。」詔霈論奏深得諫臣之體，可轉一官，賜紫章服。仍令尚書省將所奏修寫成圖進入。熊克小曆載此事於五月辛卯，蓋誤。何俌龜鑑：「善乎趙霈之言，曰：『願陛下無忘親征時，臣亦無忘扈衛時。』此與馮異之勉光武者何異？時吴芾亦曰：『陛下勿以敵之進退爲憂愉，勿以事之緩急爲作輟。凡下詔，必務責己，引對，必令盡言。』此與陸贄之告德宗者，又何異？君臣上下，警戒如此，敵其可謂中國無備乎？」

侍御史張致遠言：

天下之勢，猶一人之身。庶民處心腹之中，外國在皮膚之外。故外國侵侮，是謂皮膚不仁，儻善用藥石，其去甚易。庶民稔亂，是謂心腹蓄毒，若養而不治，其愈實難。今之洞庭、郴、虔、廣東，嘯脅者仍在，此心腹之疾也。洞庭阻固，累年於兹。招安之人屢遣，而大半不還；水陸之師每進，而無敢深入。臣嘗究訪曲折，蓋其巢穴綿亘甚廣，軍民嘯聚甚衆，抄掠儲積甚富。伏聞廟算已定，臣不多言。至如郴、虔、廣東，乍起乍息，略無寧歲。往者岳飛至，所遣徐慶，日破一寨，羣賊假息村落，殄滅可期。慶遽追還，餘黨遂復熾矣。吴錫至郴襲賊，入韶州，朱廣、鄧晏等頗見窮促。未幾，而錫亦徑歸長沙，責任不專，無益於事。韶、連、南雄，近爲郴寇所擾，雖韓京屢小捷，而軍威不振。循、梅、潮、惠又苦虔寇出没，重以土豪殘暴，人不聊生。廣東州府十四，惟西江四郡粗得安堵，其他蓋無日不聞賊報。十百爲羣，所至焚劫，而惠州河源縣凌竦、曾衮二項，人數最多。衮嘗就招安補官，爲歸善巡檢，頃復歸河源，其徒居於水上，自惠至廣相屬也。帥守監司幸其不入州縣，各僥倖罷去，無肯任其責者，故憚於上聞。一方閔閔，無所告訴。臣嘗爲陛下言之矣。繼以江、淮有警，度朝廷未有餘力，今適可爲之時，更緩而不圖，是養心腹之疾。

然帥守監司所以憚於任責者，亦有一説：諸郡素不儲糧，大兵難以持久。以臣愚慮，宜以此事付之諸帥，仍令委江、湖、閩、廣諸漕使，各應副糧草。韓京一軍，并元通、黄進之黨，各四千餘人，見駐韶州，令湖南帥司遣任士安等入郴州宜章，與京相應，以經營郴與北江數州。令江西帥司遣趙詳等，由虔州安遠入循、梅，令福建帥司遣申世景由漳州入潮、惠，相爲犄角，以經營虔與東江數州。視賊所向，不以路分遠近，或分或合，且招且捕。招者刺其壯健，捕者釋其老弱。若委任得人，信賞必罰，不過歲月之間，可以平定。

詔逐路提刑司體究有無上件賊火，申尚書省。又詔：「郴、虔、廣東諸盜限兩月出首。内有材武之人，願赴都督府使唤，令帥司津遣前來，當議不次任使。」

18 癸巳，左迪功郎、成都府府學教授雷觀特改左承奉郎。觀，成都人，靖康初以上書賜第，爲太學博士，俄罷去。上聞其名，故召對而有是命。觀又獻蜀本資治通鑑，乃以觀通判潭州。觀進通鑑在三月甲戌，除倅在丁丑，今聯書之。

賜荆襄制置司統制官李道、崔邦弼金束帶各一，録襄、漢之功也。飛承制以其將武功郎姚政、于鵬並爲武顯大夫，至是申命。

19 乙未，宰相趙鼎、張浚請：「鑄都督府印。應川陝荆襄都督府事務見管官吏兵將官物等，併歸本府。行移依三省體式，其與三省、樞密院往來文字，依從來體例互關。合行事件待報不及者，聽一面施行。」浚又乞：「神武中軍將官王存及本軍一百人騎，并昨江上措置日有支使不盡激犒金帛等，並行取撥前去。又於左藏庫支撥空名文武官告三百道。」皆從之。

封太常博士陳確寡嫂楊氏爲孺人，確自言「少養於楊氏，乞以明堂封妻恩回授，庶酬其平生撫養之恩」，特許之，非常制也。

和安大夫、忠州刺史致仕樊彦端落致仕，判太醫局。

詔臨安府曾得解舉人特免文解一次。以諸生援紹興明堂赦恩有請也。

責授永州別駕、潮州安置王以寧許自便。

詔左朝奉大夫、太常博士耿洵特與致仕恩澤一名。洵在揚州爲敵所執，至是用其家請而命之。仍詔更有似此之人，依此。

20 丙申，參知政事孟庾夫人徐氏薨於桐廬縣，詔賜庾告半月往視之。

詔遣監察御史一員往江西、閩、廣諸路，體訪捕盜。時已用張致遠言，命神武中軍將官趙詳、廣東兵馬鈐轄韓京、福建兵馬都監申世景、王進，各率所部，不拘路分，會合招捕。樞密院言尚慮詳等遷延，乃遣臺臣體訪。如監司帥臣不切措置，漕臣不爲應副錢糧，統兵官遷延玩寇，並令按劾以聞，當議重寘典憲。仍令樞密院各降黄榜付詳等軍前招諭。又令福建安撫使張守遣官密訪進兵勤惰等事，逐旋聞奏。

僞齊成忠郎左恭特補秉義郎。恭爲劉豫部糧至淮陰縣，遂以所部舟十五艘、米千五百斛來獻，故録之。

賜荆襄制置使岳飛金字牌旗榜十副，充招安使用，從飛請也。

右朝請郎、提點江淮等路坑冶鑄錢公事韓寅冑罷。寅冑，琦曾孫也。金之入犯也，寅冑自鄱陽挈家遁去，寓建州之崇安。至是，爲殿中侍御史張絢所劾，故黜之。

是日，雷聲初發。

21 丁酉，詔參知政事孟庾、沈與求、簽書樞密院事胡松年各進官一等。以措置防秋之功也。於是徽猷閣待制胡安國與其子起居郎胡寅書曰：「昔裴度平淮西，功亦大矣，制辭不過曰『燕弧載櫜，楚廣旋軫。錫階旌德，胙土執勤』而已。李繼隆澶淵奇績，止進一階。比觀二揆制詞，四將賞典，頗未曉也。」又曰：「元鎮非大手，亦得一半，恨佐之者弱。」元鎮，趙鼎字也。

詔：「自今旬休日，令宰執摘按神武中軍事藝精熟人，量行激賞。令樞密院榜諭。」

吏部奏：「武臣陞朝官已上，賞立戰功人，遇大禮並加勳，乞著爲令。」用大理寺丞韓仲通奏也。事見去年七月辛未。後亦不果行。

都督府奏改詳議官爲諮議軍事，又奏右朝議大夫、知常州詹至主管機宜文字，司農寺丞蓋諒幹辦公事，皆從之。

22 戊戌，手詔監司、守令勸農。

左文林郎建昌軍軍學教授李彌正、左迪功郎沿海制置司幹辦公事高閌並改合入官，除秘書省正字。閌嘗從楊時學。至是爲趙鼎所薦，皆召對而命之。閌初見紹興元年四月，彌正初見三年六月。

詔監司州縣官吏公人，毋得收買官田。

右武大夫、同管客省四方館閤門公事宋籛孫以扈從恩，特轉遙郡一官。籛孫自陳係隨龍人，特有是命。殿中侍御史張絢言：「籛孫特於遙郡上轉行，超躐衆人數等。彼身冒鋒鏑，萬死一生者，儻或聞之，豈免別生僥覬？況隨龍請給，同於軍功，若特轉如此，其禄廩合增兩倍。臣又謂朝廷紀綱，由乎三省：詔令所出，當從中書；審覆駁正，當由門下；受而行之，當在尚書。三省相成，不可闕一。今籛孫所得聖旨，只云中書門下省閤門狀，則是不經由尚書省也。兼臣檢照比年以來，閤門自取特旨，作中書門下省閤門狀降出指揮者，前後非一。賞失於僭，則啓僥倖之門；法失所守，則成紊亂之弊。二者之患，漸不可長。望速賜改正，只令依常格施行。仍乞今後不許閤門以私事徑自取旨，並須經由三省。及應干隨龍人，今後亦不得妄有僥求。庶幾大公至正之道，可以克濟中興，不爲小補。」輔臣進呈，上曰：「絢所論極當，可即令改正。然隨龍人偶有一日攀附之舊，輒僥求恩澤不已，朕每抑之。今後有如此者，可令臺諫論列。」上語在閏月乙酉。

詔神武中軍見入隊官兵，每五百人爲一指揮，選將校置兵籍，俟就緒日取旨，賜軍名。渡江以來，諸小將之兵，及招安羣盗，往往撥隸中軍，然無排置之法，至是始舉行焉。

23 己亥，手詔：「以中原未靖，介處一隅，令公卿百執事，交修不逮。仍榜朝堂。」

賜信安郡王孟忠厚兩浙官田三十頃。

尚書左司員外郎徐杞直徽猷閣、提點江浙荆湖福建廣南路坑冶鑄錢，右司員外郎王縡直徽猷閣、知漳州。右朝散郎馮國泰知萬州，右朝請郎喻汝礪知普州。

左朝奉大夫提舉江州太平觀張綱、集英殿修撰提舉臨安府洞霄宫賈安宅、右太中大夫提舉台州崇道觀湯東野並復徽猷閣待制，秘閣修撰提舉江州太平觀王衣復集英殿修撰，左朝請大夫提舉江州太平觀柳約、左通議大夫提舉南京鴻慶宫馮温舒並復秘閣修撰，皆用刑部檢舉也。既而言者論「安宅明受間不從葉夢得勤王之議」，御史張絢論「温舒借勢於梁師成，以得館職」，並乞寢罷，以俟後赦。從之。

詔：「吴國長公主二子並補武節郎，賜名。令中書舍人訓選。」近歲公主子例補副使，一遷即領遥郡，孫、曾皆京秩云。

故武翼大夫趙士遒特贈武德大夫，官其家二人。士遒守官江州，爲馬進所殺，故録之。

24 庚子，命翰林學士孫近、直學士院胡交修編類職事官條具利害章疏進入。初，上既命羣臣條具，而宗正少卿、直史館范沖面對，謂：「天下之事，言之非難，而聽之爲難。聽之非難，而擇之爲難。臣伏見神宗皇帝治平中，詔内外官上封事者，委翰林學士承旨張方平、學士司馬光詳定利害以聞。於是方平等言：『百官所上封事，其間但陳箴諫之言，及泛論治體者，欲節略編寫，成册奏御。若指陳時務利害，有可行之事，即具聞奏，乞降付二府施行。若大意可採而文辭鄙俗，事理不盡者，臣等逐節別立看詳，冀文理稍備。其上封事人開陳國體時務，文理詳明，才識出衆者，官員乞依詔書甄擢，其次賜敕書奬諭，布衣乞下有司召問，令逐一條對，委有可取，量才録用。』從之。臣竊惟中國無事之時，採納羣議如此其至，況今内修外攘，建太平之基業，復文武之境土，時不可失，實資羣策之助。伏望陛下明詔有司，依倣治平故事，編類進呈，斷自聖意，擇而行之。」故有是旨。

左朝奉郎、兩浙轉運副使王俣守尚書左司員外郎，直徽猷閣、湖南制置大使司參議官張宗元守右司員外郎。後六日，詔俣暫權給事中，俟廖剛至日罷。

左宣教郎何掄爲秘書郎。掄，青城人，張浚所引也。

左朝請郎吴表臣提點兩浙西路刑獄公事，秘閣修撰、主管台州崇道觀劉寧止提點江淮等路坑冶鑄錢。

進士劉儼特補進勇副尉，以儼自雄州歸朝，言利害也。

淮西宣撫司統制官親衛大夫康州防禦使知丹州酈瓊、翊衛郎劉光輔來獻光州之捷，詔賜其軍錢二萬緡，以瓊領宣州觀察使，光輔遷拱衛大夫、文州刺史，而統領官、武功大夫、吉州團練使孫琦亦遷右武大夫。琦即建炎初寶應縣作亂者。

25 辛丑，尚書左僕射趙鼎監修國史。鼎奏：「范沖直史館，於臣爲外姻，願以授浚。」上曰：「安可以沖故，廢祖宗故事？況史館非朝廷政令之地，可無辭。」前二日，沖以史事入對，奏疏曰：「臣竊惟神宗皇帝實録，既經刪改，議論不一，復慮他日無所質證，輒欲爲考異一書，明示去取之意。設若不當，稍涉私狥，則罪有所歸，何所逃刑？據史館所用朱墨本，出於臣僚之家私相傳録，書寫之際，悉從簡便。臣記紹聖重修實録本，朱字係新修，黄字係刪去，墨字係舊文。今所傳本，其刪去者止用朱抹，又其上所題字，蓋當時簽貼。今考異依重修本書寫，每條即著臣所見於後，庶幾可考。方神宗皇帝在藩邸及即位之初、治平之際，未有大議論也。舊史成於元祐六年，而王安石日録出於紹聖之後，新史專用安石之説，去取之際，各有可議。參照稽考，必求其當，此則見於熙寧之後也。臣衰病不才，誤膺付委，固不可避瀆煩之誅。然先朝大典，設官置局，上有監修，次有修撰，而臣妄愚進越，乃敢專達，止緣從便之日，輒爲此例，上稟聖訓，恐可如此修定。臣智識淺近，學業荒蕪，遣辭非工，敷叙不明，此臣不能勉彊者也。其如議論之未精，考覈之未詳，前後有所牴牾，本末或相乖違，伏望陛下貸臣之罪，容臣是正。當稽於衆論，資於官長，固非臣所得專也。其考異五卷，乞付史館，更憑衆議刊定修立。」從之③。

左中奉大夫、潼川府路轉運副使陸彦欽爲川陝宣撫司參議官，用盧法原奏也。

詔淮西宣撫使劉光世妾許氏、甯氏、吴氏並封孺人。用光世請也。時吏部勘當：「自來特恩所得封號，許陳乞親屬，如遇赦封妻，亦召保官，委係禮婚正室封贈。本部未曾行遣過似此體例，合取朝旨。」詔特從所乞。中興後諸大將封妾，自此始。

26 壬寅，侍御史張致遠言：「自古爲官擇人，故人勝其任。後世爲人擇官，故官失其職。比年以來，不復因任。號公選者，猶不量其能否；狥私意者，豈復計其賢愚？故天下之務，日以委靡，無所責成，而百官有司，亦寖失其職。監司守倅，皆按察官也，乃不責以糾劾，而分遣臺屬；諸路漕臣，正轉餉官也，乃不責以應副，而別遣郎曹。舉此二端，倒置已甚。欲革其弊，惟在於摭公議以因任耳。臣願陛下飭諭執政大臣，自今中外有闕，皆以公議能否而進擬除授，仍令給舍臺省察；其選用未當，亦以公議是非而繳駁論列。如此，則官惟其人，人勝其任，賢才彙進，朋比不作。中興之業，陛下垂拱仰成矣。」詔三省、樞密院遵守。

左中奉大夫黎確復徽猷閣待制，右通議大夫提舉江州太平觀程唐、左朝議大夫提舉江州太平觀方孟卿並復集英殿修撰。既而言者論確嘗勸張邦昌罷東南貢獻，以收人心；論唐諂事童貫，不當叙。命遂寢。確罷職在是月戊辰，唐罷職在己巳。

都督府奏改參謀、參議官爲參謀、參議軍事，從之。

27 癸卯，進呈殿中侍御史張絢言：「宰相用才雖不當以鄉閭親舊爲嫌，更宜廣訪寒畯。」上曰：「朕亦面諭絢，苟如此，則朋黨之風自破矣。」張浚曰：「大臣以國家爲心，則所用人才必取公論，安有朋黨？」趙鼎曰：「用人才所以立國。臣任宰相，豈敢久居？至於立國規模，則不敢不爲久遠計。」

尚書户部侍郎兼權知臨安府梁汝嘉充徽猷閣待制、知臨安府，以汝嘉言心力有限，不能當兩處繁劇故也。後三日，陞徽猷閣直學士。

甲辰，申嚴吏部禁謁，應在部人整會文字，聽於食前具事因見長貳郎官呈稟，仍不接坐。著爲令。

詔湖南上供錢物及進奉，並免三年。日曆無此，今於七月二十五日本路運司狀修入。

是月，端明殿學士、川陝宣撫副使盧法原薨於閬州。初，宣撫副使吳玠言：「法原以憾，不濟師，不餽糧，不給錢幣，不應副器械，功成又不銓量獲功將士。」上以手詔詰法原，法原辨數甚悉，上不以爲是。法原又上疏，開具自到任後來應副玠軍馬等事，且言「人微望輕，無以塞責，乞一宮觀差遣」，詔不允。時都督府主管機宜文字楊晨行至達州之通明，而參議官范正己等白以法原久病乞致仕，即日本司事無人與決，乞速降指揮。晨具以聞，有詔法原委任非輕，義當體國，協濟事功，不可託疾引避。仍仰晨宣諭至意，令法原日下視事。而不知法原已卒矣。盧法原卒，未見本日。李燾撰趙開墓誌，係於閏二月。按日曆，閏二月二十二日丙寅，楊晨申法原久病乞致仕。以地理計之，自閬州申至通明，又自通明申至行在，非月餘不能。則法原之卒，當在前二月矣。日曆，宣撫司奏二月十五日秦州捍禦事，亦止是吳玠單銜，無法原名。今且附此，當乞法原墓誌增入。

僞齊將商元率衆千餘襲信陽軍，成忠郎、閤門祇候、知軍事舒繼明率麾下十三人轉戰，登師陽門，矢盡被擒。賊誘以美官，繼明駡曰：「吾寧爲大宋鬼，豈汙逆耶？汝速殺我。」驅行至軍北史陂，竟不降，遂遇害。後贈修武郎，官其家一人。荆襄制置使岳飛聞敵退，乃以忠訓郎、閤門祗候、權隨州兵馬都監李迪知軍事，就戍之。舒繼明事，以信陽圖經修入。日曆繼明四月己巳贈官，李迪三月乙未正差。

淮西宣撫司將官陳琳叛。琳者，親兵統制官張琦之裨將也，勇力過人，屯於蕪湖縣，劫琦以衆奔僞齊，統制官王德追至襄安鎮，屬無爲軍，獲琳而歸，失琦所在。閏月甲子奏至，明年五月琦復歸。

劉豫罷什一税法，改行五等税法。

校勘記

① 至有請烹桑弘羊　「弘」，原本作「宏」，當是四庫館臣避乾隆諱所改，今逕恢復。

② 奉安濮安懿王神主於紹興府光孝寺之法堂　「光」，原作「充」，叢書本同。按：紹興府無充孝寺，宋史卷二四五宗室濮王允讓傳云：「高宗南遷，奉濮王神主于紹興府光孝寺。」據改。

③ 從之　此後原有四庫館臣按語：「宋史繫己亥日。」今删。

建炎以來繫年要録卷八十六

1 紹興五年閏二月乙巳朔，秘書省校書郎許搏守監察御史。

宗正少卿直史館范沖、秘書少監朱震並兼侍講。

左朝請大夫、提舉亳州明道宫程瑀復徽猷閣待制。　除名勒停人孫覿叙左奉議郎。

是日，雨雹。

2 丙午，手詔卿大夫奉法守公，克勤庶務，令尚書省給黄榜於六部門曉諭。

大理少卿張礿試大理卿。

秘書省著作佐郎熊彦詩兼都督府主管機宜文字。

3 丁未，張浚往江上視師。　詔百官出城餞送。　時浚既行邊，而趙鼎居中總政事，表裏相應。　鼎於是以政事之先後，及人材所當召用者，密條而置諸座右，一一奏稟，以次行之。　鼎謙沖待士，犯顔敢諫。　權倖請謁，内降差除，一切格止。　鼎素重伊川程頤之學，元祐黨籍子孫多所擢用。　去贓吏，進正人，時號爲賢相，翕然有中興之望。　鼎嘗入見，見自外移竹栽入内，奏事畢，亟往視之，方興工於隙地。　鼎問孰主其事，曰：「入内高品黄彦節也。」鼎即呼彦節責之曰：「頃歲艮嶽花石之擾，皆出汝曹，今將復蹈前轍耶？」勒軍令狀，日下罷役。

翌日，鼎入對，上改容謝之。自「趙鼎謙沖待士」已下，並據林泉野記增入。黄彦節事，王明清揮麈録有之。明清自云：「見彦節親言。」則此事必不妄。朱勝非秀水閑居録云：「趙鼎起於白屋，有鄙樸之狀。一旦得志，驟爲驕侈。以臨安相府爲不可居，别建大堂，環植花竹，坐側置四大爐，日焚香數十千，使香煙四合，謂之香雲。」按彦節所言，則人主移一竹栽，鼎尚以爲不可，豈有身建大堂，環置花竹之理耶？

端明殿學士、簽書樞密院事胡松年以舊職知宣州，免謝辭，以松年引疾有請也。

參知政事沈與求兼權樞密院事。

龍圖閣直學士、樞密都承旨折彦質試尚書工部侍郎，仍兼都督府參謀軍事。

左朝奉大夫、通判明州李文淵遷一官。金之入犯也，命文淵居許浦鎮，措置防扼海道，故賞之。

紹興府牢城人劉相如特補承信郎。相如初見建炎三年十二月①。以相如自訴鄞上之功，乞委以邊政故也。既而言者論相如前後詐稱官資，雕造僞印，無所不至，乃罷之。

4 戊申，以雨雪，放公私僦錢五日。

寶文閣待制、新知湖州李光言：

明、越之境，地濱江海，水易泄而多旱，故自漢、唐以來，皆有陂湖灌溉之利。大抵湖高於田，田又高於江，每旱則放湖水溉田，澇則決田水入海，故無水旱之災、凶荒之歲也。本朝慶曆、嘉祐間，民始有盜湖爲田者。三司使切責漕臣，其禁甚嚴。圖經石刻，備載其事。宣和以來，創爲應奉，始廢湖爲田。自是兩州之民歲被水旱之患。臣自壬子歲入朝，首論兹害。蒙朝旨先取會餘姚、上虞兩邑廢置利害，縣司供具自廢湖以來所得租課，每縣不過數千斛，而所失民田常賦，動以萬計，遂蒙獨罷兩邑湖田。其會稽之鑑湖、鄞之廣德湖、蕭山之湘湖等處，其類尚多。州縣官往往利爲圭田，頑猾之民因而獻計侵耕盜種，上下相蒙，未肯盡行廢罷。

臣謂二浙每歲秋穀，大數不下百五十萬斛，蘇、湖、明、越，其數大半。朝廷經費之源，實本於此。伏望聖慈，專委漕臣，乘此暇豫之時，遍行郡邑，延問父老，考究漢、唐之遺制，檢舉祖宗之成法，應明、越湖田，盡行廢罷。內有積生茭葑淺澱去處，許於農隙，量差食利户旋行開撩。稍假歲月，盡復爲湖。非徒實利有以及民，亦以仰副陛下勤恤勸戒之意。其諸路如江東西圩田，蘇、秀圍田，各有未盡利害，望因此東作之時，遍下諸路監司守令，條具以聞，毋爲文具。

詔諸路漕臣躬親前去相度利害，限半月申尚書省。

5 己酉，詔户部措置撰集紹興會計録。用殿中侍御史張絢奏也。絢言：

國朝有景德會計録，又有皇祐會計録，至治平、熙寧間，皆有此書。其後蘇轍又倣其法，作元祐會計録，雖書未及上，其大略亦有可觀。皆所以總括巨細，綱羅出納，凡天下賦入之數，官吏之數，養兵之數，條章各立，支費有限。謹視其書，上下遵守，此作會計録之本意也。臣伏見朝廷數年以來，財賦寖虛，用度滋廣。廟堂責之户部，户部責之漕臣，漕臣責之州，州責之縣，縣責之民而止。民力既困，膏血將竭，則如之何？正宜盡括歲入之厚薄，因計歲出之多寡，分其品目，列其名色，總貫旁通，載之圖册。揆考之間，如運諸掌，斯可以裁減浮費，增益邦財。官之冗者，可罷則罷之；吏之冗者，可省則省之；兵之冗者，可汰則汰之。然則會計之書，在今日艱難之時，尤爲先務也。

伏望明詔大臣，選委詳練財賦之官，俾倣景德、皇祐等書，撰集成録。且自紹興元年至四年爲率，以每歲所出入之數，列之於前。却以今歲計之，除預借已支費外，總計見今歲入，實有之數，合計若干；復自日下至歲終，凡官吏之費，養兵之費，及應干合用錢物，通計若干，名曰紹興會計録。量入爲出，既可以見有無之實；絶長補短，斯可以制裁損之宜。上以備乙夜之覽觀，下以吝有司之出納。庶幾國用有制，斂不及民。

川陝宣撫司奏：「四川上供銀帛，乞依舊留充贍軍，俟邊事寧息如舊。」上曰：「祖宗儲積内帑，本以備邊陲緩急之用。今方隅多故，軍旅未息，宜從所請。」此盧法原未卒前所奏也，前月末已書法原卒，故此削其名。故有是命。其後户部第具去歲收支數以聞而已。

武功大夫、康州刺史、江東宣撫司右軍正將趙祥領貴州團練使，始録建昌之功也。將士皆第賞有差。而江西制置司參謀官侯懿以搜掘民間窖藏，及乾没良家子女之陷於軍間者，爲侍御史張致遠所按，閏二月丁巳。詔憲臣究實，遂不預賞。

詔賜揚州錢萬緡，爲興葺官府之用。從浙西安撫使葉焕請也。焕又請免本州商税一年，且奏左迪功郎陳琦主管機宜文字，皆許之。既而言者論：「前後辟官，皆先審量有無罪犯，而琦嘗以狂妄上書，責不赴。琦初見紹興二年。煥帥一路，寄任不爲不重，中外親知，豈無賢者？而首辟其表弟，名隸丹書，國事安在？乞飭諭吏部，自今外司辟舉官屬，本司審量到事理，皆須子細勘當。稍有違礙，即行報罷，許别選辟。其吏部行遣鹵莽，併乞付有司根治。庶幾因此一事，稍振紀綱。」詔罷琦，令大理寺取索吏部公案看詳，申尚書省。琦罷在閏月丙寅。

6 庚戌，手詔戒飭諸路州縣官，以間者前臨大敵，奉命不虔，偷盜自若。自今式訛爾心，務盡忠赤。仍令監司守貳各榜治所。

左通直郎李彝知涪州。右司諫趙霈言：「彝靖康之末，緣差括金銀，日與洪芻等同婦人飲燕王府。投諸四裔，誠不爲過，豈宜付之民社？」命乃寢。

7 辛亥，詔：「榷於濠州等處置市易務，以通商貨。合行事②，令提點司條具申尚書省。」時淮南殘破，常賦無所入，州縣經費不充，故有是旨。其後岳州、潭州亦如之。岳州四月戊辰，守臣張觷建請。潭州八月庚午，都督行府建請。

徽猷閣待制、新知江州程昌寓改兼管内安撫使。自紹興初置江西沿江安撫司，命江州守臣兼領。至是，樞密副都承旨馬擴已爲江西沿江制置使，故改命焉。

命三衙、兩浙、江、湖、閩、廣諸路帥臣，依條揀放廂、禁軍，提刑覺察，違者重行竄責。以樞密院言「其中多有疾病怯弱、不堪征役之人，坐費錢糧，理宜措置」故也。

詔兩浙東路州縣，昨因淮南軍興，應副軍須事務，見被取勘官吏，並與免勘。日曆不及西路，當求别本參考。要見與張致遠所論科蓆屋錢事有無相妨。

8 壬子，輔臣奏遣中使往温州奉迎太廟神主事。上曰：「朕以宗廟在遠，心常歉然。今奉迎神主至行在，當行朝謁之禮。」沈與求曰：「古者征伐，載木主以行。今雖戎輅在行，九廟未復，然因時草刱，一行朝謁之禮，亦足以仰慰孝思。」上曰：「祖宗故事，唯景靈宫則有薦獻，太廟則爇香而已。大禮必簡，所以尚嚴也。」

直徽猷閣、提點淮南兩路公事張澄乞以特恩當遷一官，回授出嫁母李氏加封。從之。

詔湖、廣、福建路見任選人，權不許展考。以吏部言員多闕少，待次者衆故也。

除名勒停人李德昭叙舊官。德昭以朝奉郎知建州，坐以上供錢餽遺本路宣撫副使韓世忠。有司以盜所監臨不入己，當私罪徒，故抵罪。及是，再遇赦而復之。德昭未見元斷月日，據檢舉狀，在紹興二年九月已前。

9 甲寅，詔繳到諸處借補公據人，已經朝廷看詳不合收使者，並令賞功房毀抹。

10 乙卯，御筆：「參知政事孟庾、沈與求並兼權樞密院事。」時庾自桐廬還行在，與求乞交割密院職事與庾兼權，上批所奏付出。輔臣進呈，上顧趙鼎曰：「已與卿議定，令參知政事並兼權樞密院矣。」鼎曰：「樞密非古也。自五代時，以郭崇韜爲使，國朝因而不改。故三省、樞密院分爲二途。仁宗朝，富弼作諫官，時陝西用兵，弼建議乞令宰相兼樞密院事。宰相呂夷簡辭之再三，後卒從弼議。宰相兼樞密院，自夷簡始也。臣既以宰相兼治院事，而參知政事之臣並令兼權，則事歸一體。前人謂樞密院調發軍馬而三省不知，三省財用已竭而樞密院用兵不止，此誠至論，」上曰：「往時三省、樞密院不同班進呈，是以事多不相關白。然朝廷論議，豈有帷幄二三大臣不與聞者？」

手詔曰：「朕惟監司外臺耳目，郡守承流宣化，惠養吾民，其委任重矣。間者朝廷輒輕以假人，將何以使吏民聳然聽服？朕甚恧焉。繼自今其慎選擇，勿狃於故常，勿牽於私昵，重以累國。其已除授人，亦銓量而去留之。或資序已深，屢更此選，雖無顯過，而才非所宜，當處之外祠，稍優其禄。庶幾稱朕求治責成之意，而士亦無失職之歎。仰三省常切遵守。」

侍御史張致遠言：「今監司、郡守，即唐按察使、刺史之職。名存實亡，稔習寖久。縣令有過，守倅不容不知，而監司發之，守倅無預焉。郡守有過，監司不容不知，而臺諫論之，監司無預焉。各私其私，初無忌憚。民事之不理，德澤之不流，無足怪也。臣愚欲以按發欺庇爲有司殿最。若一縣被按於監司，則罪一州；一州被按於臺諫，則罪一路。事無間於久近，而併坐去官；罰不求於甚重，而斷以必行。其有激濁揚清，無所顧避者，亟褒寵之。利害相關，彼此相形，自非庸暗之甚，其肯忽於身謀而甘爲欺庇之事？願陛下留意。」詔刑部立法，申尚書省。

詔武節大夫、榮州刺史兼閤門宣贊舍人、新知洋州、都督府提舉親兵柴斌已給料錢文曆指揮勿行。時有詔沿江諸帥及神武中軍將佐，因捍禦金人，嘗立奇功者，並給真俸。既而中軍以扈蹕之久，士罕戰功，請將佐至軍滿歲、武藝精强人亦給曆。許之。斌始自川陝從張浚出蜀，暫隸中軍，故因以爲請。議者言：「神武中軍未嘗出戰，而輒依江上奇功之人，公論不以爲然。今都督府使臣又援中軍體例，既開此端，展轉援比，法令可廢。有功者解體，不以爲恩；無功者僥倖，以爲得計。臣竊爲陛下惜之。」疏奏，故有是命。

左奉議郎、主管江州太平觀張延壽直顯謨閣，亦以赦叙也。既而言者論：「延壽頃爲御史，甘心媚竈。每遇休沐，即與辛永宗兄弟出妓燕飲。」乃罷之。

詔諸路提刑司申行諸州禁囚病死人歲終計分斷罪之法。以尚書省言「治獄之吏，專事慘酷，待其垂死，皆託以病患殺之，亦未嘗依條視驗醫治，理合申嚴」故也。今年六月乙巳所書可參考。

除授左朝奉大夫許中特降三官，勒停。中前帥廣西，坐市買方物不如價被劾。至是獄具，刑寺當中公罪杖，該赦原并去官，勿論。趙鼎進呈，特有是命。

11 丙辰，詔：「諸路提舉常平併入茶鹽司。內無茶鹽司去處，仍令提刑兼領。」以户部舉行張致遠奏也。

左朝散郎張燾、左承議郎新兩浙東路提點刑獄公事劉一止並直顯謨閣。燾等坐秦檜累斥去，至是用赦而除之。

詔吏部，通判闕二十五處，取作堂除。時諸路郡守，自四川、淮南及分鎮地分外，堂闕九十八，部闕二十七。諸州通判，自四川及分鎮地分外，凡武臣知州與北使經由之地，並由堂選。在部者四十八闕而已。至是，尚書省又以堂除無通判窠闕爲言，故有是旨焉。

樞密院言：「已令江西趙詳、廣東韓京、福建申世景、王進，會合招捕虔寇。緣逐項軍馬未有統轄，切慮緩急各分彼此，無所統一。」詔詳等並權聽所到路分帥司節制。

詔：「襄漢州軍，先因盜賊并僞齊占據日，劫掠殘殺等罪，一切不問。元劫人見在者，許其家經官識認，驗實給還。即撫定後來再有違犯者，令所屬治罪。」用樞密院奏也。

樞密院言：「近來進奏官，輒擅報行朝廷邊極差除事務。」詔除定本外，擅報及録與諸處札探人者，並重作施行，賞錢二百千，許人告。又詔主行崇政殿親從堆垛子人③，漏泄見聞事，亦如之。

右朝奉大夫、徽猷閣待制、知江州程昌寓轉一官。以昌寓言「建炎中知蔡州，在任實及半年，乞依元降指揮，推到任賞」也。

尚書兵部侍郎兼史館修撰王居正言：「四庫書籍多闕，乞下諸州縣，將已刊到書板，不以經史子集小説異書，各印三帙赴本省。係民間者，官給紙墨工賃之直。」從之。

右武大夫、廉州刺史張杞領建州觀察使。杞爲淮東宣撫司壕寨官，江北之役，韓世忠假杞遥郡三官，俾持書幣往金國軍前議事，得其報而歸。至是申命。而杞子敦武郎敷亦援奉使官親屬例，特進四官。敷進官在是月癸亥。上又召杞對於禁中，遣還戍。

12 丁巳，皇叔眉州防禦使、知西外宗正事士樽爲鄧州觀察使。士樽領外宗正滿三歲，無遺闕，以例遷也。

詔：「諸路轉運司將歸業人户合納租税，並令依限輸納。仍開具自賊退之後，已增收租税數目申部，以憑比較賞罰。」尚書省言：「比來盜賊屏息，民皆安業。逐年各有增添税數，多爲有力之家冒佃，鄉司通同隱庇，致不盡歸公上。」故條約之。

右承務郎錢日新言招安楊么利害，詔赴都督府使唤。

福建路轉運判官鄭士彦言：「坑冶盡廢，物料貴湧，計用錢二千四百而鑄千錢。其本路舊額合發新錢二十八萬四百千省，本司與提點司歲認其數，見今不住起發，縱有拖月日，不猶愈於鼓鑄之折本？欲望詳酌，伺邊事息日施行。」從之。

是日，武功大夫、川陝宣撫司後軍中部將牛皓與金人遇於瓦吾谷，死之。時右都監撒离喝與僞熙河經略使慕容洧欲犯秦州，宣撫副使吴玠遣諸校分道伺敵。皓行至瓦吾谷，與金將虎山遇④，皓所部步卒不滿二百，乃下馬與戰。謂其衆曰：「吾所以捨馬者，欲與若等同死也。」敵見皓異於他人，欲招之，皓罵而死。承信郎高萬旋罵旋戰，遂與武功大夫熙河路部將任安、宣撫司隊官忠翊郎秦元、承節郎薛琪、張亨皆死於陣。敵顧萬尸曰：「真健兒也。」後贈皓、安皆翊衛大夫，官其家五人。贈萬等皆三官，録其子。皓，福津人也。

13 己未，故迪功郎李東贈宣教郎，官一子。東監楚州軍資庫，金人入犯被害，故録之。

14 庚申，詔進納授官人，願貼納金銀錢米，轉行至承直、從義郎者，許徑赴户部陳乞，下所屬倉庫細納，申朝廷給降付身。以尚書章誼言庶幾快便，人人願納也。

詔應州縣辟差官成考解罷，不曾被受朝廷付身者，許理爲任。

15 辛酉，都督行府奏招捕水賊楊太等約束。時張浚以建康東南都會，而洞庭實據上流，今寇日滋，壅遏漕運，格塞形勢，爲腹心害，不先去之，無以立國。然寇阻重湖，春夏則耕耘，秋冬水落則收糧於湖寨，載老小於泊中，而盡驅其衆四出爲暴。前日朝廷反謂夏多水潦，屢以冬用師，故寇得併力，而我不得志。今乘其怠，盛夏討之，彼衆既散，一旦合之，固已疲於奔命，又不得守其田畝，禾稼蹂踐，則有秋冬絶食之憂，黨與携離，必可招來。乃以便宜命荆、潭、鼎、澧、岳州，將逐寨先出首人多方存恤，首領申行府授官，餘人給以閑田，貸之種子。又命湖南安撫司統制官任士安以兵三千屯湘陰，保護湘江糧道，統制官郝晸屯橋口，王俊屯益陽舊縣，吴錫屯公安，崔邦弼屯南陽渡，馬津、步諒留潭州。其鼎州官兵，令程千秋分撥緊要屯駐。應諸校招收到人數，比附出戰獲級例推賞。其招收人，報所屬給種授田，務令安業。候黄誠、楊太、周倫公參了日，當議蠲免租税，補授官資。仍給黄榜，下任士安等軍及岳、潭、鼎州撫諭。

保義郎唐開特换右迪功郎。開獻國朝會要三百卷，詔進一官。自言本諸生，故有是命。

郴州編管人劉絳許自便。絳，正彦叔父，坐累久竄。至是，自言正彦乃同堂弟之子，故釋之。

16 壬戌，降授左朝請大夫耿自求爲尚書左司員外郎，右承務郎任申先守禮部員外郎，左中奉大夫樊賓行屯田郎中。自求初以趙鼎薦爲都督府隨軍漕，至是召用之。朱勝非言自求結孟昌齡等事，見今年七月壬辰免審量濫賞注。賓嘗抗疏論營田利害，以爲：「荆湖、江南與兩浙上腴之田彌亘數千里，無人以耕，則地有遺利。中原士民扶携南渡，不知其幾千萬人，則人有餘力。今若使流寓失業之士民，許佃荒閑不耕之田，則地無遺利，人無遺力，可以資中興之業。」賓初見紹興元年五月。

詔都督府簽廳行移文字如都司體式。用本府請也。

進士王諒特補下州文學。諒以客從仇悆，爲淮西安撫司書寫申發機密文字，用守禦功補官。是役也，官吏軍將轉補官資者六百十三人，而衙校進奏官皆預焉。

17 癸亥，檢校少保、光山軍節度使、同知大宗正事士㒟自會稽來朝，留彌月。再召對，加檢校少師遣還。士㒟加官在三月壬午，朝辭在戊戌，今並書之。紹興十二年三月辛亥，万俟卨論士㒟薦趙鼎作相事，或可修掇附此。

詔行宮留守司官吏各與減一年磨勘。

降授龍神衛四廂都指揮使、建武軍承宣使、神武前軍統制王𤫊權主管侍衛馬軍司公事。初，上在平江，侍御史張致遠手疏論𤫊乖謬，乞同諸將召歸。上納其言，命𤫊全軍駐鎮江府，而以親兵赴行在。既至數日，乃有是命。

明州觀察使、權主管殿前司公事劉錫奏：「𤫊，臣之友婿，慮於軍政有嫌。」詔不許回避。𤫊請除在外宫觀，上命以不允答之。然臺諫方交章論其罪，已有廢之之意矣。

秘書省正字李公懋乞依校書郎例，遇恩封叙，許之。宣和間，汪藻爲校書郎，以内殿宴食在通直郎之上，乞封叙。後來者皆援以爲比。公懋言：「校書郎、正字共係一班。」故特許焉。

録故鄧州觀察使錢若水元孫希一爲將仕郎，始用元年明堂赦恩也。

廢漣水軍爲縣，隸楚州，以知縣兼軍使。

18 甲子，龍神衛四廂都指揮使、平海軍承宣使、權主管侍衛馬軍司公事藺整充兩浙東路馬步軍副都總管，紹興府駐劄。

19 乙丑，詔：「見任令丞簿尉，未經交割離任，不許從軍中辟置，及兼帶軍中幹辦事務。專委監司覺察。」殿中侍御史張絢言：「近縣官贓污懼罪者，往往干諸將爲官屬，一踐軍門，則監司無從按發。宿姦巨蠹，多以此爲得計。」故條約之。

命湖南帥司遣使臣持金字牌旗牓，兼程至雷州招安海賊陳感。感有舟數十，與官軍戰，統領官余鑄陷焉。廣西提點刑獄公事董弅親往督捕，且言感乞降金字牌招安，雖未足信，乞速賜指揮。故令湖南就近遣之⑤。

太平州編管人范燾許自便。燾坐詆誣昭慈聖獻皇后遠斥，至是始釋之。

罷都司官簽貼詞狀。事祖在四年五月。以尚書省言都司事繁，虛費日力故也。

20 丙寅，殿中侍御史張絢乞於經筵讀三朝寶訓。上曰：「可從其請。」上又曰：「祖宗故事，朕嘗省閱，然宮禁間事，亦有外朝所不知者。朕昨日見毛剛中所進鑒古圖，乃仁宗皇帝即位之初，春秋尚幼，故采古人行事之迹，繪而成圖，便於省閱，因以爲鑒也。朕頃駐蹕會稽，一日過昭慈聖獻皇后殿中，聞昭慈言，哲宗皇帝初即位，宣仁聖烈皇后謂帝年幼，寢處起居，不離宣仁卧内。至納后，始歸本殿。宣仁保祐之功如此，而姦臣誣罔，輒生謗議，可爲痛憤。」趙鼎曰：「是時范祖禹、劉安世以宫中買乳媪事，上疏極諫，以爲似聞後宮有當就館者。宣仁令宰相呂大防宣諭聖旨曰：『無此事。前日買乳媪，乃先帝一二小公主尚喫乳也。』祖禹等方知其詳。」上曰：「近見范沖爲父祖禹作家傳，嘗進來，亦載此事。蓋宮禁間事，外人多不能知也。」

中書門下省請：「剏宮觀添給，以處見待闕及未有差遣願就宮觀之人。內嘗任都司以上，及帥臣職司，依第二等。知州、任監察御史以上，及至節鎮州雜監司⑥，依第三等。知州即曾任都司郎官以上人，仍充提點宮觀。省諸路帥司官屬員，並令帥臣舉辟，更不堂除。」從之。

詔江東、浙西路各造九車戰船十二艘，浙東造十三車戰船八艘。時王𤫊自荆湖得二巨艦以歸，故命三路漕司倣其制爲之。又令江、浙、荆湖、福建諸路憲司，督諸州歲額弓甲及物料、人匠赴軍器所。用樞密院請也。

都督行府闕就差起復秘閣修撰、淮東宣撫司參議官陳桷兼行府隨軍轉運判官，許辟屬官二員，如發運司條例，闕送尚書省指揮。從之。先是，右僕射張浚至鎮江，召韓世忠，親諭上旨，使舉軍前屯楚州，以撼山東。世忠欣然承命。浚遂至建康撫張俊軍，至太平州撫劉光世軍，軍士無不踴躍思奮。浚以諸路軍馬所用錢糧當從督府總制，故悉以上佐兼之。行府闕三省指揮，自此始。前已有闕送尚書省事，今此則徑用便宜除屬吏，而但闕尚書省出勑，又差不同，故復記其始。

21 丁卯，詔：「足食足兵，今日先務。户部尚書章誼可專切措置財用，參知政事孟庾提領。」

資政殿大學士秦檜言：「金人便於弓矢，乞多造强弩、神臂弓，以備攻討。」上曰：「檜雖在宮祠，不忘朝廷。」

右司諫趙霈言：「今天下之弊，正患縣令之非其人。願罷去注授格法，盡歸堂選。應內外侍從官，各舉有才德堪充縣令人，歲有限員，赴都堂審察訖，始除此職。舉得其人者有賞，不得其人者有罰。見任及待次有貪汙苛刻者，悉汰逐之。癃老罷懦者，或改以外祠，或處以監當，理作親民資序。如是一二年間，所在臨民之政，必有可觀，民豈有不被其澤者？」輔臣進呈，上曰：「比已降詔，慎擇監司、郡守，然縣令於民尤親，亦宜遴選。令侍從官歲舉五人，如何？」沈與求曰：「昨者陛下駐蹕會稽，亦嘗降詔，令內外侍從官各舉三人堪充縣令者，中書籍記，以備採擇。聖意非不美也，然所舉多不得人，往往並緣詔令，以私親舊。至於有罪，又不加繆舉之罰，似未足以稱陛下責實之意。」上曰：「檢舉以行賞罰，乃中書職事。苟若此，則詔令爲虛文而已。」趙鼎曰：「莫若監司、郡守舉治狀顯著者，稍加擢用。其尤無良，重寘之法，或足以示勸懲。」

詔右奉議郎、江東宣撫使司幹辦公事黃覽追奪已轉一官。覽以張俊奏功增秩，而殿中侍御史張絢言：「覽被辟之時，敵騎已去數日，且身在江西，未嘗至本司供職。望賜追奪，仍降指揮，如諸軍官屬更有辟差在敵人已退之後，推賞在未到軍中之前者，並限一月自首，特與免罪，止奪今來所轉一官。如敢隱匿，却致覺察得實，即於元官上再行貶秩，庶人知自奮，實中興之要務。」從之。

命廣東提點刑獄公事郭孝友同帥司會合申世景、趙詳、韓京、王進人馬，招捕虔寇。時孝友自禮部員外郎補外未行，仍趣令之任。

右朝奉郎、新添差通判處州趙壽別與差遣。壽，彥若孫也。朝廷以其祖故録用之。御史張絢言：「元祐之臣名隸黨籍者，陛下臨御以來，辨別邪正，明訂是非。復其職名，則恩加於泉壤；世其禄仕，則澤及於子孫。天下至公之論也。若乃創立添差之例，則臣以爲不然。蓋石刻名臣故家尚多，展轉援例，何時可已？」

故有是命。

詔：「川陝宣撫司近上謀議官一員權管宣司職事，應干軍馬，權行節制。別聽朝旨。」以都督府主管機宜文字楊晨言盧法原疾病故也。時宣撫副使吴玠在軍前，聞之，檄取其印。參議官、直徽猷閣范正己等行本司事，不肯與。正己命内外諸軍，除沿邊及調發赴軍前並聽玠節制外，餘委逐軍統制官循撫彈壓。玠忿之。金房鎮撫使兼本司同統制王彦有衆七千在渠州，正己令彦往夔州路照管關隘。玠以其不先白己，大怒。三月丁丑行遣。

除授龍神衛四廂都指揮使、建武軍承宣使、權主管侍衛馬軍司公事王瓊提舉江州太平觀，免謝辭。初，瓊既除騎帥，而侍御史張致遠奏：「瓊之罪惡，不在辛企宗下，而善交結則過之。豈聖意以爲瓊提兵寖久，軍衆未有所隸，姑示眷留，行遣自有次第耶？臣竊謂瓊提兵雖久，侵剥少恩，其下多厭苦之，故每出輒有潰散者，此可驗也。然别選制將，事干衆情，明正典刑，貴於早斷。臣願陛下，速與大臣計之，免致譊譊，重干聖聽。契勘三衙之職，寄任尤重。陛下倘以瓊兵未有所隸，不可遽議罷黜，即乞且改授職事，速選制將，往領其衆。仍自睿斷，正瓊典刑。雖外國聞之，亦當畏服。臣緣慮此曲折，故未敢顯然論奏，併乞睿察。」殿中侍御史張絢奏：「瓊之敗師誤國，擢髪莫數其罪。即欲上章論列，深恐聖意已有所處，兼瓊之兵馬未有分隸定所。臣以此二者，未敢顯陳。但瓊之過惡，非他人比。況陛下方經理邊事，正賴賞罰嚴明，乃克有濟。若捨瓊而不問，更加除命，非臣所敢聞也。兩日來，外間公議不容，籍籍可畏。尚慮九重深邃，未知輿情，臣故略舉大體，上徹宸聰。伏望斷自乾剛，將𤫉部曲早行分撥，速罷𤫉新除職任，明正典刑。庶幾内振朝綱，外儆將士。恢復之功，在此一舉。惟睿明勿疑，特加省察。」右司諫趙霈奏：「𤫉素無武藝，不閑戎律，偶緣遭遇，濫竊兵權。建炎間爲河東經制，敵騎將至，乃擁兵自衛，避地入蜀，使川陝之民⑦，聞風震恐。陛下貸之而弗誅，責其後效，而𤫉不務循省，以贖前愆。方杜充之守建康也，𤫉聞敵至，不復應援，而引兵先遁，直趨閩中。其罪一也。方扈駕離永嘉也，𤫉持軍無律，不能統御，而致潰散爲盜，毒流東南。其罪二也。及出師討楊么，曠日持久，攻取無策，而崔增、吴全之軍，遂致陷失。其罪三也。比詔回軍鎮江，中外欣悦，皆謂陛下必欲正其罪狀，重寘典憲。今𤫉以輕騎造行朝，曾未數日，忽有侍衛馬軍之命，士論喧閧，滋不能平。邇者陛下以諸軍捍江有功，既已優加賞典。今𤫉有三罪，獨置而不問，是有賞而無刑，恐非所以示勸懲也。伏乞斷自聖意，重加竄斥。」𤫉聞，亦奏辭新命，乞在外宫觀。乃詔權主管侍衛步軍司公事邊順兼權馬軍司公事，而以𤫉兵萬五千人隸淮東宣撫使韓世忠。後三日，又從𤫉奏，罷軍職。

22 戊辰，左宣教郎、敕令所删定官金安節入對。安節上三事：其一，請專任理財之臣。大略謂：「天下所急，惟兵與食。國家本兵之地，任歸宥密，軍旅之政，皆自此出，既得其要矣。唯財用所總，則委之户部，廟堂之上，無有專其任者，於足食之計，未可謂得也。夫奉行法令，稽考簿書，以謹有司之職者，户部之所能也。若乃調國用之盈虚，察計臣之能否，謀畫陛下之前，而施之天下，則户部有不得而與者矣。自軍興以來，公私率皆匱急。臣謂今日之計，宜求幹實之士、明於財計者，使居錢穀之官，久於任使，勿亟遷徙。核兵數，省吏員，節賜予，罷浮費。又專置一職，以大臣領之，如樞密之處本兵，使修其政，以足財用。凡内外錢穀官之長，皆得察其勤惰，考其殿最而黜陟之。常令財賦所出，轉輸所由，悉在目中，如指諸掌。國家有征伐戍守之事，則參畫於一堂之上，而兵食兩足，以成陛下恢復之功焉。昔司馬光以財用窘乏，欲救其弊，請以宰相領總計之職，而思所以救補之術。自謂當時之務，莫急於此，況在今日？」其二論行在職事官堂除猥冗。大略謂：「朝廷除授，與銓選異。吏部所掌者，有司之法爾。法所當得則與之，人之才行不暇悉也。方吏員衆之日，許用將來遠闕，其勢當然，無可言者。至於朝廷除授，則略資格，先簡拔，當以人才爲意，豈可苟遂其私而長奔競之習哉？當今内外差遣，出於堂除者，尤爲猥冗，而行在爲甚。寺監丞而下，有一官而除代至於四五人者。計其莅官之期，或在十年之後，是豈堂除之本意哉？或謂居是官者，率多遷徙，未嘗終更，雖久且近，則是示人以躁進，而使不安其職業也，其又可乎？遂使趨競之士，不安義命，僥倖一時，得以爲後圖。既得之後，復歎滯淹，假以求進，奔走干託，無時而已。夫朝廷之上，當激厲士風，使人知自重，庶幾他日不負國家任使。今乃若此，安可循習而不革哉？前日之失，不可追改。臣願陛下訓敇大臣，自今以始，應在内差遣，有不待見闕而進擬者，亦須已授人到任，然後除代。仍各量其才行，使稱厥職，以重朝廷選任，庶幾授受之間，不至太濫。人絶覬覦，稍息奔競，是亦厚風俗之一端也。」其三論士風不競，不恤國事，自爲身謀。願招股肱耳目之司，察其趨向，考其勤惰而陞黜之，以風天下。翌日，趙鼎等進呈，言：「安節奏疏語言，有未習知國體者。」上曰：「人才要當長養成就之，使見聞習熟，則知國體矣。」乃取其第二奏行下。又旬日，以爲司農寺丞。安節，歙縣人也。安節奏議集載此第二札云：「臣願陛下，訓飭大臣，自今以始，應在内差遣，有不待見闕而進擬者，亦須已授人到任，然後除代。」日曆所載，乃止云：「明詔大臣銓量而存留之。」二書所載不同，今從奏議。安節除寺丞在三月辛巳。

詔江、浙、湖、廣、福建等路各置路分總管一員，於帥府駐劄，應訓練教閱、調發等事，並繫銜申奏，如陝西、河東北三路例。以樞密院言：「武臣内近有立功并官序資格已高之人，别無窠闕。」故有是命。

登州文學吳敦禮特許參選。敦禮以布衣爲沿海制置使郭仲荀遣往高麗伺敵中事，得其報以歸，故録之。

宣慶使康州防禦使入内内侍省都知梁邦彦、武功大夫、文州刺史入内内侍省押班陳永錫各進遥郡一官。以樞密院言「自敵犯淮甸，至車駕回臨安府，本省計發過金字牌文字一千二十三封，即無稽滯，理宜推恩」故也。

23 己巳，參知政事孟庾言：「準敕差提領措置財用，今乞以總制司爲名，專察内外官司隱漏違欠，行移如三省體式。應本司措置事件，依例進呈。」得旨關申尚書省，仍鑄印以賜。諸路係省錢出入，舊經制司每千收頭子錢二十三，其十上供，其十三州縣及漕計支用。庾請增十錢。四月己未。又請收耆户長雇錢、抵當四分息錢、轉運司移用錢、勘合朱墨錢、常平司七分錢、茶鹽司袋息等錢；四月癸亥。又收人户合零就整二税錢、免役一分寬剩錢；又收官户不減半民户增三分役錢；四月辛未。又收常平司五文頭子錢。八月乙酉。並令諸州通判、諸路提刑司拘催。其後，東南諸路歲收總制錢七百八十餘萬緡，而四川不預焉。大凡東南諸路經、總二司錢，歲收一千四百四十餘萬緡，四川歲收五百四十餘萬緡。

左承議郎顔爲追毀出身以來告敕，除名勒停，展三期叙。坐前守嚴州犯自盜贓，當徒六年也。

大理評事李洪、李志行並改合入官。初，洪等自言建炎二年春，試刑法入第三等上，乞依條改秩。吏部言無案牘可考，令召本司官一員，結除名編置之罪，委保詣實。許之。中書舍人劉大中言：「有司當守法，何至爲一僥冒之人，委曲求改官之路？恐人人援此，作僞生姦，何所不至？」翌日，輔臣進呈，趙鼎曰：「古者以刑弼教，宜崇奬之。」上曰：「刑名之學，其廢久矣。不有以崇奬之，使人競習，則其學將絶。」沈與求曰：「法家者流，雖別一科，然人命所係，不可不重此選。」乃令吏部重別取索有無的實干照。事遂寢。三月己卯，吏部申明給據事，恐因此。

是日，經筵開講。自上視師，暫輟講讀，至是復之。

24 庚午，尚書左司員外郎王俁、直秘閣添差兩浙轉運副使李謨各進秩一等。上之視師也，俁以漕司職事往紹興府、明、台、温、處州刷錢帛，而謨先往平江樁辦錢糧。至是，本司以爲言，故賞及焉。

25 辛未，右宣教郎、知婺州金華縣孫緯爲宗正丞，填復置闕，用少卿范沖奏也。自建炎初，宗正移司，而屬籍諸書中道散佚，無有知其法者。沖言緯諳曉編修次第，遂以命之。緯，沂州人也。

侍御史張致遠言：「中外諸軍，屠酤成市，日奪官課，重載絡繹，不税一錢，回易悉據要津，逃亡更不開落。凡所侵擅，皆云製造軍器。臣取紹興四年逐軍認造器甲考之，全然不多，而度支細計，歲内降給，凡一百二十萬緡。朝廷又歲歲拋買如羽毛、箭簳，打造甲葉、箭頭之類，動以千萬計。算工董役，無日少休，不知所造幾何？逐時分給諸軍，及樁留之數，又不知幾何也。器械非如他物，今日之事，孰急於此？惟有司全不曾會計，遂使諸軍坐收厚利。伏望睿斷，速命兵、工部將軍器所與諸路諸軍累歲已造之數，諸路已買到物料，并見買未到之數，視其多寡，度其緩急，别爲之區處。若諸軍願自造，則量其所用，應副價錢，而諸路工役拋買可罷，軍器所亦可省。若併就軍器所，則張官置吏，專司措置，仍於諸軍下抽取人匠，不必更令認造。事既歸一，自無横費。願陛下姑聽臣言，務寬民力。」詔工部詳度，申尚書省。

詔荆南府、歸、峽州、荆門、公安軍歲貢上供，更與免二年。用鎮撫使解潛請也。分鎮指揮免上供三年，今已二年，故潛有請。

26 壬申，上謂輔臣曰：「昨范温帶來京東民兵，比效用請給，春秋特支衣絹一匹。昨日中軍引見，頗有藍縷者，朕出内帑絹二千匹賜之。」趙鼎等曰：「陛下内帑縑帛之數，非承平比。每推以賜將士，此盛德也。」上曰：「朕宫中未嘗妄費，雖内帑所有不多，專用以激犒將士而已。」

詔六院官、左藏庫監官並依舊堂除。户部尚書章誼請：「諸州縣抵當物貨，並限一年，不贖檢估。」從之。去歲以調兵，始令諸路依舊質當金銀疋帛等，每貫月收息錢三分，滿十月不贖者，並没官。已而，兩浙西路提點刑獄兼提舉常平朱締乞依紹聖舊法，以二年爲準。許之。誼謂：「即今州縣，與昔日事體不同，恐難以積壓本錢，守待二年。」故有是命。州縣復置抵當庫，日曆不載。今因誼申請遂書之。締所奏，在今年二月己亥，然史亦不書，今附此，當求去年降旨月日别書之。

詔：「右承奉郎徐度令中書舍人試策一道。左迪功郎胡珵、左朝散郎主管江州太平觀錢棐、新授太常博士張宦，並召試館職。左朝奉郎新提舉浙東常平茶鹽公事汪愷、左承議郎新通判潭州王棠，並與陞擢差遣。」度，處仁子；宦，守兄也。自詔復十科薦士，而龍圖閣直學士汪藻薦度及棠，資政殿學士葉夢得薦愷及度，顯謨閣待制提舉亳州明道宮葛勝仲薦瑆、宦、棠，沈與求爲龍圖閣直學士薦葉，胡交修爲給事中薦愷，故有是命。已而，度除太府寺丞，瑆除秘書省正字，宦除秘書郎，葉除諸王宮大小學教授，瑆除正字，葉除宮教，並在四月乙卯。宦除秘書在八月，度改除正字在七月。愷除江南西路轉運判官，棠知江陰軍。三月辛巳。中興後，士以十科薦用者，自此始。

命：「經制福建財用章傑市耕牛千頭，賜韓世忠，爲淮東屯田之用。選軍校部送，十不失一者，遷資給賞；所失過分者抵罪，仍責償之。」

是日，神武中軍春大閱，詔户部賜錢萬緡，充激犒。

27 癸酉，右朝議大夫、主管江州太平觀徐康國叙中散大夫，用刑部檢舉也。殿中侍御史張絢奏康國嘗投進銷金屏風及刷刻州縣羨餘二事，以爲康國當艱難之時，剥下以媚上，虐民以希功，望賜寢罷，以爲監司之戒。命遂格。

是月，真陽縣觀音山盜起，攻剽鄉落。舉人吴琪竄去，琪妻譚氏與鄰婦數人俱被執，譚在衆中頗潔白，盜欲妻之，譚詬之曰：「爾輩賊也，官軍旦夕將至，將爲虀粉。我良家女，何肯爲汝婦？」盜强之不已，至於捶擊，愈極口肆駡，爲所殺。此據洪邁所作傳修入。傳以爲今年閏二月事，故附此月末。

校勘記

①相如初見建炎三年十二月　「三」，原作「十」。「十」，原闕。叢書本同。據本書卷三〇劉相如首見之年月改補。按：本書卷三一建炎四年正月已有劉相如補迪功郎，添差監温州酒税之記載，未知此處何以又有補官記事，且所補爲武官，亦與前載不符。所謂牢城人，其因何繫紹興牢城，前亦未載，其故全不可曉。

②合行事　「合」，原作「各」，據叢書本改。

③又詔主行崇政殿親從堆垜子人　「堆」，胡寅斐然集卷一五繳吴玕逐便、周必大文忠集卷一四六吴珪等轉官回奏、陳騤南宋館閣録卷四修纂下同。叢書本、容齋三筆卷一五禁旅遷補、朝野類要卷一御殿、王洋東牟集卷七鄭抃推垜子轉一官制作「推」。

④與金將虎山遇　「虎山」，原作「呼善」，據金人地名考證改。

⑤故令湖南就近遣之　「湖」，原作「河」，叢書本同。按：此條既言命湖南帥司招陳感，且感爲海賊，自與河南無關，故逕改正。

⑥及至節鎮州雜監司　「至」，原作「知」，據叢書本改。

⑦使川陜之民　「川」，原作「州」，據叢書本改。

建炎以來繫年要録卷八十七

1 紹興五年三月甲戌朔，建武軍承宣使、提舉江州太平觀王瓊降授濠州團練使。瓊既罷軍職，而侍御史張致遠、殿中侍御史張絢再論其罪。致遠言：「昔秦穆公赦孟明，遂霸西戎；周世宗殺樊愛能等，乃走契丹。臣嘗考其故，蓋孟明以力戰而敗，愛能等以臨敵無鬭志，此可赦、可殺之分也。往者敵騎窺江，瓊聞風引避，所過縱兵大掠，江東騷動。駐軍上饒，觀望進退。審知敵去，方議赴行在。乃取道福建，盡破隘柵。一路訛傳寇至，襁負奔避，城邑幾空。行次處州，後部楊勍遽叛，瓊縱而不追，建、劍焚蕩無餘，流毒兩路。楊么負固洞庭，累年於兹。陛下命瓊爲制置，倚以成功。而瓊畏懦寡謀，不親戎事，悉留驍健自衛。崔增、吴全皆非素偏裨也，則迫使深入，遂墮賊計。與知鼎州程昌寓計校苛細，至形紙墨。又於岳州勞役軍民，營葺居第，修廊複屋，極其宏壯。凡所辟置寮屬，多緣齎獻奇玩，豈復責以職事？蠹耗財用，蔑敗紀律，求於諸將，無瓊比者。如瓊頻年剥衆，稍入又復優厚，度其裝橐，可富數世。方將臣立功，各思蹈萬死一生之時，而瓊緣敗事，獨優游圖書、聲色之奉。爲瓊謀則善矣，非所以訓衆也。」絢言：「瓊怯懦無謀，驅迫崔增、吴全，致有鼎江之敗。瓊恬不爲懼，方且虚張軍數，干索錢糧。又縱其部曲，捉刺農夫，剽掠殺傷，莫知其數。湖南之民，願食其肉而不可得。」故有是命。

詔諸路監司、帥守條具被受專法來上。用太府寺丞王良存請也。自兵火後，省部無一州一路專法，及州縣引用，則往返詰問，有三四年不決者。良存以爲：「朝廷立法之原，四方申述，不從中揆，而乃疑其詐冒，動經歲月。望令州縣條具所得專法上之朝廷，付有司詳定，著爲成書，頒之内外。」從之，限一月。

命總制司措置出買官田。

左中奉大夫提舉亳州明道宮王羲叔、右中奉大夫提舉江州太平觀黄願並復直徽猷閣，右朝奉郎新知宣州李膺復直秘閣，亦以赦叙也。起居郎兼權中書舍人胡寅奏：「羲叔無耻不才，貪墨之尤。願倖進偷生①，苟全文過。」又言：「膺頃守虔，諸縣百姓，相扇爲賊。膺與其魁首交通，陰受厚賂，相約不犯城郭，自以爲功。若緣赦復職，恐非迪簡多士、旌別淑慝之道。」命遂寢。

2 乙亥，淮東宣撫使韓世忠言：昨措置防扼，專委其兄帶御器械世良承受奏報文字，及催促器甲錢糧等事，不無勞效。昨來奏功，偶以親嫌，不敢列上。中書門下省因奏：「世良專被旨護衛六宮，未經推恩。」上曰：「朕以世忠之故，於世良加厚。然賞罰國之大典，所以礪世磨鈍，安可闕也？如王𤫊提大兵往上江，所用錢糧不可紀，而敗軍覆將，連年不能了楊么，豈可不行遣？今降官落軍職，不特少慰公議。又𤫊平日專事交結，亦使知交結不足恃也。」乃進世良一官，爲武義大夫。世良轉官在是月庚辰。

詔左中奉大夫、直龍圖閣王琮前差宮觀指揮勿行。琮既以赦奉祠，而右司諫趙霈言：「張邦昌僭位，琮自庶官爲侍從，特修刺字，徧謁同列。交結王時雍、徐秉哲，日造其門，與之謀議。敵騎既退，時雍乃薦琮知鄧州，因以家屬託其將行。乞褫去職名，仍永不與宮祠差遣。」故有是命。

録故朝請郎陳伯强子獻爲將仕郎。伯强以言事廢死，上既官其子，而都司看詳，以爲在謫籍中致仕，寢不行。諫官趙霈又言其忠，命乃下。事初見三年八月戊申。

免岳州上供錢一年。

3 丙子，川陝宣撫副使吴玠奏：「已復秦州。」詔玠速第上有功將士。

命樞密院計議官呂用中、徐康、右宣教郎新國子監丞權都督府幹辦公事范伯倫催促江、浙四路折帛經總制上供等錢，用户部尚書章誼等請也。用中、康先被旨促造戰艦，伯倫以行府之命督江西糧解，故就用焉。

4 丁丑，起復秘閣修撰、淮東宣撫司參謀官陳桷入對。右僕射趙鼎奏：「臣已細詢桷，據言韓世忠已過淮南，視控扼之所。桷今來乞兵守建康，蓋欲張俊分占江上，同負此責。臣以通、泰鹽利爲重，乞飭世忠且在承、楚捍敵，或采石等處有警，即令引前軍趨江東或浙西，而通、泰鹽利在所不顧也。桷又言世忠軍老幼在鎮江非便。臣與桷議，欲令遷平江，桷以爲然。此亦張俊之意也。」桷乞解官持服，不許。乞追還賞功例進一官，許之。桷乞持服在是月丁丑，寢轉官在戊寅。

詔侍講朱震、范沖專講春秋左氏傳，孫近、唐煇仍講論語、孟子，鄭滋、胡交修讀三朝寶訓。上雅好左氏，故擇儒臣進講焉。

禮部侍郎兼侍講唐煇言：「榷酤征商，皆取利於民，非先王美政，蓋不得已，要亦觀時之宜，度民之力，知與爲取，勿病斯民可也。淮甸屢遭寇攘，凋弊爲甚。近者朝廷極意料理，州縣官併省者十五六，常賦悉蠲，庶流亡之來歸。惟是酒税務，恐尚仍舊貫，若非此，州郡無他入。臣竊謂酒務尚可，税務專以責利，官得其一，公吏取其十，物價必貴，民益無聊，是利不可得而害則多也。望俾有司相度舊有酒税官處，更加減省，前日爲縣者，今已改而爲鎮，人户必稀少，願罷勿置，姑捐以予民，惟舟車衝會之地存留。俟三二年，旅人通行，民稍歸業，復舊未晚。」詔以付淮南提點官張澄照會。

詔：「職事官監察御史至侍從并館職正字已上，及在外侍從官、監司帥守，各舉所知充監司守令，限半月具奏。餘依元年十一月壬子薦舉手詔賞罰施行。」時侍御史張致遠乞：「除言事官外，自監察御史至侍從并館職正字已上，各舉所知，不限員數，不拘官品。某人可爲監司、郡守，某人可爲縣令，舉詞並載事實，無用虚文，實封投進。降付三省編類籍記，參考除授。頃歲宰執、侍從多分符竹，則監司之任宜稍增重。臣今乞每路改置一都轉運使，以侍從官爲之。宗室參選，許壓在部名次。縣令有闕，十占六七。臣今乞以令闕通注，其他方許陞壓。仍視郡邑之大小，以處資格之淺深；事務之繁簡，以稱才力之優劣。遠方尤慎其選，許之久任，庶幾能爲陛下宣布德澤，惠養赤子，以稱詔旨。臣所乞請，可參酌衆言，以得其實。然識見不同，兼恐各懷恩怨，或舉一二人以塞命，則無益於事。昔人有言曰：『進賢受上賞。』伏望聖慈，更議有以勸率之，使之盡言無隱，則旁搜遠訪，罕有棄遺。」故有是命。

左朝奉大夫劉黻以明堂恩乞任子。吏部言：「黻改官非格法。」詔特許之，仍命今後更有似此之人依此。

趙鼎獨相而有此指揮，此事當考。巘，成都人，宣和末獻玉帶於王黼，召對，賜進士出身，改京秩。巘獻玉帶事，此據趙子崧中外遺事。侍御史張致遠奏：「巘出身冒濫，今貪緣輕授，仍啓倖門，何以厲世磨鈍？望令吏部更切考究巘之本末，依格改官。」乃命吏部再行取會申省。

右朝請大夫直徽猷閣范正己、左中奉大夫陸彥欽並降二官，罷川陝宣撫司參謀，仍令都督行府取勘。時宣撫副使吳玠言：「正己等乘盧法原病篤，擅移王彥軍馬，更不與臣商量。離間將帥，有害軍機，乞重賜施行。」又言：「緣臣人微望輕，致本司官屬輒敢凌忽。伏望將臣先賜罷黜。」詔玠無罪可待，二人遂坐黜。初，玠疑正己等私有印章，下其事於潼川府，簽書節度判官廳公事史煒具以枉報。會朝廷察其實，事乃已。煒，眉山人也。史煒事，以邵溥所撰墓誌附入②。但溥謂二人以此得末減，則非也。今且刪潤書之。日曆紹興六年五月二十三日庚寅，中書門下省勘會：「吳玠元按發范正己、陸彥欽事理已明，別無勘問事。有旨特與免勘。」

右宣義郎、直秘閣、江南西路提點刑獄公事張叔獻及本司官吏並轉一官資。時諸路以逃移民數，除豁上供，户部疑其欺，奏遣憲臣覈實。至是，叔獻言：「江州隱匿上供紬絹共一萬二千匹。」户部尚書章誼等言：「叔獻委是盡心職事，若不褒賞，竊慮無以激勸。」故有是旨。其後，當制舍人言：「臣取到户部公案，點對得叔獻所申，乃是江州先申省部，并轉運司合納數目，即非數少。至叔獻到江州，本州爲見歸業人户不多，開墾田畝比未殘破已前共止及三分之一，其和買比舊却是一分半已上，所以根究元申人吏行遣外，申提刑司比元申數少，即非隱匿上供。兼叔獻自牒本州，令勸誘人户輸納③，即是實納數未足。契勘江州在江西一路，累經敵馬殘破，并馬進等在城下半年殺戮，至今户口十損七八。諸路申逃絶之數，多是承例，不敢盡數除豁。所以本州慮後來催納不足，無所從出，故後申提刑司數少。叔獻心知如此，更不恤民力有無，但將多數迎合省部，妄申檢察到隱落，以爲己功，僥冒恩賞。若是人户合輸之物，如何却牒江州，令勸誘輸納？顯見叔獻奸僞情狀甚明。臣竊見前後寬恤詔令，多委提刑檢察，蓋爲漕臣錢穀之任，利在斂取，故以寬恤責憲臣推行，謂其利害無所關涉，必爲朝廷盡心行法。今叔獻身持憲節，其所爲反如此，則凋瘵之民將何赴愬乎？今既未能正其爲奸失職之罪，又從户部之請，特轉官資，是賞奸也，是誘諸路憲臣，皆爲欺妄以倖賞也。欲望聖明，察叔獻之奸妄，將前降各轉一官資追寢不行。」上爲寢其命。寢命在七月庚子，今併書之。是時劉大中、胡寅並爲舍人。

秘書省著作佐郎兼都督府主管機宜文字熊彦詩提舉兩浙東路常平茶鹽公事，右朝散大夫宇文師瑗知漳州，右朝散郎陳敏識知太平州。敏識謫官凡五歲，至是始録之。

詔諸路勘合錢每貫收十文足。勘合錢，即所謂鈔旁定帖錢者。

尚書省令史董紘罷④，令大理寺治罪。紘隸左右司，而私受廣東統制官韓京劄子，充本軍收接文字，爲之經營功賞。都司官言：「恐因而刺探朝廷事務，漏洩機密。」故黜之。

故迪功郎范端益特贈承事郎，官一子。端益爲雩都尉，捕劇賊死於陣。

5 戊寅，故進士趙霑特贈右承務郎。霑弟右司諫霈乞以扈駕增秩恩回增霑一官，故有是命。

尚書吏部員外郎兼都督府諮議軍事王純、吏部員外郎李元瀹、金部員外郎吴并皆卒。近臣章誼等言其貧，乃各賜銀百兩。

6 己卯，淮西宣撫使劉光世兼太平州宣撫使，淮東宣撫使韓世忠兼鎮江府宣撫使。

詔自今春秋銓試出官，及試刑法教官，或文武官應舉試中之人，並令所屬官司出給公據，以革詐冒。用吏部侍郎鄭滋請也。近方降旨罷試教官，此復令給公據。

7 辛巳，詔川陝監司、知、通去替一年，令轉運司具狀申尚書省，餘依八路舊法差注。以中書門下言今道路稍通，合循舊制也。自是，宣撫司之權稍殺矣。

新除國子監丞程克俊守尚書駕部員外郎。

詔泰興縣依舊隸揚州。

川陝宣撫司續奏仙人關勝捷，内階州楊家崖捍禦官兵武節大夫姜成等二千八百三十七人各轉一官資。

詔：「客販淮、浙鹽至荆湖州軍，如願般販往襄陽府路者，聽從便。」京西舊東北鹽地分，至是始通焉。

8 壬午，起復徽猷閣待制、都督府參議軍事邵溥兼權川陝宣撫副使，置司綿州。應軍期錢糧等事，與吴玠通行主管，餘依盧法原所得指揮。時溥寓居犍爲縣，故就用之。然自是戰守事，玠始專行，溥蓋不得預。

秘書省正字李公懋入對，言：「荆南自孔彦舟、鍾相之亂，移治枝江，今六年矣。荆、襄俱重地，若荆南不守，襄陽難以獨立。蓋枝江非要害之衝，上連宜都，祇可爲走計。異時襄陽失守，猶可爲辭。今收復襄陽，而荆南尚寓枝江，朝廷何賴？始聞解潛遣人到朝廷云：『百姓慟哭，不肯歸府。』可謂欺誕。」上曰：「帥臣若歸後，民自安之，但帥臣不肯歸耳。」先是，潛遣鎮撫司主管機宜文字、右從事郎劉時赴都堂白事，前一日召對，改京官。故公懋及之。

詔：「製造御前軍器所隸工部，罷提舉所。令工部郎官、軍器監官輪日往軍器所檢視⑤。」遂以户部尚書章誼兼權工部尚書。

英州羈管人傅雱量移南雄州。權中書舍人胡寅奏其罪，請永不量移，以爲後來亂賊之戒，命乃寢。

右承務郎張省括特補右修職郎⑥。省括，洺州人，舉進士不第。馬擴爲節制應援軍馬使，用便宜補初品官。至是，自言説諭靳賽之勞，乞正補京秩，故有是命。

9 癸未，詔殿前、馬步軍司各據見管兵數，權行排置指揮。初，禁衛諸軍遇赦轉員，其法甚備。自中原俶擾，軍營紛亂，排轉不行。時諸將所總歲歲奏功，而天子親兵久無陞遷之望，左僕射趙鼎請據三衙見管人數，彷彿舊例，立爲轉員之法。乃詔諸班直將校親從親事官，各依條排轉一資。三司將校，亦與轉行。時殿前司有兵九百餘人，馬、步司各六百餘人而已。

左宣教郎王居修充敕令所詳定官。

右從事郎、權通判汀州郭濤特改合入官⑦。先是，清流縣民李叢率衆二百爲盜，濤合軍民之兵掩捕，盡殪之。言者奏其事，下帥司覈實如章，乃有是命。

10 甲申，淮東宣撫使韓世忠以大軍發鎮江。世忠將行，上賜手札曰：「昨因敵退，議者以經理淮甸爲言，人多憚行，卿獨請以身任其責，朕甚嘉之。」翌日，趙鼎進呈世忠已過淮南，乞遣中使撫問。上曰：「當別有所賜。近劉光世進馬來，問朕乞花瓶，已輟玉瓶賜之矣。」乃復賜世忠銀合茶藥，且以手札勞之曰：「今聞全師渡江，威聲遐暢。卿妻子同行否？乍到，醫藥飲食，或恐未備，有所須，一一奏來也。」時山陽殘弊之餘，世忠披荆棘，立軍府，與士同力役。其夫人梁氏，親織薄爲屋。將士有臨敵怯懦者，世忠遺以巾幗，設樂大燕會，俾爲婦人粧而耻之。軍壘既成，世忠乃撫集流散，通商惠工，遂爲重鎮。

11 乙酉，侍御史張致遠權尚書户部侍郎。

觀文殿大學士李綱進省記到建炎時政記二册⑧，上謂大臣曰：「朕已看過，皆是實事。綱近日論事，非往時之比。」趙鼎曰：「綱才氣過人，但向辟屬官，多少年浮躁之士，致有所累耳。」

武顯大夫、湖秀州管界巡檢崔慎由特差浙西路兵馬副都監，始用魏矼薦也。矼薦慎由，見四年八月戊戌。

武義大夫、閤門宣贊舍人曹勛爲浙東路兵馬副都監。勛除江西副都監未上，以闕遠爲請，故改命之。言者論：「勛不習武藝，專事請求。宣和間補官，首尾一年，即帶閤職，遂至大夫。僥倖之速，無如勛者。艱難之時，文武並用，欲其協濟事功。豈有武臣差除不合公論者，乃置而不問？乞奪勛敕命，依舊令待闕。」從之。勛自燕山得歸，凡九年，未嘗遷秩也。罷勛新除在三月丁酉。

12 丁亥，參知政事孟庾言：「檢察內外官司錢物，並從總制司一面擬定，取旨行下，仍申尚書省。其利害明白，事體稍重，合從宜更改，並內外主管財計官吏，遇有闕及不堪倚仗之人，並依今來所得聖訓，與宰執商議施行。」從之。庾初受命，乞本司事依例進呈。得旨關申尚書省。至是，上諭庾以事重者與宰執同議，故有是請焉。

故端明殿學士、左正議大夫盧法原特贈五官，令所屬量給葬事。

13 戊子，詔兩浙諸郡市客舟爲起綱之用，仍立綱官賞罰。以給事中陳與義言雇船轉輸，官民交弊故也。

福建路兵馬都監、神武前軍左部統領申世景充都督府選鋒統制。王瓔之罷也，其兵皆隸淮東宣撫使韓世忠麾下。世景時方捕虔寇未獲，故世忠請之行府，言已遣他將代赴淮東，故世景改命。

太常謚故陸海軍節度使鄭翼之曰榮恭。翼之，紳子也。

14 己丑，提點淮南兩路公事、都督府提領市易務張澄乞：「泗、楚、濠、廬州、壽春府市易務監官到任半年轉一官，二年更轉一官。選人通三考改合入官。本錢十萬緡以上，收息一倍，即與轉一官，仍減二年磨勘；虧折元本者，展二年磨勘。每萬緡收息錢三分已上，給五十千，官吏均給折一分已上，仍與專副備償。其餘以是爲差，歲終委建康府都市易場監官點算置籍，申本司比較。」並從之。

15 庚寅，左朝請郎王縉守尚書金部員外郎，右通直郎周三畏守刑部員外郎。

16 辛卯，中書門下後省奏：「上殿臣寮，有親聞聖語者，乞依慶曆七年詔旨，備録關修注官。如循習故例，隱匿不報，以違制論。」以監察御史許摶有請也。

起復秘閣修撰、淮東宣撫使司參謀官陳桷言：「瀕淮之地，久經兵火，官私廢田，一目千里。連年既失耕耨，草莽覆養，地皆肥饒。臣願敕分屯諸帥，占射無主荒田，度輕重之力，斟酌多寡，給所部官兵，趁時布種。或體倣陝西弓箭手法，從長區處。因地土所宜，種麻粟稻麥，一切聽之，無問租稅。力耕之人，添破糧米，朝廷逐旋應副耕牛，委之諸帥，計置種子，將來盡還其價。不特人糧可以足辦，如飼馬芻秣之用，亦皆霈然矣。仍乞委自都督府選官兼總其事，令親到逐司，與主帥熟議，俟上下情通，然後行之。每軍就令統制、統領官管認監督，近上謀議官領之。收成受納之日，同認所得之數，并隨時價直，具申都督府籍記。支還價錢，以金銀見錢品搭給降。將逐司所得，除一歲合支數外，餘就令封樁，爲儲積之計。」詔關都督行府。

17 壬辰，左奉議郎李椿年入對，上問以民間利害。椿年曰：「今日法令非不善，財用非不足，而州縣每每不治者，在不得人耳。若於二稅稍加措置，不至失陷，用度自足。若轉運司更將常賦隨時轉易，通一路之有無，財不可勝用也。」上曰：「今日監司、郡守不相協濟，朕在河朔，親所備見。監司所至，不恤州郡有無，盡行刬刷。州郡往往藏錢，不令監司知。」椿年奏曰：「誠如聖訓。」椿年，浮梁人，嘗知寧國縣，劉大中所薦也。尋以椿年通判洪州。四月辛亥。

殿中侍御史張絢言：「建康見今修城浚濠，調五縣夫，計役三千人。建康累經殘破，兼屯大軍，比之他州，民力最爲凋弊。況方農桑之月，妨費本業，誠爲可慮。乞令帥司，權於鄰近太平、廣德、宣、池諸郡均差廂軍及在城人兵，赴本府執役。將見科諸縣人夫，並行放散。」從之。

詔廣東、福建路招捕海賊朱聰。時商舶且來，而海道未可涉。提舉廣南市舶姚焯言：「近有海南綱首結領艅伴前來，號爲東船，賊亦素憚。乞優立賞典，同力掩捕。」乃命福建、廣西帥臣疾速措置。

18 癸巳，初令諸州通判印賣田宅契紙。自今民間競產，而執出白契者，毋得行用。從兩浙轉運副使吴革請也。

19 甲午，趙鼎奏：「近久雨，恐傷苗稼。欲下臨安府祈晴。」孟庾、沈與求曰：「以天氣久寒，蠶損甚衆。」上曰：「朕見令禁中養蠶，庶使知稼穡艱難。祖宗時，於延春閣兩壁畫農家養蠶、織絹甚詳，元符間因改山水。」

左迪功郎、夔州路關寨幹辦官張戒特改左承奉郎。戒，正平人，以趙鼎薦得召對。上謂鼎曰：「戒禮貌生疎，必未曾大段歷任。」鼎曰：「自登第十餘年，只曾作縣令。」上曰：「論事頗有理，然爲文未成就。」鼎曰：「如其爲人，大剛拙。」上曰：「人才和柔者多，剛直者最難得。」乃以戒爲國子監丞。戒除監丞在四月辛亥。

20 乙未，初榷鉛錫，應產鉛錫坑冶盡行封樁，具數併價申部。令榷貨務依茶鹽法措置，印造文引，許客人算請給賣，齎赴指定州軍坑場。又請通行興販，所有鑄錢司合用鼓鑄數，仰齎錢赴坑場，依價收買，本錢依舊令轉運司支撥。如不足，於上供錢內貼支。如數目比額增減，其守令、監官、巡尉，並比類買納鹽，增立賞罰。用總制司請也。

右儒林郎、福建路安撫司幹辦公事王傳入對，乞召見武臣。上曰：「如諸將佐，朕皆識其面目，其能否亦皆知之。」論久任，因言：「近歲如明州、鎮江、建康守帥，更易頻數。」上曰：「太守止是治民。」傳對曰：「如到任一兩月間，官吏面目猶未能識，豈暇詢究民間利病？」上曰：「然。」尋以傳爲右宣教郎。

尚書右僕射張浚言：「臣被旨暫往江上，措置邊防。臣近到鎮江、建康府，以相去行在所地理未遠，即不敢一面施行。節次關報，動經旬月，竊慮誤事。臣將來到上江日，如有似此事件，欲並依先降指揮，施行訖具奏。」從之。初，浚既定招來湖寇之計，乃命荆湖制置使岳飛先以兵往。浚又慮諸將未諭此意，或逞兵殺戮，則失勝算，傷國體，遂具奏請行。上許焉。徐夢莘北盟會編云：「張浚以都督收楊么，先遣飛屯於鼎州，吴錫軍於橋口。浚即欲進兵，或説浚曰：『不可，進而勝，則捕一漁人耳。如其不勝，則都督爲諸將輕矣。』浚曰：『奈何？』或曰：『不如先揚聲，言諸軍人馬各已差官犒設矣，唯岳制置之軍，當躬詣軍中，是以犒設而進也。或不勝，猶有説焉。』浚從之。未幾，以輔逵軍橋口，浚駐潭州。」

詔福州因緣軍期借用常平錢，特與除破。時本路提刑司以朝旨責償甚峻，帥臣張守請於朝，乃命分限二年。後省奏：「竊詳福州所申事理，若朝廷察知其不涉欺罔，如委實逐急應副軍須用過，雖盡免放可也。今徒分限責還，要之終取於民而已。當時移用，官吏必無備償之理，彼民何辜而重困之哉？若來年又於科率之外，別敷常平積欠，臣恐愈見難辦，徒掛簿書，資吏奸耳。區區愚慮，陛下儻以爲然，乞降指揮，近日所遣閩、廣之使，與逐路提刑，只令檢察欺弊，與非理移用，其緣軍須支費過常平錢物，往者不問，來者如律。如此，則四方皆知朝廷初非利其數多而欲取之也，不亦善乎？」上乃寢前命。既而漕臣薛昌宗又請其餘七州軍借過常平司錢物，並特與除破。從之。昌宗建請在七月癸丑。

初命翰林院醫官王繼善入内看醫，本院以未經試補，用舊法執奏。御寶批特依今來指揮。後省言：「醫不三世，不服其藥。今驟令繼善入内看醫，失立法之意，開倖進之門。利害所關，不敢忽而不論，望賜追寢。」

從之。王繼善恐是繼先弟，當考。

21 丙申，龍圖閣直學士、知撫州汪藻提舉江州太平觀。時朝廷議銓量監司、郡守，其資序已深，雖無顯過，而才非所宜者，以祠祿處之。張致遠爲侍御史，嘗言：「藻素多玷闕，白簡具存，湖州之政，至今傳笑。法行自貴始，先罷藻，彼有歉於中者，將望風投劾而去矣。此亦銓量之至要也。」故藻遂罷。

降授左朝奉郎胡蒙復所降一官，以赦叙也。權中書舍人胡寅言：「考之公論，蒙在五使最無善狀。夫人臣受命於君，有殞無二。蒙乃慢陛下之命，憚權貴之威，罪不容於死。今以赦宥，稍叙舊官，則當爲他日任用之漸，俾附下罔上之人，無復忌畏，而刑賞亂矣。」命乃寢。

22 丁酉，復移浙西安撫司於臨安府，以駐蹕之地，理宜增重事權故也。

徽猷閣直學士、知臨安府梁汝嘉兼兩浙西路安撫使，徽猷閣待制、知鎮江府沈晦兼沿江安撫使。熊克小曆載移浙西帥司事在閏二月己巳，今從日曆。

試尚書吏部侍郎兼侍讀鄭滋與權戶部侍郎張致遠兩易。

左迪功郎、敕令所删定官兼史館校勘鄧名世守秘書省正字，仍與正字王蘋、喻樗並兼校勘。

詔：「端明殿學士、知饒州董耘累請宮祠，可依所乞，提舉江州太平觀。徽猷閣待制、提舉亳州明道宮程瑀知撫州，直龍圖閣、新知泉州魏矼知饒州。」自是，郡守之非才者，稍稍被汰矣。矼在臺時，嘗論江東提點刑獄公事虞澐與執政連親，不可任修注，乃引嫌移建州。

命榷貨務降鹽鈔六十萬緡，赴都督行府，收糴江南早禾米。

23 戊戌，詔樞密院計議官吕用中、徐康、編修官霍蠡，並以檢察逐路經費財用爲名，用中浙西，康江東，蠡浙東路，仍借奉使印。上皆召見，賜裝錢而遣之。

右承奉郎宋應追三官。應父喬年爲殿中監，以修明堂增秩恩回授應京官，用吏部審量而有是命。

詔道州丁米，依舊於田畝上均敷。用本州請也。先是，湖南諸郡，歲調上户充土丁戍邊，其下户不行之丁，則隨税輸米。後以官軍戍邊，而丁米如故。道州歲輸米二千餘斛，近歲爲羣盜所殘，人丁益少，遂以田税取之。守臣右朝奉大夫趙坦乞以二分敷於田畝，一分敷於民丁，事下轉運司，而坦已去。代者言：「如此則每丁當輸二斗有奇，貧户丁多之人，猶爲偏重。」故有是旨。既而言者以爲湖南民力重困，乞將一路有丁米去處，並與蠲減一分。乃命轉運司相度申尚書省。後不果行。後旨在四月甲辰。明年八月己亥，王迪又請盡均之田税，十四年十月戊戌所書可參考。

24 己亥，詔諸部尚書遇闕，許除侍郎兩員。

集英殿修撰、提舉江州太平觀姚舜明陞徽猷閣待制，以中書門下省言舜明自除權侍郎，至今通及二年也⑨。

詔沈晦累請宫祠，可依所乞提舉江州太平觀。

秘閣修撰、提點江淮等路坑冶鑄錢劉寧止知鎮江府，促之任。

言者請：「進納武臣，候轉至大夫日，遇郊方得封贈。」從之。

25 庚子，罷饒州孳生監。鄱陽地高寒，非馬所宜。自置監至今，所蓄牝牡馬五百六十二，而斃者三百十有五，駒之成者二十有七而已。其芻粟又皆賦於民人，不以爲便，故罷之。左朝請大夫、提舉孳生監牧事郗漸坐失職免官，仍削二秩。

兵部侍郎王居正獻辯學四十三篇。居正嘗入見，請以舊所論著王安石父子平昔之言不合於道者爲獻，上許之。居正乃釐爲七卷，其一曰，蔑視君親，虧損恩義。凡所褒貶，悉害名教。其二曰，非聖人，滅天道，詆誣孔、孟，宗尚佛老。其三曰，深懲言者，恐上有聞。其四曰，託儒爲奸，以行私意。變亂經旨，厚誣天下。其五曰，隨意互說，反覆皆違。其六曰，排斥先儒，經術自任，務爲新奇，不恤義理。其七曰，三經、字說，自相牴牾。集而成之，謂之辯學。詔送秘書省。崇、觀間，王安石學益盛，内外校官，非三經義、字說，不登几案。居正獨非之。至是，因事請對，進言曰：「臣聞陛下深惡安石之學久矣，不識聖心灼見其弊安在？敢請。」上曰：「安石之學，雜以伯道，取商鞅富國强兵。今日之禍，人徒知蔡京、王黼之罪，而不知天下之亂，生於安石。」居正對曰：「禍亂之源，誠如聖訓。然安石所學，得罪於萬世者，不止此。」因爲上陳安石訓釋經義無父無君者一二事。上作色曰：「是豈不害名教？孟子所謂邪說者，正謂是矣。」居正退，即序上語，繫於辯學書首上之。

26 辛丑，都督行府言：「左朝散郎、知泰州邵彪具到營田利害，應請射荒田，每畝納課子五升。田土瘠薄者，量與裁減。耕種五年，仍不欠官司課子，許認爲己業。限外元主識認，或照驗明白，即許自踏逐荒田，依數指射，以爲己業。如是五年内歸業，即許佃人畫時交還，量出工力錢還佃人。勘會所陳，委可施行，令關送尚書省指揮。」從之。初傅崧卿之經始營田也，十年内許地主識認，後用陳規議，滿三年不欠官税者，許充己業。最後有旨，三年外田主自言者，給還三分之一，餘聽指射荒田以足元數。彪謂前旨有害力耕之人，後旨有妨歸業之户，故有是請。浚用便宜行之。參知政事孟庾、沈與求見其所關，曰：「三省、樞密院乃奉行行府文書邪？」皆不樂。宰相趙鼎一切不較，人以爲難。（行府關三省事，以趙鼎事實修入，前此未有稱關送尚書省指揮者，故因此遂書之。）

賜光州度僧牒二百，爲營田費，用都督行府請也。先是，賜壽春府度牒四百道，故光州援以爲請。

武義大夫、閤門宣贊舍人、新臨安府兵馬都監楊華添差潭州兵馬鈐轄。

27 壬寅，丁憂人韓璡起復右朝奉大夫，充淮西宣撫使司參議官。璡，開封人，其父爲省吏，劉光世所辟也。

28 癸卯，刑部請：「因事到官，實負冤抑而呼萬歲者，杖一百。」舊法概徒二年，言者以爲情有重輕，乃申明行下，其餘論如律。

移鎮江府榷貨務都茶場於真州。

初，詔問宰執以戰守方略。鎮南軍節度使、開府儀同三司、提舉臨安府洞霄宮呂頤浩言，謹析爲十事。一論用兵之策。大略以爲：「敵性貪婪，吞噬不已。若不用兵，則二聖必不得還，中原必不可復，僞齊資糧必不可焚，和議之計必不可諧，大江之南必不可保。宜間遣使臣，再貽書以驕之，復示弱以紿之。而我急爲備，出其不意，乘時北伐。」二論彼此形勢。大略謂：「黏罕之性，好殺喜戰，用兵不已，昧於不戢自焚之禍。部曲離心已久，將士厭苦從軍，謳吟思鄉，勢必潰散。又劉彥宗、斡離布、餘覩、蟾目國王、婁宿孛堇皆已死，所存者，材氣皆在數人下。子女玉帛，充滿於室，志驕意滿，有將亡之兆。而我之形勢，比之數年前則不同，何以言之？數年以前，金人所向，我之戰兵未及交鋒，悉已遁走。今二三大將下，兵已精矣，器械已略備矣。臣竊料劉光世、韓世忠、張俊、楊沂中、岳飛、王𤫉下兵數得二十萬人⑩，除輜重火頭外，戰士不下十五萬。夫太祖、太宗有兵十四萬，而平定諸國，遂取天下。今有兵十五萬，若不用兵，則必有後時之悔。」三論舉兵之時。大略謂：「金人風俗，每於四月盡括官私戰馬，逐水草放牧，號曰入濼，禁人乘騎。八月末各令取馬出濼，準備戰鬬。又金人所長在弧矢之利，而暑月弓力怯弱，射不能及遠。今若以夏月發兵，出其意外，一舉無遺矣。」四論分道進兵之策。大略謂：「京東之民，企望王師日久。宜分兵五萬人⑪，由泗上擣汴京，二萬人由海上攻沂、密，又二萬人駐濠爲援，不可深入。俟八月班師，明年復出。」五論軍糧供軍事。大略謂：「海道之兵至山東，則有糧可因；濠上軍糧，由江、淮可運，惟趨汴之軍，當持十萬糧，過南京則糧亦可因矣。乞於明州支米一萬二千斛，爲海道諸軍一月之糧，及委江、浙漕臣揀選精米五萬斛，前期運至泗州，準備趨汴諸軍附帶入界。」六論大兵進發日，乞聖駕駐蹕鎮江。七論經理淮甸。大略謂：「淮南天下沃壤，今焚蕩一空。除濠、泗州、壽春府差武臣外，其餘並差文臣，使之大講經理之政。仍勸率鄉村，於三月間多種早禾，六七月間成熟，可濟艱食。比至防秋，場圃事畢矣。臣嘗考泰州鹽息，歲產千四五百緡，倍於二浙，尤宜選任能吏。」八論機會不可失。今户部月支百一十萬緡，若不用兵，無息肩之期，則東南民力重困。九論舟檝之利。大略謂：

「北方之木與水不相宜，海水鹹苦，能害木性。故舟船入海，不得耐久，而又不能禦風濤，往往有覆溺之患。今當聚集福建等路海船於明州岸，以擾僞齊京東、河北及平、營諸郡。如范温、崔邦弼、王進等，可令北去。王進本登州界遞鋪兵士。金人雖有鐵騎百萬，必不能禦。」十論并謀獨斷。大略謂：「古之帝王，舉大事決大義，謀不可不廣，而斷不可不必。今陛下以善後之計下詢於前宰執，臣料六人者，或以爲當用兵，或欲且保江南，或欲料理淮甸，或欲堅守和議，或以爲上策莫如自治，或以爲來則拒之，去則勿追，乃禦戎之道。所見不同，在聖主獨斷而已。自建炎以來，所遣使命，前後祈請，非不切至。竊料金人必無果決之言，亦有難從之請，姑以欵我爾。如和議果成，則臣舉兵之策置而不用可也。如和議決不可成，則臣愚言或可以備收録。」

持服朱勝非言：「自陛下講明軍政，賞罰必當。今内外勁兵三十餘萬，勇氣可作，機會可乘，宜於此時進取，無失機後悔。」遂列上四事：一曰進討僭僞，二曰守備江、淮，三曰招撫遺民，四曰審度敵勢。

觀文殿大學士、提舉臨安府洞霄宫李綱言：「近年所操之説有二：閒暇則以和議爲得計，而治兵爲失策；倉卒則以進禦爲誤國，而退避爲愛君。今天啓宸衷，親却大敵，則其效概可覩矣。願自今勿爲退避之計，勿遣和議之使。議者或欲大舉，或欲且保一隅，臣皆以爲不然。願陛下駐蹕建康，料理荆襄，以爲藩籬，葺理淮南，以爲家計。俟防守既固，軍政既修之後，即命諸將，分道攻討，乃爲得計。此二者，守備攻戰之序也。夫淮甸荆襄，東南之屏蔽也。六朝之所以能保守江左者，以强兵巨鎮，盡在淮南、荆襄間。今當於淮南東西及荆襄置三大帥，屯重兵以臨之，以揚、廬、襄陽爲帥府，分遣偏師，進守支郡，卜築城壘，如開新邊。朝廷應副錢糧，謂如淮東則以江東路財用給之，淮西則以江西路財用給之，荆襄則以湖北路財用給之。徐議營田，使自贍養。遇有敵馬，則大帥遣兵應援。稍能自守，商旅必通，乃可召人來歸，漸次葺理。假以歲月，則藩籬成矣。近年以來，大將握重兵於江南，將吏守空城於江北，雖有天險，初無戰艦水軍之制，故敵人得以侵擾窺伺。欲爲守備無他，反此而已。守備既成，然後可以議攻戰之利。亦當分責於諸路大帥，雖因敵決勝，不可預圖，臣願竊以爲獻者，勿失機會而已。若夫措置之方，則臣願先定駐蹕之所。臨安、平江，皆澤國褊迫，所據非用武之地。莫若權宜且於建康駐蹕，控引二浙，襟帶江、湖，漕運財穀，無不便利。使淮南有藩籬形勢之固，然後建康可都。願陛下與大臣熟計之。夫西北之民皆陛下赤子，陷於僭逆，豈其本心？儻藩籬既成，壤地相接，甲兵既備，天威震驚，必有結約來歸，或願爲内應者。宜命諸帥，優加撫循。來歸者給田土，内應者與爵賞。更願力爲自治自强之計，使陷溺之民知所依告，此綏懷之略所當先者。」又條上六事，一曰信任輔弼。大略謂：「今選於衆，以圖任股肱之臣，遂能捍禦大敵，可謂得人。願陛下待以至誠，無事形迹，久任以責成功，勿使小人得以間之。」二曰公選人材。大略謂：「陛下臨御以來，用人材多矣，世之所許以爲正人端士者，往往閑廢於無用之地。蓋自昔抱不羣之才者，嘗爲小人所忌嫉，或中之於黜闇，或指之以黨與，或誣之以大惡，或摘之以細故。而以道事君者，不可則止，雖負重謗，遭深讉，安於義命，不復自辨。夫人主豈能常無愛憎？然必去愛憎而後能用人以興邦者，愛憎出於私情，用人必由於公道故也。陛下誠能推至公之道，將見人材輩出，中興之業不難致矣。」三曰變革士風。大略謂：「近年士風尤薄，隨時好惡，以取世資。不顧國體，惟欲進身；不覈事實，惟欲傷人。大罵則大進，小詆則小遷，翕訿成風，此非朝廷之福也。朝廷設耳目之官，以廣視聽，固許之以風聞。至於大故，須當覈實。使果如其言，則誅責所加，不宜止從輕典。使言而無實，服讒蒐慝，得以中害善良，皆非所以修政刑也。陛下得一張浚，付以西事。浚以忠許國，雖失機會，不爲無過，而言者繩以大惡。賴浚有浴日之功，足以結知。又有大臣爲之辨，得自洗濯。不然，何以雪哉？夫朝廷設耳目之官，固許風聞。若言而無實，則誣人之罪。願陛下降詔，戒士大夫，使體德意，務從忠厚。」四曰愛惜日力。大略謂：「事粗定之時，朝廷所推行者，皆簿書期會不急之細務。至於攻討防守之策，國之大計，皆未嘗留意，安得不爲金、齊之所陵侮？願詔大臣熟議所以爲規模者，畫一條具，加立課程，以次施行。」五曰務盡人事。大略謂：「天人之道，其實一致。今未嘗盡人事，敵至則先自退屈，而欲責功於天，可乎？願與大臣協心同力，務盡人事，以聽天命。」六曰寅畏天戒。大略謂：「比年以來，天屢譴告，願陛下以至誠之意，正厥事以應之。」綱書凡萬言，其大指如此。

資政殿大學士、提舉臨安府洞霄宫秦檜言：「靖康以來，和戰之説紛然。言戰者專欲交兵，而彼己之勢未必便。言和者專事懇請，而軍旅之氣因以沮。皆非至當之畫。爲國者，自有正理，不必以虛張爲强，亦不必以力弱爲怯。國家自金人入犯之初，但當許契丹故地。廟堂太怯，遽以三鎮許之。不知民不肯從⑫，雖欲割棄而不可，是太怯之過也。其後金人退師，亦頗欲捨三鎮而要厚賂，廟堂謀之不審，乃結契丹之叛臣爲金人腹心者，欲與合謀。又潛檄邊臣，掩殺割地官，以變前議。聲雖甚美，實無成功，是虛張之過也。臣頃歸朝廷，妄進狂瞽，令劉光世通書敵帥，說其利害，以爲得地則歸豫，失好則在金。即蒙陛下聽納施行，不旋踵敵果退師。豫邀之東平，百端說誘⑬，敵言：『俟兒孫長大，與你圖此。』臣恭聞陛下宣諭，以爲得之北來人臣，益知不必虛張也。繼因海州擒獲漢兒高益恭，稍知文字，臣又嘗妄議，俾携大長書歸，諭以立國之體，當明逆順。助豫則叛者得利，金國何以統衆？從本朝則河南之地，自非金國所欲者。淵聖所割河朔，既亦有盟約，豈敢睥睨？又明言不當留朝廷所遣信使，以致不敢再遣。得旨作書，縱益恭北還，旋有所留一二使人來歸，後所遣使，悉不拘留。臣益知事有正理，不必太怯也。今者逆賊劉豫，陰導金人，提兵南向。此在朝廷，當以正理處之。蓋不討賊豫，則無以爲國；不安慰强敵，則逆賊未易討。前此不欲輕發兵端，故隱忍以待釁。今賊豫啓之，我欲乘機以舉，則處以正理，不可失也。自古兩國相敵，力强者驕，不足深較。樊噲憤匈奴侮慢，欲以十萬横行其國，季布折之。此其盛强之時，況今勢有未便。臣前奏乞安慰强敵，當用所獲金人，令諸將通其大長書，明言止欲討叛，而不敢輕犯大國。蓋知虛張之無益也。自古立國，必明君臣之義。陳常作亂，孔子請討，此齊國之亂臣，而魯不容。況賊豫我故臣子，不討則三綱大淪，何以爲國？臣前具奏，乞征討賊豫，當檄數其罪，而陽推金人，以紓其締交之計，作我士氣，而沮彼賊衆，益知討叛之不必太怯也。金人立豫，諸帥皆不以爲是。其以爲是者，意保河朔，用豫以爲捍蔽耳。河南之地，金人非必。争得河南，已復中原之大半。徐議河朔，猶當以二聖爲請。臣前奏亦已略具，果蒙陛下採納，則逆順之勢一分，人百其勇，是爲攻戰之利，界在夾河。諸軍分處南北，譬若藩籬宏遠，堂奥以安，是爲守備之宜。因所獲金人，厚存撫之。彼各識所屬大長之意，分遣書詞，不至差殊，則是爲措置之方。使敵知朝廷志在討叛，而義不得已。使豫衆知朝廷但誅首惡，而脅從罔治，則是爲綏懷之略。若乃器械之良窳，軍食之困匱，裨校之才否，山川之險夷，則有司之事，將帥之職，父老之知，臣不敢臆説也。迂踈無所知識，惟聖明財察。」

左正議大夫、提舉西京嵩山崇福宮汪伯彦爲決戰將軍萬全元老答問以獻，大略謂：「敵之奔北，尾擊過淮可也，未宜遠去。若犯此而前，略地就糧，則失遺民之望，飛芻輓粟，則難漕運之繼。」又言：「關師古、孔彦舟輩叛去，初非本心，儻能遣間使往諭上意，俾之自效。」又言：「當屯師淮甸、荊南，籬落江表。今敵人潛師而北，必將盤礴徘徊於宿、亳、徐、淮之間，營糧濟師，待時而再南來，出没荊襄，乘桴而下，合洞庭之賊，相與爲水攻之謀，益以步人，水陸俱下。使吾守株於前，而長江之險，已奪吾後，則將奈何？與其急於目前之追襲，不若修政以爲善後之計。」

資政殿大學士、提舉臨安府洞霄宮王綯言：「攻戰之利，莫若作士氣；守備之宜，莫若固淮甸；措置之方，莫若經久遠；綏懷之略，莫若惠吾民。今新捷頻勝之後，長慮却顧，所宜素講。願詔諸帥，各分士卒之半，分據淮南要害之地。明間諜，遠斥堠，厲兵秣馬，常若敵至。借使復來，力足以禦。或留兵雖衆，而士氣驕惰，何足爲固？淮甸者，國家所必争不可失之地。蓋保淮甸，然後可以駐蹕建康，經理中原。或謂敵人乏糧，匆遽而歸，又謂金人能襲承、楚，而不能犯通、泰，足以明其兵之少。臣皆不敢以爲然。金人犯順十年⑭，初未嘗齎糧也。累年以來，僞境固已畫宿州爲界矣。今陰導敵人，無故出疆，彼必以謂得承、楚而有之，則通、泰在吾腹中，可不攻而下，然則淮甸豈可不固守？所謂經久遠者，其説有二。一則規駐蹕之利，一則操統御之權。駐蹕之地，未有過於建康者。使今冬敵不侵軼，則來春鑾輿可駐建康。國家待遇諸將，爵位極矣，寵錫至矣，事權重矣。前古所謂善將將者，惟陛下留神而加意焉。濠、泗、襄、鄧以北陷僞境者，皆吾民也。臣謂宜因事區別，或降附之際，或俘獲之餘，願從則隨宜存撫，欲歸則畀以齎糧，使人知聖度寬洪，海涵天覆。彼驅來戰，則人無鬬志，衆有遁心。我往伐彼，即前徒倒戈，無所爲敵者矣。吾民之在東南者，累年以來，如預納苗税，及和買絹錢之類，盡竭所有，樂輸而不病，獨可不思加惠哉？」

資政殿大學士、知福州張守言：「明詔四事，臣以爲莫急於措置。措置苟當，則餘不足爲陛下道矣。臣請言措置之大略。其一措置軍旅，其二措置糧食。神武中軍，當專衛行在，而以餘軍分成三路，一軍駐於淮東，一軍駐於淮西，一軍駐於鄂岳或荆南，擇要害以處之。使北至關輔，西抵川陜，血脈相通，號令相聞，有脣齒輔車之勢，則自江而南，可以奠枕而卧也。然今之大將，皆握重兵，貴極富溢，前無禄利之望，退無誅罰之憂，故朝廷之勢日削，兵將之權日重。而又爲大將者，萬有一稱病而賜罷，或卒然不諱，則所統之衆將安屬邪？臣謂宜拔擢麾下之將，使爲統制，每將不過五千人，棊布四路。朝廷號令，徑達其軍，分合使令，悉由於朝廷之權以用之，然後可以有爲也。何謂措置軍食？諸軍既已分屯諸路，則所患者財穀也。然所費多寡，在彼猶在此耳，則所患者轉輸也。考祖宗以來，每歲上供六百餘萬，悉出於東南，轉輸未嘗以爲病也。今宜舉兩浙之粟以餉淮東，江西之粟以餉淮西，荆湖之粟以餉岳鄂、荆南，量所用之數，責漕臣將輸，而歸其餘於行在，錢帛亦然，恐未至於不足也。錢糧既無乏絶之患，然後戒飭諸將，不得侵擾州縣，以復業之民户口多寡爲諸將殿最，歲遣官覆實而陞黜之，則民得以還其鄉里，而田野日闢，生齒日滋，江北州縣有興復之漸矣。如是措置既定，俟至防秋，復遣大臣爲之統，督使諸路之兵，首尾相應，綏懷之略亦在是矣。然臣復有區區之愚，猶以爲未然。究其本源，則在陛下内修德而外修政耳。所謂修德，不過正心誠意，畏天愛民，儉於家，勤於邦，遠聲色，屏貨利，兢兢業業，凡可以累德者，無不去也。所謂修政，不過任賢使能，信賞必罰，抑權倖，裁冗濫，謹法度，興廉耻，凡可以害治者，無不去也。持久不倦，盛德日新，四海愛戴，何患外國之不服？在陛下果斷而力行之。」

資政殿學士、提舉臨安府洞霄宫顔岐言：「攻戰之利，在擇賢將；守備之宜，在明賞罰。措置得其方，在號令不妄動；綏懷明其略，在軍民各安業。」又曰：「忍之又忍，天下歸仁。願陛下不廢臣愚戇之言，以助聖德萬分之一。」

資政殿學士、提舉臨安府洞霄宫李邴條上戰陣、守備、措畫、綏懷各五事。所謂戰陣之利有五，曰出輕兵、務遠略、儲將帥、責成功、重賞格。大略謂：「關陝爲進取之地，淮南爲保固之地。關陝雖利於進取，然不用師於京東以牽制其勢，則彼得以一力而拒我。今大將統兵者數人，皆所恃以爲根本，萬一失利，將不可復用。偏將中如牛臯、王進、楊珪、史康民，皆京東土人，知地險易，可各配以部曲三五千人，或出淮陽，或出徐、泗，彼將奔命之不暇，此不動而分陝西重兵之一端也。關陝今雖有二宣撫，其體尚輕，非遣大臣不可。吕頤浩氣節高亮，李綱識量宏遠，威名素著，願擇其一而用之，必有以報陛下。」又言：「陛下即位之初，韓世忠、劉光世、張俊威名隱然爲大將，今又有吴玠、岳飛者出矣。願詔大將，於所部舉智謀忠勇，可以馭衆統師各兩三名，朝廷籍記。遇有事宜，使當一隊，毋隸大將，則諸人競奮才智，皆飛、玠之儔矣。大將爵位已崇，難相統一，自今用兵，第可授以成算，使自爲戰而已，謹勿遣重臣臨之，以輕其權而分其功也。今却敵退師之後，必論功行賞，願因此詔有司，預定賞格，謂如得城邑及近上首領之類，自一命至節度使，皆差次使足相當。」所謂守備之宜有五，曰固根本、習舟師、防他道、講遺策、列長戍。大略謂：「江、浙爲今日根本，欲保守則失進取之利，欲進取則慮根本之傷。古之名將，内必屯田以自足，外必因糧於敵。誠能得以功名自任如祖逖者，舉淮南而付之，使自爲進取，而不至虚内以事外。苟未有斯人，則前日輕兵之説，爲不可廢。臣聞朝廷下福建造海船七百隻，必如期而辦。乞倣古制，建伏波、下瀨、樓船之官，以教習水戰，俾近上將佐領之，自成一軍，而專隸於朝廷。無事則散之緣江州郡，緩急則聚而用之。臣度金人他年入犯，懲創今日之敗，必先以一軍來淮甸，爲築室反耕之計，以緩我師。然後由登、萊泛海窺吴、越，以出吾左；由武昌渡江窺江、池，以出吾右。一處不支，則大事去矣。願預講左枝右梧之策。夫兵之形無窮，願詔臨江守臣，凡可設奇以誘敵者，如吴人疑城之類，皆預爲措畫。今長江之險，綿數千里，守備非一，苟制得其要，則用力少而見功多。願差次其最緊處，屯軍若干人，一將領之，聽其郡守節制，次緊、稍緩處差降焉，有事宜則以大將兼統之。既久則諳熟土風，緩急可用，與旋發之師不侔矣。」所謂措畫之方有五，曰親大閲、補禁衛、講軍制、訂使事、降敕榜。大略謂：

「宜因秋冬之交，闢廣場，會諸將，取士卒才藝絶特者而爵賞之。建炎以來，禁衛軍寡，乃藉五軍以爲重，臣常寒心。願擇忠實嚴重之將以爲殿帥，稍補禁衛之闕，使隱然自成一軍，則其馭諸將也，若臂之使指矣。今諸郡廂軍冗占私役者，大郡二三千人，小郡亦數百人。臣願講求，除郡守兵將官自有禁軍給使外，餘以傔從衣糧畀之，使自僦人以役，大抵殺廂軍三分之二，而以其衣糧之數盡募禁軍。金人自用兵以來，未嘗不以和好爲言，此決不可恃，然二聖在彼，不可遂已，姑以餘力行之耳。臣謂宜專命一官，如古所謂行人者，或止左右司領之，當遣使人，舉成法而授之，庶免臨時斟酌之勞，而朝廷得以專意治兵矣。劉豫僭叛，理必滅之。謂宜降赦榜，明著豫僭逆之罪，曉諭江北士民，此亦兵家所謂伐謀伐交者。」所謂綏懷之略有五，曰通德意、先賑恤、通關津、選材能、務寬貸。大略謂：「山東大姓結爲山寨以自保，今雖累年，勢必有未下者。願募有心力之人，密往招諭。應淮北遺民來歸者，令淮南州郡給以行由，差船津濟，量差地分人護送，毋得邀阻。有官人先次注授差遣，無官而貧乏者，令沿江州郡以官屋居之，仍量給錢米三兩月，其能自營爲乃止。內有才智可用之人，隨宜任使，勿但縻以爵秩而已。凡諸將行師入境，敢拒抗者，固在剿戮。其有良善、老弱之人，皆寬貸，俾洒然有更生之望。」又上四事，曰事天、感民、任臣、擇才。

端明殿學士致仕翟汝文言：「朝廷無遠略，無定論，無腹心謀議之臣，三者不立，何後之善？自金人躪籍中國，乘輿越在裔土，雖西晉戎兵之禍，唐室安史之亂，不至於此。自建炎俶擾，今九年矣。天下日苦於兵，而戰守之計，初未定也，經國規模，猶未立也。將相大臣，每至防秋，則豫謀避地之計，至春則泰然安肆，如無事之日，敵至與衆同懼，敵退與衆同喜，如斯而已。所謂禦敵者，臣不識也。昔晉武帝欲平吴，得張華、羊祜、杜預以贊其計；唐憲宗討淮蔡，武宗平澤潞，賴裴度、李德裕以成其功。今羣臣泛泛然如河中之木，則陛下誰與權事揆策，以圖今日之事乎？臣願擇大臣有深謀者任之，責其恢復，用技能將，必以尅敵。合天下之英傑，相與謀議立國之綱紀，規模先定，然後可爲也。」

端明殿學士、提舉臨安府洞霄宫韓肖胄言：「臣觀女真等軍，皆畏服西兵勁鋭善戰。今三大帥所統，頗多西人。復聞吴玠繼有捷奏，軍勢益振，敵意必摇。況祖宗之澤垂二百年，民心愛戴，而賊豫父子虐用其民，殆不堪命。則攻戰之利，臣固知矣。自荆、襄以至江、淮，綿亘數千里，今若無事而槩爲守具，不惟兵勢之分，所在寡弱，兼亦勞人費財，坐以守困。不若分擇文武臣寮，按行計度，量遠近之中，求險阻之要，屯兵積糧，以至器械戰船之屬，一皆素具。夫淮南，賊豫父子闚覦之地，不惟利源所在，可以徑趨大江。前日潘致堯回，其書已有江北不請屯戍人馬之語。及遣王翊來，果持分畫之説。我既難從，以理拒之，所議未定，便可扼險而固守。今淮東西雖命宣撫使，然將屯置司，乃在江上，所遣偏裨分守，不過資以輕兵，勢孤力弱，難以責其固志。或謂車駕方在浙西，翼衛全恃江上，故三將皆屯濱江。或朝廷本欲示敵以强，尚存修好之議。若移兩將江北，或致蕃僞亟争。臣謂張俊既置司建康，自可分屯江、浙，屏衛行闕，力已有餘。況世忠、光世若在淮南，藩籬可謂深固⑮。若謂不欲致疑敵人，彼既舉兵深入，我則移屯有名。若慮引惹生事，但當約束，俾無得以一人一騎踰淮而北可矣。方今所謂措置，莫若攻守二策。今諸大將之兵，自主庭户，有一纖芥利害，未免更相讎疾。若欲並遣進攻，必先選命總帥，分以精鋭之兵，附以招集之衆，合數萬人，自成一軍，號令既一，權力既重，諸將雖素貴，疇敢不聽從？維持輯睦，使必有成，其利害與用非素所撫循之兵而僥倖取勝者，蓋亦異矣。畿甸、山東、關河之民，受金人之驅役⑯，苦僞齊之煩苛。爲今之計，當以安集流亡、招懷歸附爲先。今淮南、江東西荒閑之田至多，謂宜揭榜境上，或遣簽軍之可信服者，深入僞境，轉相告諭。俟其來歸，從所欲往，授田給糧，捐其賦租，遂其生理，必將接迹而至。臣昨在軍前，聞金帥頗有厭兵之意，其衆軍亦思休息，特黏罕、悟室、高慶裔輩持之不肯，然上下猜防，人心携貳，將見内患自生，變亂可待矣。」肖胄又上奏請屯田，其説以爲：「江之南岸，並江之民甚少，曠土甚多，皆可指爲屯田。沿江大將，各見分地而屯，軍士舊嘗爲農者，十計五六。擇其非甚精鋭，可爲田者，使各受地，凡爲田者，聚屯於所田之旁，有形勢之地，農隙則各試其所習之技，歲成則多分以所種之禾麥。軍士所田，必不能盡偏長江之南岸，則募江北流徙之人給之。又有餘，則募江南無業願遷之人給之。其分給部勒訓習，如軍士之法。然屯田之始，必有耕牛、農具、穀種、營屯之費，不憚以圖長久之利者，國家所當急務也。凡置營田，皆占形勢之地，則應江上之勢，可備禦處，遂皆因田以成營屯。於衆屯之中，擇其甚要害處，又加以重兵爲大寨。一年之後，大寨之糧食可稍取於田之穀，則漕運之費省，大寨之軍止則可以保江而固守，出則可以渡江而攻討。屯田之士，常爲根本。傳烽數號，數千里不絶，則敵人之情畏矣。津岸有可絶江處，當預設險固，使不得渡；浦溆有可泊舟處，當素備舟師，使不得入。險固非一日可設也，舟師非一日可習也，可因屯兵使爲之，積日有功，事至可戰，則戰守之道盡矣。」前宰執所奏，必非一時來上。如朱勝非在湖州，王綯在崑山，其疏必先至。李綱在邵武，張守在福州，顏岐在福清，其疏必後達。今且併附卷末，以便稽考。此外范宗尹、許翰、馮澥、路允迪、盧益、葉夢得、張澂、宇文粹中、王孝迪、謝克家、富直柔、席益、徐俯等所奏未見，當求本月附入。

校勘記

① 願倖進偷生　「願」，原作「顧」，據上下文似當指上文提及的黄願。

② 以邵溥所撰墓誌附入　「溥」，原作「博」，據本書卷一一八紹興八年三月丁酉記事後小注「史煒事，以邵溥所撰煒墓誌修入」改。下同。

③ 令勸誘人户輸納　「令」，原作「今」，據下文「令勸誘輸納」改。

④ 尚書省令史董紘罷　「紘」，叢書本作「絋」。下同。

⑤ 令工部郎官軍器監官輪日往軍器所檢視　「令」，原作「今」，據叢書本改。

⑥ 右承務郎張省括特補右修職郎　此語當誤。據宋史卷一六九職官志九，南渡以後，修職郎爲選人第三十六階，而承務郎爲京官之第三十階，疑張省括初補爲修職郎，自陳之後，補京秩最低一階爲承務郎。

⑦ 右從事郎權通判汀州郭濤特改合入官　「通」，原闕，據叢書本補。

⑧ 觀文殿大學士李綱進省記到建炎時政記二册　「到」，原作「列」，據叢書本改。

⑨ 至今通及二年也　此謂姚舜明除權侍郎通及二年，查本書卷五六，姚氏權户侍在紹興二年七月，至四年七月即已二年。疑至此方有議行之事。叢書本作「通及一年」，誤。

⑩ 臣竊料劉光世韓世忠張俊楊沂中岳飛王𤫊下兵數得二十萬人　「俊」，原作「浚」，逕改。既列諸將中，則以張俊爲是。

⑪ 宜分兵五萬人　「五」，原作「二」，據三朝北盟會編卷一七六、宋史全文卷一九中改。

⑫ 不知民不肯從　此句三朝北盟會編卷一七二作「三鎮不肯爲夷狄」。

⑬ 百端説誘　「説誘」，原脱，據清許涵度刻本三朝北盟會編卷一七二補。

⑭ 金人犯順十年　「犯順」，原作「用師」，據叢書本改。

⑮ 藩籬可謂深固　「深」，原作「申」，據清許涵度刻本三朝北盟會編卷一七五改。

⑯ 受金人之驅役　三朝北盟會編卷一七二作「怨金虜之多暴」。

建炎以來繫年要録卷八十八

1 紹興五年夏四月甲辰朔，監察御史田如鼇爲尚書祠部員外郎。如鼇嘗上書排詆朝臣，其言及殿中侍御史張絢。輔臣入對，上因曰：「臺臣耳目之官，朕未嘗不慎此選，然必試之六察，度其可用，方敢除言事官。」沈與求曰：「臺臣與朝廷分持紀綱，要須得沉厚練達之人，則論事不苟，可以仰副聖意。」上曰：「用沉厚練達之人，極是。然朝廷與臺諫當爲一家，不分而爲二。若朝廷所行，臺諫輒詆之，臺諫所論，朝廷輒沮之，則事何由濟？」趙鼎曰：「朝廷與臺諫，實相爲表裏。」翌日，如鼇遂罷郎官之命。後三日，送吏部，與合入差遣。如鼇罷御史，未知所以。四月壬子，殿中侍御史張絢乞補外，奏：「一介微賤，豈謂見疑同列，立致讒言。賴聖學高明，物情洞照，不待臣之辨析，已出睿斷施行。」當是指此事也。八年三月辛卯，御史中丞常同奏：「如鼇上書，力排善類，乃趙霈陰與之謀，結爲死黨。賴陛下察見奸心，亟逐如鼇，遂得安静。」今併附此，更須詳考。霈此時爲右司諫。

遣内侍往潭州勞張浚，仍以銀合茶藥賜之。

新除徽猷閣待制、知永州胡安國乞以本官奉祠。詔：「安國經筵舊臣，引疾辭郡，重憫勞之。可從其請，提舉江州太平觀，令纂修春秋傳，俟成書進入，以稱朕崇儒重道之意。」

光山軍承宣使、提舉萬壽觀公事錢愐帶御器械。

詔進士王九齡召赴行在，令閤門引見上殿。九齡，無錫人。其上世姓同太祖廟諱之上字，因改焉。九齡博極羣書，卓越有大志。會日食求言，九齡上書論役法五害，如司馬光所言，已見於今日。中書門下省奏：「江、浙沿襲舊例，差保正長催科等事，致有破産失業流離之人。前後臣僚論列雖多，惟九齡建陳曲盡利害，已令有司措置立法。」故有是命。九齡入見，又上五事，一役法，二屯田，三復武舉，四均賦税，五課農桑。上再三稱善。趙鼎讀九齡奏疏，謂同列曰：「王君論事，盡天下之利害，非老生之常談也。」乃以爲右迪功郎、太平州當塗縣主簿。孫覿撰九齡墓誌云：「有不悦其言者，止授初等一官。」不知謂誰。當考。九齡以是月乙丑補官，今聯書之。

徽猷閣待制、提舉江州太平觀宋伯友卒。

2 乙巳，詔：「諸路係官田，自宣和以後者，令先次出賣其房廊、白地、園圃等。令見賃之家，限一月自陳，依本處體例添納租課，仍與減免二分；限滿不陳，許人告，即以其地給與告人。」用言者請也。先是，有詔盡鬻官田，事初在正月丁未。而議者以謂：「竭澤而漁，明年無魚。今軍事未支[1]錢在民間，猶外府也。一旦欲盡取之，何以善後？所有係官田地，乞且截自宣和以後，應可以賣者，先委官根括。候見着實頃畝四至，即大字榜示人户，願買人各以時價着錢，依已措置事理出賣。庶幾歲月未久，凡事易於考驗，不至紛爭。兼多在形勢户下，取之無傷。縱使巧爲占恡，亦須高價承買。其宣和以前田地，且令官司寬緩，括責步畝，增減租課，改造砧基簿，賣與不賣，他日臨時相度。」事下總制司，故有是命。

廣東轉運判官田積中、新江西轉運判官王景温、趙公竑、新廣西轉運副使宋昞、浙西提舉常平茶鹽公事侯憲、湖北提舉常平茶鹽公事董補之、新江東提舉常平茶鹽公事曾悟，並與宮觀，理作自陳。憲，懋弟也。殿中侍御史張絢論：「外臺耳目之寄，臣采諸公議，凡此七人，皆冒濫之尤者。」故汰之。

3 丙午，檢校少保、武泰軍節度使、知明州兼沿海制置使郭仲荀來朝。

右承奉郎黄大本貸死，杖脊，刺配南雄州牢城收管。大本爲貴池丞，坐贓抵死，故有是命。既而監文思院于淙、南恩州司户參軍莫憲章皆以賄敗，遂斷配焉。淙、憲章行遣，據今年六月二十九日尚書省劄子云爾，未見本月日。先是，右奉議郎吕應問知華亭縣，亦坐贓抵死，編管化州。未數日，引赦量移。言者以爲：「應問，國之巨蠹，肆諸市朝，猶未足以快吴人之忿。止緣應問平時厚以所得賕賂遺權要，故按發之日，大臣及侍從中有陰爲之主者，是以有司觀望，不敢盡法勘鞫。然所上奏牘，蔽罪至絞者，猶有二焉，是豈可以常法論哉？臣竊聞前此朝廷之議，以宣州勘黄大本，及秀州勘應問，二人所犯，候其獄具，中取一人尤甚者，用祖宗舊制，真決刺配，以警贓吏。今大本既依法論決，而應問贓罪貫盈，止從編置，雖道途之人，皆謂失刑。朝廷縱不追治，亦宜投畀遐荒，永不放還，少謝百姓。而自去年九月十二日在秀州準敕編管化州，十七日至平江府，即作在道，會赦便與量移。用刑如此，何以威貪暴而成政治哉？況應問贓罪百倍大本，吴中士大夫至民庶皆能言之，何應問之幸，而大本之不幸也？伏望特降指揮，不許叙赦量移，日下差人押赴化州編管，庶幾貪贓之吏咸少懲艾。」從之。此疏在今年七月壬辰，不出姓名，疑謝祖信所上。王明清揮麈録云：「趙鼎恨大本靖康中爲蔡絛致書吴敏，使蔡京得死牖下，遂正典刑。」當求他書參考。按應問，乃公著族子。鼎以故家之故，屈法貸之，要非用刑之公，而當時給舍如廖剛、劉大中、胡寅及諸臺諫，皆無一言論列，良可怪也。今具載臺章，庶不失實。

詔：「諸縣違法，知、通失按舉，而被按於監司，諸州違法，監司失按舉，而被按於臺諫，各察治得實者，並減犯人罪五等；犯人係公罪，又減二等；並不以去官原免。著爲令。」始用議者請也。事初在四年五月。

4 丁未，龍神衛四廂都指揮使、洪州觀察使、金均房州鎮撫使、川陝宣撫司參議官王彦知荆南府，充歸峽州荆門公安軍安撫使。先是，彦聞上親征，乞提兵入援。不許。會張浚以都督視師湖南，乃召彦赴行府議事。至是，令彦留所部三千人戍金、房，餘悉與俱，仍歸荆南舊治。其合用錢糧，令行府於湖南、江西那移應副。

召荆南鎮撫使解潛赴行在。靖康中，潛爲河東制置副使，辟趙鼎幹當公事，故鼎薦用之。於是，諸鎮撫使盡罷矣。

左朝請大夫、淮西宣撫使司參謀官李健直秘閣，兼都督行府隨軍轉運判官。時劉光世遣健赴都堂稟議，故以命之。上召健入對，乃遣行。

5 戊申，尚書祠部員外郎兼權太常少卿張銖奉太廟神主，自温州至行在。宰相趙鼎率文武百僚、宗室迎拜於候潮門外。

户部奏：「攢類到紹興四年實收支窠名數目，乞先次申納朝廷。」從之。初，用議者言造紹興會計録，而户部以爲皇祐、治平會計天下財賦，當時取會，動經歲月，方可成録。故但具去年出入之數焉。

承節郎李威特遷秉義郎，充閤門祗候。威，南陽人，率鄉民據守山寨。至是，縣爲僞知汝州郭進所破，威亦被執。已而得進降書以歸，故録之。

6 己酉，宗正少卿兼侍講范沖轉對，言：「仁宗皇帝建邇英閣，嘗命儒臣蔡襄等寫尚書無逸篇並孝經天子、孝治、聖治、廣要道四章爲二圖，列於左右。元祐初，臣父祖禹爲侍講，奏乞檢尋二圖，如仁宗故事。哲宗皇帝從之。願陛下御書無逸篇爲二圖，置於講殿之壁。」上納其言，遂書爲二圖，不崇朝而畢。翊日，以諭輔臣。沈與求曰：「願陛下以是圖爲元龜，夙夜自儆，則恢復之期可卜。」

左銀青光禄大夫王序追八官，爲右中大夫，仍改正出身。序始以乞奉祠，爲言者所論，下吏部審量。至是，吏部言：「序出身覃恩，不合審量。外有減年，並係濫賞。依建炎四年六月指揮，係已收使，無許改正之文。所有累除職名，係該載未盡濫賞名色，合取朝廷指揮。」趙鼎進呈，特有是命。按此時吏部無尚書，而晏敦復爲左選侍郎。據吏部所申，止乞奪序職，而序落職久矣，不知何人爲序道也。此事當考。

詔：「樞密院編修、計議、敕令所删定官、寺監丞，并行在堂除倉庫等官，並候到任及一年以上，方差替人。已差人並別與差遣。」始用司農寺丞金安節奏也。於是書局寺監丞之闕二十四，而當汰者六十三；庫務官之闕十三，而當汰者二十七。論者以爲：「孤寒之士，待次日久，一旦罷之，益無寸進之望。權要之家，雖係減罷之數，將不旋踵而得之，但不過改易差札耳。欲乞不以見任人到官久近，每闕聽元差替人一員待次，其餘重疊差下人，別無差遣。」疏入，執政亦重拂人情，遂寢前命。寢命在五月甲戌。

右迪功郎沈敦特改右承奉郎。敦掌建康市征三年，比舊增錢四十六萬貫，依累賞法，應減磨勘三十三年。户部尚書章誼言無以激勸，乃改次等合入官，仍頒行諸路。

詔湖南轉運司限一月依舊於潭州置司。自孔彥舟之亂，漕司移寓衡山縣。至是，轉運判官薛弼已入潭州視事，而餘官未還，故督之。

7 庚戌，詔諸路檢察經費財用官吕用中、霍蠡、徐康、范伯倫、章傑，體訪諸路軍須借貸等事，保明申尚書省。以中書檢會去年十一月丁巳手詔有請也。

試尚書户部侍郎兼侍讀鄭滋充顯謨閣直學士，提舉江州太平觀。滋自銓曹下移民部，故引疾求去焉。

起居舍人兼權中書舍人劉大中引疾乞補外，且言：「稟資愚戇，涉世拙疎，但知委質以事君，不善締交而附下。正緣多忤，積有怨仇。昨自郎官出將使指，其所按發，偶多權勢之人，其所薦揚，類皆孤寒之士。一遵聖訓，不知其他。復命於朝，誤蒙睿獎，兩歲之内，叨冒四遷。但聞皆出親除，初非廟堂進擬，略加考驗，蹤跡甚明。自揣無堪，累陳懇悃。今若不以情實仰告君父，則意外之災，無所不至矣。伏望哀憐，除臣一外任差遣。臣之圖報，不必須在行朝，粉骨碎身，何地不可？」疏奏，詔不許。

顯謨閣待制、知湖州李光言：「本州上供歲額不過五萬餘石，比諸郡最爲窮窘。前政汪藻，將本州軍糧每月四千四百餘石，盡拋在民間糴買，人户無得脱者。官給價錢，每斗不過三百文，而攬户又於民間每斗取錢三百文，方能輸納。近來兩浙米價倒長，街市每斗已七百文，民情皇皇，委是無處糴買。乞於上供米内借留萬斛，以紓目前之急。」詔借支五千石，候秋成撥還。仍令守臣措置，約度歲用，收簇錢物，趁新兑糴，自今毋得科擾。

8 辛亥，永州防禦使張思正復隨州觀察使。

左朝議大夫王子獻復直徽猷閣，左朝散大夫閭丘陞、右朝奉大夫晁公爲並復直秘閣，皆以赦叙也。既而權中書舍人胡寅論：「公爲因妻受賕請託，出入死罪，當權貴庇奸之時，尚不能自免於勒停，其人可見。今復舊職，稽之公論，大不爲允。」公爲命遂格。

直秘閣秦梓知袁州。

9 壬子，承節郎柴叔夏爲右迪功郎，襲封崇義公。叔夏，周世宗五世侄孫也。其從兄恪，嘗襲封，爲金人所殺。至是，以命叔夏。既而叔夏乞比類换文，乃以爲右承奉郎。叔夏轉官在五月辛未。

直徽猷閣、知潼川府宇文時中爲兩浙西路提點刑獄公事，右承事郎、直徽猷閣張滉召赴行在，並令川陝宣撫司差人船疾速津遣前來。時中之女爲張浚夫人，故有是命。

給事中陳與義言：「司馬光嘗奏乞，天下州軍勘到强盜，情理無可愍，刑名無疑慮，輒敢奏聞者，並令刑部舉駁，重行典憲。應奏大辟，刑部於奏鈔後，别用貼黄，聲説情理如何可憫，刑名如何疑慮，今擬如何施行。門下省審，如有不當，及用例破條，即奏行取勘。光以道德名臣，議論如此，豈其樂殺人也哉？乃所以禁奸暴，申冤枉，期於庶獄之平允，而措一世於無刑也。陛下哀矜庶獄，患中外之吏容心毁法，而州郡妄奏，以出人之罪者尚多有之。伏望睿慈，採用司馬光之言，申嚴立法，以幸元元。」詔刑部立法申尚書省。

詔館職正字已上，專舉縣令。初，用張致遠議，令執事官各舉所知。至是，致遠去御史，而右司諫趙霈以謂：「正字已上亦舉監司守令，則失於太泛。」乃改命焉。致遠建請，已見三月丁丑。

責授沂州團練副使王仲嶷復中大夫，與宮觀。言者論其不廉不忠，乃詔更竢一赦取旨。

乙卯，進呈殿中侍御史張絢奏嚴州壽昌縣令臧梓治狀可稱，饒州安仁縣令趙濤貪污不法，乞行勸沮。御批：「梓改合入官再任，濤送提刑司取勘。」趙鼎等曰：「縣令於民爲親，然秩卑而員衆，其才不才無由盡知。儻因此二人以行勸沮，甚善。但兩縣士民近經都省陳狀，已下監司覈實。」上曰：「絢所奏亦因兩縣士民經御史臺投狀，故有此請。朕思之，毀譽固未可知，且令監司覈實，然後行賞罰，未爲晚也。」上又曰：「比來銓部胥吏並緣爲奸，士大夫頗苦之。朕每戒飭侍郎，終未悛革。鄭滋既得祠而去，今晏敦復、張致遠必須爲朕留意此事。若宿弊不除，朕當先黜侍郎。」鼎曰：「敦復、致遠皆孜孜奉職，士大夫亦頗稱之。必須仰副聖意。」臧梓五月辛卯改官。

初復諸王宮大小學教授員。詳見今年七月癸未。

詔皇城司官吏並與轉一官資，幹辦官馮益特遷宣政使。

改鑄東南十將、京畿第二將紹興銅虎符。

詔：「諸軍揀退不堪披帶使臣，並許添差諸州捕盜官司使臣一次。老病不堪任職者，送忠鋭將，支進勇副尉俸終其身。」以樞密院言：「員多闕少，慮致流落也。」

11 丙辰，詔建州歲起片茶五萬斤赴行在，仍市末茶十五萬斤赴都督行府市易務交納。舊額歲貢茶二十一萬六千斤。葉濃之亂，園户逃散，遂罷之，而取其錢。至是，本州奏乞蠲免，而行府以爲指準淮南支用，乃命市末茶，俾商人持往淮北焉。

將仕郎上官世謙與免將來文解，其付身令尚書省毀抹。世謙調官吏部，自言因駕幸寶籙宮，於御前問莊、老大旨，皆通，奉敕補初品官。吏部以爲非格法，故追奪焉。時武進縣主簿應締，亦以父守郡日遷秩恩授官，乃以締爲下州文學，仍注權官三任訖，注正官。自是濫賞追奪者復衆矣。

故中書侍郎傅堯俞追復所贈光禄大夫，謚獻簡。以其家言紹聖間嘗追奪故也。堯俞，鄆州人，黨籍執政官第十四人。

12 丁巳，詔省試舉人，許於臨安府内外寺觀安泊。

中書言民間米踴貴。詔户部借支神武中軍糧食一月，令盡出糶。時上已命發常平米，後二日，又詔日糶千石。

13 戊午，奉安太廟神主。參知政事孟庾爲禮儀使，每室用特羊八籩豆，蓋權禮也。

詔福建、廣東帥臣措置團結瀕海居民爲社，擒捕海賊。時寶文閣直學士連南夫論海寇之患，以謂：「國家每歲市舶之入數百萬，今風信已順，而舶船不來。聞有乘黄屋而稱侯王者，臣恐未易招也。願明下信令，委州縣措置團結瀕海居民，五百人結爲一社，不及三百人以下，附近社。推材勇物力人爲社首，其次爲副社首。備坐聖旨，給帖差捕。蓋濱海之民熟知海賊所向，平時無力往擒爾。今既聽其會合，如擒獲近上首領，許保奏，優與補官，其誰不樂爲用？」乃下張守、曾開相度，如所請。

14 己未，詔鄉村五保爲一大保，通選保正，於免役令中去「長」字。始改紹聖法也。先是，言者以爲：「役法行之歲久，積至大弊。鄉村保正、長最爲重役，不專取物力厚薄，而兼用人丁多寡，不通輪一鄉點差，而但取逐甲人户。官吏貪濁，差募之際，富者以賄賂幸免，貧者以誅求受害。被役一次，輒至破産。愚民無知，巧爲規避，遂有父亡母改嫁，兄弟析生，求免役次。非惟重困民力，以虚邦本，亦將有傷名教，以壞風俗。欲乞下有司，稍革舊法，專用物力，及通輪一鄉差募保正、長。凡官吏因役事受財者，重爲典刑，以示懲誡。」又進士上書：「竊觀方今害民之法，無如保甲之弊。願更去保甲法，復嘉祐、元祐之制，行耆户長之法。」故有是旨。仍許今後差物力高單丁，每都不得過一人。寡婦有男爲僧道成丁者同。即應充而居他鄉别縣或城郭及僧道，並許募人充役，官司毋得追正身。餘如見行條法。按此所謂進士上書，疑即王九齡也。時祠部員外郎林季仲亦奏疏，乞總一鄉物力，次第選差。其單丁許募人充役。至是，頗採其説焉。季仲之奏曰：「役法以十小保爲一大保，而保有長；以十大保爲一都保，而都有正。二者必以物力之高，人丁之多者爲之也。然法久而弊，人僞日滋。富而與貧爲伍，預知差役之必至也，乃賂鄉佐，求與富者爲伍焉。於是富與富爲伍，物力雖鉅萬而幸免；貧與貧爲伍，物力雖數千而必差。蓋由猾胥造弊於排甲之初，致使下户受弊於被差之後。征求之頻，追呼之擾，以身則鞭箠而無全膚，以家則破蕩而無餘産。思所以脱此者而不可得，時則有老母在堂，抑令出嫁者；兄弟服闋，不敢同居者；指己生之子，爲他人之子者；寄本户之産，爲他户之産者。或盡室逃移，或全户典賣，或强逼子弟出爲僧道，或毁傷支體規爲廢疾。習俗至此，何止可爲慟哭而已哉？臣復覩紹興二年閏四月十日及四年正月二十四日臣僚上言，欲不拘甲分，總以一鄉物力，次第選差，非第一等不得爲都正，非第二等不得爲保長。其單丁物力應充者，許其募人，官司不得輒追正身。臣詳其說，實爲利便。欲乞檢會參酌而行之，庶幾可以厚風俗，息爭訟，安流移，恤貧匱，不煩戒敕州縣，而弊源自塞矣。」奏不得其月日，與朝旨相類，故附著之。

進士畢良史特補上州文學。良史，上蔡人，知書傳，喜字學，粗得晉人筆法。少游京師，亂後僑寓興國軍。喜其才者，資給令赴行在。會迪功郎、權婺州司户漕事畢鄰者，以死事得任子恩，其妻言子爲金人所殺，願官侄良史。上許之。徐夢莘北盟會編：「畢良史少游京師，以買賣古器書畫之屬，出入貴人之門，當時謂之畢償賣。遭兵火後，僑寓於興國軍。江西漕蔣粲喜其辯慧，資給令赴行在。諸内侍皆喜之。上方搜訪古器書畫之屬，恨未有辨其真僞者，得良史甚悦，月給俸五十千，仍令内侍延請爲賓客，又得束修百餘千。有姓畢人合得文資恩澤，無宗族承受。良史邂逅得之，補文學。」按蔣粲此時知通州，紹興十一年九月方除江西運副，此所云誤也。然粲先嘗爲江西提舉②，又知撫州，入爲尚書郎。或者先已隨粲入都爾，今且附此，更須詳之也。

15 庚申，詔韓世忠紀律嚴明，岳飛治軍有法，並令學士院降詔獎諭。時世忠移屯淮甸，軍行整肅，秋毫無犯。飛移軍潭州，所過不擾，鄉民私遺士卒酒食，即時償直。上聞之，故有是詔。

初，山賊雷進據澧州之慈利縣，殺掠平民甚衆。至是，都督行府言：「進已遣其徒雷琳等來鼎州公參。」詔進特補武功大夫，添差鼎州兵馬鈐轄。進不受。明年二月乙卯所書可參考。按行府奏狀及熊克小曆皆作雷進，而明年四月九日鼎州所奏，乃作雷進德，未知孰是。

16 辛酉，左朝奉郎新諸王宮大小學教授錢葉、左通直郎臨安府府學教授周葵並爲監察御史。葵，晉陵人。先是，沈與求薦葉節操方正，可備獻納，故二人並命。葉係見任執政官所薦，而不乞迴避，當考。

直秘閣、知泰州趙康直陞直徽猷閣，知廬州。

17 壬戌，集英殿修撰、提舉江州太平觀王衣卒，贈徽猷閣待制。

18 甲子，太上道君皇帝崩於五國城，年五十四。上皇遺言，欲歸葬内地。金主亶未之許。兵部侍郎司馬朴與通問副使修武郎朱弁同在燕山，聞之，密議舉哀制服。弁欲先請，朴曰：「吾儕爲人臣子，聞君父喪，當致其哀，又何請？設不見許，可但已乎？」遂服衰，朝夕哭。金人義之而弗問。上皇欲歸葬，據國史拾遺云爾。但拾遺云：「大宋上皇道君正月二十五日崩。」與史不同，當以實録爲正。

詔：「江、浙轉運判官、逐州守臣，拘催上供及淮衣紬絹絲綿，依條限起發。限滿，令户部開具有無拖欠去處，申取朝旨。」用都省請也。

遣帶御器械韓世良往韓世忠軍前撫問，上召對而遣之。

詔：「諸路營田司，官給種糧者，每一耕牛，歲課毋得過十石。民間自有耕牛者，除輸納税賦外，毋得抑令耕種營田。」時言者以爲：「解潛在荆南，民有耕牛，官爲給種，納課或十餘石，而租税差科仍舊，是致百姓流移，田業荒蕪。」故條約焉。

19 乙丑，詔命官未經銓試，以恩例陳乞祠廟之人，自合理任，餘依見行條法。先是，右通直郎王瓌以嘗任祠官，乞參選。許之。仍命更有似此之人依此。言者以謂：「進士唱名在第五甲，及累經任人，偶無舉官者，猶銓試中程，乃得參選。今世禄膏粱之家，幼年補官，又有陳乞恩例，可差祠廟，若任滿更不銓試，則童騃不學之人，將徧滿州縣，而疲民益無所赴愬。」故有是旨。

20 丙寅，上就射殿，躬行景靈宮孟夏朝獻之禮。丁卯，亦如之。始祔惠恭皇后於宣仁聖烈皇后神位之下，用右司諫趙霈議也。自惠恭既祔別廟，而景靈獨弗及。至是，將行禮，博士、禮官皆以爲疑，霈言：「異時既有別廟，則歲時祭享未嘗廢，朝獻之禮雖闕可也。今時異事殊，且上皇於惠恭，夫道也，以嫌故也。今陛下於惠恭，則子道也，躬行茲禮，似亦無嫌。願下太常討論典禮。」上曰：「朕以母事惠恭皇后，今太廟既有別廟，則景靈朝獻之禮，何可廢也？」乃從禮官議。霈建請在庚申，上語在甲子，今聯書之。

21 戊辰，詔岳州許置市易務，令本州收息錢補助支遣。用守臣張觷請也。

檢校少保、武泰軍節度使、知明州兼沿海制置使郭仲荀爲檢校少傅、慶遠軍節度使，録控守海道之勞也。

泗州軍事判官趙烈正補下州文學。

22 庚午，直寶文閣、新福建路提點刑獄公事曾紆上其父布所著三朝正論二卷，詔付史館。先是，紆子右通直郎惇投匭上書，論布日記中親聞哲宗皇帝、欽聖憲肅皇后聖語，辨正宣仁聖烈皇后誣史，及元符密薦臺諫遺藁現在。詔下紆取索。紆奉詔以布熙寧記市易本末及紹聖以來奏對要語，集爲正論上之。上諭輔臣曰：「昨觀布正論，其言皆正當。至如載哲廟册立事及宣仁聖烈皇后聖語，皆是當時所聞，必不妄。」趙鼎曰：「臣往時守官陝西，從紆弟紞，嘗見此書，乃布手筆也。」沈與求曰：「頃在湖州，紆嘗以此書示臣。昨來韓璜論紆撰造正論，却是不知其詳。」上顧鼎曰：「布有一疏藁，薦陳瓘等十餘人，皆名士，卿有跋尾，具言曾見正論。」鼎曰：「誠有之。」

起居郎胡寅、起居舍人劉大中並試中書舍人。自王居正遷，而二人並攝書命。至是，正除。

尚書省言：「訪聞四川諸司州縣添置官屬甚衆，未委虚實。」詔宣撫司究實併省。時言者以爲閬州宣撫司武臣官屬至百五十人，秦州茶馬無置司處③，而官吏文武亦百餘人。成都一路，見任官七百三十六員，視建炎間增三分之一。夔路創增關寨等，官亦不少，故條約之。

户部奏：「博糴授官人，依進納條令，官至陞朝，與免色役。其物力家業等第，係與民争利，雖至陞朝，亦不得免科配。」以知興國軍應會有請也。

23 辛未，詔：「諸縣歲賦奇零剩數，委通判點檢，折納價錢，別項樁管，專充上供。諸路免役寬剩錢，除二廣、福建、江東西已令起發赴行在，浙西應副大軍，其浙東、湖南北剩錢，亦令起發赴行在。」用總制司請也。時獻議者以爲：「州縣之間，夏秋二税，自祖宗時，自有定額。緣人户析居異財，絹綿有零至一寸一錢者，亦收一尺一兩，米有零至一勺一杪者，亦收一升之類。自大宋有天下，垂二百年，民之析户者既多，而合零就整之數若此類者，不可勝計。官中催科，每及正額而止，所謂合零就整者，盡入猾胥之家。欲望行下諸州，將人户所輸奇零之物，各以一鄉細計數目，總爲一簿。逐年專委通判，任責追催，應副軍興，而所入當不可勝計。又逐年役錢，依法每年合樁留二分，充寬剩。今乞悉以應副軍興，別立一庫，非有朝廷文字取索，不得輒自支遣。庶幾年歲之間，蓄積有餘，可以應用。」故有是旨。二廣等路先取役錢指揮，未見月日，當考。

24 壬申，尚書兵部侍郎兼史館修撰王居正充徽猷閣直學士，知饒州。以居正引疾有請也。居正乞改以小郡，乃移知台州。五月己丑改命。熊克小曆云：「趙鼎深喜程頤之學，居正爲兵部侍郎，於是有伊川三魂之目。鼎爲尊魂；居正爲强魂，言其多忿也；工部侍郎楊時爲還魂，謂其身死而道猶行也。既而正字張嵲遂以元祐五鬼配之。」按此皆一時詆誚之詞，今不取。

秘書少監兼侍講朱震守起居郎。

左司員外郎王俣言：「兩浙額斛，責在漕司者，凡一百五十萬石。兩浙糴本，責在州郡者，凡一百五十餘萬緡。每歲極力樁發，率皆不過三之二，其虛數常自若也。糴本之數，皆知其不可足，爲漕司者，終不肯力請於朝，爲之少損。額斛之數，皆知其不可足，爲户部者，終不肯力請於朝，爲之少損。終歲之間，文移相屬，常負不足之責，而終無毫髮之益。使其緩急，必欲如數而止，則剥膚椎髓，必有深害於民。望令户部取漕司額斛及州郡糴本五年中最多之數，增零就整，立爲定額。漕司以年終，州郡以四季，責使樁發。如愆期不足，當職官吏重寘典憲，亦中興善政核實之一端也。」詔令總制司措置。

淮康軍承宣使、川陜宣撫司參議官孫渥丁母憂。癸酉，詔起復，用吴玠請也。

是月，龍圖閣直學士致仕楊時卒，年八十三。起居郎兼侍講朱震言：「時學有本原，行無玷闕，進必以正，晚始見知。嘗排邪説以正天下學術之誤，辨誣謗以明宣仁聖烈之功，雪冤抑以復昭慈聖獻之位。據經論事，不愧古人。其所撰述，皆有益於學者。」詔有司取時所著三經義辨，賜其家銀帛二百匹兩。後謚曰文靖。

時尚書左僕射趙鼎素尊程頤之學，一時學者皆聚於朝。然鼎不及見頤，故有僞稱伊川門人以求進者，亦蒙擢用。震奏請在六月乙巳，今併書之。朱勝非秀水閑居録：「程頤，西京人。熙寧、元豐間，司馬温公退居洛下，修纂資治通鑑，頤乃鄉儒，嘗與之論文。元祐改元，公入相，薦頤於朝，授幕職官。公薨，擢授侍講，終於通直郎、直秘閣。方在講筵，蘇轍爲言官，屢有彈奏。至謂：『譬之虵虺，豈宜蓄於階庭？』當時公論與否可知也。紹興四年，趙鼎作相，媢家范沖亦洛人，以其父祖禹元祐從官，召沖爲宗正少卿。沖云：『家有頤書。』鏤板傳布，謂之伊川學。鼎主之。凡習讀者，往往進用。未幾，沖除待制，雜學士、翰林學士、侍讀學士。尹焞年七十，沖薦之云：『舊識伊川。』併進焞論語解云：『得頤餘論。』即授京官、崇政殿説書，歲内除待制。張九成，錢塘人，急於進，自言篤好頤學，頗能誦説，由館職三遷爲禮部侍郎。温人周行己，頃嘗與頤游，政和間交結道士林靈素，得正字。林敗，行己貶死。至是州人言，嘗轉授頤學於行己者，如林季仲輩數人，皆作要官。殿試策不問程文善否，但用頤書多者爲上科。是年，狀元汪洋。然所謂頤書者，小編雜語，淺陋乖僻之説，初則惟沖爲之，已而其徒皆爲之。嗚呼，元祐誠多賢，程在當時，非卓然傑出者。小人乘間爲奸利，不可不察也。」按勝非此段所云，除周行己外，皆毀訾失實。今不取。

校勘記

① 今軍事未支　「今」，原作「令」，據叢書本改。

② 然粲先嘗爲江西提舉　「嘗」，原作「常」，據叢書本改。

③ 秦州茶馬無置司處　「秦」，原作「泰」。按：秦州無茶馬司，故逕改。

建炎以來繫年要録卷八十九

1 紹興五年五月甲戌朔，賜尚書禮部員外郎任申先進士出身。王明清揮麈録：「靖康初，李伯紀薦任申先賜對，欽宗問以燕事，即批出，賜進士出身。自是進用。」按申先靖康初以布衣召入，遂補京官，未嘗賜出身也。

2 乙亥，上初謁太廟。時章懷皇后忌前一日，禮官請上服袍履，欵謁畢，還内，易忌前之服。從之。太廟主管内侍八員，吏卒一百五十八人，時享以少牢，祫享以太牢。

承節郎余祐之乞納覃恩所進一官，爲故祖母顧氏换一孺人封號。詔特從所請。祐之，奉新人，生三年，併失父母。顧氏自誓不嫁，鞠育祐之，鄉父老上其節行於朝，未及封而死。

3 丙子，直秘閣、知潯州范直方行尚書刑部員外郎。

左迪功郎張嵲特改左承事郎。嵲，光化人。熊克小暦云：「嵲，襄陽人也。」今從曾慥百家詩序。早從陳與義學詩，以薦召對，遂除秘書省正字。嵲入館在七月壬申。

德慶軍節度使趙仲温提舉臨安府洞霄宫，任便居住。南班近屬去屬籍而稱姓，前此未有。當考。

故遼彰武軍節度使馬堯俊特贈右武大夫、貴州團練使，以其子拱衛大夫、忠州團練使欽援宗祀赦書有請也。欽初乞比附换贈中原官品，吏部侍郎晏敦復等言：「未見干照，恐難憑用。乞詳酌，與贈一近下遥郡名目，以慰遠人。」故有是命。

4 丁丑，右迪功郎万俟雅言、攝廉州助教成藻並補下州文學①。言在東都，以白衣充大晟府製撰，滿歲得官。藻，朱勔館客，嘗爲越州司儀曹事，以罪廢，至是依討論例改授，而言者論：「朱勔父子爲東南之害，至今人怨未弭。藻爲其門客，得官入仕，則其爲人不待論列而可知。」乃詔藻不許再叙。

5 庚辰，吏部員外郎周秘面對。上曰：「自令臣僚轉對，甚有所補，由此擢用者亦多。縱有不當，亦不欲責罰，恐人不敢論事。」秘，歷城人也。祠部員外郎林季仲嘗言：「臣之事君，猶子之事父也。子之事父，情話而無嫌；臣之事君，亦直言而無隱。蓋天叙有典，君臣父子皆天也。内之事父，外之事君，其道一而已矣。以唐虞三代之盛，當時臣子，若無可言者，而賡歌之章，告戒之辭，惴惴然惟恐政治之不克終。如曰：『無若丹朱傲。』又曰：『無若商王受之迷亂，荒於酒德哉！』舜聖人也，成王賢君也，何至於是？以其平居相戒，如家人之禮，雖或過甚，不以爲嫌耳。陛下勵精圖治，自朝至於日中昃，訪問羣臣，亹亹不倦。凡國疵時病，吏蠹民艱，二三執政暨臺諫之臣，當自悉言之矣。又令百官以次面對，從容而咨問之。尚慮四方之遠，不及聞知，乃延見監司、郡守，兼聽而廣納焉。下至州縣一命之微，草萊一介之賤，賜對於廷，殆無虚日。是宜明目張膽，輸忠竭誠，盡言於不諱之朝也。議者謂崇飾虚言，指摘細故，姑爲文具者尚多有之。至或專事導諛，曲相怡悦，冀得所欲，則私計畢矣。還視朝廷，無一分顧藉心。嗚呼，陛下負羣臣乎，羣臣負陛下乎？臣愚欲望陛下因羣臣奏對之際，察其似此者而罷黜之，但使直聲日聞，乃治世之事也。」季仲所上疏，不得其月日，因上諭且附書之，更須詳考。

命潼川路轉運司歲織綾十萬匹赴行在，爲官告度牒之用。

6 辛巳，輔臣奏事。趙鼎曰：「昨日得旨，擇日降制，除防禦使瑗爲節度使，封國公，出就資善堂聽讀。臣退而與孟庾、沈與求商量，皆仰贊陛下爲宗廟社稷大慮，謹令有司，卜今月二十六日吉，惟陛下裁擇。」上曰：「可。」與求曰：「此盛德之事也，而陛下斷自聖心，行之不疑，此自古聖賢之所難也。臣知天佑陛下，子孫千億，受歷無疆矣。」上曰：「朕年二十九，未有子。然國朝自有仁宗皇帝故事，今未封王，止令建節，封國公，似合宜。以朕所見，此事甚易行，而前代帝王多以爲難。」鼎曰：「自古帝王以爲難，陛下行之甚易，此所以莫可跂及也。然陛下春秋鼎盛，而爲宗廟社稷大慮如此，臣等是以知神靈扶持，子孫千億也。此事甚大，陛下既已見透，臣等更無復措辭，不勝幸甚。」上曰：「藝祖創業，肇造王室，其勤至矣。朕取子行下子，鞠於宮中，復加除拜，庶幾仰慰藝祖在天之靈。」庾曰：「陛下念藝祖創業之難，而聖慮及此，帝王所難能之事也。」初，張浚之未出使也，上嘗以語鼎、浚、庾、與求曰：「此子天資特異，在宮中儼如神人。朕親自教之讀書，性極彊記。」鼎先得旨，於行宮門內造書院屋一區，欲令就學。有司以圖來上，凡建屋十有六間，從約也。至是書院成，上曰：「只以書院便爲資善堂。俟除授訖，命儒臣爲直講、翊善，悉如資善故事。」

左朝奉郎林叔豹提舉江西茶鹽公事。叔豹請奉祠，許之。

給事中廖剛言：「臣嘗謂國不可一日無兵，而兵不可一日無食。今諸將之兵被於江、淮，不知幾萬數，初無儲蓄之備，日待哺於東南之轉餉，東南之民，已不勝其困矣。可爲之救此患者，莫若屯田。朝廷亦嘗行之於淮南，及今閲數秋，曾未聞其有補，豈措畫之方、勸相之誠有未至乎？何其效之遲也！臣願有説於此：昔郭子儀以河中軍嘗乏食，乃自耕一畝，將校以是爲差，於是士卒皆不勸而耕，是歲河中野無曠土，軍有餘糧。史傳所載，不可誣也。以此知在主將加意而已。夫子儀之事，固不可以彊大將，然自偏裨而降，獨不可勉之以身率乎？陛下誠詔之曰：『將校有如郭子儀之躬耕者，朝廷當加旌賞。』彼亦必以爲榮而胥勸矣。此一説也。昔漢之盛時，力田者與孝悌同科。臣觀比年行兵之賞，以功遷資者，動以萬計。誠詔之曰：『每耕田一頃，與轉一資。』彼以執耒之安，方之操戈之危，豈不特易？此賞誠行，萬頃且不難得，將無不耕之田矣。此二説也。臣又聞諸葛亮據武功，分兵屯田，耕者雜於渭濱居民之間，而百姓安堵，軍無私焉。今江、淮之民，流離失業者甚衆，顧未有以安集之耳。誠詔之曰：『假爾種糧，復爾賦租，雖有士卒，不汝侵擾。』凡主將之可恃如此，則彼有轉相勸率，負耒耜而來者矣。此三説也。若夫貪尺寸之功，爲僥倖之舉，與夫覘彼之所爲而輒務勝之，抑末也。臣恐或爲所欺，反自取困敝耳，非計之得也，願陛下虚心而加擇焉。」詔都督行府相度措置。

忠訓郎、閤門祗候何蘚特遷修武郎，赴大金國軍前奉表通問二聖。賜金帶一裝，錢千緡，官其家二人。蘚，灌子也。灌已見建炎元年正月辛卯。時右僕射張浚奏遣蘚至雲中見金帥，故有是命。

都督行府言：「今日之急，莫先財賦。若按籍可考，則無容失陷。自兵火後來成法廢弛，州縣凡有移用，漕司不能盡察；漕司凡有支使，户部不能盡知。因致州縣肆爲侵隱，失陷錢物，爲害不細。欲諸路收支現在錢物，今後分上下半年，縣具數申州，州類具同本州之數申漕司，如係常平茶鹽司并提刑司錢物，即依此申所隸置籍，本司總一路之數，作旁通開具聞奏，付之户部，考察登虧。仍詔守臣通判，今後歲終及替罷，并開具管下諸縣并一州收支見在數目，申尚書省。其初到任，即具截日見在，依此供申送部，亦行置籍，以備移用，庶幾稍革陷失之弊。」詔户部依此行下。

左中大夫李茈卒。

7 壬午，尚書禮部員外郎任申先試秘書少監，監察御史許搏試禮部員外郎。

左承議郎陳康伯提舉江南東路茶鹽公事。（康伯初見紹興元年十一月。）

8 癸未，詔江、浙四路共造五車十槳小船五十，仍以貼納鹽袋錢五萬緡爲造船之費。時已造十三車、九車戰艦，而言者以爲緩急遇敵，追襲掩擊，須用輕捷舟船相參，乃復爲之。

9 甲申，上諭輔臣曰：「昨路允迪奏到所記聖語，見揚州駐蹕時，人才凡冗，宜遭變故。今行在人才皆可觀。」趙鼎曰：「陛下以人才爲意，中興可復，天下幸甚。」

尚書禮部侍郎唐煇兼權兵部侍郎。

殿中侍御史張絢入對，面奏：「諸郡守臣紀交、孫恭、邵彪、王仰、馮晉、胡紡、鄭疆、劉無極八人非才。」詔並罷。時神武中軍統制楊沂中遣士卒五十餘人運怪石，置之太平樓酒肆，絢遇諸途，奏言：「今邊境多虞，百姓艱食。陛下方且卑宮菲食，焦勞於上，一花一石，屏去不顧，痛革京都侈靡之弊。奈何軍中不能上體聖意，乃敢公然運石，以爲酒肆游觀之美。豈獨訓練士卒之時，不當勞以無益之役，而衆目所觀，傳播四方，亦非美事。此風漸不可長，兼臣近見村民多取花株竹栽，市街貨賣，若不嚴加止絶，亦有棄本逐末之患。欲望特降指揮，令禮問今日運石因依，重加行遣，以絶後來。仍乞下臨安府，令禁止村民貨賣花竹。庶幾陛下勤儉之德不待家至户曉，而侈泰之俗一變而爲樸素，實艱難之先務。」詔禁止。沂中坐罰金。沂中罰金在是月庚寅。

内侍武翼大夫、果州團練使黄克柔落致仕，提舉亳州明道宫，任便居住。

詔壽國夫人王氏、慶國夫人吴氏，各增封爲六字，仍依禄式支破請給。二人皆上乳母也。

初，池州民崔德全不能事母，及死，駡母不葬。其弟德聰潛葬之，德全怒，持刃逐德聰，德聰奪其槍連刺之，乃死。有司當德聰處斬，憲臣以爲情實可矜，乃上其事。尚書省請梟德全首，論德聰絞刑，從之。

是日，張浚至潭州。初，浚自建康西上，而樞密副都承旨、沿江制置副使馬擴自武昌召歸，乃以爲都督行府都統制。浚行至醴陵，獄犴數百人，盡楊太遣爲間探者，安撫使席益傳致遠縣囚之。浚召問，盡釋其縛，給以文書，俾分示諸寨曰：「今既不得保田畝，秋冬必乏食，且餒死矣。不若早降，即赦爾死。」數百人驩呼而往。浚至長沙，賊首黄誠、周倫先請受約束，然誠等屢嘗殺招安吏士，猶自疑不安。浚遣制置使岳飛分兵屯鼎、澧、益陽，壓以兵勢，賊大驚，遂定出降之計。

10 乙酉，秘書省正字李彌正轉對，面奏：「見存西北之兵，歲久銷減，乞令州郡募東南民兵教習，以壯國威，禦盜賊。萬一朝廷有警，亦可募以調發。」上曰：「朕自知南兵可用。向有五百人，皆平江人，在張俊軍中，往往率先犯陣。其不可用者，但未教習耳。」彌正又因口陳：「大臣進退之易，實害治體。國朝自祖宗體貌大臣，陛下即位以來，恩意尤篤。」上曰：「祖宗體貌大臣，禮意甚厚，與庶僚不同。此朕家法，每奉以周旋。如鄭文公雖一國之君，進臣不以禮，退臣不以道，爲詩人所譏。」彌正又陳：「古者創業中興之君，必有謀臣，任專責重，憂勤逸樂，與之終始。今人之才，雖不敢遠望古人，願陛下捨短取長，擇忠實可仗者，推腹心以任之，則事功可見就緒。」上曰：「善。若無一二腹心之臣，孰與謀議？」

詔禁銷金翠羽爲飾。用吏部員外郎姜師仲請也。

右朝請大夫、主管江州太平觀李仲孺知泰州。

11 丙戌，左朝奉郎、新通判洪州李椿年幹辦諸司審計司。椿年既除官，再得召見，論：

今日之弊，甚大者有三：一曰銓選之弊，員多闕少；二曰食貨之弊，錢輕物重；三曰所司之弊，吏强官弱。

吏部有銓試，蓋所以汰其不才者也。不才者往往多作緣故，以幸免之。臣愚以謂，稍清入仕之流，莫如除免試之令。應初到部之人，試而後得調，試而不中，亦不得調，殿一年而再試。於格合免試者，只許陞名次，或占射差遣。雖貴如宗室戚里、公卿子弟，亦不得免焉。不由試選者，雖殘零及破格闕，亦不得注。應未試者，不許堂除及舉辟差遣。其免試已授差遣者，竢到部合試，而所謂試者，必嚴爲法而遴選之。如此則有甄别，而不至於太冗矣。員多闕少，非所患也。

物重謂何？耕植者寡，而無以生之故也。錢輕謂何？費用者廣而無以藏之故也。井田之法壞而游手者衆，其已久矣。加以軍興，天下之民死於賊者十之八九，幸而存者，不入於兵，則入於浮屠，捨其常産，不耕而食，不蠶而衣，是以物艱而重也。錢之行世也，方其平時，取有常制，用有常度，不藏於公帑，必藏於私家矣。及乎軍興轉餉之資，賞錫之給，軍器之費，取之百端，用之百出，隨斂而隨散之，私家公帑，皆不得其藏矣，是以錢易而輕也。臣愚以謂，今日討賊戡亂，兵不可去，汰其無能者可也。兵不貴多，貴乎精，況無能之兵，本吾農也。方今淮甸荒地千里，莫適爲主，少貸而予之耕植，則彼得所處，而吾去冗食之蠹矣。度牒勿鬻可也。或曰朝廷鬻度牒，歲得錢數百萬，軍儲是賴，奈何罷之乎？臣應之曰：度牒所得之錢，非由天降，非由地出，不過斂於民間而已。夫欲斂於民間，盍亦以我所有，易彼所無，變而通之，低昂在我，胡爲不得？何至以度牒爲斂，而因以失吾農哉？汰去冗兵，罷鬻度牒，而又盡變通之利，制低昂之權，然則物重錢輕，非所患也。

所謂吏强官弱者，非吏撓權之罪，官不知法之罪也。明乎法，則曲直輕重在我而已，吏豈得而欺乎？今之士大夫，以爲法家者流而莫之學也。在今初入官人有銓試，銓試有斷案，蓋慮其不知法也。然銓試者，或亦以緣故而免試，斷案者亦非素習，不過臨時轉相傳寫而已。求其明法，十百中無一焉。法既不明，臨民遇事，不能自決，吏始得以弄法而欺之。曲直輕重，惟吏所爲，强弱之形，於此可見。臣愚以謂，欲官皆知法，而吏不得以欺，莫如嚴銓試之法，禁傳寫之弊。應入官人，必由銓試，試者必以斷案，不以斷案者不考，考而不入等者不得調，如是，則在官者皆知以法繩吏矣。吏强官弱，非所患也。

臣究觀今日之弊，無大於此三者。望陛下斷而行之，以幸天下。

椿年又口奏度牒事，以爲：「今一歲所鬻，不下萬數，是歲失萬農也。積而累之，農幾盡矣，非生財之道也。昔越之報吳，男女不以時嫁娶，父母有罰，生男女者有賞。今則反是。」上首肯之，乃下其章，命吏、户部同措置。然軍事方仰給，卒不能止也。日曆今年五月丙申，吏部侍郎晏敦復等申明：「京朝官西北流寓無差遣，不緣罪犯，未能到部，見年二十五歲已上之人，並許差嶽廟一次。」亦恐與此不許免試陳請相妨。當考。

左奉議郎劉長源充諸王宫大小學教授。長源，成都人，以薦對而有是命。

故追復顯謨閣待制李景直更與致仕恩澤一名。景直嘗爲工部侍郎，崇寧末應詔上書，論時事，坐奪官，流新州而死。靖康初録其子，至是其家有請，特許之。

詔中書舍人胡寅論使事，辭旨剴切詳明，深得論思之體，令學士院降詔奬諭。時既用尚書右僕射張浚議，遣問安使何蘚入雲中，寅上疏言：

女真者，驚動陵寢，戕毁宗廟，劫質二帝，塗炭祖宗之民，乃陛下之讎也。頃者誤國之臣，自知其才術不足以戡定禍亂，而又貪慕富貴，是故譸張爲幻，遣使求和，以苟歲月，九年於此，其效如何？彼之一身，叨竊爵位而去，曾何足道？而於陛下聖德、國家大計，虧喪多矣。所幸陛下智勇日躋，灼然獨見，於邪言久惑之後，奉將天討，罪狀劉豫，再安國步，漸圖興復。天下忠臣義士，聞風興起，各思自效，以佐丕烈。譬如人行萬里，登車出門，又如枝梧厦屋，初正基柱。存亡治亂，實係此時。今乃蹈庸臣之轍，踐已失之謀，犯孔子之戒，循魯莊之事，忘復讎之義，陳自辱之辭，臣竊爲陛下不取也。

或謂不少有貶屈，其如二帝何？臣應之曰：自建炎丁未，至於紹興甲寅，所謂卑辭厚禮，以問安迎請爲名而遣使者，不知幾人矣。知二帝所在者誰歟？見二帝之面者誰歟？得女真之要領者誰歟？因講和而能息敵兵者誰歟？臣但見丙午而後，通和之使歸未息肩，而黄河、長淮、大江相次失險矣；臣但聞去年冬，使者還言，豪長貼服，國勢奠安，形於章奏，傳播遠近。曾未數月，而劉豫稱兵犯順矣。女真者，知中國所重在二帝，知中國所恨在劫質，知中國所畏在用兵，則常示欲和之端，增吾所重，平吾所恨，匿吾所畏，而中國坐受此餌，既久而後悟也。天下其謂自是改圖必矣，何爲復出此謬計耶？苟曰姑爲是耳，豈有修書稱臣，厚費金帛，而成就一姑爲之事也？苟曰以二帝之故，不得不然，則前效可考矣。況歲月益久，敵情益闊，必無可通之理也。

臣嘗思之，陛下與女真絶，則臣下無所得，而人主爲義舉。若通和，則利歸臣下，而人主受其惡。故凡願奉使通和，皆身謀，非國計也。陛下可不據孔子之論而決此策乎？苟爲不然，以中國萬乘之尊，而稱臣於外國，則宰輔而下，皆其陪臣也。借使女真欣然講解，以一將軍數萬衆，駐兵泗水之上，願陛下面相結約，歃血而退，不知陛下何以待之？陛下試加採擇，或合聖意，即以此讎當復，無可通和之義，明降指揮，寢罷奉使之命。

疏奏，上嘉納。命宰相趙鼎召至都堂諭旨，仍賜詔奬諭。寅又上表言：

天下有至公之心，有正直之論。違正論，拂公心，以行其邪說，雖當時不悟，及事已敗，世已陵遲，然後悔之，則無及已。姑以近事明之：方王安石得志，託大有爲之說。大有爲之說者，孟子之言也，豈不美哉？當時元勳舊德，皆以祖宗舊法不可變改，安石斥之爲流俗，而其說盛行。自今觀之，其所謂大有爲者，乃所以召亂；其所謂流俗者，皆賢才也。使神祖照之於司馬光辭樞密副使之時，而退王安石，罷新法，則尚有崇、觀之亂乎？及蔡京秉政，託繼志述事之說。繼志述事者，孔子之言也，豈不美哉？當時忠臣義士，皆以新法害民，蔡京名之爲謗訕，而其說盛行。自今觀之，其所謂繼志述事，乃所以遂其私意；其所謂謗訕者，皆忠言也。使上皇照之於陳瓘論列之時，而退蔡京，復元祐，則尚有宣、靖之禍乎？

天下之理，一是一非，出於是則入非，出於非則入是，理不並立，人無兩存。此人材邪正之所由分，而國家治亂之所由判。自古如此，豈惟今哉？女真入犯以來，和戰兩議，肇於孝慈在位之日。兩議不決，馴致北狩。自今觀之，其不可與和，亦易見也。而和議之說不息，非特通和女真，又欲通和劉豫。和之一字，實懷二心，以國與人，亦所不恤，豈不過甚矣哉？原其所本，起於耿南仲昌言之，正猶王安石大有爲之論、蔡京繼志述事之說，而尊主庇民，疾讎殄惡，不欲和者，亦猶司馬光不以王安石爲然，陳瓘不以蔡京爲是。八年於此，正論不勝。監觀前事，識者憂之。尚賴陛下險阻備嘗，照知情僞，於和議事皆已試用，了無功效。此策不足中興，斷自宸衷，舍非從是，遂嚴降詔旨，罪狀反叛，聲罪致討，一振國威。

豈於女真，尚肯通使？

臣姿禀素愚，誤以文字上簡聖知，擢置綸闈，仍使獻納。適覩何蘚之事，恐和説復行，國論傾危，士氣沮喪，所繫不細，遂具陳奏。陛下憲天聰明，灼見忠志，曲賜褒諭，以來衆言，使天下忠義之士，皆知陛下雪耻復讎之意，用賢才，修政事，厲兵選將，駸駸北向，以爲迎二帝之實。大計一定，邪説不行，中興可期，宗社之福，豈獨微臣忝竊恩詔，以爲今日美談而已？

户部奏諸路殘破州縣守令勸民墾田及拋荒殿最格。其法，墾田增及一分，郡守陞三季名次，累及九分，遷一官；虧及一分，降三季名次，九分鐫一官。縣令差減之。縣具墾闢實數，月申州，州季申監司增虧十分者，取旨賞罰。

12 丁亥，尚書右司員外郎周綱直寶文閣，知婺州，從所請也。

13 戊子，左朝請大夫、湖南北襄陽府路制置司參議官陳子卿主管台州崇道觀，右承奉郎李若虚充湖北襄陽府路制置司參謀官。若虚已見。時祠部員外郎林季仲嘗因轉對，論：「幕官之賢否，繫將帥之成敗。選用賓佐，不可不慎。今三四大帥統重兵於外，能懷忠赤，共濟艱難，固無盧從史之事矣。獨未知賓佐皆如孔戡否也。近時文士，鄙薄武人過甚，指其僚屬無賢不肖，謂之從軍。雖有賢如戡者，往往未必屑就。文武一道也，何至如是之區別哉？欲望陛下遴選老成練達之士，往佐諸將，稍優禮秩，以寵其行。遲以歲月，不見闕遺，擢居清要，以示激勸。使之身在幕府，心係朝廷。出有裨贊之益，入有榮進之望。上可以鞏固王室，下可以保全功臣，非小補也。惟陛下留神，幸甚。」季仲此奏，不得其年月，今且附此，俟考。

14 己丑，參知政事兼權樞密院事、提領措置財用孟庾進知樞密院事。時右僕射張浚往江上視師，庾之除，浚初不與，乃上疏言：「如此，則臣不當在相位矣。」上以手札諭之。

直秘閣、主管台州崇道觀向子忞知衡州。

景福殿使、宣州觀察使黃晃落致仕，除入內内侍省都知。晃在蜀中，屢召而未至也。

文林郎許聰贈宣教郎，官一子。聰知楚州録事參軍，爲金所殺，故録之。

15 庚寅，趙鼎奏事，因言：「李沆作相時，每奏祥瑞，須雜以水旱螟蝗文字進呈。憂國愛民之心如此。」上曰：「王旦賢相也，東封時都無一言。如天書降，殆難考驗，但朝廷内外得人，四民安業，則爲上瑞。」

16 辛卯，左從政郎、嚴州壽昌縣令臧梓特改合入官，令再任。以兩浙轉運司奏其治狀有實也。上曰：「若得賢令尹如此，一方皆受惠。」趙鼎曰：「一縣生靈數十萬，縣令得人，則人人安業。」上曰：「然。朕區擇監司守令，政欲安百姓也。」事祖在四月乙卯。

17 壬辰，詔張浚視師江上，今延日久，可召還行在。令學士院降詔。

左從事郎、新福州州學教授黃衡特改左宣教郎，以薦對也。尋以衡爲秘書省正字。

左朝請郎魏良臣主管台州崇道觀。

詔諸路沿海州縣，應有海船人户，以五家爲一保，不許透漏海舟出界，犯者籍其資，同保人減一等。時金、齊於沿海諸州置通物場，以市南物之可爲戎器者。商人往者甚衆，多自平江之黄魚垛頭易水手以去，故譏察之。

18 乙未，監察御史謝祖信守殿中侍御史。時方治紹聖大臣誣謗之罪，而祖信與章惇家連姻，上面諭以「朕排浮議而用卿」，祖信頓首謝。上語以今年九月丁亥祖信乞罷御史劄子修入。

故寶文閣待制馬默加贈二官，爲少傅。以其子直秘閣純言默係元祐從官，首先入籍之人故也。默，單州人，元祐户部侍郎，黨籍待制已上第七人，單州居住。

19 丙申，太常丞莊必彊言：「自巡幸以來，祠祭所須，惟責辦於駐蹕州郡，故酒取於沽，脯求於市肆，非所以交神明。乞自今幣帛下左藏取撥，其他禮神之物，並令户部計一歲之直，下臨安府，委通判專掌，無得賒擧於民。」從之。

秘閣修撰、新知鎮江府兼沿江安撫司公事劉寧止陞右文殿修撰，趣之鎮。寧止言：「本府控扼大江，爲浙西門户。乞撥常州、江陰軍及平江之崑山、常熟二縣隸屬本司，庶防秋之際，長江一帶，號令歸一，可以固守。」從之。

20 丁酉，尚書右僕射張浚提擧詳定一司敕令，參知政事沈與求同提擧。初置提擧官也。

左中大夫、知潭州、充荆湖南路安撫使席益爲端明殿學士、荆湖南路制置大使兼知潭州。益既以罪黜，至是，岳飛爲荆湖制置使，中書乃言：「湖南見屯大軍，全賴帥臣協濟，理宜增重事權。」故有是命。

中書舍人胡寅言：「設官分職，凡以爲民，此治世之道，士大夫之守也。兵興以來，衣冠轉徙，失所者衆，於是開奏辟之路，置添差之闕，廣宫廟之任，增待次之除，所以惠恤之者亦厚矣，而奔競日昌，不安義命。方在責籍，則乞叙雪；已得叙雪，則乞祠禄；已得祠禄，則乞差遣；已得差遣，則乞改替；已得改替，則乞近闕；已得近闕，則乞見闕；已在見任，則乞超擢。攀緣進取，肩摩輦下，士風之弊，莫甚此時。人以私計不便爲言，豈有體國在公之念？曲徇其意，則闕少員多，勢難均及。漠然弗顧，則造爲譏謡，有害政道。伏見舊法，已有差遣及方在貶謫者，不得輒入國門，所以杜貪躁、清仕路、存綱紀也。伏望明詔宰執，舉行成憲，有馳騖不悛者，仍委御史臺覺察彈奏。」從之。寅又言：「近來書命多出詞臣好惡之私，使人主命德討罪之言，未免玩人喪德之失。伏望申命外制之臣，以飾情相悦、含怒相訾爲戒，褒嘉貶黜，務合至公。詞貴簡嚴，體歸典重。」詔以付中書後省。

21 戊戌，殿中侍御史張絢言：「伏見今年正月指揮，應沿江諸帥捍禦戰敵金人大軍，立到奇功，及統制官等内有未曾給到料錢、文曆之人，並令户部特行出給。今後因戰敵金人立到奇功人，亦依此。然比來諸軍，保明到奇功之人，止是開姓列名，不曾詳具立功之狀，雖朝廷依所申出給文曆，往往輿議不平，多謂冒濫，甚非陛下激勸戰士之本意。謂宜依倣古制，凡將士立功有卓然奇偉者，並令逐軍着實申奏朝廷，指其出戰之處，叙其鬬捷之功，所獲俘馘之數實有多寡，所獲器甲鎧仗實有幾何，大小輕重，纖悉圖狀。先經聖覽，即下有司，或差密院檢詳，或委檢正都司，各令親加參考，而吏輩勿預其事。差别高下，等第優劣，拔其尤異者，具名申於三省，取旨付之户部，然後出給文曆，以寵其勞。則賞當其功，人人知所激勸矣。臣取會太府寺給過奇功文曆，除劉光世下靳賽等七人、岳飛下徐慶等二十一人係已給曆外，見有光世下再保明到劉琪等六十三人、張俊下保明到張宏等四十人，見到本寺出曆，未曾給付。欲望俯采臣言，立爲定制。仍將光世、俊見出曆人未得放行，乞自日下便令逐軍子細着實開坐所立之功，申上朝廷，以俟參驗明白，一併出給。庶幾有功者益知所勸，惰怯者自知激昂，人皆務立奇功，則敵人雖强，不足畏矣。」疏奏，詔三省委都司檢正、樞密院委檢詳，如絢請。

左朝散郎、主管華州雲臺觀王瓘充川陝宣撫使司計議軍事，用吴玠請也。

是日，岳飛至鼎州之城外，置寨列艦。飛素有威望，而軍律甚嚴。乃先遣潭州兵馬鈐轄楊華入賊招安。華未降時，爲賊魁，以寬厚得衆，遂與故部曲潛結楊太黨，謀殺太以降。時大旱，湖水涸如深冬，賊益懼。

22 己亥，貴州防禦使瑗爲保慶軍節度使，封建國公。制略曰：「眷求屬籍，早毓宸闈。迨兹就傅之初，式舉出封之典。」學士孫近所草也。宗正少卿兼直史館兼侍講范沖充徽猷閣待制、提舉建隆觀兼史館修撰兼侍講、資善堂翊善，起居郎兼侍講朱震兼資善堂贊讀，仍賜震五品服。初，上面諭鼎以二人除命，鼎以沖親嫌爲懇，上不從。鼎退，不復批旨，孟庾、沈與求奏其事，遂親筆付出。制曰：「朕爲宗廟社稷大計，不敢私於一身。選於屬籍，得藝祖七世孫，鞠之宫中。兹擇剛辰，出就外傅。宜有端良之士，以充輔導之官。博觀在廷，無以易汝沖，德行文學，爲時正人。乃祖發議嘉祐之初，乃父納忠元祐之末。敷求是似，尚有典型。顧資善之方開，史館、經筵姑仍厥舊。朕方求多聞之益，爾實兼數器之長。施及童蒙，綽有餘力。蔽自朕志，宜即安之。」時張浚在潭州，聞建國公當就傅，亦薦沖、震可備訓導。朝論以二人爲極天下之選。或謂浚繇此與鼎始有隙。趙鼎事實云：「一日，上語鼎曰：『欲令貴州防禦使出閤，選官教之，且就禁中置學館，便建資善堂，庶幾正當，所差官亦有名。仍一依皇子建節除國公。』鼎乃與同列議選范沖、朱震爲翊善。朝論以二人爲極天下之選，上亦嘗謂鼎曰：『前日臺諫因對，語及資善之建，皆曰如朱震、范沖，天生此二人，爲今日資善之用，可謂得人矣。』然是時建資善及命官與出閤之日，適張浚在外，故憸人得以間之，始見疾矣。」按浚行狀載上語已云：「不久當令就學。」又時政記亦云：「上嘗語臣鼎、浚曰：『此子天資特異』云云。」則浚無容全不知，但封拜之日，浚適在軍中，亦猶韓琦、富弼相失云爾。朱勝非閒居録云：「鼎以姻家范沖及朱震兼資善，爲鼎交結近闥。」恐非其實。方疇稽山語録曰：「疇嘗問趙鼎曰：『秦相嘗謂議論公者，專以資善堂藉口，不知何也？』鼎曰：『秦會之陷善類之計也。某爲張德遠所知，同升廊廟，所謂相照以心者。況當時資善嘗與德遠共議，初無異論，德遠安得此言哉？會之却説鼎云：丙辰去國之後，德遠以此議論鼎專以建國。其實是會之欲以此陷善類，却借德遠爲辭耳。德遠必不如此也。』疇又問曰：『不知公當初嘗與張相議論資善堂事，本末如何？』鼎曰：『某與德遠同秉政時，上一日宣諭：宗子某人資善堂聽讀，卿等可擇一老成士人爲翊善。某被旨之後，退至中書，沉思未得其人間，德遠以筆書掌中，覆之案上云：某已得其人矣，公試團看。鼎曰：得非范元長乎？德遠以掌中元長姓名相示，其議遂定。明日同進呈，乞以范沖充翊善。會之不知所從來如此，妄意沖是鼎薦入資善堂，不出德遠之意，撰造此説，蓋欲併中吾二人，其用意不淺也。』」按此時浚在行府，無緣同進呈，疇所記必誤。

武功大夫、貴州刺史、提舉江州太平觀楊公恕給真俸，以隨龍恩也。

詔以盛暑，命諸路監司分往所部慮囚。前二日，進呈行在疎決，上問外路如何，趙鼎曰：「臣記每年夏熱時，令提刑司催決獄事。自渡江後，不曾舉行。」上曰：「大理等處禁繫無幾，當行之諸路，令無淹延刑禁，庶暑中不致罪人疾病也。」自是遂爲永制。

23 庚子，尚書左僕射趙鼎言：「臣與范沖正係姻家，然臣罷簽書樞密院，退歸山間，沖始有召命。去年春再有旨，促沖赴闕，亦在臣未還朝之前。自此沖每有除命，臣必再三陳免，沖超除次對，適在臣待罪宰相之日。沖之文學行誼，陛下所知，前後除擢，雖出聖意，然四方萬里，安能户曉？必謂臣以天下公器輒私親黨。崇、觀僥倖之風，不可不戒其漸。伏望追寢成命。」優詔不許。

知虔州韓昭奏：「周十隆已就招。」詔多方撫存，仍官其首領。昭，球從子也。

24 辛丑，右司諫趙霈乞自今贓吏委有屈抑，方許理雪，如詞理稍涉虚妄，重行竄斥。詔刑部勘當立法申省。

25 壬寅，左從事郎李誼復爲樞密院編修官。誼初坐漏洩朝事被斥，至是訴其枉，故復之。事祖在紹興二年十一月。

是月，詔殿前司軍人與百姓相犯，並送大理寺根治。此以紹興十四年九月十五日刑部狀修入。

校勘記

① 右迪功郎万俟雅言攝廉州助教成藻並補下州文學　「雅」，原作「卨」，甚誤。叢書本同。按：直齋書録解題卷二一載：「大聲集五卷，万俟雅言撰。嘗遊上庠不第，後爲大晟府製撰，周美成、田不伐皆爲作序。」此與下文「白衣充大晟府製撰」語同，故據改。

建炎以來繫年要録卷九十

1 紹興五年六月癸卯朔，趙鼎言：「資善堂極褊隘，恐方暑不便。」上曰：「粗令整葺可也。朕常以營造爲戒，居處不敢求安。前日孫近乞罷修學士院，今雖艱難之際，然學士院上漏下濕如此，若不略與修葺，非朕待遇儒臣之意。」

右文殿修撰、主管江州太平觀王倫令依舊在外居住，日下出門。時上召倫赴行在，倫因留不去。殿中侍御史張絢奏：「倫鴟張大語，誕謾無稽。朝廷防秋在近，爲今之計，除戰守二策之外，並不當問。若不棄之於外，將恐摇國家一定之議，惑將士效死之心。利害所繫，誠爲不輕。望令倫依舊在外居住，以安羣情。」故有是命。

左朝請大夫尤深知韶州還，入見。上問深以廣東盜賊多少，及今何在，深言：「諸盜頃爲韓京所擊，或歸湖南，或在連州，屢乞就招，京不許。然京以孤軍，未能分捕。」上曰：「北兵至南地，道路險阻，施放弓弩皆不便。京不招安，未爲得策也。」

2 甲辰，皇伯武經大夫、邵武軍兵馬都監令矼爲華州觀察使、安定郡王。

直秘閣、知平江府孫佑主管台州崇道觀，從所請也。

是日，洞庭賊楊欽將所部三千人詣岳飛降。初，張浚至長沙，親臨湖以觀賊勢，疑未可攻。會有急詔，召浚還朝，謀防秋之計。飛至潭州，出圖示攻討出入之要，且曰：「擒之易耳。」浚曰：「恐誤防秋之期，俟明年再來討之，如何？」飛請除往來之程，限八日破賊，請浚曲留以俟之。浚然之。先是，湖南統制官任士安、王俊、郝晸等領兵二萬餘①，不禀王𤫉號令，遂至於敗。及飛始至，鞭士安以折其氣，使爲賊餌，令曰：「三日不能平賊，皆斬。」先揚言：「岳太尉兵二十萬至矣。」及是，止見士安等軍，賊併力拒之。三日，飛乃以大兵四合，一戰破賊衆殆盡，乘其舟以入水寨，欽等迎降。欽在賊中最悍，所至常先諸賊，楊太恃以爲强。飛厚待之，賊愈喪氣。於是浚承制授欽武略大夫。熊克小曆載浚欲歸防秋在欽降之後，蓋誤。今依林泉野記，附在其前。日曆載浚奏狀有云：「臣比欲便依聖訓起發，恐將士懷疑欲俟六月上旬，見得水賊未下，即兼程前去行在。」又云：「飛約程今月二十五日可到鼎州。」而欽以六月二日降。足見克所書差誤也。野記又云：「飛杖欽等各一百，遣還水寨。」恐未必然，今不取。

3 乙巳，名新曆曰統元。

詔宣州當職官各轉一官。以江東提刑司言：「本州去歲獄囚三百五十五人，無疾死者。」用二月乙卯詔書推恩也。時宿松縣囚七人，死一人，縣令坐降一資。然行之僅三年而止。蓋自趙鼎去位，遂不復舉行焉。宿松縣以七月己丑行遣，今併書之。今年六月丁卯衢州當職官、八月戊辰福州左司理院、十一月甲申袁州司理院、六年九月丁丑臨安府右司理院、七年七月丙寅福州右司理院，並轉官。六年二月壬戌洋州司理院降一官，七年七月丙寅汀州武寧縣展磨勘一年。

故太尉种師道加贈少保，謚忠憲。師道從子閤門宣贊舍人、知叙州湘以師道嘗上書入籍，請於朝，故有是命。師道已見建炎元年正月辛卯。黨籍种師極前知德順軍，坐上書論役法，餘官第一百一人，後改名師道。

左武大夫、和州防禦使、同管客省四方館、閤門公事韓恕知閤門事，兼客省四方館事，新制也。

4 丙午，上諭輔臣曰：「近令諸郡以箭鏃改造甲葉，恐再於民間科斂。密院只今行下，令止於作院打造，毋得科擾百姓。」趙鼎曰：「陛下恤民如此，臣等敢不奉承聖意？」

尚書祠部員外郎張銖爲荆湖北路提點刑獄公事，左朝奉大夫、幹辦諸司審計司辛次膺行尚書駕部員外郎。

江南東路轉運判官黄子游貶秩一等。先是，有詔悉賣係官田宅，每路委監司一員總其事，惟福建路提點刑獄吕聰問篤意奉行，餘多苟簡。都省言：「聰問係朝廷專委本職，自當悉心措置，而子游在諸監司中最爲留滯。」乃命先降一官，令提刑司詰其弛慢之因，俟至取旨。子游，實孫也。

武功郎、閤門宣贊舍人、神武中軍前部統領軍馬王滋言：「祖母孟氏年九十二，願納一官，爲孟氏叙封。」從之。滋，陝西人也。

5 丁未，罷饒州鑄錢司，合行事務權令虔州本司兼管②。自渡江後，泉司所發額錢比舊十虧八九。朝議以爲兩司責任不專，職事因致廢弛，乃合爲一司。後二日，以直秘閣韓球提點江淮等路坑冶鑄錢，令往措置。六月戊辰改命。

龍圖閣直學士、左中奉大夫、知德安府陳規貶秩二等，右朝請郎、主管江州太平觀鄭釋之降授右承議郎，依衝替人例施行，係事理重。黄大本既抵罪，規等坐前爲池州守貳，各不按劾，並責之，而規以守邊故末減。

先是，祠部員外郎林季仲嘗因面對，乞重縣令之選，因欲丐一縣令以自效。其言曰：「事有切於治道，不可一日非其人，而前後沿襲，視以爲常者，監司守令而已。至於縣令，位輕責重，尤爲卑猥可憐者。監司、郡守，吾之父兄也，目指氣使，固所甘心。下至屬官，憑藉侵辱，無所不至。雖一卒臨門，亦得而玩侮之。以故稍自好者，耻就此職，往往罷癃而暗懦、殘虐而貪暴者，乃始屑而爲之。嗚呼！令非其人，一邑受其弊；守非其人，一郡受其弊；監司非其人，一路受其弊。積諸路而言之，其弊有不可勝言者，將何利於國家而輕是選耶？陛下憂憫黎元，思得良吏以共理天下，比降明詔，銓量監司、郡守，以示黜陟。雖資考應得，才非所長者，厚以祠禄，終不輕畀之。其於縣令，尤所遴選，且令館職以上，各舉所知，所以惠顧斯民者，可謂至矣。然薦章之上，今既數月，孰當孰否，缺然未聞。豈所薦者，皆不得其實？抑將有以處之，而臣未之知也？人固不易知，言固不可盡信，盍亦參酌衆言，斷以聖意？曰：某人、某人，可爲監司，用某人之薦也。某人、某人，可爲守令，用某人之薦也。少須歲月，以觀能否。治狀尤著者，受進賢之賞；廉聲不聞者，被繆舉之罰。周官曰：『舉能其官，惟爾之能；稱匪其人，惟爾不任。』不任之罰，其得而辭乎？近世薦舉，牽親故之私，迫權貴之請，鮮有出於公者。至其曠敗，事在有司，乃始以狀首免，曰：今聞某人改節云爾。蓋由犯贓同罪，其罰太重，遂使令典久爲虚文。且如近日池州貴池縣丞黄大本，枉法受賕，流配海外。若使舉者同罪，事亦難行。議者欲止於降官，或薄罰以愧耻之，期在必行，不許首免。人亦孰肯輕於舉人，自貽他日之羞乎？況今歲亢旱，所及者廣，穀米登塲，民已告饑。撫字凋瘵，尤在得人。臣才力緜薄，不敢爲其上者，願從陛下丐一縣令，往以自效。

儻能布宣德意，少裨聖治，他日備陛下使令，復未晚爾。臣承乏郎曹，求爲縣令，若不情者，然官職輕重，惟陛下如何。以省部爲重，則重在郎官；以斯民爲重，則重在縣令。夫亦何常之有？漢館陶公主爲子求郎，明帝不許，曰：『郎官出宰百里，有非其人，人受其殃。』蓋非以郎官爲重，重其出宰百里也。古人有言曰：『請自隗始。』郎官出宰百里，請自臣始。」季仲此奏，未得其月日，當是黃大本已斷之後，陳規未降官之前。今且附此。

右朝請郎、知潮州徐渥降一官，放罷。先是，渥言新守王昇違年不赴，留迓吏私役。又言前守蔡詗死，其子受屬邑夫緡，皆乞取勘。尚書省勘會：「渥身爲士人，薄於風義。若不懲戒，何以勵俗？」故有是命。

6 己酉，上謂輔臣曰：「朕以南班宗室請給至薄，甚有貧窶者。昨日出内帑錢，每人賜二百千，令宗正丞沈禹卿散給。尚有親賢宅近屬，已取會人數，別行給賜。」趙鼎等曰：「今宗室凋零無幾，陛下敦睦如此，盛德事也。」

國子監丞王普爲太常丞。

右朝散郎、新知萬州馮康國爲荊湖北路轉運判官。

是日，建國公初出資善堂，上命見翊善范沖、贊讀朱震，皆設拜。趙鼎等得旨，依故事謁見。沖等每因箋奏，導國公以仁義之言，輒縹軸藏之，時一展玩。國公常得李公麟所畫孝經圖，沖書其後，略曰：「孝者自然之理。天地之所以大，萬物之所以生，人之所以靈，三綱五常之所以立，學然後知之。心不苟慮，必依乎道；足不苟動，必依於禮。行之以不息，守之以至誠，造次必於是，顛沛必於是。及乎習與性成，是謂純孝。不然，無以立身矣。豈不見夫諸侯車服之美，儀物之盛，尊榮如此，國公以幼學之年，享寵祿之厚，盍思所以保富貴之道乎？故沖以諸侯之事爲獻，曰：『戰戰兢兢，如臨深淵，如履薄冰。』周之諸侯，其入而居於王所，則皆謂之卿士。故沖又欲以卿大夫之事爲獻，曰：『夙夜匪懈，以事一人。』國公其勉之。」

7 庚戌，資政殿學士、知成都府王似薨。

8 辛亥，趙鼎進呈，以旱乞分委侍從官等，偏走羣祀祈雨澤。上曰：「亢陽如此，朝廷政事闕失，更宜講求。」鼎等曰：「敢不奉詔？近日蠲除翎毛、箭鏃及官舟運糧等事，皆是仰承聖意，以寬民力。」沈與求曰：「雲漢之詩，雖上下奠瘞，靡神不宗，不廢禱祈之事，要之以側身修行爲本。陛下勤恤民隱如此，宜蒙嘉應。」

忠翊郎、閤門祗候張昂特遷從義郎，與州鈐轄差遣，録其守石額山寨之勞也。尋又以其弟鄉貢進士昴爲下州文學。昴補官在是月丁卯。

廢蘄州羅田、廣濟二縣，並爲鎮。

9 壬子，起居郎朱震言：「竊見陛下經營荆、楚，控制上流，已命王彦領兵直入江陵，遂與襄陽表裏相應。在兵法，所謂先發者制人，誠得禦侮之上策。然一方之民久罹荼毒，若不優加綏撫，則民未有息肩之期。且如峽州四縣，兵火之後，多用軍功如胥吏攝知縣，欄頭補鹽税，椎膚剥髓，民無告訴。伏望取峽州、江陵府、荆門、公安軍州縣官闕，令吏部破格差注，或委安撫司別行踏逐可任之人，奏辟一次。庶使德澤下流，民瘼上聞，荆湖之人得免塗炭。」乃詔：「四郡官屬，並令彦具名奏辟，内知、通朝廷審量除授。其曾充胥吏人，毋得舉辟及權攝，如違各科違制之罪。」

右承直郎、添差衢州西安縣丞賈道特改次等合入官。道，燕人，爲劉晏部曲，以與斬王鈞甫之勞，當循二資。吏部言：「道無依格舉主，若候改官了日收使，係成虚文。」故有是命。十二月壬寅，歸朝官改秩指揮，恐緣此事。

録故贈承議郎張璠弟琛爲英州文學，以璠權郢城縣丞，守禦戰歿也。

10 癸丑，手詔：「聞諸路久愆雨澤，繇朕不德，致斯亢旱。雖恐懼修省，思所以答譴戒，弭天災，尚慮州縣違戾詔令，重擾吾民，致傷和氣。除税租、和預買及應副大軍之外，應干科敷催驅等事，日下並罷，仍仰州縣具析所罷名件，申尚書省。」

是日，荆湖制置使岳飛破湖賊夏誠。飛既降楊欽，率統制官牛皐、傅選、王剛，乘勝急攻水寨。賊將陳瑶内變，劫僞太子鍾子儀船，獲金龍交床與龍鳳簟等，詣飛降。楊太窮蹙，赴水死。餘黨劉衡等，相繼皆降。飛入水寨，殺賊衆殆盡，惟夏誠寨固守。寨三面臨大江，背倚峻山。官軍陸攻則入湖，水攻則登岸。至是，飛親往測其淺處，乃擇善駡者二十人，夜往駡之，且悉衆運草木，放之上流。賊聞駡聲，争擲瓦石擊之，草木爲瓦石所壓，一旦填滿。飛長驅入寨，遂執誠，湖寇悉平。黄誠斬太首，挾子儀奔都督行府。此以林泉野記、熊克小曆并岳侯傳參修。傳又云：「楊欽領兵到金橋山，遇伏敗降。欽獻計曰：『楊太可擒，容欽令人報楊太：今任士安敗走，又聞後有救兵至，吾兄急將士卒速來，助欽擒捉士安等，以除禍根。楊太聞之，必自領兵前來。多用伏兵，截楊太不爲難也。』侯遣牛皐、傅選、王剛等各領兵伏於道側，楊太果自領兵應援，皐等伏發，太得脱，乘舟走入水寨。侯將兵入寨，擒楊太、夏誠、鍾子儀等，並斬之。」此所云與諸書不同。按日曆，太乃其徒所殺，誠、子儀亦不死。傳所云差誤，今且附此，更俟詳考。中興聖政：何俌龜鑑曰：「竹籤之題，卒誤鍾相。相既擒矣，么猶相也。然而昌寓致討而不能平，王𤫉招安而不能伏。及張浚至醴陵，召間諜之囚，釋其縛而縱之，歸使諭寇，於是么之將楊欽降，卒有喪膽之歎。岳飛至鼎城，取偏裨之慢令者，鞭之以折其氣，使爲賊餌。於是么死而誠擒，果應飛來之讖，此平楊么之功烈也。」吕中大事記：「嘗謂宣王中興，平外夷耳③。光武中興，平内寇耳。而高宗欲攘夷，則内寇轉迫，欲除盜，則外戎復張④。而降張遇等，殺杜用、丁順等，則有王淵；擊李昱，平趙方，則有劉光世，却丁進，則有守臣康允之；破戚方，則有守臣周杞；誅葉儂，討李成，則有張俊；平范汝爲，平曹成，則有韓世忠。而楊么據上流，僭號紀年，尤爲腹心之害。岳飛一至，八日而應飛來之讖，湖寇盡平，而内寇始息矣。使當時諸盜不作，諸臣得以併力中原，豈不足以建立事功哉？」

11 甲寅，詔建國公禄賜比皇子。

尚書右僕射、都督諸路軍馬張浚乞在外宫觀。先是，浚與淮東宣撫使韓世忠議，令舉軍屯泗上。既而世忠退屯楚州，且令提舉官董旼入奏事，浚遂請祠。趙鼎進呈，上曰：「浚必未知此間曲折，故有此請。昨日朕已降詔諭之矣。世忠移屯既略如初議，浚復何疑？」鼎曰：「臣等各已作書，詳報浚矣。董旼亦謂他日有警，老小必移歸鎮江，則積糧淮南非便。浚必具曉此意。」沈與求曰：「聞浚與世忠初議屯泗上，既而世忠退屯承、楚之間，則已與浚初議小異矣。若緩急之際，老小必須動，則儲糧南岸，逐旋般運，似極穩當。」上曰：「朕見旼所請，似合宜。」乃以親筆諭世忠，如所奏。

尚書左僕射趙鼎、知樞密院事孟庾、參知政事沈與求奏：「自五月丙子不雨，今越四旬。叨冒近司，輔政無狀，致此譴戒。伏乞特降威命，正臣等之罪，早賜黜責。」詔答曰：「旱暵逾時，甘澤未應，乃朕菲德，非卿等咎。各安厥位，無得再請。」

三省言：「訪聞淮南每至防秋，所屬多以運糧爲名，或稱備賊，擅拘收官私舟船。」詔禁止，犯者抵罪。著此用見趙鼎此月辛亥所奏寬民力事。

左奉議郎、新太常博士張九成乞以磨勘一官爲父右承事郎伸改五品服。從之。

12 乙卯，故追復集英殿修撰朱師服再復寶文閣待制。師服已見三年八月丙午。師服孫右迪功郎秉文言師服任禮部侍郎，坐與蘇軾往來入黨籍，乞復未責降以前從官職名。故有是命。已而有以白劄子遺趙鼎者，併以師服賀紹聖改元及謫官謝表上之。其間有曰：「首元祐之謫籍，二紀於茲；尾神考之從班，一人而已。夤緣軾轍之度嶺，初一承顔；先後安李之當塗，未嘗通問。」乃詔復職指揮更不施行。已給告身，令吏部拘收，申省毁抹。後旨在十月丙午。

降授左朝奉大夫郗漸充江東宣撫使司書寫機宜文字，用張浚奏也。

右朝奉大夫李棫追二官。棫以建炎冬祀乞任子恩，而吏部審量，棫以進築隆、兖州功賞改官⑤，故有是命。

13 丙辰，趙鼎等再引咎乞去位。上曰：「旱魃爲虐，皆由菲德所致，豈可移過大臣？然有闕政，當講求之，是乃弭災之道，毋庸再請。」鼎等頓首謝。

14 丁巳，給事中陳與義充顯謨閣直學士，提舉江州太平觀。與義與趙鼎論事不合，故引疾求去。

徽猷閣待制、提舉建隆觀兼史館修撰兼侍講、資善堂翊善范沖言：「伏見和靖處士尹焞，誠明之學，實有淵源；直方之行，動應規矩。内外淳備，毫髮無玷。實爲鄉閭之所尊禮，士夫之所矜式。臣無能髣髴，舉以代臣，允愜公議。」詔川陝宣撫司以禮津遣赴行在。焞已見建炎元年八月。焞，程頤高第也。頤死，聚徒洛中，非弔喪問疾不出户，士大夫尊仰之。靖康初，种師道薦於淵聖，召至闕，將命之官，力辭而去。建炎兵亂，鎮撫使翟興辟之不能致。紹興中，避難長安，僞帥趙彬以劉豫命玉帛招之，焞却幣奔蜀，居於涪州。上聞其賢，故召。

故光禄少卿陳適贈右文殿修撰，例外官其家一人。適，亨伯弟也。靖康末，奉詔割中山地，亨伯以大義遣之，金挾適去，後卒於燕山。

初，神武中軍有與百姓競者，其徒奪之以去，且擊傷邏卒。事聞，詔統制官楊沂中執付大理治罪。言者論：「陛下禮遇將士，無所不至。其間統兵者乃有馭下不嚴，致兵人犯法，無所畏忌，重貽聖慮。乞依公根勘，重置以法。其統兵官，亦乞嚴示懲戒。」從之。

是日，湖賊黄誠以鍾子儀至潭州都督行府。湖寇既平，得丁壯五六萬人，老弱不下十餘萬。張浚一以誠信撫之，乃更易郡縣奸贓吏，宣布寬恩，命岳飛進軍屯荆襄以圖中原。浚率官屬，泛洞庭而下。張浚行狀云：「湖寇盡平，老弱不下二十萬。」而日曆云：「降賊二萬七千户。」不言人數。今且云不下十餘萬，庶不失實。

時淮東宣撫使韓世忠、江東宣撫使張俊皆已立功，而飛以列校拔起，世忠、俊不能平。先是，飛皆屈己下之，數通書，俱不答。及飛破楊太，獻樓船各一，兵徒戰守之械畢備。世忠始大悦，而俊益忌之。

浚之初被詔還也，上奏言：「水寨闕食，徒衆頗離。據飛稱，旬日之間，可見次第。臣欲更依聖訓起發，慮賊勢轉熾，將士懷疑。欲俟六月上旬，見得水賊未下，即詔飛來潭州訖，兼程赴行在。」許之，而賊已破矣。

浚奏狀以六月十五日丁巳行下，即黄誠等到潭州之日。

15 戊午，左奉議郎、新太常博士張九成爲秘書省著作佐郎。是日早朝，上問輔臣曰：「近有民自汴京來云：『張九成投僞齊。』有此否？」趙鼎曰：「九成見居鹽官縣，焉有此事？必有讒者惑聖聽。比探僞齊得九成廷策言蹂踐民田事，以此出榜。然未知是否。昔夏竦嘗誣富弼遣石介投契丹，今欲中傷人者，便以投豫誣之。」沈與求曰：「陛下召用九成，則讒者息矣。」上曰：「無讒言，北來人所傳不審耳。然用之若遲，人必謂九成不用於僞齊，復還矣。」遂有是命。九成家傳稱：「宦者讒之云投僞齊，上不信。」今從日曆。

詔福建歲貢龍鳳團及京鋌茶並權減半。以錫賚既少，空費民力故也。此未知止是五萬斤内減半，爲復於全額内蠲減，當考。

罷潮州歲貢花蕉布。

16 庚申，徽猷閣直學士、提舉江州太平觀王居正降充徽猷閣待制。居正既出守，復請奉祠，而殿中侍御史謝祖信言：「居正以强暴之姿，行凶果之志。頃爲大臣所薦，迨其去位，則顯詆之，曰某人小子，不用吾言，故至於此。繼在相位者悦其言，而不悟其欺，復薦拔之，浸與腹心之寄。未幾，揣事必敗，因詭爲異論，以規後利。去國之初，不勝怏怏。去歲果先收召，自以爲言得計行，喜怒威福，盗於一己。縉紳畏懼，不敢自保。大臣旋悟其引用之非，出之於外，莫不稱快。然其凶果犯上，無所顧避，剡章求去，歷詆廷紳，自饒易台，惟意所欲。日者陛下知公論不容，特出睿斷，改畀祠官。然曲加芘覆，猶竊寵名，使負罪之臣，與以禮進退者無異，臣竊惑之。望下臣章，宣布中外，仍將居正褫職，以爲欺世盜名、貪得無禮者之戒。」故有是命。祖信素與趙鼎異論，其所謂大臣，蓋指范宗尹、秦檜及鼎也。

皇伯華州觀察使、安定郡王令矼同知大宗正事。

詔：「諸路檢察財用官度支員外郎章傑、樞密院編修官霍蠡、計議官徐康、吕用中並日下回行在。都督府幹辦公事范伯倫令歸行府供職。」以久旱故也。

17 壬戌，左朝散大夫、主管江州太平觀楊植卒。植，宜興人，元符末上書入黨籍。（植，選人邪下第五十四人。）

18 癸亥，趙鼎奏：「甘澤應祈，乞御常膳。」上曰：「朕累日寢食不安者，豈特爲國無儲蓄？而望歲之心甚切，兼恐歲饑民貧，起而爲盜，朝廷不免遣兵討定，殘殺人命，亦天道之所宜憫也。」

左朝請郎、提舉臨安府洞霄宮劉倜復秘閣修撰。（倜初見建炎元年七月。）倜既用赦復官，又以討論追二秩。至是，乞復職名。後省奏：「倜服事蔡攸，以叨官爵，天下共知。若使參華中秘，與論譔之職，則名儒碩學寓處其間者，心將謂何？恐非勸懲之道。」命遂寢。

19 甲子，詔：「省試舉人程文，許用古今諸儒之説，并自出己意。文理優長，並爲合格，令試院榜諭。」

左從事郎劉昉特改左宣教郎。昉，潮陽人，以薦對改秩，遂除宗正丞。

權吏部侍郎張致遠以母老乞歸南劍州迎侍，詔予告半月。

20 乙丑，張浚奏：「洞庭湖盜賊見已盡静。」上手書賜浚曰：「覽奏，知湖寇已平，非卿孜孜爲國，不憚勤勞，誰能寬朕憂顧？奏到之日，中外歡賀，萬口一詞。以謂上流既定，則川陝、荆襄形勢連接，事力增倍，天其以中興之功付之卿乎？」浚奏：「知舒州武糾、知復州韓遹招輯流亡，經理郡事，備見有方，已各轉一官，令再任。」又奏：「左從事郎、知信州弋陽縣魏安行治狀顯著，遂授左宣教郎。」安行，鄱陽人也。

21 丙寅，詔故觀文殿學士鄧洵仁已降贈官推恩指揮更不施行。洵仁，雙流人，綰子也。事上皇爲尚書右丞。至是，其子徽猷閣待制襄有請，詔贈金紫光禄大夫，推致仕遺表恩如故事。五月辛丑降旨。中書舍人劉大中言：「熙寧之初，王安石假周官理財之説，變亂祖宗法度，恣爲聚斂，民始不堪。是時居風憲之地，盡擊去言新法不便之人，助成安石之勢者，鄧綰也。紹聖之初，章惇、蔡卞用事，輔之以蔡京，遂以傾摇廢立之意，上誣宣仁，肆意形迹，至於元祐臣僚竄殛無遺。是時遊章、蔡之門，受知最深，至於元符末密啓奸謀，助成紹述之説者，鄧洵仁也。洵仁、洵武，乃綰之子。今日之禍，起於安石，發於惇、卞，而成於京，綰之父子，實有力焉。且洵仁、洵武在政和、宣和之間，相繼執政，專以佞諛，保固寵禄，盜取官爵，莫知愧耻。而洵仁暮年又與内侍鄧文誥通家往來，謂同譜系。洵仁之子襄，洵武之子雍，口尚乳臭，已登侍從。一門僥倖，搢紳所羞。得死牖下，已爲幸免。今乃敢援平時褒典，求贈官及致仕遺表恩澤，不知太上皇帝今在何地？而欺陷太上之人，乃陛下之世讎也，雖未削奪官爵，斵棺戮尸，以正其罪，而欲追寵其身，施恩其子孫，天下謂陛下何？臣昧死契勘，自崇寧以來，蔡京當國，王黼繼之，四維不張，小雅盡廢。三十年間，曾爲侍從官已上，未有不因阿附大臣、交結權貴而得之者。容身誤國，罪則有之，有何勞能，更加褒録？除前降洵仁贈官恩澤指揮乞賜追寢外，仍乞處分有司，自崇寧已後，宣和以前，侍從官以上，如洵仁輩乞贈典及恩澤者，一切報罷，更不須以其姓名浼瀆聖聽。庶幾有以勸天下之忠，爲亂臣賊子之戒。」自靖康初追復元祐諸臣官職，後亦稍稍擢任其子孫，然議論不一，是非混淆。趙鼎夙有此志，以身任之。因大中繳洵仁詞頭，遂歷言熙、豐、紹聖、崇、觀政事人才，善惡利害，本末甚備。上嘉納，命榜之朝堂。

詔州縣毋得催理民間積欠租税，如有違犯，及監司失於按舉，並取旨重行竄責。

修武郎、閤門祗候、樞密院準備將領王林卒。都督府言其有捕斬劉忠之勞，一子孝忠尚幼。詔以孝忠爲承信郎，給其禄，俟年及參選日止。

22 丁卯，右朝議大夫、直秘閣、主管台州崇道觀陸寘落職。寘初以年勞進秩，而殿中侍御史謝祖信奏：「寘貪贓狼籍，毒被東南。宣和間諂事中貴王通及朱勔，爲其僕廝，以竊名位。」制曰：「朕以禮義俟君子，刑罰威小人。如爾奴隸自居，又何責焉？然玷官職之高榮，煩言章而論列，醜慝昭著，典憲未伸，則奸貪肆然，自謂幸免矣。褫直中秘，尚爲寛恩。往慎厥終，庶逃大譴。可落直秘閣。」

詔沿湖人户紹興三年以後未納租税雜錢之類，並閣三年。

23 戊辰，命翰林學士孫近知貢舉，給事中廖剛、中書舍人劉大中同知貢舉，中書門下省檢正諸房公事吕祉、殿中侍御史張絢等六人爲參詳官，秘書省正字李彌正等二十二人爲點檢試卷官，太常少卿陳桷爲別試所考試官，司勳員外郎林季仲等四人爲點檢試卷官。自後率如此例。

是日，禮部侍郎唐煇入見，奏舉人已至行在，習詩賦者一千五百餘人，經義者一千餘人。上曰：「他時習詩賦者當益多，然經義亦不可廢，元祐皆兼習。」

詔：「諸路監司州縣，非奉朝旨，假作軍須名色之類科須者並罷。州縣令監司按劾，監司令御史臺覺察，如或隱蔽，並重寘典憲。」用中書門下奏也。

左朝散大夫趙伯瑜提點江淮等路坑冶鑄錢。伯瑜提舉江西茶鹽，以劉大中薦，得召見。時新命韓球爲提點官，未上，遂罷球而用伯瑜。球之罷，雖云避郡守韓昭親嫌，恐別有故，當考。

秘書丞環中知臨江軍。中嘗進春秋年表，上以賜輔臣。沈與求奏：「不知誰詮次，恐不當先魯而後周，甚非春秋尊王之意。」上曰：「俟更令朱震校勘。」與求以五月己亥奏白。至是，輔臣進呈。上曰：「中荒陋一至於此，士大夫著述訛舛容有之，此不足罪。中爲人臣，乃不知尊王之義，豈可寘之三館？」

24 己巳，罷福建諸州係籍槍仗手。福建槍仗手者，自熙寧間始有之，迄是五十餘年，論者言其呼集擾民，乞蠲放。帥臣張守以爲便，遂施行焉。

25 庚午，大理丞路彬兼權少卿，以詳議闕官故也。

右從政郎、權鄂州江夏縣吕大周特改合入官。時湖北提刑司奏：「大周未到任前，縣户二千七百五十三，任内招復，增户二千八百七。」吏部言增及九分已上，故優賞之。仍照餘路視此。

忠訓郎李温請納一官，爲其母馮氏依故父官品封叙。詔封令人。温，庠子也。

26 辛未，皇叔蘄州防禦使士瑨爲泉州觀察使。上之即位也，士瑨治兵洺州⑥，未及覃轉，至是始遷。

左承議郎、直寶文閣、知婺州周綱特遷一官。綱紹興初爲廣東轉運判官，奉詔以本司錢市米十五萬斛，自海道至閩中，復募客舟赴行在，故遷之。

左承議郎、知潭州湘陰縣吴樵特遷二官，通判鼎州。都督行府以樵接納水寨首領有勞關賞功房，而有是命。七年二月戊申，樵又自左朝奉郎，用折彦質奏轉一官，疑此兩官之命又中格也。當求他書參考。

尚書省言：「訪聞四川州縣官以朝廷在遠，並緣軍興，貪墨狼籍，按察官坐視不省，致贓吏得以自肆，久爲民患。契勘黄大本、于淙、莫憲章已行斷配，宜檢坐已斷并行遣池州知、通，令宣撫司鏤榜諸州縣，自今官員犯入己贓，許人越訴。如監司州郡阿庇，不即察治，令宣撫司劾奏，重置典憲。」

是月，汴京地震。

是夏，金左副元帥、冀王宗輔自上京還燕山，右副元帥、魯王昌還祁州。金以其國有喪，懼朝廷乘而伐之，乃命左監軍、瀋王宗弼以所部戍黎陽。宗輔尋入見金主，卒於路。宗弼自戍所赴其喪，取宗輔之妻張氏以歸。

校勘記

① 湖南統制官任士安王俊郝晸等領兵二萬餘　「晸」，原作「最」，據卷八六紹興五年閏二月辛酉記事改。

②合行事務權令虔州本司兼管　「令」，原作「領」，據叢書本改。
③平外夷耳　「夷」，原作「侮」，據皇朝中興大事記講義改。
④則外戎復張　「戎」，原作「敵」，據皇朝中興大事記講義改。
⑤棫以進築隆兖州功賞改官　此言李棫改官爲築隆、兖州功賞，本書僅見棫廣西買馬事，不知所謂築隆、兖州爲何事，疑有誤。
⑥士琣治兵洺州　「洺」，原作「洛」，據本書卷七建炎元年七月甲午記事改。

建炎以來繫年要録卷九十一

1 紹興五年秋七月壬申朔，趙鼎奏：「淮東宣撫司提舉官董旼齎親筆詔至軍前諭移屯事，韓世忠拜詔感泣。」上曰：「卿可作書報張浚，此事張浚亦必喜。今日廟堂不比靖康間，有妨功害能之人。凡軍旅事，彼此議定，然後行之。」

左宣奉大夫朱勝非充觀文殿大學士、提舉臨安府洞霄宫。勝非初免喪，乃有是命。

檢校少傅、慶遠軍節度使、知明州郭仲荀提舉江州太平觀，從所請也。徽猷閣待制仇悆知明州兼沿海制置使。

左朝散郎、知岳州兼管内安撫司公事張觷直秘閣，與起復秘閣修撰、知鼎州程千秋兩易，並赴都督行府取稟説之任，以行府言事係急速，已作奉聖旨施行故也。

右朝奉大夫、通判臨安府楊檣以薦對除直秘閣。

詔在京宫觀請給人，從前宰執依見任減十之二，學士以上如列曹侍郎，雜學士如中書舍人，太中大夫以上如左右司郎中，任樞密都承旨者加一等。

大理評事李洪乞以扈蹕一官，換祖母林氏太孺人封號。許之。

饒州進士朱嘉積言：「子召虎十歲，能誦經史兵書，步射命中，乞挑試。」詔賜帛二十匹罷歸。

詔堂後官補職及一考，改宣教郎，著爲令。堂後官，今三省諸房都録事也。初以省記立是法，而詳定敕令官章誼等言：「京官凡五等，未審所改京官不從初等次第陞轉，便改宣教郎義理。今來止有崇、觀後改宣教郎告，難以憑據，要見祖宗以來堂後官補職及一年，的實合改是何京官。」制敕庫房言：「取到崇寧二年堂後官張忻石刻墓誌，係崇寧之初，亦可憑據。」故有是命。按熙寧詔旨，主事已下，自選人補充堂後官及一年，即轉合入京朝官，事具實録。至是，國書散佚，使蔓詞以對，執政不知典故，遂從之。熙寧詔旨具朱墨史第三十九卷。

徽猷閣待制、提舉臨安府洞霄宫趙嶸卒。

2 癸酉，詔：「諸路提舉常平官將常平事務恪意奉行，無得苟簡，致有失陷錢物。如敢少有滅裂，仰户部按劾，申尚書省取旨，重行典憲。」以都省言「自令刑獄、茶鹽司兼領常平職事，訪聞逐司並不逐一講究，致他司妄用失陷財物，有誤朝廷緩急支用」故也。

江東宣撫使張俊乞致仕或宫觀，疏再上，不許。

言者論：「比年以來，忠臣義士以身狥國者，往往湮没無聞。如去年蕃僞圍閉濠州，國奉卿確守忠義，朝廷雖官其後，以報死節，然四方之人未盡知也。又如趙立、薛慶、李彦先之徒，皆鎮撫使之得其死者，間雖錫之廟貌，聞亦未廣。謂宜明詔天下，凡自靖康以來，四方死事之人，悉令載之祀典，此誠激使英雄忠勇之術。」

詔淮北帥臣相度。

3 甲戌，詔諸路在禁待報案狀，並專差人齎擎赴行在。

中書舍人胡寅權直學士院。時江西制置使胡世將請奉祠，而直院胡交修引親嫌，乞暫時差官撰述答詔，故有是命。

寶文閣待制、知湖州李光充顯謨閣直學士，知平江府。

左宣教郎、主管台州崇道觀韓璜爲廣南西路轉運判官，直秘閣、荆湖北路提點刑獄公事張銖令趣之任。時趙鼎聞荆湖北路提點刑獄公事陳鬻、廣南西路轉運判官鄭資之、提舉江南東路常平茶鹽公事徐國成並無治狀，悉以自陳宫觀處之，而璜等有是命。

都督行府免蘄州上供錢租税米三年。

4 乙亥，詔：「諸州并諸軍將，應歸朝官常加存恤，得替、流寓、無差遣之人，仰守臣相度，先次與權合入差遣，支破請給，具職名申樞密院差注。如内有能通兵機及武藝出衆人，具名聞奏。其寄居、歸明、歸朝、養濟人，常加存撫，依時支給合破錢米，無令失所。」

5 丙子，武功大夫、忠州團練使兼閤門宣贊舍人、都督府提舉親兵柴斌知金州，兼金房均三州安撫使，用行府奏也。仍命斌隸屬襄陽帥府，其探報事宜及邊防措置，則申川陝宣撫司。如金人大軍侵犯本州，即令宣撫司遣兵應援。七月壬午。其後川陝宣撫副使吴玠審於朝，乃詔緩急敵馬侵犯梁、洋，令斌以所部權聽玠節制。明年三月己巳，吴玠申明得旨。

都督行府奏移鼎州龍陽縣於黄誠寨地建立，仍陞爲軍，以持服人黄與權起復左奉議郎，充龍陽軍使兼知縣事。又言：「潭、鼎諸縣，因水賊侵擾，多有移治去處，並令移歸舊治。如係選人知縣，俟任滿與改合入官，京官與轉一官。應水寨出首之人，令制置司量事體輕重，擬定合補官資，申行府。願歸業及充水軍者聽。又請免澧州上供錢三年。」皆從之。既而制置使岳飛言：「水寨願歸業者二萬七千餘家。」詔州郡存恤之，無得騷擾。七月戊子行下。然黄誠寨地低而迫湖，土人不以爲便，仍命如舊焉。岳飛奏歸業人數在戊子，龍陽軍還舊治在八月丙辰，今牽連書之。

樞密院效士祝世榮特補下州文學，以嘗自唐州賫蠟書赴行在也。

6 丁丑，孟秋，薦享太廟。自是歲五饗如常禮。

詔諸路監司帥守按試武士所能，具職位姓名來上。用李光請也。光言：「伏準手詔，令内外侍從官以上、監司帥臣，各舉所知，限半月具奏，有以見陛下虚心求助之意，可謂切矣。昔叔孫通之歸漢，從弟子百餘人，乃專言諸壯士進之。或以爲言，通曰：『漢王方蒙矢石爭天下，諸生寧能鬬乎？故先言斬將搴旗之士。』若通，可謂知時務矣。今金、僞憑陵，中原板蕩，此陛下馭雄材虎將以制天下之時，所薦不敢復言文士。臣累任守臣，竊見諸路武士多流落失所，其人材少壯，弓馬趫捷，武藝絶倫者甚衆。朝廷既未嘗録用，往往散在諸軍，無以自拔，或委身盜賊，不能自新，甚可惜也。臣愚不敢指名論薦，欲望特奉睿旨，令諸路州軍廣行招收。其間雖無武藝，而通曉兵機，能料敵致勝，或造作攻守之具，各爲一科，令監司帥守按試保明，發赴樞密院，量材擢用。庶幾韓、彭之流，或爲時而出。」故有是旨。

武功大夫、秀州防禦使康隨爲江南西路馬步軍副總管。按隨即殺曲端之人，自建炎四年至今，姓名始見於日曆，故具載之。

7 戊寅，詔趣張浚赴行在，遣内侍迎勞，賜以銀合茶藥。又遣内侍往軍中勞荆湖制置使岳飛，亦以茶藥賜之。

直寶文閣知泉州魏矼、吏部員外郎姜師仲、殿中侍御史張絢各減三年磨勘，以在臺中平反刑獄最多故也。

詔：「行在百司首身軍兵，自今並令所屬取索宣帖，審驗保明，申取朝旨，方許收管，毋得擅行收留。」

8 己卯，知樞密院事、提領措置財用孟庾充觀文殿學士、知紹興府。庾以行府關三省、密院事，積不平，因稱疾求去。前一日，御筆有是命。趙鼎進呈，上曰：「庾以疾力求去，重違其請。既知樞密院，宜依祖宗故事。」鼎曰：「自元樞執政，往往或建節鉞，如寇準等猶除使相。庾在陛下左右六年，務全終始，仰見陛下待遇臣鄰之意。」庾執政凡四年。

參知政事沈與求權樞密院事，兼權措置財用。日曆載與求權密院在丙子，當是因庾在告，今併附此日。

詔新授郡守除見闕人外，免上殿。用中書請也。

監察御史周葵充禮部貢院參詳官，代殿中侍御史張絢也。絢祖母王氏疾亟，不俟報出院。詔放罪，既而絢以憂去，特賜錢三百千。

9 庚辰，内侍盧公裔言：「見係致仕在蜀中，乞依昨降指揮赴行在。」上曰：「此人極不平穩。靖康劫寨之事，公裔之謀爲多。今若使歸内侍省，必侵預外事，不若與外任宫觀。況朕宫中使令者，小黄門數十輩，備掃除趨走而已。近上者亦有數，未嘗假以權也。每觀漢、唐之禍，及近時之變，故不得不防微杜漸。」趙鼎等曰：「陛下聖慮及此，社稷之幸。然漢、唐宦官傳有可以鑒誡者，更望曲留聖意。」上曰：「仇士良勸後輩，戒人主不近儒生，不觀書，可爲鑒也。」

殿中侍御史謝祖信言：「翰林學士孫近奉詔編類臣僚條畫利害文字，已編類進呈了當。仰惟陛下去冬嚴駕吴會，親却敵師，不敢以幸勝爲功，而深以善後爲慮，既下温詔周詢舊弼，又令職事官條具利害。而半年之間，不聞以某人之言施之行事，取某言之效進用其人，遂謂陛下之求言，止是朝廷之文具，臣竊惑之。今編類已成，既上御府，伏望陛下萬幾之餘，留神省覽，或宣付大臣，俾之分閲，擇其可用，顯奏行之。勿以忌諱爲拘，則忠言出；勿以文采爲尚，則至計行；勿以與廟堂異議而棄之，則謀猷皆合於公願矣。其有言多可績者，則願褒進之；有欲以身試者，則因任之。以人而廢其言，固君子之所戒；用言而棄其身，亦古人之所非。況乃防秋及期，定謀爲急，不資羣策，孰保萬全？惟陛下留意。」從之。

故宣德郎范柔中贈直秘閣。柔中，元符末上書言事，且進所著春秋見微，坐停官，雷州羈管。至是，用吏部侍郎晏敦復請而贈之。柔中，選人邪上尤甚第一人，黨籍餘官第六十六人。

詔：「尚書省復置御史刑房，專主本臺所上彈劾文字。仍令六部申嚴吏人結保之法，每三人或五人結爲一保，遞相覺察。凡保中有人犯罪逃走，許大理寺監錮同保人追捉，須管敗獲，如有不獲，並與同罪，本部不得申請占留。其逃走改名復來部中之人，並重行決配。保人輒敢容隱者，亦與同罪，仍許諸色人告。」用本臺請也。自建炎省併吏額，御史刑房不專置，左右司亦不聞有所檢察，每御史按吏，吏輒亡去，大理即乞先次結絶，吏復更名歸部，奸弊百出，故本臺以爲請。

10 壬午，左朝請郎、主管台州崇道觀許亢宗直寶文閣，知台州。亢宗靖康中爲右史，坐斥去，及是召對而命之。

昭宣使、康州防禦使、帶御器械、幹辦皇城司、主管禁衛馮益特於階官遥郡上各轉行一官，以益自言曾繫藩邸官吏之人，乞依例霑恩故也。

賜觀文殿大學士李綱親筆詔書獎諭。綱應詔陳三策，又上六條，故有是賜。

是日，僞齊遣兵犯湖陽縣，執武經郎、知唐州高青及其孥以歸。劉麟見青，諭之曰：「朝廷與諸將議定，見陣掠獲人，即時放回。」青復將其孥而返。事聞，詔降青二官，責赴襄陽帥府自效。青九月丙申降官。

11 癸未，左奉議郎知南劍州沙縣丞陳沃、左承務郎新婺州州學教授富元衡並充諸王宮大小學教授，紹興府宗正司供職。至道初，始置諸宗室教授。景祐中，更名宮學。治平建元，又分大小學，置講書教授十有七員。崇寧初，每宮置大小二學，增教授員；越四年，更爲宗子博士。渡江後廢。趙鼎爲政，始創復之，二員居行在，二員居會稽，自是爲例。行在宮教初除在今年四月乙卯。

12 甲申，上親酌獻祖宗神御於行宮齋殿，文武官少卿已上陪位如儀。

將仕郎趙宗輝特差充静江府古縣令。宗輝，彦若孫也。縣久無令，用廣西諸司請而命之。

13 乙酉，降光州褒信縣爲鎮。令淮西宣撫司就選土豪可仗者，補右職，充監鎮官。

14 丙戌，直寶文閣、知宣州趙不羣陞直龍圖閣，再任。上曰：「不羣爲郡有稱，守公奉法，使百姓安其田里，當寵旌之，以爲四方之勸。」上又曰：「民窮無聊，起而爲盗，多緣守令不良，擾之使然。若百姓安其田里，其肯爲盗乎？朕夙夜以此爲懷，卿等復留意，謹擇守令，庶幾百姓有安居樂業之意。」中興聖政：史臣曰：「紹興初，羣盗充斥，既平閩中，而樞臣議收民兵以節制之。詔曰：『事有本末，今所措置者末也。致盗之因，良由科徭疾苦，吏不省憂。令監司條具利便以聞。』至此，又有是言。夫出政而原其本，患盗而矜其情，寬役使厚常産，以修其安民之事。監司察郡縣，宰執擇守令，以持其安民之具。嘗聞安民，未聞治盗也，此之謂知要。」

詔職事官權左右史者，自起居侍立外，並立本官班。以殿中侍御史謝祖信言不當改百年之典也。立權官班，在紹興二年十月。

左朝散大夫荆湖南路轉運判官薛弼、左朝散郎荆湖北路轉運判官劉延年並直秘閣，起復右朝散郎秘閣修撰新知岳州程千秋、左朝請郎荆湖南路轉運判官徐與可、左奉議郎通判鼎州張運並進一官，以都督行府言與平湖寇有勞也。既而荆襄制置使岳飛言弼、延年賞薄，乃又進一官。制曰：「爾等分使兩湖，軍興不乏。列職中秘，亦既疏恩。載閲將臣之章，以是爲未足也。維慶賞予奪，皆自朕出。進官一等，益務靖共。」弼等再遷官在八月辛亥。

進士蕭清臣以撫諭劉衡、夏誠有勞，補忠州文學。後旬日，都督行府又言：「鄭州鄉貢進士聞人耆、進士趙倜、陶青，皆嘗入賊寨。」於是悉以文學命之。耆補官在七月甲午，倜、青補官在七月丁酉。時張浚遣行府主管機宜文字熊彦詩先還奏事，浚奏：「潭、岳、鼎、澧、荆南歸業之民，其田已爲他人請佃者，以鄰近閑田與之，仍免三年租稅。即元無産業，願受閑田者亦予之，俟及半年，比較諸縣歸業人數，取旨推賞。」

15 丁亥，賜宇文虛中家福建田十頃，以其妻安定郡夫人黎氏有請也。虛中建炎末以礬書遺其家，至是始達。朝廷念其勞，特許之。

徽猷閣待制、提舉江州太平觀韓駒進一官致仕。駒，仁壽人，後徙汝州。政和初，獻所爲文，召試，除秘書省正字，累遷中書舍人，罷去。及是卒於撫州，故有是命。制曰：「逢時取位，亦既蒙榮；抱疾引年，所宜從欲。駒早以詞藝躋於禁嚴，附麗匪人，飯蔬奚怨？中更赦宥，不汝瑕疵。復班綴於西清，俾優游於直館。庶幾善後，獲以全忠。兹陳告老之章，更軫遺簪之念。進官一等，式寵其歸。往服恩綸，尚綏壽嘏。」按駒家年譜載此告詞，乃云：「坐累刑書，飯蔬奚怨？中更赦宥，一洗愆尤。」乃與元命詞之意全不同，以此知私家文字多所抆拭者如此。

16 戊子，左宣教郎、直秘閣、添差通判湖州、賜緋魚袋趙子偁特遷左朝奉郎，充秘閣修撰，知處州。建國公既就傅，上召子偁入對而有是命。子偁請「宗室之寓於諸郡者，聚居官舍，選尊長鈐束之。察其僞冒，禁其出入。年未十五入州小學，十五入大學，官爲給食，許依進士就舉。未出官者許入學聽讀，及一年聽參選」，奏可，後不果行。

尚書兵部員外郎、都督府諮議軍事郭執中充秘閣修撰，右承議郎、新知簡州計有功提舉兩浙西路常平茶鹽公事。有功，安仁人，張浚從舅也。

詔今次省試舉人，常額外特增取十名。既而殿中侍御史謝祖信言：「今日之患，官冗最爲大弊。臣嘗謂自今以往，澄其本原，非三十年有不能清，而況日月增加之乎？今額以十四人而取一人，正爲中制。儻又增之，不足以爲德，而適啓僥倖之人爾。特奏進士，老於場屋，祖宗以來，矜其既衰，賜之一命以榮其身而已。又擇其尤者爲京府助教、文學，許其出官，德莫厚焉。然元祐之初，蘇軾知貢舉日，極論其害。今官冗之弊，視元祐爲百倍，而版圖陷没，視元祐才十之四，州郡困匱，黎元凋瘵，視元祐無十之一。前此陛下策多士於維揚，有司不爲國家長慮却顧，徒以苟悦一時舉人，將入助教人，並依下州文學，特理選限，固已不勝其濫矣。紹興二年，乃復再援此例，益啓僥倖。其後星變肆赦，又以不曾赴試者，亦許自陳，緣此冒恩者衆。臣不當先事建言，但恐朝廷忽有行遣，則論奏不及。至如前榜，有官人登科循轉官資，同進士出身並免銓試，皆非舊典，實啓倖門。又臣體問得，吏部選人在部未有差遣者近六百人，伺候日久，窮困流離，大段失所。乞下侍郎左選，除指留黄甲窠闕外，其餘一面注擬在部選人，庶免留滯之歎。又勘會紹興二年，陳之茂等一十九人爲文理紕繆，及犯名諱，各補下州文學，後來並附第五甲末。夫犯名諱在不考試，有司之法也。祖宗以來，加惠多士，特賜文學助教之科，示不棄黜，蓋有常典，未聞再許附進士之科也。至如文理紕繆之類，尤宜詳精考校，務厭衆心。前此輿議以爲紕繆之文，乃緣觸犯忌諱之故。其後大臣聞之，於是奏附正甲，此蓋一時失於慎重，遂紊祖宗之制。既失而得，進士舉不足貴矣。今廷試在邇，伏乞戒諭有司，慎重其事，無蹈前失。」詔正奏名緣科舉曾經展限，已降旨特更取十名，餘並依奏。祖信奏下在是月庚寅。

尚書省言：「南班宗室官卑之人，用度不足。」乃詔不帶遥郡大將軍至副率，皆依御厨第九等食例折支錢。

右承直郎黄秠，令吏部差虔州録事參軍。宰相張浚言：「臣頃建炎之初擢預郎曹，實出宰相黄潛善、樞密汪伯彦之薦。潛善以謬戾得罪，死於貶所，骨骸未覆，貲産凋零。其子秠仕宦不競，殆無餬口之計。臣愚欲用初除樞密院事合得有服親一名差遣恩例，陳乞秠差遣一次，上推陛下廣覆包涵之仁，下全微臣朋友故舊之分。」故有是旨。

資政殿大學士、知福州張守提舉萬壽觀，兼侍讀。

申命淮東西宣撫司優恤淮北士民之來歸者。先是，有旨：「百姓願耕閑田者，州縣即時給付。軍人所至州，陞一等軍分收管。舉人免文解一次，有官人轉一官資，與見闕差遣。」至是，三省復奏：「歸附人民，令所至州計口，以提刑司錢人給一千，所給田免税五年。未就緒者，更與寬展年限。命官、舉人之貧乏者，州縣給其資糧，以禮津遣。」令宣撫司榜諭。

右朝奉郎、知潭州湘潭縣張承進一官，俟任滿日赴行在。以都督行府言其廉謹不擾，在湖南一路爲最故也。時湖南旱，行府奏減本路秋税苗米之半，從之。

17 辛卯，右承奉郎高堯咨監西京中嶽廟。堯咨，伸子也，以濫賞不得調，請繳納父伸冬祀日奏除直秘閣告及賜紫敕，故以命之。

18 壬辰，秘書少監任申先試起居舍人，兼直史館。

詔文臣非格法改官内，間有立定賞格，及州縣官被差管押燕山府免夫錢，部押人夫進築、運糧、開河、修城之類，被賞之人，今後並更不審量。以都省言，上項雖非格法，實有勞效，難以一例討論追奪故也。朱勝非秀水閑居録：「紹興初，范宗尹作相，建議討論濫賞名色，物議大喧，即罷。次年再降旨，惟文臣審量鐫減，武臣特免。趙子湞尋古物諂事梁師成，官至雜學士；耿自求朋附孟昌齡父子，冒河賞，官至中大夫；劉大中任秀州教授，因童貫入浙討方寇，與其司屬交結，特改京官；周綱嘗知梁縣，燒造假秘色甆器，以事蔡攸，改京秩，除察官，正應審量之法。趙鼎作相，皆其親厚。子湞除江西都漕，仍復職自求除中書檢正；大中驟遷兵部尚書，遂參知政事；綱除都司，並不審量。於是此法止行於孤寒無援之士，而人始不服矣。」

19 癸巳，右朝散郎、知滁州何洋條上屯田利害。上曰：「淮北之民，襁負而至。朕爲民父母，豈可使民失所？可賦田予之，更加優恤。恐乍歸之人或無居止，當行下提點司量給官錢賑助之。」沈與求曰：「立國不當爲朝夕計。今使就耕之民，盡蠲租賦，更賑助之，則五年以後，兩淮荒土往往耕闢已多，縱便恢復，亦朝廷之利。」上曰：「然。」

信州進士劉商霖上書告迪功郎沈宇語言惡逆，因妄指宇爲參知政事沈與求族人。與求家居待罪，上命押入。翊日，上諭與求曰：「宇既非族人，若待罪，恐四方傳聞致疑。可只令進呈，朕必不使四方得以譏議卿。」與求頓首謝。

20 甲午，詔諸路曾經殘破州縣，最親民官到任日，據見存户口實數批上印紙，任滿亦如之，以考殿最。用左承奉郎、通判岳州王嘉言請也。

起復秘閣修撰、新知岳州程千秋知虔州。時右武大夫、開州團練使劉錡自巴西召歸，張浚以錡攝其事，且言：「朝廷若未有差委，欲正差知岳州。」詔趣錡赴行在。於是千秋需次未行，乃令持餘服。趣劉錡赴行在在八月壬寅，千秋持餘服在十月己未。

言者論私商敗獲，州縣根究來歷之弊，以爲：「素與交易者多不通吐，以爲後日販鬻之計，所牽引者，類皆畏謹粗有生計之人。臣謹按祖宗法，應犯榷貨並不根究來歷，止以見在爲坐。今若不問是與不是産茶鹽地分，一切不根究來歷，止以見在結斷，不惟囹圄可致空虚，而私販者即伏，刑憲亦將止息。」事下户部，其後榷貨務言：「勘會出産州軍捕獲私鹽，如係徒以上罪，及亭場禁界内杖罪，及獲私茶，並合根究來歷。雖有紹興令，稱犯榷貨者不得根問賣買經歷處，即係海行條法，緣紹興敕内該載一司有別制者從別制，又緣諸處私茶鹽，並係亭竈園户賣與販人。今若概不行根究來歷，深恐無以杜絶私販之弊，却致侵害官課。乞遵見行茶鹽專法施行。」乃詔自茶鹽外，其餘榷貨如所請。後旨在九月庚寅。

詔中大夫以下陳乞致仕，身亡月日計理程限，在合給敕之後者，即聽於所在州軍陳乞蔭補。以吏部侍郎兼權尚書晏敦復有請也。其武臣合得致仕恩澤人依此。舊法以親受敕爲斷，至是改之。

21 乙未，神武中軍統制楊沂中兼權主管殿前司公事，代劉錫也。

詔製造御前軍器所依舊例，不隸臺察。

22 丙申，徽猷閣直學士趙子晝試尚書兵部侍郎。

捧日天武四廂都指揮使、明州觀察使劉錫解軍職，特遷静江軍承宣使，提舉江州太平觀，從所請也。

承節郎趙珪遷承忠郎、閤門祇候。初，上以趙普佐命元勳，視漢蕭何，而子孫淪落，命所在訪求，量才録用。珪，普五世孫也，避地鬱林州，以普繪像及諫伐幽燕疏來獻，故有是命。

免湖南上供米三年，用本路漕臣請也。

言者論：「今歲亢旱滋久，荒歉日廣，民窮盜起，深可爲慮。訪聞饒、信山谷間有劫掠道塗者，兼浙東、江左自來傳習妖教，夜聚曉散之徒，連村舉邑，又虔、贛頑民轉寇嶺外，累年於兹。今年朝廷發數路之師，欲痛掃除，使遂懲艾。雖劇賊如周十隆等既已招降，目下稍安。然臣聞虔民之性，例皆兇悍，而聽命於豪强之家，爲之服役，平居則恃以衣食，爲寇則假其資裝。每賊所至，州縣之間既無城池，又無兵食，不過裒索金帛，以爲犒設，書填官告，以議招安。纔得片檄之申，便謂巨盜已息，孰敢定其要約，散其徒衆哉？於是下者獲利，上者得官，全師而還，梱載而返，既狃爲盜之利，益無忌憚之心。此蓋遠方官吏蒙蔽朝廷之罪也。今朝廷遣發將兵幾及半年，公私之力竭於饋餉，而諸將不務協一，各懷顧望，姑以招安，便爲無事。前此盜賊知州縣無備，故肆其憑陵，而猶畏官軍也。今相持半年，技亦止此，遂有輕官軍之心，則復何所畏哉？今者將士已還，掃除之策，固不可用。惟當速賜指揮，應招到賊徒，並令首領參訖，量補官資，悉赴軍前效用，餘放歸業，則如蠡之去刺，蝎之去蠆，不能爲害矣。」詔都督行府相度。

廢鄧州順陽、淅川，襄陽府鄧城、中廬縣，並爲鎮。

23 丁酉，詔高峰、王口二寨各置都巡檢使，兼提舉諸堡寨盜賊公事，益戍兵，通舊皆五百人。寨舊觀、平二州也，既用明槖言省廢，而邊吏以爲提刑、轉運司不究邊防利害，改州爲寨。緣鄰路盜賊未息，深慮諸蠻觀望，結集作禍，欲依舊存留。乃下經略使李彌大相度所宜，而有是命。

24 戊戌，秘書省正字李彌正、胡珵並兼史館校勘。

25 己亥，御筆：「閤門祇候劉公彦罷。」先是，直秘閣楊橦、司農寺丞金安節等被旨引對，而閤門吏邀求錢物。上聞之，前二日，命大理收吏治罪。及是進呈，上曰：「朕召四方士大夫，延見訪問，欲知當時之務。閤門人吏，輒以退換家狀爲名，乞取錢物，何以稱朕意？不可不治也。」其後獄成，武翼郎兼宣贊舍人李觀降修武郎，爲閤門祇候，其徒九人皆降兩官，閤門吏贖金而已。九月辛未行遣。知閤門事韓恕以失職待罪，詔釋之。

觀文殿學士、知温州范宗尹提舉臨安府洞霄宫。宗尹乞奉祠，上諭大臣曰：「宗尹治郡無狀，可依所乞。」上因言靖康間耿南仲誤國事，趙鼎曰：「宗尹爲南仲所知，遂以私意盡復其官職，天下憤之。」上曰：「淵聖皇帝聖質過人，而南仲父子輒離間兩宫，其罪甚大。」

左朝請郎王縉直秘閣，知温州。

左儒林郎、新婺州州學教授沈長卿爲秘書省正字，尋不行。

端明殿學士、左大中大夫、提舉江州太平觀董耘貶秩一等，坐前守饒州，起内帑錢不如期故也。制曰：「耘以列尚書之重，膺殿學士之榮，出綰郡章，不聞報政。按章來上，弛慢有端。何昔者悉意竭力於權倖之人，而乃今曠事瘝官於君父之役？削官一等，尚免嚴科。往思省循，毋重後悔。」

僧寶月獻家藏兵書三十九種，特補下州文學。寶月，國初功臣史珪之後，能爲小詞，樞密院言其通曉兵書，故有是命。

26 辛丑，廢隨州唐城縣。

是月，右中奉大夫、直秘閣朱彥美致仕，從所請也。彥美，華亭人，五爲部使者，有吏才。後八歲卒於家，年八十。

僞齊劉豫廢明堂，得金龍之金四萬兩、大銅錢三百萬。

暴風連日，屋瓦皆震。

建炎以來繫年要録卷九十二

1 紹興五年八月壬寅朔，權吏部侍郎張致遠言：「臣竊惟靖康之變，議者追咎異時首禍之由，故於仕進則有討論之式，於賞典則有泛濫之目。中間緣施行過差，武臣特免討論，往往以宣和之前所得濫賞，陳乞收使。雖泛濫之目仍在，而有司按文摘句，放行已多。如後苑作排辦採山、撫定燕雲、定鼎押樂之類，雖不著之事目，然三尺童子亦知其爲濫賞明矣。兼臣向見當時執政大臣，猶有陳乞所得恩例者，或即從其所請，或旋被繳駁，此尤無謂。臣願特降睿旨，應宣和以前所得上項酬賞，并當時執政大臣所得恩例，未經收使者，一切勿行。其敢輒有陳請，重寘典憲。蓋國事如許，而臣下尚忍言賞，非所以示訓也。」乃詔應收使宣和以前酬賞，如後苑作排辦採山、撫定燕雲、定鼎押樂之類，令吏部申聽朝旨。餘從之。

右司諫趙霈試右諫議大夫，直秘閣、新知温州王縉爲監察御史。

左迪功郎、處州州學教授趙涣以薦對，特改左承事郎，尋除將作監丞。九月壬申。

太府寺丞兼都督府幹辦公事王良存請：「州縣之獄所禁罪人，並須當職官常加審問，躬定牢户，其不應拘繫及入禁不書曆之人，許被禁之家越訴。增重法禁，期於必行。」從之。令刑部看詳立法。

録故相范質七世孫棫爲將仕郎。

罷荆南營田司，令安撫司措置官兵耕種，毋得循舊擾民。又以歸州還隸安撫使王彦。皆用都督行府奏也。初，彦自渠州以所部之鎮，至荆南，而鎮撫使解潛已去，倉廩皆竭。彦懼不可留，即引兵追潛至鄂州。會張浚平湖賊還，與之遇，復勸彦還。彦自枝江徙居舊治，時軍儲不繼，彦乃倣川錢引法，造交子，行於荆南管内；漸措置屯田，爲出戰入耕之計，仍擇荒田，分將士爲莊，莊耕千畝；治石塘、瓦窑二廢堰，計工六萬有畸，不浹旬告成，公私利之。

2 癸卯，左朝奉郎、充秘閣修撰趙子偁主管台州崇道觀，俸給如小郡知州例，仍折支見緡，並於上供錢内支給，人從減半。子偁辭郡寄，故有是命。

武功大夫、高州刺史劉光遠帶御器械。光遠自江西兵馬鈐轄召歸，會其兄帶御器械光烈出爲江東馬步軍副總管，乃命光遠代之。

徽猷閣待制、知江州兼管内安撫使程昌寓罷。時江西轉運判官逢汝霖、提點刑獄公事張叔獻、提舉常平茶鹽趙不已共劾昌寓：「貪暴不法，招刺水軍，多不合人情願。民生男者，令納錢一千，生女者五百。到任之初，閉城門，抄札居民，有自外入城之人，雖婦女亦印其面。由此遁去者數百家，城市蕭條，行路歎息。」乃罷昌寓，令帥府劾罪以聞。

3 甲辰，詔增館職爲十八員。時言者論：「唐太宗當兵戈搶攘之際，置文學館學士，凡十有八人，其後皆爲名臣。祖宗闢三館，以儲養人才，蓋本於此。今國步艱難，時方右武，故館職猶多闕員。然臨事每有乏才之歎，則儲養之方，亦不可以兵戈而遽已也。一館職之俸入，僅比一小使臣，小使臣動以萬數，何獨於館職較此微禄哉？乞如祖宗故事，通以十八人爲額。」故有是命。既而本省再請，乃命秘書郎及著作各除二員，校書郎、正字通除十二員，而少丞不與焉。後旨在是月己巳。

是日，禮部貢院放榜，考校到合格進士樊光遠等二百人，博學宏詞科新敕令所删定官王璧、新明州州學教授石延慶二人。光遠，錢塘人，嘗從張九成學。璧，庭秀子。延慶，新昌人也。

右朝請大夫、直龍圖閣向子諲落致仕，知江州，兼管内安撫司公事。制曰：「湓城爲郡，據大江中流，在昔宿勁兵爲重鎮。地有常險，則守有常勢。苟非其人，險不足恃也。爰擇才望，乃畀符竹。以爾秉節立義，術略疏通，總六路之權，當大邦之寄，屢更變故，不懷二心。蠻貊知名，奸回忌疾，自以危行，告老而歸。聞精力之尚强，正艱難之所賴，爲朕復起，往守九江，必有忠謀，以寬憂顧，能益光於世業，斯無忝於訓言。」

詔都督行府官吏軍兵並進一官資，録平湖寇之勞也。

4 丙午，右中散大夫、提轄榷貨務都茶場郭川減四年磨勘，監務場及交引庫官吏各進一官資。以户部言，去年收茶鹽香錢共二千四十三萬餘緡故也。

直徽猷閣程苪新除湖南轉運判官，未上，乃遷廣西轉運司，權知賀州。是日，視事於富川縣。此爲明年三月董弅劾苪張本。

5 丁未，宰相趙鼎乞罷政。先是，殿中侍御史謝祖信奏：「新簽書廣德軍判官趙繼之任衢州江山令，贓污狼藉，與判官趙不愚共爲奸利，表裏相濟。」詔浙東憲司劾治。其日，癸卯也。鼎嘗以京秩薦此二人，故乞解機務。是日，祖信方候對，上顧鼎曰：「事有輕重。卿薦士之失甚輕，而朕之罷相甚重。知人自古難之，豈可以薦二士之失，而罷宰相？況頃時臺臣論李處勵罪，是時呂頤浩爲相，曾入文字，自陳嘗薦處勵，乞依條不收使舉狀。案牘今在中書，可見也。卿既自劾於朕矣，更何嫌而輕爲去就？宜體朕意，勿復再陳。」日曆五月二十六日己亥，吏部磨勘數内，左文林郎趙不愚改合入官。

6 戊申，左迪功郎湯選改合入官，以嘗任樂昌丞，與掩殺李□□之勞也①。

7 己酉，趙鼎進呈探報：「劉豫將山東百姓六十以下、二十以上，皆簽發爲兵；每畝田科錢五百。」上曰：「朕未嘗一日忘中原之民，使其陷於塗炭，皆朕之過。百姓爲豫虐用如此，朕心惻然。」

詔趙普佐太祖開基，非其他勳臣之比，官其五世孫六房各二資。

故追復朝請大夫梁燾再復資政殿學士、中大夫，以其家有請也。燾，東平人，元祐尚書左丞，黨籍執政第九人，化州安置。

尚書左僕射趙鼎言：「故右奉直大夫邵伯温，大賢之後，行義顯著。元符末，以上書得罪，書名黨籍，坐廢者四十年。伏望優加褒贈。」鼎，伯温門人也。詔贈秘閣修撰，官其家一人。制曰：「士君子依仁守義，雖不見用，乃有追録褒贈之典施於既死之後，使聞其風者興起尚論而想見其人，亦何存殁之間哉？維先民康節，學貫三易，懷寶遯世，而爾以孝謹爲之子；維先正弼、光、公著、純仁，道德勳賢，表儀百世，而爾以學行受其知。浮沈下僚，迄不大試。柄臣有請，朕用慨然。寵以論撰之華資，庸示儒林之深勸。尚惟冥漠，克享恩榮。」伯温，選人邪中籍第三十五人。

翰林學士孫近、給事中廖剛、中書舍人劉大中以知貢舉畢，同班入見，自是爲例。

遣内侍麥仲趣張浚赴行在，以將防秋也。

8 庚戌，徽猷閣直學士、知鄂州、荆湖北路安撫使劉洪道進職二等。張浚言：「洪道沈毅持重，勇於事功。艱難以來，所至宣力。」故有是命。

9 壬子，右文殿修撰、知揚州葉焕復徽猷閣待制。

詔淮南水寨都巡檢各聽守令節制，本寨應干事件，並申取州縣指揮，不得一面施行。先是，都督行府令諸州置山水寨，擇土豪充都巡檢。至是，又條約之。

左通奉大夫、秘閣修撰、提舉西京嵩山崇福宮馮躬厚請以明堂恩任其子。吏部言係責降人取裁，詔特許蔭補。中書舍人胡寅言：「躬厚乃蔡氏之甥，在宣和中叨竊侍從之人也。況有條制，責降未敘復人，不許奏薦。躬厚未嘗復職，其爲責降明矣，今以何名而許之蔭補哉？比年有從臣係自陳宫觀法該奏薦者，吏部觀望，權臣反謂法不當得。今躬厚法不當得而反許之，非惟無以昭示好惡，且如躬厚輩實繁有徒，必相視效，益長僥倖，人心不服，公論謂何？」命遂寢。

廢漢陽軍爲縣，隸鄂州②，以户口減少故也。守臣高舜舉乞存留，不許。

10 癸丑，户部尚書兼詳定一司敕令、提舉製造御前軍器所兼權措置財用章誼充徽猷閣學士，知温州，從所請也。

權尚書吏部侍郎張致遠復爲户部侍郎，中書舍人劉大中試吏部侍郎，中書門下省檢正諸房公事吕祉權兵部侍郎，起居郎兼侍講兼資善堂贊讀朱震試中書舍人，陞翊善。時户部惟致遠獨員，乃命祉兼權户部。祉言：「國家所務，財用爲先。嘗竊計一歲之入，不足以供一歲之出，此臣所深憂也。然有三説焉，一曰節，二曰爲，三曰得人。蓋今日支費百出，固有不可節者，亦有不可不節者。今日利源廢壞，固有不可爲者，亦有不可不爲者。內自朝廷，外至州縣，官吏甚衆，惟得其人，而政以舉，則奸無所容，利歸公上矣。於是可節者能節之，可爲者能爲之，何患財賦不饒裕哉？」祉又言：「東南數路監司、郡守，僅有國家前日十之二三，而吏員猥冗，每一闕待次者三四人。若知縣闕，則並屬吏部，不許堂除。顧所薦雖材，將何以處之？監司、郡守，所差下人，如實有才，當不次用之；苟或不才，豈可待次？宜令並罷，然後於籍記所舉人內參考除授，庶幾可以得人。自公正之路塞，薦舉之法壞，而入仕者一任用舉主關陞[3]，可得小邑，兩任用舉主改官，可得大邑。彼爲監司、爲郡守者，固許薦舉也，豈盡公正乎？又吏部注擬，乃止循資格，不聞曰某人名次雖低，而材業優，某人名次雖高，而材業劣，如前世銓衡，真有所去取也。選法已弊，不可復革。應繁難知縣闕，宜盡歸於朝廷，然後於籍記所舉之人內，宜參考除授，庶幾諸邑亦可以得人矣。漢宣帝時，二千石有治理效，輒以璽書勉勵，增秩賜金，或爵至關內侯。公卿闕，則選諸所表，以次用之。用爲公卿者，皆吏治民以考功。是故漢之良吏，於斯爲盛，號中興焉。今且選侍從、卿監、郎官出爲監司、郡守，若侍從、卿監、郎官有闕，宜擢監司、郡守補之。朝廷用人之路不一，或以文學，或以操行，或以高科，或以故家，獨無以治縣有政績而擢用者。今若館職、寺監丞、編修、計議之類有闕，於知縣中擢用其治行尤異之人，或即除監司、郡守，亦不爲過也。如是，則人知勸矣。令得人則一邑治，守得人則一郡治，監司得人則一路治。合諸路爲天下，則治豈難致哉？恢復之圖，無以易此。」

直龍圖閣、主管亳州明道宮潘良貴試秘書少監，趣赴行在。

尚書工部員外郎程克俊守兵部員外郎，右朝請大夫、樞密院計議官呂丕問行工部員外郎，左朝請郎、主管台州崇道觀陶愷爲金部員外郎。愷，悦弟也，與丕問皆召對而有是命。丕問乞補外，乃除知處州。

11 甲寅，尚書度支員外郎何慤爲右司員外郎，太府寺丞、都督府幹辦公事王良存爲度支員外郎。慤，資陽人，已見紹興二年。

12 丙辰，故武顯大夫、應天府兵馬鈐轄孫安道特贈右武大夫、忠州刺史，官其家二人。以樞密院計議官徐康言其死節也。安道死節事見紹興二年十月。

左承議郎、新知台州郭東罷。東守徽州，盜未至而遁，及是拔拭用之。中書舍人胡寅奏：「東苟賤無耻，台雖小郡，然陳槖以循吏受賞矣，柯棐繼之，已是不稱，重以郭東，所謂一暴而十寒也。詔書銓量澄汰，如東者其當之。」命遂寢。

13 丁巳，秘書郎何掄守秘書省著作郎。

詔福建收買末茶指揮勿行。

14 戊午，監察御史王縉爲殿中侍御史。

左從政郎、樞密院計議官李寀爲左宣教郎，以薦對也。

故集英殿修撰周鼎特贈徽猷閣待制，以其家援黨人例有請也。制曰：「朋黨之論，不聞於帝王盛時，而起於漢、唐之季世。夫舉賢才之士，以黨名之，其效至於戎馬生郊，中原板蕩。既往之禍，豈不痛哉？朕用懲之，是以盡湔沉冤，激勸百寮，爲永世之戒。鼎秉心端亮，盡言無諱，受材肅給，所至有聲。昔蒙邪慝之名，今見忠良之實。西清次對，追賁九泉。尚其有知，服我休命。」鼎，崇寧刑部侍郎，以嘗上書，入邪中籍，待制以上第三十八人。

詔：「糧料院將見行條法，及前後續降申請指揮，編集成册，次第經由太府寺、户部看定，用印給付。如有牴牾疑惑，申明朝廷可否行下。」用言者請也。此與今年十二月王俁奏請相關。

15 己未，御筆：「比覽元符諫臣任伯雨章疏，論章惇、蔡卞詆誣宣仁聖烈太后，欲追廢爲庶人。誰無母慈，何忍至此？賴哲宗皇帝聖明灼見，不從所請。向使其言施用，豈不蔑太母九年保祐之功，累泰陵終身仁孝之德？自朕纂服，是用痛心，昭雪黨人，刊正國史。雖崇寧而後，迷國猥衆，推原本始，實自紹聖惇、卞竊位之時。而奸慝未彰，將何以仰慰在天，稱朕尊嚴宗廟之意？可令三省取索議罪來上，當正典刑，布告天下。」先是，伯雨之子起居舍人申先乞贈其父官，因上伯雨諫疏。趙鼎留身，奏惇、卞罪惡，遂贈伯雨右諫議大夫，而有是旨。

吏部員外郎董弅言：

仰惟太祖皇帝受天明命，削平僭亂，混一區寓，建萬世不拔之基，垂子孫無窮之祚。即其功德所起，則有同乎周之后稷，乃若因時特起之蹟，則無異乎漢之高帝，魏、晉而下莫可擬倫。是宜郊祀以配上帝，祫享以居東鄉之尊，傳千萬世而不易者也。國初稽前代追崇之典，上及四世，故於祫享用魏、晉故事，虚東鄉之位。逮至仁宗皇帝嘉祐四年，親行祫享之禮，嘗詔有司詳議太祖皇帝東鄉，用昭正統之緒。當時在廷多洪儒碩學，僉謂自古必以受命之祖乃居東鄉之位，本朝太祖乃受命之君。若論七廟之次，有僖祖以降四廟在上。當時太祫，止列昭穆而虚東鄉，蓋終不敢以非受命之祖而居之，允協禮經。暨熙寧之初，僖祖以世次當祧，禮官韓維等據經有請，援證明白。適王安石用事，奮其臆説，務以勢勝。乃俾章衡建議，尊僖祖爲始祖，肇居東鄉。神宗皇帝初未以爲然，委曲訪問，安石乃謂推太祖之孝心，固欲尊宣祖，自宣祖而上，孝心宜無以異，則尊僖祖必當祖宗神靈之意。神宗皇帝意猶未決，博詢大臣。故馮京奏謂士大夫以太祖不得東鄉爲恨，安石肆言以折之，已又欲罷太祖郊配。神宗以太祖開基受命，不許。安石終不然之，乃曰：「本朝配天之禮，不合禮經。以此事未害逆順大倫，姑未暇釐正。」一時有識之士，莫敢與辨。元祐之初，翼祖既祧，正合典禮。至於崇寧，宣祖當祧，適蔡京用事，一遵安石之術，乃建議請立九廟，自我作古，其已祧翼祖及當祧宣祖，並即循舊。沿至今，太祖皇帝尚居第四室，遇大祫，處昭穆之列，識者恨焉。

臣竊謂王者奉先，與臣庶異，必合天下之公願，垂萬世之宏規，匪容私意於其間。祖宗功德之外，親盡迭毀，禮之必然。自古蓋未有功隆創業，爲一代之太祖，而列序於昭穆之次者也，亦未有非受命而追崇之祖，居東鄉之尊，歷百代而不遷者也。是正闕違，以契天人之望，理固有待。陛下孝通神明，治法祖宗，光紹丕圖，中興聖緒。嗣服之初，郊見天地，寅奉太祖，以嚴配祀，載舉合宮之祭，仍修並配之儀，亶諧公願。兹者當省方駐蹕之地，肇建太廟，以時享獻，用昭奉先之孝，帝王盛德，曷以加諸？然則辨廟祧之次，尊受命之祖，固當遠稽前代，上憲祖宗，以時釐正。況今告朔、時享、薦新之禮既略舉矣，大祫之祀獨闕而未講，誠欲修嚴曠典，則東鄉之尊，謂宜先定。夫宗廟事體，至大至重，有輒擅議，罪當萬死。然私竊懷此久矣，幸遇陛下，隆寬逮下，不間疎賤，兹敢昧冒一言。儻或可採，乞從睿斷，舉而行之，天下幸甚。

臣謹按，太廟九室之制，始於唐之明皇，非本於禮也。而後之爲説者，乃遷就其事，以謂三昭三穆，與太祖祖功宗德，三廟不遷爲九廟，蔡京之議，祖襲唐制。漢以高皇帝爲太祖，尊居東鄉，後世無有異論。魏以武帝爲太祖，晉以宣帝爲太祖，蓋皆以始封爲據。唐以景帝始封，故尊爲太祖。其後追崇獻祖，而列景帝於昭穆。禮官陳京抗論辨證，前後二十年，卒復其舊，識者是之。蓋以景帝始封於唐，事蹟有類乎后稷，要之非始封之君、受命之祖，不得居東鄉。由三代歷漢、魏，以迄於唐，無異道也。我太祖皇帝開基雖與后稷異，而創業實同乎高帝。未聞漢以太公合食於祫，而居高帝之上也。今若正太祖東鄉之尊，稽古沿革，委合禮經。臣再考商、周之興，太廟世遠，而羣廟之主皆出其後，故其禮易明。漢、魏而下，太祖世近，毁廟之主皆在太祖上，於是禘祫不得如古制，而漢、魏之制，太祖而上，毁廟之主皆不合食。唐以景帝始封，故其後廟制既定，始以獻、懿而上毁廟之主，藏於興聖、德明之廟，遇祫即廟而享焉。是以别廟之祭，以全太祖之尊。當時剛勁如顏真卿，儒宗如韓愈，所議雖各有依據，皆不能易陳京之説，以其當理故也。歷代沿革具在，謂宜博采而擇取其當。

詔俟過防秋，令侍從、臺諫赴尚書省集議聞奏。

貴州文學丁特起特差鼎州龍陽縣尉。特起初見建炎元年。

直寶文閣、新知信州許亢宗卒。

淮東宣撫使韓世忠遣統領官韓彦臣等襲僞鎮淮軍，獲知軍成忠郎王拱等，遣親校温濟獻於朝，詔貸拱罪，以本官隸忠鋭第五將。上因言：「宿遷僞官，本吾赤子。他時邊臣如此等小吏不須賞，庶免生事。今世忠既有請，可量與推恩。」

16 庚申，集英殿修撰、知衢州常同充徽猷閣待制，提舉江州太平觀。以同引疾有請也。

17 壬戌，都督行府言：「右中散大夫、知郴州許和卿治狀有方，欲從朝廷推恩，令再任。」從之。仍遷和卿一官。日曆不載和卿階官，今以明年八月二十八日和卿降官告詞修入。

18 癸亥，上策正奏名進士於射殿。制曰：「朕德菲陋，紹承大統，遭家多難，求濟未獲。是以博延豪俊，咸造在廷，覬聞治道之要，子大夫其必盡精極慮，爲朕言之。蓋聞在昔，聖王之治天下，正心誠意，躬行乎上者，固自有道。乃措諸事業之間，則或寬或猛，或質或文，或變通隨時，不膠於迹，故其成效布在方册，昭昭乎其可觀也，朕甚慕之。越自即位，九年於此矣。思欲雪父兄之耻，而復祖宗之烈，夙夜祇懼，罔敢荒寧，而施爲繆戾，治效闕然。深惟其故，不憚改作。間者乃下銓量之令以擇吏，而真才猶未顯也；嚴科斂之禁以恤民，而實惠猶未孚也；謹簡練之法以治兵，而冗食猶未革也。夫吏道未肅，民力未蘇，兵勢未强，朕之治所以未效也。顧何以輯事功，弭禍亂哉？而建謀之臣，并欲考課以議殿最，省官以節奉稍。力役不足以給調度也，爲之平準均輸以佐之。爵賞未艾也，爲之定武功之等；紀律未明也，爲之參府衛之制。凡若此者，其合於古便於今乎？其或有不然者耶？雖然，此治之迹也。上之欲三辰明，四序順，災沴不生，而動植遂性，下之欲風化行，習俗厚，奸宄不作，而中外協心。兹可以占天人之助矣。夫何敵不克，何難不濟，興復大業其庶幾乎？子大夫以爲何修何營而可以臻此？其條列而茂明之，務適於用，朕將有稽焉。」日曆所載御試策問，乃誤取紹興二年者，今從會要。先是，翰林學士孫近言：「祖宗廷試進士，置初覆考詳定官，蓋欲參用衆見，以求實才。自嘉祐間王安石充詳定官，始乞不用初覆考兩處等第，别自立等，至今循襲。爲法如此，則高下升黜，盡出於詳定官，而初覆考殆爲虚設。欲望復用祖宗舊制，如初覆考皆未當，即具失當因依奏禀，方許别置等第。」詔如所請。於是右諫議大夫趙霈爲詳定官，以試卷初覆考不同者具奏，御寶批送編排官殿中侍御史謝祖信定奪，祖信别有升黜，悉依所定。已而霈言：「如此是使編排官得以兼詳定之職，非特廢法，恐自此遂爲定例。望依崇寧令，有隔二等累及五人，各具合升降等第以聞。」從之。近所奏在八月庚戌，霈所奏在九月戊子，今聯書之。

都督行府言：「以見管湖南水軍及周倫等所部置十指揮，並於手背上刺『横江水軍』四字。」從之。

19 甲子，上御幄殿，閲試武舉人弓馬。

韶州人陳裕特補進武校尉，充廣東經略司指使，賜紫羅衫、銀束帶，以本司發到武藝程試合格也。

起居舍人任申先兼權中書舍人。

尚書倉部員外郎章傑主管台州崇道觀，從所請也。

20 乙丑，詔右朝奉大夫、主管台州崇道觀吕省山免審量，許磨勘。省山，大臨子也，初以補治三陵堤堰改京秩，例當削官。趙鼎以故家，特有是命。

21 丙寅，以平湖賊及虔州諸盜，德音降湖、廣、江西二十一州死罪已下囚，徒杖並放。時潭、郴、鼎、澧、岳、復、循、梅、惠、英、廣、虔、吉、撫、汀、南雄州、荆南府、南安、臨江軍皆寇所蹂踐，及軍行所經，歴州被賊之家，驗實與免科差及拖欠積欠各二年。虔州强盜，並依格追納賞錢，免拘籍田産。其已籍田産，除已出賣外，如子孫見存，驗實給還。應民田官中見拘作營田者，許請認歸業。應緣捕捉防托團結海船人户，實曾立功之人，並量度推恩。

22 丁卯，故特進、申國公章惇追貶昭化軍節度副使，故責授寧國軍節度副使蔡懋追貶單州團練副使。各人子孫，不許除在內職任，用已未詔書也。初，議取惇、卞親戚在朝者併黜之。趙鼎請黜子孫而不及親戚，上曰：「仲尼不爲已甚，如此行遣酌中。」翌日，以惇孫左朝奉大夫、主管台州崇道觀傑知婺州，太府寺丞僅提舉江東常平茶鹽公事。給事中廖剛封還敕黃④，言：「傑、僅賢否固未論，蓋未聞方暴其人之罪惡，以正典刑，而擇官以處其子孫者也。婺爲名郡，傑以宮祠得之，不謂之遷可乎？監丞平出，纔當得通判耳。僅提舉一路，號稱使者，非遷而何？臣恐天下有以議政刑之得失，號令之不常，如此何足以示勸懲？臣願姑依已降指揮，與僅等在外合入差遣，毋令太優，庶解中外之惑。事干國體，臣不得而默。」乃詔二人並與在外宮觀。中興聖政：史臣曰：「理能正於人之心，而治不足以達於天下者，未之有也。天下之亂，非自爲之也，必有害常醜正者。取三綱九法汩陳而倒行之，以致於亂矣，而人心之不泯者猶在也。舉而明之，亂可使治，亦豈其自治哉？理在其心者，固先之矣。紹聖二奸，爲國產亂，以絕天之理，其忍哉！高宗誅奸於既死，其得撥亂反正之理乎！」

淮東宣撫使韓世忠妻秦國夫人梁氏卒，詔賜銀帛五百匹兩。

尚書駕部員外郎辛次膺移倉部。

23 己巳，左宣奉大夫、守尚書右僕射兼知樞密院事、都督諸路軍馬張浚以平寇功，遷左金紫光祿大夫。浚五辭不拜。

24 庚午，置潭州市易務，用提領張澄請也。仍令以湖、湘所得舟運販淮鹽，其息錢非奉朝廷及都府指揮，毋得擅用。

是月，僞齊陷光州。時劉麟出獵於陳留縣，有義黨百餘人欲擒麟南歸，爲其徒所告，悉斬於汴京。豫又以其弟復知濟南府，觀知淮寧軍。

校勘記

① 與掩殺李□□之勞也　□□，底本小注：「原缺二字。」此四庫館臣按語，故删。

② 隸鄂州　「鄂」，原作「岳」，誤。按：漢陽軍與鄂州隔江相對，不應隸屬岳州，故逕改。

③ 而入仕者一任用舉主關陞　「關」，原作「闕」，據本書卷九四紹興五年十月丁卯「殿中侍御史王縉言：初出官人監嶽廟理資任若便，許用舉主關陞」記事改。

④ 給事中廖剛封還敕黄　「黄」，原作「奏」，據叢書本改。

建炎以來繫年要録卷九十三

1 紹興五年九月辛未朔，詔總制司近取漕司雜税，及常平增收頭子錢①、鈔旁勘合錢、耆户長雇錢、常平一分寬剩錢、正税零畸剩數等並罷。以久旱，用都省請也。

封吴才人母孺人張氏爲咸寧郡夫人，弟世景、蓋並補承信郎。

2 壬申，徽猷閣待制、權川陝宣撫副使邵溥按屬郡守趙承之不法。趙鼎曰：「溥在蜀中，極振職。」上曰：「人情多鋭於其初，久之往往懈怠。若常如此，甚佳。雖古帝王亦然，唐明皇開元、天寶治亂可見矣。」鼎曰：「陛下知此，中興之功宜不難致，天下幸甚。」

武功大夫薛紘落致仕，充川陝宣撫司幹辦公事，用吴玠請也。

詔知昌州文正倫、知懷安軍吕協中、知中江縣鮮于戢、知郫縣程果、知小溪縣高岑各進一官。以潼川諸司按令審擇所部守令功狀以聞，故有是命。

觀文殿學士、知紹興府孟庾乞許便宜從事。詔遇邊機調發軍馬不可俟報者，權許便宜，行訖以聞，俟過防秋如舊。

3 癸酉，右奉議郎、淮西宣撫司幹辦公事韓元傑知濠州，用劉光世奏也。濠州自建炎以來就命降寇爲郡，及是始用文臣。

4 甲戌，大理評事諸葛行仁獻家藏書籍萬有一千五百卷，詔補其家將仕郎一資。行仁辭，乞爲父愷陞通直郎，仍舊致仕。從之。

尚書省言：「封州引試舉人，差右迪功郎陳煥充考試官，不應格。」詔本路漕臣特降二官。

詔進士唱名，依故事令館職殿上侍立。用秘書省著作佐郎李公懋請也。

徽猷閣待制、提舉江州太平觀季陵卒於廣州。

5 乙亥，上御射殿，賜進士汪洋等洋初見三年三月。二百二十人及第出身。時右修職郎黄中對策言：「陛下貴爲天子，富有四海，而兩宫北狩，闕然温清之奉者，十年於此矣。人生天地之間，如白駒之過隙，所謂十年者，豈可多得？陛下思念及此，豈不爲之痛心！然臣恐陛下有思念憂懼之言，而未有思念憂懼之誠心也。故凡有是誠者，必有是事。臣不識陛下所改作者，果何等事耶？今天下之弊可謂極矣，臣不能以偏舉，要之非蹈常襲故者所能爲也。臣愚以爲，獨在於陛下安之以誠，益之以剛健，明詔二三執政大臣，思有所矯拂於世俗，事事刮磨整齊之，必盡去天下之宿弊，而爲之一新其耳目，然後治效將有可觀，祖宗之烈爲可復，父兄之耻爲可雪也。陛下欲實惠及民，當先爲省財之術。宜約祖宗兵數，立爲定制。自今募兵，皆以年二十以上，至年五十而罷遣之。痛削任子之法，縱未能如祖宗之數，要亦不可過三歲取士之制。此省財之一端也。」洋策言：「治道之要，不在乎他，在反求諸己而已。臣不知陛下之志，將行帝王之道耶，抑將爲霸者之事耶？今聖策乃以正心誠意爲言，則帝王之道，陛下固知之矣。臣願陛下以帝王之道爲可以必至，以聖人之言爲可以必信，勤而行之，不自懈怠。夫都邑之遷徙，宰臣之廢置，進取之前却，政事之措劃，人才之進退，皆當今之大事，而不可不爲者，乃紛紛不定，則陛下所以爲自治之計，從可知矣。臣恐敵國之有以窺陛下也，彼劉豫之爲逆臣，神人共憤，固不當與之較彼此之勢。然使彼一旦遽能遷善而改過，發政而施仁，有以深服於人心，則陛下之勢豈不危哉？願陛下以混一區宇爲心，使施設措置莫不當理，從諫如轉圜，見善如不及，純而不已，盛德日進，使海内皆有歸往之心。然後大舉六師，削平蕃僞，所謂以天下之所順，攻親戚之所叛也，惟陛下力行之耳。今日之事，陛下將責之宰相，興利而除害耶？苟非陛下信之篤而用之專，如齊小白之於管仲，則宰相之賢者，方且畏懼而避嫌，而其不賢者，又將因循以敗事矣。將責之臺諫，使之進賢而退奸耶？苟非陛下諫則必行，言則必聽，如唐太宗之於魏鄭公，則臺諫之賢者，方且量力而就規，而其不賢者，又將觀望而言事矣。又將責之山林特起之士，使之獻可而替否耶？苟非陛下盡禮以致之，克己以從之，若蜀先主之於諸葛亮，則山林之士，其賢者方且奉身而退，而其不賢者又將諂諛以求進矣。」詳定官中書舍人胡寅等定中爲首選，輔臣奏中係有官人。上問故事如何，沈與求曰：「臣聞皇祐元年，沈文通考中第一，仁宗曰：『朕不欲以貴胄先天下寒畯。』遂以馮京爲第一，文通第二。」上曰：「可用此故事。」遂擢洋爲第一。朱勝非閑居録云：「趙鼎作相，殿試策不問程文善否，但用程頤書多者爲上科。是歲狀元汪洋。」按黄中策乃不用頤書，與勝非所云不合。時新復詩賦，上欲重其選，策試日謂大臣曰：「詩賦取士，累年未聞。有卓然可稱者，俟唱名日，可將省試詩賦高等人特與陞甲，以勸多士。」遂詔省試魁賦鄭厚循二資，與陞擢差遣。中，潛善族孫；厚，莆田人也。同日賜特奏名進士汪喬年以下二百七十二人同出身至助教。詔五路人依祖宗故事與陞等，而取應宗子不尤等四人、武舉正奏名進士張深等五人，亦次第補官。自是以爲例。熊克小曆云：「鄭厚特依第三名。」今從厚所上辭免劄子。按日曆，厚紹興八年十月以左從事郎上殿，十年正月戊午以左從事郎、泉州觀察推官銜替。克實甚誤。

6 丁丑，中書舍人朱震言：「竊見將作監丞郭千里畜養娼婦，侵奪民田，嘗經按治，雖得遠闕，終非所宜。望賜寢罷。」從之。以後省而按吏，頃所未有，故著之。

7 庚辰，右朝奉郎江漢特差主管台州崇道觀，從所請也。漢不審量，又得祠，當考。

8 辛巳，中書舍人朱震、徽猷閣待制兼史館修撰范沖以資善堂職事同班入對。

左朝奉郎、通判平江府梁弁爲監察御史。

9 壬午，張浚奏：「江上諸軍事藝精强，非前日之比。」趙鼎曰：「承平時，陝西並邊人馬亦未必如此，皆陛下累年葺治之力。」沈與求曰：「去歲敵人奄至淮甸，賴陛下英斷，決策向前，遂使敵計盡廢。然亦恃此事力，可以捍敵故也。」上曰：「此皆卿等協贊。向使朱勝非尚爲相，必勸朕退避，今已無江、浙矣。」

鎮寧崇信軍節度使、神武後軍都統制、荆湖南北襄陽府路蘄黄州制置使岳飛檢校少保，賞功也。

左朝散郎、前權樞密院計議官、湖南路幹辦公事馮檝言：「遂寧諸縣，自康定年立法，以稅雜錢一千一百一十文折一匹紬，今潼川路隨軍漕司行下新科約，乃以六百文折一匹絹，又不許納正色，每匹估錢七千五百文，乞改正。」詔宣撫司覺察。

詔川陝宣撫司差撥人船，優給路費，以禮敦遣和靖處士尹焞赴行在，以范沖再有請也。

徽猷閣待制、提舉臨安府洞霄宮張灝卒於開州。

10 癸未，太常寺少卿陳桷直龍圖閣，知泉州。尚書刑部員外郎范直方直秘閣、提點福建路刑獄公事。時海寇未平，故命桷出守。

尚書吏部員外郎董弅試太常少卿，監察御史錢葉爲都官員外郎。

11 甲申，資政殿大學士、提舉萬壽觀兼侍讀張守自福州入見，命坐賜茶。

12 乙酉，尚書左僕射、監修國史趙鼎上重修神宗實録五十卷。舊文以墨，新修以朱，删出以黄。及進呈，上起詣殿東壁，焚香再拜受書。内侍設案，捧書至御坐前，鼎搢笏展書，修撰范沖進讀，上起立拱觀。禮畢，復御坐，賜鼎以下銀合茶藥。又延鼎、沖陞殿，命坐賜茶。後三日，制鼎進二官，爲左光禄大夫；沖及直史館任申先、著作佐郎張九成、李公懋、校勘李彌正、喻樗、前史官常同、王居正、劉大中、熊彦詩、環中並進一官；校勘胡珵、王蘋、鄧名世改京秩[2]。鼎四辭不拜，沖等亦以未終篇爲言，詔將來節次進書了畢，更不推恩，沖等乃受命。九成言：「在館未及一月，最無功。」乃命俟終篇進秩。於是提舉諸司宣慶使、明州觀察使、入内内侍省都知兼内侍省都知梁邦彦以勞遷景福殿使，而承受入内東頭供奉官、幹辦御藥院張令亦進一官。自後進書率如此例。

降迪功郎告身於浙西諸州博糴，每道四千緡，亦不作進納，與理爲官户，仍理選限。日曆無此，今以明年三月二十九日吏部申明狀附入。

詔臨安府在城寄付兑便錢會子，毋得出門，仍依在京小平錢法，立定刑名。用守臣梁汝嘉請也。都人不以爲便，翌日遽罷之。

13 丁亥，都督行府言：「契勘屯駐軍馬，比去歲其數過倍，費用浩瀚，皆自行在措置應副。比嘗置司講究，近畫旨並罷，即裏外軍國之費，除茶鹽課入外，止仰上供錢物資助，不容少有違欠。而當職官往往循習積弊，罕肯留心。居常則緩催理，以沽名譽；急闕則太騷擾，以資吏奸。理合嚴行戒飭。」詔：「户部開坐州軍應干上供錢物糧斛紬絹絲綿等，合起發赴行在名色數目，鏤板遍下監司州郡，通知當職官，各仰身體今來訓誡之意，當思國步艱虞，屯兵衆廣，用度增多，恪守條令，悉心措置，專意收簇，如期起發，資助軍國大計。監司常切點檢催督，户部每限類聚每路每州有無拖欠，開具以聞。如尚敢違慢，或循情縱弛，即依條劾罪，當議重加懲責，以爲官吏不恤國事之誡。監司、户部失覺察，御史臺得以彈奏。」

殿中侍御史謝祖信言：「臣比聞朝廷用任伯雨章疏，追治章惇、蔡卞以誣謗宣仁之罪，謫授散秩，子孫補外。臣係是章惇家姻戚，即欲具奏，乞解職任。緣臣初除言事官日，首蒙陛下面賜宣諭此事，仍奉聖訓，有『排浮議而用』臣之語。臣亦自以去惇之亡已數十年，耳目之所不接，似無所礙，故不敢引此以請。伏思數日，臣既待罪言責，以陛下聽納之深，每有論奏，不敢觀望顧避，上負知遇。竊慮臣今後論事之際，不無間嫌，反復熟計，義當引去。伏望聖慈許臣解罷前件職任，除在外合入差遣，或宫觀一次。」不許。然祖信不自安，未幾卒去。

常州言：「民潘念八剔肝愈父病。」詔依格倍給米帛，仍常存恤之。

14 戊子，史館奏：「乞將宗澤行實與汪伯彥等所編元帥府事迹，參照具録進呈，斷自聖意，付之史官。」上曰：「朕昨以使事至河北，逮今十年。當時事，歷歷可記也。」趙鼎等曰：「臣聞澤嘗勸陛下勿爲河朔之行，信否？」上曰：「誠有之。然王雲之死，乃邦人疑其爲奸細而殺之，澤不爲無過。」鼎曰：「使澤一言以留陛下，此天意也。至於澤不能救雲之死，豈得無過？然事有重輕。」

左從事郎蔡安强特改左宣教郎。安强，比陽人，以薦對改官，遂命爲諸王宫大小學教授。

15 己丑，左朝散大夫、新知信州余應求爲江南西路提點刑獄公事。應求坐李綱累久廢，至是稍録之。

敕賜進士及第汪洋乞避遠祖嫌名。洋年十八，上以其與王拱辰同歲，賜名應辰。時言者請賜新進士儒行及中庸篇，詔正字高閌校正。上將親書以賜。閌言：「儒行詞説夸大，類戰國縱横之學，蓋出於漢儒雜記。望止賜中庸，庶使學者知聖學淵源，而不惑於雜。」上從之。

左迪功郎、雅州嚴道縣尉謝惇德特改左宣教郎，簽書昌州軍事判官，以所陳六策議論可采也。惇德六策，一曰正國體，大略謂：「天下治亂，如人身之安危。人稟陰陽以生，陽爲正氣，陰爲邪氣。以一身而論天下，則近忠良，布直道，遵古法，施善教，省費用，守謙恭，皆正氣也；近淫僻，信讒言，任獨見，施虐政，貪財貨，崇奢侈，皆邪氣也。崇、觀之失，在邪勝正也。反崇、觀之失，監於祖宗成憲，則國體强。」二曰正身，大略謂：「人主一身，神明之宅也，仁義禮樂之器也，政教法度之本也，邪正賢愚之鑑也，朝廷百官之儀也，四方萬國之表也。若夫飾僞矯誣，以幸人之不知，是不能安其宅；暴虐殘賊，以傷一氣之和，是不能守其器；效僻亂常，以傾先王之治，是不能立其本；喜讒悦佞，以塞忠直之路，是不能明其鑑；私嬖權倖，以掩白日之光，是不能肅其儀；逸豫敗度，以毁威儀之則，是不能端其表。三代、漢、唐之亡，未有不由是。」三曰求賢，大略謂：「人君未嘗不欲治，賢者未嘗不欲仕。振古以來，致治之君，成功之賢，如此其少，何哉？當秦、隋之季，非無賢也。在上者恃侈靡之驕，恣淫慾之私，縱悦佞之僻，以害正直，而驅之使避地也。漢、唐之興，非多賢也。在上者恭而不驕，公而不私，正而不僻，屈己尊道，而賢者樂爲之用也。有天下者，其可不鑒？」四曰奉天，大略謂：「君之奉天，猶臣之事君，子之事父也。揆之天理，豈使一人壞法亂紀，縱其私欲，棄民而弗保乎？君棄其民，天亦棄之；君殘其民，天亦殘之。今國家多艱，寇盜尚熾，天未悔禍。陛下誠能盡誠以事天，籲俊尊賢以興愛民保民之政，則佑德助順，將無所不致矣。」五曰愛民，大略謂：「天下之得失，在於愛民與不愛民。昔漢之興，困於平城，危於吕氏，顛蹙於七國，簒奪於王莽，而漢終不亡者，蓋當是時人心思漢，甚如饑渴，則民未厭漢故也。必俟黨錮成訟，君子盡誅，小人盈廷，民大失望而後亡。唐之興，危於武后，殆於韋庶人，奔走於安、史，幾亡於奉天，而唐終不亡，蓋於是時朱滔謀叛，無樂從者，則民心未厭唐故也。必俟白馬禍興，君子盡戮，小人滿朝，民大失望而後亡。臣未見不愛民而能興國家，保社稷，傳之無窮者也。」六曰服四裔，大略謂：「天地之法，嘗嚴於中國而略於四裔。嚴於中國，故尚教化，而以道德爲强；略於四裔，故尚功利，而以兵甲爲强。中國之君，有能嚴甲兵之備而不失之虚，持威福之柄而不失之弱，聰明作哲而不失之蔽，嚴恭寅畏而不失之驕，政教詳明而不失之亂，天將誘之、福之、迪之、啓之、助之，彼人之强者，孰能勝天哉？」惇德，依政人，時年且七十矣。既受命，又爲表以謝，大略謂：「天恩榮被，而不蒙朝廷推愛民之心，行愛民之政，是有益於臣，無補於國，大非臣之素願。」後二歲，卒於家。

16 庚寅，上以御書尚書一帙賜趙鼎。翌日，鼎奏謝，上曰：「尚書所載，君臣相戒敕之言。所以賜卿，政欲共由此道，以成治功耳。」

17 辛卯，端明殿學士、提舉鳳翔府上清太平宫宇文粹中復資政殿學士。

中侍大夫、保信軍承宣使、帶御器械、神武中軍統制、權主管殿前司公事、提舉宿衛親兵楊沂中權發遣鄜延路馬步軍副都總管③。自渡江後，諸將爲統制軍馬者，必以資序帶六等兵官，沂中以扈衛之勞，特陞等也。

18 壬辰，詔元符上書邪説尤甚范柔中等二十七人，身亡未任子者，並與一子官。趙鼎進呈，上曰：「此乃蔡卞、蔡京之罪。獻言者有可取則施行之，無可取則容納之，如此，則上無拒諫之名，而下有敢言之士，何至立爲邪等名目？其誤太上皇帝，皆此類也。唐太宗時，馬周上書，言貞觀初米斗直一縑，而天下帖然，百姓知陛下憂憐之也。今一縑易粟十餘斛，而百姓咸怨，以爲陛下不憂憐之也。其言可謂切至矣，太宗亦優容之，復加擢用。如柔中等，子孫與一文學，不爲過當。」

國子監丞張戒面對，奏上曰：「臣幸因輪對，輒撰成書一封，宗社大計，軍國重事，臣靡不盡言。願陛下萬幾之暇，留神省覽。」上曰：「甚善。」戒進呈訖，奏曰：「臣所論事既多，必有不合聖心處。」上曰：「朕覽天下章奏不如此，朝廷初無拒諫之意。人臣進言其可行者行之，其不可行者置之，朕未嘗加罪。」戒曰：「誠如聖諭。人臣進言，若皆合聖心，即是陛下所已知者，又何用言爲？」上曰：「不惟已知已施行不須言，若人臣進言必欲合人主之意，即是觀望。」戒曰：「陛下明此，天下幸甚。」

中侍大夫、華州觀察使解潛權主管侍衛馬軍司公事，所部將佐、軍兵、義兵、敢勇、效用，並隸本司使換，資序請給如舊，仍速赴行在供職。潛部曲僅三千餘人，老弱減汰者三之一焉。

故遼宣徽北院使、行左金吾衛大將軍劉彦昇特贈左武大夫、貴州團練使，以其子武翼大夫迴援例有請也。

19 甲午，詔自今用恩例陳乞嶽廟人，並令吏部勘當有無違礙，申省。初，趙鼎欲優西北故家子孫之落南者，不俟年及率以祠禄處之，遂換階官，理資任，終身不復銓試。論者數以爲言，至是，始條約焉。

太常謚故相劉摯曰正肅。既而其家言「正」字犯摯父名，乃更爲忠肅。

20 乙未，趙鼎奏：「昨日蒙降出國子監丞張戒所上書，其言雖有過當，小臣敢盡言如此，亦不易得。」上曰：「戒因面對，携此書來上，幾萬八千言。朕熟覽之，其間固有過當，然其憂國愛君之心，誠有可嘉。戒自言『恐忤聖意，惟陛下容之』。方患朕之過失不得自聞，民之疾苦不得上達，大開言路，以防壅蔽，豈罪言者？朕意自欲賞之。」沈與求曰：「陛下容納忠言如此，使臣下忘忌諱，思有以仰裨聖德，何患不聞盡言？」上曰：「戒言朕有仁宗皇帝守成之德，而不知太祖創業之心，此言良是。朕見仁宗皇帝在位四十二年，德洽民心，至今天下誦之，仰慕如堯、舜、文、武，故當時立政用人之事，朕嘗置在左右，朝夕以爲法。至於太祖以神武創業，朕誠不及也。」鼎曰：「陛下以仁宗皇帝爲法，此乃中興之基本。至於太祖創業艱難，願陛下常留聖慮，則施之行事，自然合若符節。」

太府寺丞徐度、樞密院編修官李誼、左迪功郎孫雄飛並守秘書省正字。

故寶文閣直學士王古盡還合得恩澤。古元符户部尚書，黨籍待制以上第二十九人，温州安置。

21 丙申，鄉貢進士翁績以軍功補下州文學。績，崇安人也。

22 丁酉，權户部侍郎張致遠奏呈歲計，上曰：「今中外大小之臣罕肯任責。若人人體國，以公事同家事，何憂不足？仍須每事節省，積少成多。唯贍軍賞功，務在激勸，此不可減耳。監司守令有不經意於常賦、惰慢尸素者，户部宜糾劾之，當議竄責。」十一月丙戌所書章疏恐可附此。

23 戊戌，徽猷閣待制趙子湏復徽猷閣學士、知西外宗正事。子湏，宣、政間依梁師成以進，趙鼎引用之。此據朱勝非閑居録附入，詳具七月壬辰免審量濫賞注。

是月，淮西宣撫司統制官華旺復光州。

名雷州寇準廟曰旌忠。

自靖康之末，兩河之民不從金者，皆於太行山保聚。太原義士張橫者，有衆二千，來往嵐、憲之間。是秋，敗金人於憲州，擒其守將。又有梁青者，懷、衛間人，聚衆數千人，破神山縣。平陽府判官鄭奭以大軍討之，不敢進。居數日，都統五馬引騎五百與奭會，深誚之，乃併其兵，與青戰，兵敗，爲青所殺。此據張滙節要修入。滙稱橫有衆十八人，青有衆近四十人，二人共無六十人，對敵六千人之衆。而熊克小曆乃稱橫有衆二千，青有衆四千，未知克誤或傳寫者誤以十爲千也。

金主以右副元帥、魯王昌爲左元帥，左監軍、瀋王宗弼爲右元帥，右監軍撒離喝爲左監軍。

校勘記

① 及常平增收頭子錢　「頭」，原作「頑」，據叢書本及宋史全文卷一九中改。

② 校勘胡珵王蘋鄧名世改京秩　「胡珵」，原作「合珵」，叢書本作「合理」，按：南宋館閣録卷八載紹興以後史館校勘，紹興五年四月胡珵以秘書正字兼校勘。據改。

③ 提舉宿衛親兵楊沂中權發遣鄜延路馬步軍副都總管　「遣」原闕，以意逕補。

建炎以來繫年要録卷九十四

1 紹興五年冬十月庚子朔，賜宰相趙鼎銀帛五百匹兩，對衣金帶，一子六品服。鼎力辭進書轉官，故用元豐舊制而有是賜。

殿中侍御史謝祖信試宗正少卿。

詔户部鏤板下江、浙、荆湖旱傷州縣，奉行寬恤指揮，御史劾其違者竄責。先是，禁屠以禱雨①，而併及雞鴨。右諫議大夫趙霈奏疏稱誦上德，以爲齊宣王不忍一牛之比，患在州縣不能推廣德意，而加實惠於民。故有是旨。中書舍人胡寅讀疏笑曰：「諫職乃及此乎？聞金中統兵有號龍虎大王者，脱或入犯，當以雞鴨諫議拒之。」熊克小曆載此事於今年六月，又云：「時詔禁屠以禱雨，霈言自來止禁猪羊而不及鵝鴨，請併禁之。」皆小誤，此事非霈建請，兼霈六月間亦未爲諫議也。

左朝奉大夫陳堯臣罷宮觀，追奪所叙一官。堯臣以表謝上，有云：「孟軻豈畏於臧倉，武叔何傷於夫子？」殿中侍御史王縉劾其不恭，故黜。

2 辛丑，詔：「四川沿邊州縣城寨官及一時應副軍期，並委宣撫司選差。其堂除併本路窠闕，皆從舊制。」用都督行府請也。

3 壬寅，秘書省著作佐郎張九成轉對。上諭曰：「朕妙選天下士，而省殿榜首皆卿門人。」九成頓首謝。九成言：「我宋得天下以來，其相傳家法，臣輒斷之以一言，曰仁而已。仁之發見，尤在於刑獄。陛下臨御以來，每以省刑爲急。州縣小吏亦知仰體聖意，每於其情可憫，其法可疑，未嘗不敷奏，以廣陛下好生之德。而案牘既多，棘寺理官倦於披閲，必求小故，中以深文。天意難欺，人命至重。陛下有恤刑之意，而理官無致主之忠，原其用心，出於不逮。臣愚欲計理官若干人，立爲定數，凡天下獄案來上，序其先後，輪次看詳，凡活幾人，並減磨勘。庶幾力有所分，心當專一，足以仰副陛下愛民之意。」事下刑部，後不行。九成所奏，以是月甲辰送部。

左修職郎、監懷安軍清酒務何伯熊爲左承事郎，充敕令所删定官；左宣教郎、潼川府路兵馬都鈐轄司幹辦公事李弼直爲太常博士。二人皆蜀人，弼直宣和間官太學，坐主張元祐學術，送吏部。至是並召對而命之。

尚書右僕射張浚引疾乞奉祠，其言有曰：「臣寖叨委使，獨荷簡知。不懲妄作之愆，數至煩言之及。」詔不許，仍趣赴闕。浚引疾必有故，當考。

是日，上遣中使以所書車攻詩賜輔臣。翌日，趙鼎等奏謝，上曰：「朕觀鴻鴈、車攻乃宣王中興之詩，今境土未復，二聖未還，當與卿等夙夜勉勵，以内修外攘。」鼎曰：「陛下游神翰墨之間，亦不忘恢復，臣等敢不自勉？」

武節大夫楊子儀爲環慶路兵馬鈐轄，用川陝宣撫司奏也。子儀父可昇守慶陽，爲金所殺，故録之。

詔：「川陝宣撫副使邵溥同提舉買馬官趙開措置即永康軍、威、茂州置場，以茶博馬。俟就緒日，起綱赴行在。」其後開言：「三郡蕃部，自來不係産馬地分，兼威、茂山路險惡，仍隔繩橋，即無馬路。且去成都最近，所以道路更不開廣，令人馬通行。兼威州後蕃有路接連熙河蕃部，切恐茶貨轉至後蕃，蹋開生路，引惹邊事。」溥因言：「探報慕容洧常有窺伺疊、宕州侵犯川蜀之意，雖未悉虛實，不可不過爲隄備。」議遂寢。溥以明年二月丙寅奏至。

4 甲辰，右朝奉郎、新除廣南西路提點刑獄公事范正國罷。正國初自廣西漕召歸，既對，賜三品服，以爲江東轉運判官。四月庚戌。正國憚其難，乞守郡。後旬日改嚴州，未行，復有是命。九月乙丑。中書舍人胡寅言：「陛下加惠元祐勳賢之族，既昭雪其黨錮之冤，又録用其子孫，以至公之義照臨百官，風勵天下，非爲利也。凡預録用者，所宜激昂節行，思不辱其父祖，以稱陛下之意。而乃乘時僥倖，犯義營私，無所不至。外臺耳目之寄，率勸列城，非鮮廉寡耻者之所宜處也。昔者純仁生存之時，所得恩澤先及異姓，次及疎族。比其薨謝，子孫尚多未命，世以是高其德。今正國陳乞先世恩澤凡四資，盡欲官其諸子之在襁褓者，而親兄之子年已長大，貧窶不能自存，反不及焉。其行己處事如是，亦可謂不肖子矣。夫陛下以義行，而正國以利報，何其輕上施、蔑大德乎？此而不正，餘風相傚，亦非所以恤故家之門户，彰勳賢之遺烈也。」疏奏，詔正國與宮觀。

是日，經筵開講。故事，秋講以中秋前開，及冬至罷。至是，以親試舉人，故却日焉。

5 乙巳，監察御史周葵守殿中侍御史。

詔廣東鹽以二分即本路通商，餘一分官賣充漕計。廣東鹽舊從官賣，其後許通商於荆湖南北及吉州，至是復有此命。尋又增鈔錢爲二十萬緡。八年六月庚申所書可參考。

6 丙午，復高郵縣爲軍，以知縣兼軍事。

7 戊申，殿中侍御史王縉請：「嚴義倉之法，應州縣納到米數，並別廒樁管，不得擅有支動。其有支移折變，及就便輸納去處，並通計一縣合收之數，截留下户苗米，於本縣送納，上户折變數多，願就納本色者聽從便，庶幾有以備水旱之變。」趙鼎進呈，因言：「湖南、江西歲旱，田畝災傷。今秋成之際，民間已闕食，恐至來春大饑。欲令常平司多方廣糴，以備賑濟。」上曰：「朕聞江湖歲歉，夙夜爲憂。常平法自漢以來行之，乃是救荒之政。祖宗專用義倉賑濟，最爲良法。比年多有失陷，可降指揮，申飭有司稽考之。」乃以縉所奏付户部，後不行。

8 己酉，罷宫觀月破供給錢。自蔡京用事，始刱祠官供給，庶官依本資序降二等，學士已上不降。王黼繼相，已除其法。紹興令復舊，至是除之。

都督行府言：「五馬山車股寨忠義首領沙真遣其徒趙元來白事。」乃補進義副尉，令復往撫諭。書此以見五馬山寨猶在，沙真其姓名又與趙甡之所記中山殺陳亨伯之人同，當考。

9 庚戌，尚書右僕射張浚入見。浚既平湖賊，遂自鄂、岳轉淮東西，會諸大將，議防秋之宜，直至山陽，僞境震動。上勞浚曰：「卿暑行甚勞，然湖湘羣盗既就招撫，以成朕不殺之仁，卿之功也。」浚頓首謝，曰：「蒙陛下誤知，使當重任，故臣得效愚計。」趙鼎、沈與求曰：「湖湘既平，則川陝血脈通矣。他日遂可漸爲恢復之圖。」詔浚母慶國太夫人計氏進封蜀國，兄直徽猷閣滉賜紫章服。賜浚銀帛千匹兩，親屬二人六品服，一人承務郎。上親書周易否泰卦賜浚。浚奏：「自古小人傾陷君子，莫不以朋黨爲言。夫君子引其類而進，志在於天下國家而已。其道同，故其所趨向亦同②，曾何朋黨之有？惟小人則不然，更相推引，本圖利禄，詭詐之蹤，莫可跡究，故或爲小異，以彌縫其事，或内外符合，以信實其言。人主於此，何所決擇而可哉？則亦在夫原其用心而已。臣嘗考泰之初九「拔茅茹，以其彙，征」，而象以爲志在外，蓋言其志在天下國家，非爲身故也。否之初九「拔茅茹，以其彙，征」，而象以爲志在君，則君子連類而退，蓋將以行善道，而未始忘憂國愛君之心焉。觀二爻之義，而考其心，則朋黨之論可以不攻而自破矣。臣又觀否泰之理，起夫人君一心之微，而利害及於天下百姓。方其一念之正，其畫爲陽，泰自是而起矣。一念之不正，其畫爲陰，否自是而起矣。然而泰之上六，陰已盡，復變爲陽，則君子在外而否之所由生焉。否之上九，陽已盡，復變爲陰，則小人在外而泰之所由生焉。當今時適艱難，民墜塗炭。陛下若能日新其德，正厥心於上，臣知其將可以致泰矣。異時天道悔禍，幸而康寧，則願陛下常思其否焉。」上嘗召對便殿，問所宜爲，且命以所聞見置策來上。浚承命條列以進，號中興備覽，凡四十一篇，莫不備具。上深嘉歎，置之坐隅。

言者謂：「州縣之間，任職最劇而與民最親者，莫如縣令，理宜慎擇而委任之。然銓部注擬之法，悉限以資格，雖貪懦鄙朴之人，一或應格，則大官大邑，得以自擇。今之大邑，户口之衆，財賦之廣，其實一郡也。任非其人，而望賦役清平，閭里安帖，豈不難哉？欲望朝廷行下逐路監司守帥，條其逐路邑之最劇繁而户口至多者三五處，朝廷遴選清平明察之人，如前日預十科之目者往爲之，稍優其禄廩，而略其細故。任滿日，別考其治狀而褒擢之，以爲能吏之勸，實恤民利國之要術也。」詔吏部措置。

10 辛亥，皇叔檢校少師、光山軍節度使、同知大宗正事士㒟入對。士㒟至平江省墓，過國門故也。

11 癸丑，保義郎朱聰充都督府水軍統領。初，聰率其徒數百人掠濱海州縣，詔以承信郎招之，聰不滿意，知泉州連南夫恐其逸去，以便宜補聰武節郎。聰喜，乞以所部海舟三十屯鎮江，故有是命。

12 甲寅，手詔撫諭江、淮諸大帥。

尚書右司員外郎何慤與太常少卿董弅兩易，以慤引張浚親嫌故也。

右迪功郎陳淵充樞密院編修官。給事中廖剛、中書舍人胡寅、朱震、權户部侍郎張致遠言：「淵乃瓘之諸孫，有學有文，通達世務。自瓘在時，器重特甚。垂老流落，困於饑寒，負材未試，善類嗟惜。少加任使，必有可觀。」故有是命。

左朝散郎何鑄充諸王宫大小學教授。鑄，餘杭人也。

武翼郎、閤門宣贊舍人文廣以與平湖寇之勞，遷武略大夫。

13 乙卯，端明殿學士、荆湖南路安撫制置大使兼知潭州席益爲資政殿學士、成都潼川府夔州利州路安撫制置大使，兼知成都府。先是，川陜宣撫副使吴玠與都轉運使趙開不咸，玠疊以饋餉不給訴於朝，開亦稱老病求罷，故命益往帥。詔以益前執政，序位在宣撫副使之上。逐州兵馬並隸大使司。如邊防緊切大事，即令宣撫司處置，其調發隸都督府。逐州兵馬隸大使司，十一月丁亥降旨。

觀文殿大學士、提舉西京嵩山崇福宫李綱爲江南西路安撫制置大使，兼知洪州。初，張浚之謫福州也，綱亦寓居於福，二人相見，除前隙，更相厚善，至是數於上前言其忠。趙鼎嘗爲綱辟客，亦爲上言綱才器過人，故有是命。綱辭，上手書敦諭，有曰：「朕之用卿審矣，卿宜以安社稷爲己任，勿間中外，勉爲朕行，不必數有請也。」綱請過闕入覲，上許之。朱勝非秀水閑居録云：「李綱拜相再閲月，御史張浚，黄潛善所引，力攻綱，至貶海南。浚出使陝、蜀，富平之役，追還薄譴，俾居福州，而綱自南遷回，亦寓是州焉。先是，綱百計求復用，富於財，交結中外不效。及浚至，綱謂此奇貨，可以傾心結納③。浚亦自云深悔前日之言，相與歡甚。紹興四年冬，金、齊合兵犯淮、泗，朝廷震恐。宰相趙鼎者，嘗失身於僞楚，初無敢薦者，而浚獨薦爲言事官。鼎德之，至是乘急變召浚，復秉樞機。召命下，綱贐行百餘奩，皆珍異之物，又以論時事疏托之。浚至行在，即日進綱疏，且降語獎諭。明年敵退，鼎左相，浚右相，並兼都督，即起綱帥豫章，許其入覲。」又曰：「李綱靖康初以右丞充御營使，謀劫敵砦，失利罷政，遂興伏闕之變。京城大亂，淵聖大懼，除綱知樞密院事。綱堅卧不出，衆益亂，淵聖益懼，於是賜予無度，晝夜絡繹，擁集門巷，行路不通。有人約計物價不啻百餘萬緡。三月，太上皇歸自江、浙，以綱爲迎奉使。上皇畏之，羣閹尤畏之，日加重賜，隨行珍奇既盡，至解御服犀帶賜之，宸翰褒嘉，其實懇告，聞者扼腕。至於拜綱宣撫使，往援太原，賜予金二萬兩，他物稱此。由是綱之私藏，過於國帑多矣。乃厚自奉養，侍妾歌童，衣服飲食，凡資身之具，極於美麗，每饗賓客，殽饌必至百品，每出道路，廚傳常至數十擔。其居福州也，張相浚自福被召，贐行一百二十合，合以朱漆鏤銀，裝飾樣製如一，皆其宅庫所有也。」按：浚、綱初不相咸，其後相好，當以國事。而勝非直勢利之交詆之，恐非其實。上賜綱親筆在十二月癸丑，綱乞赴行在奏事在明年正月丁亥。

鎮南軍節度使、開府儀同三司、提舉臨安府洞霄宫吕頤浩爲荆湖南路安撫制置大使，兼知潭州。頤浩未之鎮，上賜親筆趣行。

徽猷閣直學士、知洪州兼江西安撫制置使胡世將試尚書兵部侍郎，樞密院檢詳諸房文字陳昂直顯謨閣、知信州，直秘閣、新福建路提點刑獄公事范直方爲樞密院檢詳諸房文字，徽猷閣直學士、新知西外宗正事趙子潚爲江南西路都轉運使，顯謨閣待制、提舉江州太平觀李迨爲兩浙路都轉運使。始用張致遠之言也。

直龍圖閣、新知江州向子諲爲江南東路轉運使，直徽猷閣、添差兩浙轉運副使李謨知鎮江府。

14 丙辰，尚書禮部員外郎許搏知撫州，從所請也。

15 丁巳，秘書省正字喻樗面對言：「今歲省試所得二百人，其間嘗業於太學者殆百二十人。今學校漸廢，非長育人材，爲久遠之計。欲望姑即府學增養之員，嚴補試之法，擇學行有文之士一二人以爲教官，其餘諸路亦遴其選，令帥守擇士之穎異者具以名聞。陛下訪之近臣，隨材褒賞，庶幾海内嚮風，人材輩出。」事下禮部，未及行。

詔商販米斛往旱傷州縣者，所過免收力勝税。時江東漕司以爲請，故右諫議大夫趙霈奏除之。

故文林郎范正平贈直秘閣，予一子官。正平，純仁次子也④，以忤蔡京故，陷黨籍不出仕，終身爲選人。正平餘官第五十五人。

16 戊午，布衣陳得一造新曆成，賜號通微處士，官一子。中書舍人朱震以監視之勞進秩，太史局官吏推恩有差。

詔川、陜類省試合格第一名，依殿試第三名例推恩，餘並賜同進士出身。特奏名人，令宣撫司置院差官，試時務策一道。以道遠舉人赴殿試不及故也。

左從事郎饒廷直特改左宣義郎，通判泰州。廷直爲袁州司法參軍，以宣諭官薦對而有是命。

延安府進士雷粲特補下州文學。

17 己未，進士晁戩特補下州文學，以嘗有掩殺石陂盜之勞也。

18 庚申，故承議郎吴儔贈直秘閣，官其家一人。儔，育孫也，名在黨籍，用其家請而賜之。儔餘官第三十九人。

直秘閣、添差通判平江府史願進職一等。願，燕人，嘗著金人亡遼録行於世，已見紹興元年四月庚辰。史願爲江東宣撫使張俊辟客，上召對而有是命。

吏部侍郎劉大中乞以修書一官回贈其祖瑾，詔贈瑾右承務郎。

19 辛酉，中衛大夫、成州觀察使、江南東路馬步軍副都總管劉光烈復爲帶御器械。前此已除劉光遠代光烈，而日曆但於此日書帶御器械劉光烈放告謝，未知何日再除也。光遠此月丁卯差知蘄州。

右奉直大夫、川陝宣撫司幹辦公事安邠爲成都府路轉運判官。邠，惇子，惇，新明人，崇寧同知樞密院事。王似所薦也。宣撫司以便宜拔授，至是命之。日曆十二月二十二日辛酉，安邠除成都府路轉運判官，而本司題名，邠以今年八月五日到任，則是宣撫司所差也。按此時宣司久已罷便宜之命，而尚除監司，蓋蜀中去朝廷遠，命令多不奉行耳。邵博撰邠墓誌云：「通判成都府，府尹爲宣撫副使，薦充幹辦公事，遷成都路轉運判官。」亦不云何年所除，今併附此，更俟考詳。

吏部侍郎兼詳定一司敕令晏敦復請三公、三少、三省長官俸給，並依嘉祐禄令宰臣所請則例修立。從之。先是，政和禄格比嘉祐所給增多，故本所以爲請。

20 壬戌，上諭輔臣曰：「比類得二聖安報，朕當親筆詔諭四方，使知朕朝夕不忘二聖之意，庶幾人人感奮。」遂降手詔諭天下。

徽猷閣待制、提舉江州太平觀姚舜明卒。

21 甲子，秘閣修撰、都督府諮議軍事郭執中爲徽猷閣待制、樞密都承旨兼都督府參議軍事。

22 乙丑，淮東宣撫使韓世忠奏僞齊遣沂、海州等簽軍攻犯漣水軍，世忠遣統制官、吉州刺史呼延通等引兵擊殪之，所脱無幾。上曰：「中原赤子爲豫逼脅，死於鋒鏑，良可憫也。可令收拾遺骸埋瘞，設水陸齋追薦。仍出榜曉諭，使彼知朝廷矜恤之意。」乃賜通袍帶，將官拱衛大夫、貴州刺史王權已下金椀。仍以通爲果州團練使，權領果州團練使。餘將士推恩有差。

武功大夫、忠州團練使、新知邵州楊珪母太宜人郭氏特贈感義郡夫人。以中書言，郭氏在僞齊，獨令珪還朝歸正，郭氏拘留，死於僞地故也。

23 丁卯，右宣教郎、夔州路提點刑獄公事蘇符賜同進士出身，守尚書司勳員外郎。

殿中侍御史王縉言：「初出官人監嶽廟，理資任，若便許用舉主關陞，及年限磨勘，不惟僥倖太甚，兼恐偷惰苟且，習以成性，乃所以壞人材，非所以成之也。欲乞應初出官監嶽廟人，年未及格，並不理資任。選人候釐務書考，纔許薦舉。釐務實給三考，無出身通理四考，纔許用舉主關陞承務郎以上。釐務磨勘，一依舊法。自後未經參選人，并父祖見任通判以上及宫觀通判請給者，更不差監嶽廟。所貴人知自勉，異日可備選用。」詔除用恩例除乞外，更不許差，餘依見行條法。

武功大夫、高州刺史劉光遠知蘄州，兼淮南西路兵馬鈐轄，仍免迴避劉光世。

24 戊辰，直寶文閣、新知衢州曾紆卒。

25 己巳，詔前宰執所舉京官狀，不理爲職司。時言者論：「宣諭所薦，即得遷官，替罷召對，間被陞擢，而執政所薦，止可充一人之數，亦倒置之甚矣。至於任嶽廟之人，朝廷初以員多缺少，姑使之就禄。今也有求前執政舉狀五章而改官者，亦可謂濫矣。今相度欲以前執政所舉改官人，易以司馬光十科之目，歲薦五員，無則闕之。被薦者中書籍記姓名，以備選擢。庶幾上以重大臣之薦，下以革濫進之弊。」都省勘會，所乞難行，但罷前宰執理當職司而已。

詔兩浙轉運司計本路歲當給職租實數，權行收糴一次，每石給省錢五千，以上供錢償其直。時兵食增廣，故户部奏行之。

是月，祫享太廟，祖宗並爲一列，不序昭穆，謂之隨宜設位，以廟之前楹迫狹故也。

右朝奉大夫、新知普州喻汝礪上言：

蜀罷國也，左無秦、隴以爲隱蔽，右無襄、鄧以爲垣墉。昨者金人驅兵約齎深入，和尚原險要之地，已屬之於秦矣。金引兵下清泥嶺，薄仙人關，前眺鐵山，我無東北，蜀之飛鳥，不踰河池，則惴惴之蜀，豈不甚病也哉？鐵山屬興州，河池屬鳳州，正當川、陝兩界。尚賴陛下英武之威，吴玠等極力拒守，敵遂引去。

夫所謂和尚原者，鳳之東境，距寶雞縣纔兩驛，抵鳳翔不能百里。我若屯兵其間，則可以下窺秦、雍，而於函、洛之路未絶也。所謂仙人關者，興之東境，距利州纔七驛。自利抵劍門關，百里而贏。今我退守仙人關，則蜀之險要，所失過半。敵既到仙人關，習知山峽隘險，難以進兵，必相與籌量，别生計策。他日分兵數道並進，一軍自階、成趨文、政，鄧艾由陰平路。一軍自梁、洋經米倉山入巴、閬，往年敵自興元攻米倉山，欲入巴州。一軍自均、房由達州山路入夔、峽，此開元時涪州進荔支路，其山後距子午道甚近。復以一二千人攻仙人關，以綴吴玠，勢分形散，所備皆急。一處破壞，則在處震蕩，此其可憂一也。臣嘗日夜深計而苦思之，謂可以擣敵之虚，解蜀之紛者，特有襄、漢一條路耳。日夜跂望朝廷威令一振，兵力復全，亟命偏師出襄、鄧間，可以直擣商、虢，徑薄秦、雍，此解蜀一奇也。今乃傳聞李横跳去，李成已據襄陽，則襄、漢路斷，何由插手？復聞李成經理襄陽，稍有科條，歸附漸衆，耕闢亦多。使年歲間勢且張大，則必引兵侵蝕荆渚，荆湖道路便復隔絶。江吴、巴蜀，離而爲二。庸蜀之人，雖係心於朝廷，其何能以自達？此其可憂二也。夫一里之險，而動千里之權者，地利也。然敵至仙人關，暫攻而不久留者，何也？艱於糧故也。若使秦中治廢邑，聚散民，字孤恤老，以益其衆，耕田疾作，以益其粟，則得吾地而可守矣，入吾境而可留矣。僞齊之力，未暇大舉，然必歲踐吾境者，何也？政以困我故也。輕師以索戰，而使吾有大兵久駐之勞；約齎以深入，而使吾有犇命轉輸之苦。吾所以待之者，不過斂兵依嶮而已，非有以逆擊之也；不過尾賊出境而已，非有以厚勝之也。如此數年，蜀之財力俱盡，此高熲平陳之策也，是其可憂三也。爰自總領司行鹽酒之策，失羌夷之和，於是叙州諸羌，攻陷諸寨，官吏殲夷，百姓奔遁。若使金人搏其胸，諸羌掎其背，四川老孺，何所遺死耶？況黎、雅、石泉所在諸羌，山谷聯綿，徑道秦、隴，儻使金人乘諸羌懷怨之隙，啗以金帛，約以攻我，不知何以禦之？此其可憂四也。

臣雖至愚，於此有二策焉。其一，則經理興元，其二，則措置荆、襄。漢中之地，嶮塞沃野，土壤膏腴，物力浩廣，高祖因之以基漢業，德宗資之以復唐祚。昔人以爲蜀之股臂也，今則城池丘墟，屯戍荒圮。宣司雖復差官，然亦但爲文具。守臣之寄處也，既無保境附衆之心；士伍之暫習也，又無專軍必守之計。緩急之際，果可恃乎？願陛下擇文武能臣以爲之，相險要，塞谿隧，環壘塹，設屯守。平居則重關錯守，以捍其衝；有事則諸屯併力，以壓其入。蜀之所以備敵者，特仙人關一軍耳。文武之衝，朝天之險，米倉之隘，非有别地以制敵之不意也[5]。借使金人盡鋭力攻，前軍毁敗，事勢差跌，别無後繼，不知何以遏之乎？宣司諸人慮患不遠，敵來則憂，敵退則以爲四川恢然無復事矣。論功差賞，以縻其財；差官除吏，以售其私。於此大節，未嘗痛講，而候吏已報敵騎之復來矣。日者和尚原至仙人關，退舍失地凡五百里。臣愚不知宣撫司亦復狀其實以聞朝廷乎？側聞陛下昨者却宣司之請，寢移司之議，臣竊壯之。願陛下命文武重臣鎮撫江陵，跨吴、蜀要害之衝，窒李成并吞之謀，專楊么舟楫之利，亟於此時治兵荆、楚，使川蜀一軍當秦、雍，江陵一軍拒襄、鄧，劭耕勸戰，招徠流庸。俟以歲月，稍復就緒，然後六騑濟江，以爲雍容駐蹕之地。於此可以捄援川蜀，覆蔽吴會，出軍宛、洛，通車三秦，是則荆楚之地，天所以假歸途而濟中興者也。若不趣行經理，一爲敵有，則巴蜀其能久存乎？吴越其能久無事乎？議者必曰：今解潛已在江陵，王瓔已在長沙，又何以别遣重臣？臣愚以爲，解潛兵力衰單，王瓔孤軍遠客，兵力衰單則勢寡怯而不足用，孤軍遠客則懷去就而不盡死。願明詔大臣，差其人素能御衆有威信方略者，然後付以此寄，使之重兵精甲，坐扼襟要，繕治城壘，訓耕峙糧，楊么不攻而自困矣，李成不戰而自蹙矣。」汝礪此書，據文集及文譜，皆云今年所上，但書中所言李成、楊么二事，以史考之，么今年六月方破，則汝礪在蜀，十月間容有未知，而岳飛去年五月收復襄陽，距此時已五百餘日，乃復不知，何也？若以爲去年十月所上，則未應繫普州銜，且附此，俟考。

僞齊劉豫令民鬻子依商税法，計貫百而收其算。僞知青州李儔駡右丞相張昴口可溺，豫批，理合誅戮，尚念儔昨係江南守臣，隨軍歸附，特與寬貸。追五官，與虢州盧氏添監。

校勘記

① 禁屠以禱雨　「雨」，原作「晴」，據叢書本改。

② 故其所趨向亦同　「亦」，原作「不」，據歷代名臣奏議卷一五六改。

③ 綱謂此奇貨可以傾心結納　「貨」後原有「財」字，據叢書本删。

④ 純仁次子也　「次」，原作「長」，據范成大吴郡志卷二六「范正平字子夷，忠宣公次子」改。

⑤ 非有别地以制敵之不意也　「地」，原作「也」，據叢書本改。

建炎以來繫年要録卷九十五

1 紹興五年十有一月庚午朔，初置節度使已下象牙牌。其法自節鉞、正任至横行、遥郡，第其官資，書之於牌，御書押字，刻金填之。仍合用制造，一留禁中，一降付都督府。相臣主其事，緩急臨敵，果有建立奇勳之人，量其功勞，先次給賜，以爲執守。自軍興以來，皆宣撫使便宜給札補轉，至是，都省有此請焉。

詔諸路州縣出賣户帖，令民間自行開具所管地宅田畝間架之數，而輸其直，仍立式行下。時諸路大軍多移屯江北，朝廷以調度不繼，故有是請焉。賣户帖事，以日曆考之，全不見其始。但於本年十二月六日甲辰載立定價錢指揮。按十二月二十三日，都省劄子有云：「其十一月一日已降自行開具指揮更不施行。」則是元旨在此日也。以意度之，當是都省不許報行，故日曆所載不見事祖耳①。席益奏狀亦云：「十一月五日已後指揮共八項，並爲出賣户帖事。」今掇取附見本日。已而中書言恐騷擾稽緩，乃立定價錢，應坊郭、鄉村出等户皆三十千，鄉村五等、坊郭九等户皆一千，凡六等，惟閩、廣下户則差減焉，期一季足，計綱赴行在。十二月甲辰。即旱傷及四分以上，權住聽旨。十二月甲辰。此項日曆不載，以四川制置司申明狀修入。其錢令都督府樁管，非被旨毋得擅用。十二月癸丑。時州縣追呼頗擾，乃命通判職官徧詣諸邑，當面給付民户。十二月壬戌。其兩浙下户展限一年。十二月甲子。内諸路簿籍不存者，許先次送納價錢，俟將來造簿畢日給帖焉。十二月乙丑指揮。餘見六年二月庚子。

中書門下省奏中書舍人胡寅所言六事，一曰清中書之務，大略謂：「宰相大臣，陛下之所委任，以圖中興之丕烈者也。而兼總六曹有司之事，受詞訴，閱案牘，走卒賤吏，一有所求，皆得自達。窮日之力，不得少息，皆細故也，而政事堂與州縣無以異矣。頃者刀筆之吏、偷安之人竊據此地，勞心畢知於簿書期會之間，謂稱職在是，無足深怪。餘風尚在，久弊未革，此天下所以疑中興之無效也。望陛下詔宰執大臣，選補六部長吏②，凡有格法者，一切付之，使得各舉其職。法之所不載者，事之所不可行也，六部無得爲人申請，破壞成法。如是，則大小詳要不相奪倫，中書之務清，有司之事治，文移奏報各從簡省，廟堂之上可以志其遠者、大者，久長之策，恢復之功，庶乎可冀矣。」二曰議學校之制，大略謂：「自軍興以來，布衣韋帶之士失其常産，因無常心，棄毛錐而説劍，上封事而覓官，泯泯紛紛，儒風掃地。謂宜稍增教授員闕，慎擇老成名士，以充其選。仍詔守臣留意學校，加以歲月，必有可觀。則凡鄉舉遊學之科，居處飲食之制，生徒多寡之額，師儒殿最之法，皆在所議。如合聖心，即乞睿斷，詔大臣施行。」三曰重縣令之任，大略謂：「宜籍中外已爲臺省寺監官，依倣漢制，分宰百里。俟有詔績，不次陞擢。則又增重事權，優假其禮，借以服色，厚給餼廩。凡軍馬屯駐本縣者，許之節制，其經由者，悉用階級。則又據諸路縣分户口賦所入，分爲三等，上等自朝廷除授，中等則自吏部注擬，下等令帥司、監司同共辟奏，立爲定額，不得差互。則又用宋元嘉致治之法，以六期爲斷，革去三年成任，兩考成資，與堂選數易之弊。則又立四條，爲三等縣考課之法，曰糾正稅籍，曰團結民兵，曰勸課農桑，曰敦勉孝悌。俟及三年，考其績效。已就緒者，就加旌賞；未有倫者，嚴行程督；皆無善狀，則黜汰之。則又命從臣各舉二人之能任者，亦剌舉二人之奸贓者，皆籍於中書，俟考按功實，以次施行。如是，縣令之選重，仁人君子有愛民利物之心者，皆舉其職矣。」四曰京官必歷親民，大略謂：「近來由判司簿尉初改官人，及初爲京朝官，而實不曾歷親民差遣者，例皆不肯參部，便欲直爲通判，作威勢，黷貨賄，爲民之害，無所不至。望詔大臣嚴守格法，不輕除授。其已除未赴者，亦乞別作施行，庶幾息僥倖之風，勵人材之操。」五曰監司、郡守並以三年爲任，大略謂：「近歲監司、郡守更易頻數，雖使絶人之才居之，號令未及信於民，而已報除代矣。望明詔大臣，凡前宰執、侍從官爲州郡，未滿三年，不許除代。其庶官知州，及轉運使副、判官、提點刑獄，候到任一年，方差替人，其餘凡係堂除者，除代以兩人而止，仍皆以三年爲任。如此，則官有宿業之士，功緒可稽；士息競奪之風，廉恥可立。乃中興急務也。」六曰除監司迴避户貫之禁，大略謂：「周制興賢，出長入治。後漢熹平間，朝議以州郡相黨，人情比周，乃制婚姻之家及兩州人士不能對相監臨。近年指揮，監司、郡守不得除用土人，違周公之訓，蹈熹平之失，出於當時用事大臣私意，非良法也。夫得賢才，使臨本邦，知利害尤悉，愛百姓尤切；不賢不才者，雖在他方，以非吾土，爲害滋甚矣。不擇人而繆於立法，此與三互同爲後世笑也。望明詔大臣，蠲除近禁，盡心選授，惟務得人，有功則賞，有罪則罰。」詔三省措置立法，其在内窠闕，并樞密院差除依此。後頗有所施行，然不盡用也。

2 辛未，趙鼎奏：「昨蒙降出李大有上書，言及機權事。」上曰：「此涉兵機，不欲付外看詳。昔張齊賢上書，獻收河東之策。太祖皇帝怒甚，至裂其奏擲之於地。及左右侍立之臣既退，徐收其奏，密授太宗曰：『他日取河東，出兵運糧，當用齊賢策。』未幾，河東平，擢齊賢至宰相。沈幾如此，當爲萬世法。」按李大有，紹興四年九月爲檢正官，卒於位。此又别是一人，疑布衣上書，當考。

諸王宮大小學教授劉長源面對，論今臺諫官闕而不除者過半，乞命兩禁各舉一員，籍其名於禁中，參考行實，有闕即除。上曰：「已令學士舉堪充人矣。」日曆未見此指揮，不知是何月日。長源又請：「擇文臣剛方有守，才堪御史者，爲軍正。每軍置一員，令專糾諸軍之不法者，月申樞密院，類聚一季進呈。」上因舉田穰苴斬莊賈等事，長源又言：「劉豫之害大於金人。」上曰：「却退金人，則劉豫無援，自不足慮矣。」

宗正司上僊源慶系屬籍總要。詔丞孫緯進秩一等，諸吏賜帛有差。

3 壬申，右朝奉大夫、新提舉荆湖南路常平茶鹽公事王弗提舉都督府糧料院。弗初見紹興二年二月。

4 癸酉，川陝宣撫副使吴玠奏遣其子來奏邊事。先一日，玠乞俟防秋畢入對，詔答不許。上諭輔臣曰：「玠比嘗請入覲，今又遣其子來奏事，可謂得事君之體。玠握兵在外累年，乃能周慎委曲如此，良可嘉也③。」

尚書省言：「歸朝官選人多注不釐務差遣，監司守倅薦舉所不及，欲令歷任無過負者，三考循一資，至承直郎，歷五考改宣教郎。著爲令。」從之。十一年九月十八日衝改。

詔應守臣守禦臨難不屈，死節昭著，不以官品高下，並令帥司保奏，特與賜謚。用中書請也。

右迪功郎、監明州鶴鳴買納鹽場周孚先賜同進士出身，添差臨安府府學教授。孚先，臨晉人，常從程頤學，既用積舉得官。著作佐郎張九成等言：「孚先問學淵源，操履方正，久游庠序，士論推服。欲望朝廷處以師儒之職，使爲後學矜式，庶幾盡其所長，少補教化。」故有是命。

閤門宣贊舍人潘永思兼幹辦御前忠佐軍頭引見司。

故徽猷閣直學士郭思特賜四官，爲銀青光禄大夫。思已見建炎四年十月。以其家有請也。此又與今年六月丙寅劉大中建請及敕榜朝堂指揮相妨。大中此時爲吏部侍郎，乃無一言，當考。

5 甲戌，知房州晉鸞轉一官，再任。以中書言鸞招軍治城，招集餘民至四千餘户，墾田及六分以上，理宜褒賞故也。

左從事郎、充西外敦宗院教授毛逢特改左承務郎，與淮南沿邊近見闕通判。逢初以薦者召赴都堂審察，而大臣奏其言邊防利害可採，遂以逢通判揚州。此又與今月庚午胡寅第四劄子陳請相妨，寅爲舍人不論列，當考。

6 乙亥，秘書少監潘良貴守起居郎。

和靖處士尹焞爲右宣教郎，充崇政殿説書。令川陝宣撫司加禮敦遣赴行在所。制曰：「先王之道，具存方册。非得深純篤厚之士，傳其師學，敷繹於前，則道固隱而不彰矣。朕博求碩儒，發明治要。聞爾安貧樂道，澹然無求，執德不回，久而益固，是用縻以好爵，列之經闈，勉從弓招，副朕虚佇。」

進士顔邵特補右修職郎，卓右迪功郎，彦輝下州文學。初，上聞真卿之後有居温州者，命守臣推擇以聞，得邵等三人，而彦輝則真卿十一世孫也。上謂大臣曰：「人有一死，或輕於鴻毛，或重於泰山，在處死爲難耳。真卿在唐死節，可謂得處矣。況今艱難之際，欲臣下盡節，可量與推恩，以爲忠義之勸。況仁祖時，曾命顔似賢以官，自有故事。」既命以官，遂命邵、卓監潭州南獄廟。

罷吉州榷貨務都茶場。會要。

武經郎、閤門宣贊舍人、監南劍酒務許約充淮西宣撫司將官，用劉光世請也。

僞齊遣諜者吴順至壽春，爲府司所獲，械送闕。丙子，詔免罪，於臆前大刺「吴順發回」四字而遣之。後有犯者，視此。

7 丁丑，池州州學教授葛騏罷。初，上召騏入對，而殿中侍御史王縉言：「騏貪贓奸濫之迹，不可汙赤墀之地。」乃并罷之。

詔興化軍守、倅、兵官並罷，令提刑司治罪。先是，軍士七人作亂，殺人縱火，所焚六百餘家④。兵官懼，遁去。兩軍校闔營門，諭士卒毋得從亂。市人執而戮之。右諫議大夫趙霈以爲言，故罷。其軍校令憲臣覈實申省。

8 戊寅，降授右承奉郎劉默通判揚州。默知天台縣，坐發守臣晁公爲受賕，特旨編管。至是，言者論：「默以一縣令爲大臣所怒，羅織鍜鍊，宜其無力。而其坐止緣防秋犒設官吏、土豪酒食之費，以爲入己倍贓，紐計纔十五千而已。以公爲之罪觀之，默之冤可知。」詔與改正，故有是命。默七月丙戌得旨改正，今并附此。

9 辛巳，右朝散大夫、新知袁州蔣璨提舉淮南鹽事，填創置闕。其常平茶事，依舊隸茶點司，以淮南鹽貨倍增故也。孫覿撰璨墓誌，稱知通州，就除提舉淮南東西路茶鹽事，蓋誤。

10 壬午，詔川陝宣撫副使邵溥遣參議官一員⑤，往諸寨傳宣賜燕，自統制官已下至將校並坐，使臣、軍校皆犒之。

11 癸未，上謂大臣曰：「邦計匱乏，苟有一毫可以節省，亦當行之。朕宮人僅給使令，然昨日亦搜檢三十人出之。」趙鼎曰：「節省之道，始於宮庭，此陛下盛德也。」

12 甲申，翰林學士兼侍講孫近試吏部尚書兼權翰林學士，尚書刑部侍郎兼直學士院胡交修充翰林學士，尚書左司員外郎王俣權户部侍郎，右司員外郎張宗元爲中書門下省檢正諸房公事。

起居郎潘良貴兼權中書舍人。

自渡江，宰輔已減俸三之一，至是，趙鼎等復請於内權減二分。從之。於是行在官吏俸禄皆權減。六年四月復舊。

13 乙酉，顯謨閣直學士、知平江府李光試禮部尚書，試尚書工部侍郎、都督府參謀軍事折彦質試兵部尚書，徽猷閣待制、知静江府李彌大試工部尚書，給事中廖剛試刑部侍郎，權兵部侍郎吕祉試給事中，起居舍人任申先試中書舍人，仍兼直史館。國朝詞臣進不由科第者，林攄、顔岐及申先而已。

秘閣修撰、都大提舉成都府熙河蘭廓秦鳳等路茶事兼提舉陝西等路買馬監牧公事、專一總領四川財賦趙開爲四川都轉運使、都大提舉茶馬兼川陝宣撫使司參議。開嘗論總領財賦，於四路漕計或不相關，宜正其名，使知有所統屬。張浚是之，故有是命。

14丙戌，詔：「荆襄、川陝見宿大兵，措置事宜，委任至重。雖已除席益制置大使，而調發節制，隸在督府。可令張浚往視師，仍詔諭諸路。」議者謂：「梁、洋沃壤數百里，環以崇山，南控蜀，北拒秦，東阻金、房，西拒興、鳳，可以戰，可以守。今兩川之民往往逃趨蜀中，未敢復業。墾闢既少，多屯兵則糧不足以贍衆，少屯兵則勢不足以抗敵。宜以文臣爲統帥，分宣撫司兵駐焉，而以良將統之，遇防秋則就食綿、閬，如此則兵可以備援，而民得安業。」詔宣撫副使邵溥、吴玠擇二郡守臣相度。初，玠苦軍儲不繼，於興元、洋、鳳、成、岷五郡治官莊屯田，又調戍兵治褒城廢堰，民知灌溉可恃，皆願歸業。詔書嘉奬。别路漕臣郭大中言於玠曰：「漢中歲得營田粟萬斛，而民不敢復業。若使民日爲耕，則所得數什倍於此矣。」玠用其言，歲入果多。已而玠復欲陸運，召諸路轉運使持户籍至軍中。溥曰：「今春驅梁、洋遺民負糧至秦州⑥，餓死十八九，豈可再也？且宣司已取蜀民運脚錢百五十萬，其忍復使陸運乎？」既上疏，立以便宜止之，卒行水運。大中亦白玠曰：「利路幸小熟，請以本司緡錢就糴，徐責兩路僦船之直以償。」玠從之。大中又患水運亡失，以策誘賈販，省費十之五。邵溥、郭大中事，皆不得其日。因論者言梁、洋事，遂牽聯書之。吴玠奬諭詔書在十二月丙午。

是歲也，四川收錢物總三千六十餘萬緡，支四千六十餘萬緡，以宣撫司趲剩錢補其闕，而玠一軍所費爲二千三百七十萬緡。

權尚書户部侍郎張致遠試給事中，秘閣修撰劉寧止權户部侍郎。致遠在版曹，嘗奏疏言：

比年士大夫專意營私，不恤國事，幾習爲常。殊不知國之安危，乃一家之興替；民之利病，乃一家之休戚。故寧負詔旨，而不負權勢之請託；寧緩貢賦，而不緩親故之券給；寧闕軍餉，而不闕公使之饋遺。冗員當省，方且刱置窠闕，以私辟舉；攝局當罷，方且差出僚屬，以徇干求。賣官田則巨室租賃，而謂不可行；撲酒務則以官吏廢併，而多爲之説。奸贓不按發，以善應副爲有才；簿書不鈎考，以便移兑爲得計。脱有急緩，上不過告訴朝廷，以求支降，下不過厚斂百姓，以紓己責。或謂凋殘之餘，未易料理，顧在人何如耳。夫人各有心，陛下縱欲富國强兵，大有爲於天下，臣固知其未可也。此固士大夫之過，其實亦循沿之失。人才不甚相遠，九官猶各終一職，孔子亦三年有成。今既不因任，又不持久，信之不篤，責之不專，有功未必賞，有罪未必罰，或旬日，或數月，或期歲，輒罷去。幸而亡他，故僅書二考，亦罷去；其政事著於時、惠實孚於衆者，亦罷去；若罪未至於害治，而功或足以贖過者，亦罷去。居常岌岌然，朝不謀夕，則亦苟目前、營私橐，爲去計而已矣。伏願陛下亟命大臣，採一時公議，類前日薦章，銓量去留。凡有使任，各當其才，才得試以久，待以信，責之專。力務省節，明禁僭侈，自宫禁始，自朝廷始，員額可減者減之，司屬可併者併之，毋顧小害，毋徇人情，毋溺浮議，毋玩歲月。爰詔卿士百辟，各安職守，各體國事，各重民力，使州縣無妄用，歸其餘於監司，監司無妄用，歸其餘於朝廷，朝廷無横費，日積月聚，惟軍須是慮。内外相視如一家，上下相視如一人。如此而後，境土可復，二聖可還，中興之業可致也。

後七日，乃命下詔戒諭監司守令，餘令三省措置。降旨在是月癸巳。

左朝散郎樓炤守尚書右司員外郎。炤坐秦檜累久斥，至是始用之。

尚書工部員外郎、都督府主管機宜文字楊晨改祠部員外郎。晨自川、陝使還，乃有是命。

宗正少卿謝祖信罷爲直秘閣，知吉州。

戊子，中書舍人胡寅充徽猷閣待制，知邵州。初，寅既論不當遣使，上賜詔書褒諭，而尚書右僕射張浚自江上還，奏使事兵家機權，不用其説。乃遣承節郎、都督行府帳前準備差使范寧之與問安使何蘚偕行。寅復奏疏，言其無益者八，有害者二，大略謂：

庚戌而後，不遣使，金兵亦不來。及癸丑而後，日遣使，則勾引金人入國，曾不旋踵。前所遣使，皆侍從之臣。聞其入金境，晝夜驅馳，略無禮節。及見黏罕，坐受欺紿，匆匆而歸。況何蘚一使臣，何能任覘國之事？萬一金人臨以兵威，肆其迫脅，必不能嚙舌就死，則反以我之情告之，是自敗也。金人之所大欲者，誰不知之？既有滅宋之心，使劉豫明日就亡，今日亦必赴救，而況豫賊祈哀乞援，秋高草熟，來犯何疑？去冬下詔，罪狀劉豫，明其爲賊。今豫豈肯容吾使人之達於金？所謂無益，皆此類也。獨有一説，使陛下難處者，以二帝爲言耳。然自建炎改元以來，使命屢遣，無一人能知兩宮起居之狀、謦欬之音者，況今歲月益久，金必重閟，惟懼我知之。今以金爲父兄之讎，絶不復通，則名正而事順。他日或有異聞，在我理直，易爲處置。若通使不絶，則金握重柄，歸曲於我，名實俱喪，非陛下之利也。使或有知二帝所在，一見慈顏，宣達陛下孝思之念，雖歲一遣使，竭天下之力以將之，亦何不可之有？其如艱梗悠邈，必無可達之理乎？以此揆之，則以二帝爲言者，理無難處也。臣聞善爲國者，必有一定不易之計。正其大義，不徼倖以爲之。今日大計，只當明復讎之義，用賢才，修政事，息民訓兵，以俟北向，更無他策。儻或未可，惟是堅守。若夫二三其德，無一定之論，必恐不能有爲。至於何蘚之行，非特無效，決須取辱。臣所見如此，豈得以張浚有言而自抑也？

寅既與浚異論，乃以父病不及侍迎，乞守湖南小郡，故有是命。

詔荊湖南路提點刑獄公事馬居中、衡陽縣令仇穎並勒停；知衡州裴廩除名，高州編管。初，廩用穎策，調夫築城，凍死者二千餘人，而城卒不成。上聞之，謂大臣曰：「虐用其民如此，宜重寘典憲，以爲妄作之戒。有功則賞，有罪則罰，所以示勸沮也。」趙鼎曰：「雖寘廩於極典，何以酬此二千人無辜性命？欲且除名勒停，編置嶺外。」上曰：「可。」既而三省勘會諸司元奏，乃穎建議，而廩贊成其計。詔廩免編管，穎更降二官。後旨在十二月甲寅。

右迪功郎吴敦禮賫詔賜高麗還，特遷右從事郎。

登仕郎柴安逸許理選限。安逸，周世宗族孫，用明堂赦而録之。

16 辛卯，資政殿大學士、提舉萬壽觀兼侍讀張守知平江府。守引疾丐奉外祠，故有是命。

秘書省正字石公揆守監察御史。

17 壬辰，殿中侍御史王縉言：「竊見去年冬間，總理財計之臣以贍養大兵急闕，建議預借坊場一界淨利錢，朝廷不得已而從之。宣州諸邑又催當限錢，類皆勾集禁繫。豈有既已預借，又催當限錢？不惟重併苛擾，實害坊場之法。望令提舉司究實按治。」從之。

詔私販川茶至僞界十里内，提獲犯人，並從軍法；透漏州縣，當職官吏以下減一等。

18 癸巳，親從官趙勝歸自金國，備言二聖萬福。上悲咽不自勝，曰：「勝向在太上皇帝處，今其遠歸，具言二聖久在漠北苦寒之地，居處、衣服、飲食，百種皆闕。爲人子弟，不能拯父兄之難，深自悲傷。今朕所居宮室及一飲一食之間，念及父兄，痛入骨髓。」上嘻噓泣下，趙鼎等曰：「陛下孝友之思如此，臣等無以自效，死有餘責。然金人恃其强悍，不久當衰。願少寬聖慮，彊於自治，天必悔禍，二聖終有還期。」

中書舍人朱震言：「珍州在涪州之南，山路險絶，舟車不通，居民所輸，不過斗粟，地利物産，悉歸敵人，而吏禄軍須，州縣之費，取足於夔路。願詔有司，廢罷州額，以蘇夔路之民。」詔川陜宣撫司一面措置，後不果罷。

故右文殿修撰、知汾州張克戩定謚忠確。克戩，耆孫，靖康末以死事贈延康殿學士。

沿海制置使仇悆奏：「應沿海州縣有舟之家，五家爲保，遞相覺察隱寄盜贓。如有違犯，並依保伍法。如能自陳，或徒中反告及他人捕緝，並優立告賞。」從之。

19 甲午，權中書舍人潘良貴繳方州殺人奏案不當。上曰：「殺人者死，此古今不易之法。然情有可憫，許具奏，此祖宗好生之德。第恐州縣之吏受賕出入，略加約束可也。」

20 乙未，徽猷閣待制、新知邵州胡寅改充集英殿修撰。寅上奏辭新命，且言：「自來繇詞掖補外，必須在職一年，仍非罪譴，乃膺次對之選，蓋所以昭示恩禮，不輕除授。祖宗故事，不可違也。臣頃掌贊書才踰半年，不能請止，以宜刑誅。論臣庇賤，則恩禮非所施；考臣怨仇，則刑誅不可免。」疏三上，乃有是命。

顯謨閣待制、兩浙都轉運使李迨言：「陛下深明治體，加意所重，既遴外臺之選，復行銓量之令，宜乎綱紀肅然也。奈何諸路監司尚有不副委任之意者？此無他，銓量之令雖行，而督責之方未至也。夫監司所以振舉綱紀者，法令也。近年以來，循習積弊，不守法令者久矣。差權官有專法也，或違法而徇情求；補人吏有定額也，或溢額而養浮冗；破兵級有著令也，或廢令而供私役。以至公使錢踰歲賜之數，頭子錢非合支窠名，虛費妄用，奸蠹百出，有不可勝言。人皆知法令所不當爲也，而監司公然爲之。其循習積弊不守法令如此，豈能爲陛下振舉綱紀乎？昔者薛宣爲御史中丞，嘗論部刺史不循守條職，蓋漢御史府有大夫爲其長，有中丞爲其屬，執法殿中，外總部刺史。臣愚欲望陛下略倣漢制，委臺臣分察諸路監司差官、補吏、占破兵級、支用公使、頭子錢等事。今日以前，先令改正。今日以後，許令糾劾以聞。其有違法被黜甚者，仍令吏部籍記姓名，永不除授監司差遣。庶執按察之權者，皆務先自治而後治人，綱紀無不振舉矣。其於治體非小補也。」詔御史臺常切覺察。迨又言：「祖宗以來，宅都大梁，歲漕東南六百餘萬斛，而六路之民莫知運動之方，且無飛輓之擾。蓋所運者舟，所役者兵卒故也。今者駐蹕浙右，大兵乘江，諸路漕運，地里不若中都之遠，而公私苦之，何也？蓋以所用舟船，大半取辦於民間，往往鑿船沈江以避其役。至於拘認折欠，監錮填納，爲患非一，此衆所共知也。伏見江、浙路如温、明、虔、吉州等處，凡祖宗以來所置造船場，今官吏具在，皆坐糜廪禄，略不舉職。蓋緣逐州近將合支錢物、材料、工匠等，轉易他用。欲乞特降處分，委逐州守臣措置物料，拘收兵匠，隨宜打造，仍官自裝籠，須管依年額數足。如錢物闕少，許取撥本處轉運司移用錢，相兼支用。逐旋團結，募兵卒主挽，使臣管押，依自來押綱條例支破請給。每綱以十分爲率，量留力勝二分，裝載私物。除不得運禁物榷貨外，免收力勝。所謂本綱官物，不容少欠。如違，勒令備償。庶幾害不及民，可以漸復漕運舊制。」詔工部措置。

詔賜故直秘閣楊邦乂家吉州田二頃。以其妻曾氏言子孫幼少，未有食禄之人，乞賜優恤也。

詔出内帑絹三千六百匹、綿萬兩，賜親賢宅諸宗室。上諭大臣曰：「時寒如此，令户部支，則恐傷經費，故第從内帑趲那給之。」

21 丙申，徽猷閣待制、提舉江州太平觀胡安國言：「臣聞古者不以名爲諱，堯典稱：『有鰥在下，曰虞舜。』則堯、舜者，固二帝之名。周公以謚易名，於是有諱禮。然臨文不諱，嫌名不諱，二名不偏諱，載在禮律，其義明白。孔子作春秋，凡書周、魯事，雖婉其文，至於名諱，並依本字。春秋爲尊君父而作，仲尼豈不恭者？書法如此，義亦可知。自漢以來，此義不行。臣子習爲諂諛，而不知恭順之實。忌諱既繁，名實愈亂。本朝沿襲漢、唐故事，未暇盡革。恭惟陛下天縱聰明，既尊春秋之書，以新聖德，宜用春秋之法，以斷政事，即有撥亂反正之功。臣所纂修繕寫進本，援引他經子史之類，欲乞應犯聖朝廟諱不可遷避者，依太常博士王晳所進春秋解例，並依監本空闕點畫，於淵聖御名，亦不改易本字，覆以黃紙。庶幾名實不亂，上遵春秋之法，亦以消臣子諂諛之端。向孟軻氏欽王之義，明恭順之實。」詔如所請，仍令疾速投進。

22 丁酉，詔：「預借民户和買紬絹二分，止令輸見緡，毋得抑納金銀。除頭子錢外，每千收縻費錢毋得過十文。」用殿中侍御史王縉請也。縉又言：「去冬已預借和買，今聞復有二分指揮。向來收縻費錢，每千有至百錢者。今既納見緡，自無虧剥，不合更收市利。」從之。

詔江西帥憲司覺察漕司及州縣，毋得重疊催理旱傷民户苗米。初，朝廷以江西旱傷最甚，命四等以下户苗米聽輸其直。而户部言：「下户之内，多有豪民隱寄。」詔漕司分析，仍與逐州協心體國，拘催本色斛斗。殿中侍御史周葵言：「恐漕司及州縣官規免罪戾，一例將人户委係旱傷，而未納價錢者，催理本色，或雖有些小旱傷去處，而已納價錢者，重疊催理，致陛下命令不信於民，而百姓重有騷擾，爲害不細。」故有是旨。

荆南府歸峽州荆門軍安撫使王彦言：「已標撥營田八百五十餘頃，自蜀中市牛千七百，以授官兵。」詔彦更切多方措置。

右朝散大夫謝亮知通州，言者奏其罪，命遂寢。

詔罷催税户長，復以村疃三十户爲一甲，輪差甲頭一名催税。先是，長沙丞吕希常建言，大保長於一保之内，豈能家至户到？催促不前，則監繫破產。詔諸路轉運常平司相度利害。至是，廣東諸司以爲便，遂推行之。事祖見元年十月。

江浙荆湖福建廣南路提點坑冶鑄錢趙伯瑜乞減鑄錢，每千錢重四斤五兩，比舊減半斤。許之。時坑冶盡廢，伯瑜訪得諸監有古渣淪浸入地，漸生鑛末，乃淘掘成銅，品合鼓鑄焉。

右通奉大夫、秘閣修撰程唐提舉江州太平觀，與理作自陳。唐復職年月未見。

校勘記

①故日曆所載不見事祖耳　「載」，原作「遂」，據叢書本改。

②選補六部長吏　「吏」，原作「史」，據宋史全文卷一九中改。

③良可嘉也　「可」，原闕，據叢書本補。

④所焚六百餘家　「焚」，原作「禁」，據叢書本改。

⑤詔川陝宣撫副使邵溥遣參議官一員　「使」，原作「司」，據叢書本改。

⑥今春驅粱洋遺民負糧至秦州　「遺」，原作「遣」，據叢書本改。

建炎以來繫年要録卷九十六

1 紹興五年十有二月己亥朔，檢校少保、鎮寧鎮信等軍節度使、神武後軍都統制、荆湖南北襄陽府路蘄黄州制置使岳飛遷招討使。

帶御器械、神武中軍都統制、權殿前司公事、提舉宿衛親兵楊沂中權主管殿前司公事，併中軍隸殿前司。沂中自劉錫之罷，已暫權殿前司，至此真除也。自五軍外，又置選鋒、護聖二軍，每軍皆有統制，仍令沂中具名申樞密院，給降付身。給付身指揮在是月己酉。

直秘閣宋萬年提點利州路刑獄公事。日曆萬年去年五月己亥自左朝散大夫、直秘閣轉一官。利路提刑題名萬年七年十月乃以右中大夫、直徽猷閣到任。

詔：「果州團練推官王利用、知陰平縣丁則、江原縣丞馮時行、知蒼溪縣常明、左迪功郎曹彦時，並召赴都堂審察。如未能遠來，令宣撫司與陞擢差遣。」則，晉原人；時行，巴縣人；明，安民孫也。先是，祠部員外郎楊晨撫諭川陜還，薦利用等才行於朝，故有是命。

中書門下省奏：「累據臣寮陳請，乞淮南、川陜、荆襄等路行屯田之制，以裕軍食。」乃命學士草詔諭諸帥，如所請。

詔閤門祗候孫崇節特差幹辦儀鸞司指揮勿行。先是，閤門得旨行下，而言者以謂：「自來未有閤門承受聖旨除臣僚差遣條法。深恐自此沿習爲例，中外臣僚因奏對之際，干求差遣，上累聖德。此事雖小，所繫甚大，望賜追寢。仍詔大臣，今後傳宣内降，或官司申乞奏審而不依法律者，並依祖宗法，許中書、密院及所屬官司執奏。」故有是旨。崇節差遣以十一月辛巳得旨，今但附寢命之日。

2 庚子，試尚書禮部侍郎兼侍講唐煇充徽猷閣直學士，知徽州。以煇引疾有請也。

詔：「神武係北齊軍號，久欲釐正①。宜以行營護軍爲名。神武前軍改稱中護軍，左軍稱前護軍，後軍稱後護軍。劉光世所部人馬稱左護軍，吴玠所部人馬稱右護軍，並聽本路宣撫、招討司節制。熊克小曆稱並聽本路宣撫司節制。此時湖北未置宣撫也。克云：「川陝右軍後亦謂之右護軍。」此亦鹵莽。今不取。王彦所部人馬稱前護副軍，聽荆南安撫司節制。應統制官已下，請給、資任、軍分如舊。」中護軍者本張俊所將信德府部曲，後以忠鋭諸將及張俊親兵與張用、李横、閻皐之衆隸之。前護軍者本韓世忠所將慶源府部曲，後以張遇、曹成、馬友、李宏、巨師古、王瓔、崔增之衆隸之。後護軍者本岳飛所將河北部曲，後以韓京、吴錫、李山、趙秉淵、任士安之衆隸之。左護軍者本劉光世鄜延部曲，其後王德、酈瓊、靳賽自以其衆隸之。右護軍者，本吴玠涇原部曲，後得秦鳳散卒及劉子羽、關師古之衆隸之。前護副軍者，本王彦河北所招部曲，其後稍以金州禁卒隸之。至是，俊與世忠、光世軍最多，玠次之，飛又次之。彦兵視諸將最少。自渡江以後，三衙名存實亡。逮趙鼎、張浚並相，乃以楊沂中所將隸殿前司，解潛部曲隸馬軍司，統制官顔漸部曲隸步軍司。沂中之軍，本辛永宗部曲，後又益以他兵，故其衆特盛。潛之軍纔二千餘，漸所統烏合之兵而已。顏漸今月乙巳差充湖南安撫司使喚，其兵以壬寅日隸步軍司，今併附此。

言者論：「行在職事官，凡有除授，畫降指揮，承襲舊例，日下供職。此無補於事，適足以長奔競之風。又有不可者，方除命之出，合於人望者固無可言，儻未愜於公論，則御史、諫官得以言，舍人得以繳，給事中得以駁。與其追寢於供職之後，曷若改正於未行之前，不爲反汗也？執政大臣，人主之所體貌，天下視之以爲矜式，進退之際，其舉措尤當慎也。至於軍旅急切之事，有司之不可一日闕者，自可臨時別降指揮，勿以爲例。此當從權，權非反經之謂，相時之宜，權事之輕重而已。伏望特降指揮，除去舊例，亦所以訓迪列位，勵其風節。」從之。

詔四川制置大使司奏稟急速事，許赴入内内侍省投進。用席益請也。

3 辛未，趙鼎等奏：「應都督府軍馬，並撥隸三衙。」上曰：「祖宗故事，應軍馬未有不入三衙者，今釐正之，甚善。他日差出，即降旨聽某將節制，其名既正，則軍政漸可復舊。」

權户部侍郎王俁言：「致治之要無他，上有道揆，下有法守而已。然則守法者有司之事也。自兵火以來，雖案牘散亡，而嘉祐舊典、紹興新書，與夫通用專法，纖悉具存。奈何比年以來，官失其守，廢法用例，其弊滋甚。如立功之賞，不可以一揆也，彼重而此輕，則必引重以爲例；死事之澤，不可以一律也，甲多而乙少，則必引甲以爲例。以至遷轉補授之差，請給蠲減之異，如此之類，不可概舉。有司動輒援引以請，甚者巧爲附益，規紊朝聽。初則曰與例稍同，又其次則曰與例相類。一字之別，去法愈遠，不啻倍蓰什伯千萬然也。所以恩歸於下，怨集於上，人不退聽，事益增多。爲治之害，孰大於此？伏望明詔大臣，除刑寺斷例合依舊存留照用外，其餘委官，悉取已行之例，精加詳定。有不戾於法，而可行於時者，參訂修潤，附入本例。嚴戒有司，自今以始，悉遵成憲，毋得受理。敢有弗率，必罰無赦。」詔左右司、樞密院檢詳官取索措置，條具申尚書省。自南渡以來，百司日有申明，皆臨時裁決，初無定制，三省、樞密院尤爲叢冗。至是，趙鼎因請委都司取會前後所行之例，約爲中制，立爲定法，付之有司，遵守而行，吏無所肆其奸矣。熊克小曆略載此事於今年八月末，又不出俣奏請，實甚誤也。按今年八月戊午，止是編集糧審院續降指揮，今移附此。

4 壬寅，中書舍人兼直史館任申先陞充史館修撰。先是，范冲以待制兼修撰，而舍人當在待制之上，故改命焉。

吏部尚書孫近等乞依宰執例，裁減俸給。不許。已而臺諫、近戚、諸大將相繼有請，上悉以不允答之。

詔龍圖閣待制耿延禧、端明殿學士董耘、保静軍承宣使高則帥府舊僚，令所在州各賜田五頃。言者論其不可，遂止。

左朝請郎、兩浙西路提點刑獄公事吳表臣試秘書少監。

權主管殿前司公事楊沂中罷帶御器械，以沂中自言職事相妨故也。

親衛大夫、宣州觀察使、江西路兵馬都監閻皋爲成都府利州路兵馬都監。先是，四川制置大使席益將湖南兵自隨②，以皋兼親兵統制，故有是命。

5 乙巳，詔：「以翠羽爲服飾者，依銷金罪賞，並徒三年，賞錢三百千，許人告，工匠同之。鄰里不覺察者抵罪，賞錢二百千。已造者，三日不毀棄，同此。」以諸王宮大小學教授錢觀復有請也。既而文思院言：「學士院書詔，禁中應奉、班直、行門等賜帶，觀察使已上牌印、册寶、法物，皆合用塗金。」詔令如舊。文思院申明在六年正月乙亥。

江西轉運司奉朝旨措置賑濟事件，乞：「支降本路實催苗米五七萬石，委提舉司以州縣災傷分數取撥，比市價減錢十分之三，零細出糶。仍令州縣勸諭有力之家，入納粳米，每一千石補迪功或承信郎，便作官户免丁身差役，本路帥司舉辟合入差遣；入納稻穀，每二千石依入納米斛補官例。第四等已下户本户秋料全放十分者，並賑貸爲種，更不取息。仍令州縣勸誘商賈，出給公據，往秋收處收糴斛斗，免納斛斗力勝稅錢。仍每米一百石，許附帶別色行貨，約計一百貫，沿路與免收稅錢三分。令州縣密切詢訪，停塌興販。見有斛斗之人，勸諭令依元收糴時價量取利息，責認石斗數目，出糶接濟闕食之民。雖放稅不及七分州縣③，亦許賑給。若常平穀不足，聽取撥入納穀米支給。候將來有納到義倉斛斗，却行撥還。州縣當職官賑濟有方，使饑民安業者，委提舉司保明，提刑司覈實，申奏朝廷，優與旌賞。」都省勘會，取撥苗米及許入納米穀補官不行外，餘從之。

6 丙午，詔韓世忠錢糧專令兩浙都轉運使李迨應副。先是，金部員外郎張成憲在楚州應副世忠錢糧。至是，成憲赴朝稟議，因乞外任宮廟，故改命焉。

右朝請大夫、提舉江州太平觀劉子羽復集英殿修撰，知鄂州，主管荆湖北路安撫司公事。張浚既還朝，始議大合兵爲北討計，乃自召子羽，令諭指西帥，且察邊備虚實，故有是命。

右武大夫、開州團練使劉錡爲江南東路馬步軍副總管，帶御器械，以其親兵遥隸步軍司。

徽猷閣待制、新知静江府胡舜陟言：「伏覩熙寧間王安石當國，變祖宗畫一之制，創立新法，而保甲居其一。當時宗公元老如曾公亮、富弼、文彦博力争，以爲不可行，司馬光亦累章數其失。安石好勝遂非，必欲行之，京畿三路，不勝其擾。元豐年，諸路盗賊蜂起，皆保甲爲之。本欲禦寇，乃自爲寇，善良受患，惡少得志。至元祐間，司馬光秉政，一切罷去，民獲蘇息，盗亦銷弭。及章惇、蔡京祖述安石弊法而侈大之，復行之於東南。雖不授弓弩，教之戰陣，然於一鄉之中，以二百五十家爲保，差五十小保長④、十大保長、一保副、一保正，號爲一都。凡州縣之徭役，公家之科敷，縣官之使令，監司之迎送，一州一縣之庶事，皆責辦於都保之中。故民當正、副，必破其家，大小保長，日被追呼，不離公門，廢其耕農之業。今民遭差役者，如驅之就死地，必多方曲計，以圖苟免。吏緣爲奸，贓賕狼籍。富者以賂逃役，貧者舉家遠遁。臣出守五郡，每視訟牒之中，理訴差役十常七八。民之惡役如此，未嘗不爲之痛心。竊原立法之意，不過欲便於捕盗耳。然盗之小者，雖無此法，鄰里利害所同，必能協力掩捕。盗之大者，使有此法，豈足以當之？近時淮西劇寇，充斥保甲，皆爲俘擄，未聞有一縣一鄉而能捍禦者。於盗則不能擒制，於民則徒有騷擾，豈若祖宗時耆長、壯丁之爲利乎？蓋祖宗時，於第一第二等户差耆長，第四第五等户差壯丁，一鄉差役，不過三人而已。今保甲於一鄉之中，有二十保正、副，有數百人大小保長，役者數多，免者極少。此不若耆長、壯丁之爲寬也。祖宗時，所差耆長無形勢、官莊、寄任之限，但品官之家，則以不該蔭贖人及管莊田人代充，其餘家長祇應，老疾者以次家人充。今之差役，品官之家及老幼疾病者免焉，不若耆長、壯丁之法爲均也。惟寬則民不勞，惟均則民不怨。此祖宗良法，萬世而無弊者也。昔嘗以此安邦保民，致太平矣，今尚何疑而不行哉？朝廷欲養民力，固邦本，以建中興之業，守臣欲以民之利病告於朝廷，皆無先於此者。伏望特降睿旨，討論耆長、壯丁之法而行之，罷去保甲，以救疲瘵之民，天下幸甚。」詔户部勘當申省。其後户部言：「已有四月己未指揮，乞令常平司鈐束州縣，毋得差委非本耆保事，及赴衙集祇應，違者按舉。」從之。十二月戊辰行下。

給事中張致遠言：「艱難以來，縣令每不得其人，黎元受弊，無以赴訴。臣嘗求其故，正由資格大廢，爲令輕賤之所致也。望令三省檢會薦舉縣令預籍記之人，悉與堂除大縣，内京朝官見待次京局，或未關陞而待次通判者，仍與借服色，他日以應郎曹侍從之選。若賢才有所旌别，資格亦不盡廢，明分守，息奔競，則百里之寄，固士大夫之所願也。」詔三省一就措置。

7 己酉，趙鼎奏謝因足疾蒙賜珍劑。上曰：「藥所以攻疾，疾良已則當却藥。或者烹煉金石餌之，徒耗真氣，非養生之道。豈唯治身，雖國亦然。」張浚曰：「秦以嚴刑峻法治天下，而自速其禍，此可以爲戒。」

給事中吕祉言：「近制，行在職事官係朝廷擢用，類多疎遠，不獲一望清光，故特延見訪問，所以求賢審官，詢事考言，惠至博也。然侍從官以言語備顧問，朝夕論思，出入獻納，乃其職也。豈可令與庶官輪日面對？願詔侍從官免輪面對。如有己見，即許依舊例請對，勿拘以時，勿限以數。」從之。熊克小曆載此事於十一月十一日庚辰。按祉是月十三日始除給事中，其實祉上此奏在十二月十一日己酉，克蓋差一月也。

8 庚戌，拱衛大夫、泰州刺史、都督府中軍統制軍馬吴錫爲殿前司策選鋒軍統制，兼都督府軍統制。按督府都統制乃馬擴，而左軍統制杜湛、前軍統制王進、選鋒軍統制申世景、摧鋒軍統制韓京，皆出戍於外。右軍、後軍統制，未見姓名，當考。

9 辛亥，上與趙鼎論人才，因曰：「朝廷用人，不分彼此，四方人才，宜參用之。」沈與求曰：「成湯立賢無方，豈限南北？」

大理卿張祁充秘閣修撰，知饒州。

右迪功郎朱敦儒賜進士出身，守秘書省正字。敦儒既受官⑤，上命德慶府以禮敦遣赴行在。既至入對，遂有是命。

尚書金部員外郎張成憲直秘閣，提點淮南西路刑獄公事。

權户部侍郎王俣言：

兵革未息，屯戍方興。大計所入，充軍須者十居八九，此國用所以常乏，當講究長策，細大不遺，斯爲盡善。庶幾日增月積，漸致富實。臣愚見，略陳五事。一曰去冗食之兵，二曰損有餘之禄，三曰收隱漏之賦，四曰補銷毁之實，五曰修平準之法。臣聞兵貴精不貴多，兵多而不精，則冗食者衆。冗食者衆，則勇怯不分。勇怯不分，則戰無必勝。是冗食之兵，不惟徒費糧餉，乃取敗之道⑥。故治軍之法，戰兵之外，車御、火長、牧人、工匠之屬，皆有定數，舍是則爲冗食。今日財用所出，盡於養兵。然其間未嘗入隊，不堪披帶者尚多有之。竭民力以養無用之人，非計也。不如委自將帥，盡加澄汰，付之漕臣，籍荒閑之田，計口分授，官爲借貸，給與牛、種，使之墾闢。仍且與減半支給錢糧，俟秋熟之時，便罷請給。一歲之後，量立租課。且以萬人爲率，每歲所減米十餘萬石、錢四十餘萬緡、絹布五萬餘匹，況又有租課所入哉？儲此以養戰士，非小補也。艱難以來，流品猥衆，進用殊常，而制禄之數，一循舊法，理宜不給。欲乞應内外文武官俸給等以緡計者，自百千以上，每千減半，有兼職者通計，並候事平日依舊。如此，則裁損雖衆，不及小官。恕而易行，夫復何患？自軍興以來，十年於兹。財用所出，大則資之民力，其次則資之商賈，無不自竭以奉其上。惟是釋家者流，一毫不取，邑以千計，郡以萬計，不稼不穡，坐食吾民。其隱漏税賦，暗損國計，不知其幾何也。臣謂宜酌古今之意，權急緩之宜，使之輸米贍軍，人歲五斗，依税限送納。凡居禪坊及西北流寓者，特與蠲免。於以少舒民力，不爲過也。自艱難以來，饒、虔兩司鼓鑄遂虧，而江、浙之民巧僞有素⑦，銷毀錢寶，習以成風。其最甚者，如建康之句容，浙西之蘇、湖，浙東之蠡、越，鼓鑄器用，供給四方，無有紀極。計一兩所費，不過十數錢，器成之日，即市百金。奸民競利，靡所不鑄。一歲之間，計所銷毀，無慮數十萬緡，兩司所鑄，未必稱是。加以流入僞境，不知幾何。乞明詔有司，申嚴銅禁，屏絶私匠。自今以始，悉論如律。除公私不可闕之物，立定名色，許人存留，及以後官鑄出賣外，其餘一兩以上，嚴立罪賞，並令納官，量給銅價，令分撥赴錢監額外鼓鑄。國家平昔無事之時，在京則有平準務，在外則有平貨務，邊計之餘，内裨國用，無慮二十萬緡，其效固已可見。況今日師旅方興，用度日廣，欲乞先於行在置平準務，次及諸路要會去處，各置平貨務，以廣利源，誠非小補。俟其就緒，置使領之。此五事者，儻有可採，乞令有司講究條畫，排斥浮議，斷以必行。

詔户、工部勘當。其後頗施行之。

殿中侍御史周葵言：「州縣人户，自兵馬盜賊殘破之餘，困於軍期，例多貧乏。望將蔡京父子、王黼、李邦彦等給使減年，及其他恩澤補官，并童貫、梁師成、朱勔等妄作名目，補充大小使臣之家，並不理當官户，一例選募充役，庶幾少寬貧民下户之力。」事下吏部，其後吏部言：「給使授官，於本選無理爲官户之文。其蔡京等他恩補官及童貫等妄作名目之人，乞如所奏。」從之。明年正月丁丑行下。

10 壬子，尚書吏部員外郎周秘守監察御史。

詔王寀追復朝奉大夫。寀，江州人，嘗爲親衛中郎。政和末，坐詐爲天神示現誅死。至是，用其家請而復之。後省疏其罪，命遂格。

11 癸丑，詔：「淮東西、川陜宣撫司、荆襄招討司、荆南安撫司，並以參謀官一員兼提點本司屯田公事。」

右文殿修撰致仕趙億落致仕，提舉台州崇道觀，用給事中吕祉等奏也。命下，而億已卒矣。汪藻撰億墓誌云：「朝廷知公未衰，起提舉崇道觀。命及門而公卒。時乙卯十二月丙申也。」按億之卒在此前十七日，藻所云小誤。

12 甲寅，尚書刑部員外郎楊邁直秘閣、知夔州，兼本路安撫使。自渡江後，由朝士出爲川、陝帥臣者，始此。

尚書工部員外郎許暘、秘書省正字孫雄飛並罷。

遣中使賜諸大將銀合臘藥。其川陝、荊襄，止令密院遣使臣，以地遠故也。

徽猷閣待制湯東野卒。吏部言：「照得本官脚色，係曾經勤王人數。」詔追復徽猷閣直學士。東野既貴，嘗請於朝，與兄弟世爲義居，禁子孫毋析户。又輟俸買田爲義莊，以給疎族之貧者。

13 乙卯，左文林郎、紹興府觀察推官凌景夏爲秘書省正字，用帥守綦崈禮薦也。

右通直郎樓璹與陞擢差遣，遂以璹通判邵州。璹，异子也，爲於潛令，宣諭官舉其政績。詔俟終更引對而甄擢之。至是代還，用薦者改官，乃有是命。宣諭官所薦，前此未有不得對者。當考。

14 丙辰，徽猷閣待制、提舉江州太平觀劉觀知彭州。觀既罷歸，屢召不赴⑧，乃就用之。

右迪功郎江袤充敕令所删定官。

15 己未，改樞密院北面房爲河北房。

諸路制置大使呂頤浩、李綱、席益次第之鎮。詔内侍往勞，且以銀合茶藥賜之。

國子監丞張戒守秘書郎，右承議郎、主管江州太平觀李維行國子監丞。維，綱弟也。史館修撰范沖薦其學問操履，置之臺省，無所不宜。遂召對而有是命。

直秘閣李革知興元府。中書以興元殘破之後，久闕正官撫治，故選用之。時宣撫司已用協忠大夫、華州觀察使王俊守興元，革不得上，乃改知雅州。興元帥題名王俊今年五月到任。日曆李革明年九月己卯差知雅州。

直秘閣、主管台州崇道觀向子忞落職，罷宮觀，依衝替人例，係事理重。子忞守衡州，視事再閱月，諸司共劾其徒流編配無慮數十人，率皆報復仇怨，任情廢法，自謂滅門刺史，乞送所司治罪。先半月，子忞已得請奉祠。輔臣進呈，上曰：「監司乃外臺耳目之官，既按劾，自當推治。然有罪者家居待命，而證左無辜之人，往往淹延囚禁，動經歲月，深可憫也。子忞罪狀既明，別不須干證，第黜責其身足矣。」趙鼎曰：「臣等共議，欲將子忞鐫罷，不必取勘。」上可之。子忞此月乙巳自陳宮觀。

16 庚申，太府少卿沈昭遠請久任計臣。上曰：「祖宗時，三司使如陳恕最爲久任，號稱職。今內外計臣，儻能稱職，就加爵秩以褒寵之可也，不須數易。」張浚曰：「久任豈獨計臣？他官儻有稱職者，亦當如此。」

殿中侍御史周葵試司農少卿。葵嘗入對，言：「今天步尚艱，非臣子諷諫之時。臣願直言其失，大抵務虛文而無實效。」因進數所行之事不當者，凡二十許。上曰：「趙鼎、張浚爲朕任事，不可以小事形迹之。」葵曰：「陛下即位，已相十許人。其初皆極意委之，卒以公議不容而去，大臣亦無固志。假如陛下有過，尚望大臣納忠。豈大臣有過，而言者指陳，便爲形迹？臣願因人言使大臣易意，不惟可救朝廷之闕，亦可保全之。」上曰：「此論甚奇。」至是，朝廷議大舉，而葵三章，力言此存亡之機，不必更論。安危治亂，未有不先自治其國而成大功者。或言葵沮國大計，遂有是命。

諸王宮大小學教授劉長源、大理寺丞黃珪並爲監察御史。

詔上虞縣當職官貶秩一等，令提刑司治罪。以月中無住賣鹽數故也。其會稽等七縣鬻鹽數少者，皆詰之。

17 辛酉，起居郎潘良貴言：「中臺者出納王命⑨，敷政四海，喉舌之司也。六曹遵奉成憲，各揚乃職。兵火以來，苟簡玩習，視爲傳舍。其最甚者，遇朝廷送下勘當事理，並不依據格法，指定是非，常操兩可之説，曰更合取朝廷指揮。是致朝廷臨時別有衡改，長貳郎官，循默奉行，不復更有執守。每廢一法，即後來陳乞者循以爲例，干求請託，紛然無窮。若不加察，恐省部成法盡壞，其患有不可勝言者。伏望嚴飭六曹長貳郎官，各務協心，凡朝廷送下勘當事理，並須據格法定是非供報。仍乞詔大臣，事關六曹者，不問鉅細，一切惟有司格法是從。庶幾杜僥倖之門，開公正之路，仰稱陛下敷政之意。」輔臣進呈，上曰：「祖宗以來，自有格法。有司但能遵守，即事稱職。格法既定，誰復有僥倖之心？唯其因事陳請，人思幸得，此法之所以寖廢也。可依良貴所請，更切申嚴。」沈與求曰：「六部乃法守之地，有司徇情，遂至廢法而用例。然情豈勝徇耶？僥倖之門塞，則人自安分，天下何患不治？」中興聖政：史臣曰：「法外豈得有例哉？徇情之私，而爲法之蠹，莫例若也。其弊蓋出於特旨，爲例矣，而又沿請之。僥倖相乘，無不可者。是猶從其不齊於物，而悉廢其器。雖有權量度數，無所用之也。天下誰爲知止足之分者哉？然則法安出也？傳之祖宗，蓋有所創之於上。付之有司，蓋有所受之於下。猶權量度數之器，受之於官而用之也。夫是之謂遵守。」

詔敕令所删定官、監登聞檢鼓院官，自今並令轉對。以周葵嘗建言檢鼓院隸諫省，而删定官爲書局故也。

18 癸酉，詔川陝路州縣官不並差川陝人，但有內地官一員，餘不限員數。紹興令差川陝人州不過三員，縣、鎮、寨一員。吏部員外郎徐林言比元豐敕差誤。故命申明行下。明年正月別立法。

19 甲子，詔屯田郎中樊賓候都督府出使日，隨逐去江、淮措置屯田。時張浚再出江上，欲謀大舉，深慮諸將議論不同，心頗憂之，不欲出口。趙鼎察知其意，與之謀曰：「公之此行，未便能舉事，莫若兼領屯田而歸，不爲無補。」於是置官屬，晝一而去。先是，建言屯田者甚衆，至是始爲之。

20 乙丑，監察御史周秘守殿中侍御史。

21 丙寅，都督府奏：「以集英殿修撰、新知鄂州劉子羽權本府參議軍事，與主管機宜文字熊彦詩並往川陝撫諭。」詔各賜銀二百兩。遣行時，張浚將謀出師，故令子羽等見宣撫副使吴玠諭指，而玠亦屢言軍前糧乏，因命子羽與都轉運使趙開計事，併察邊備虛實焉。

命湖北帥臣、同知鼎州張觷以閒田排鼎、澧、辰、沅、靖州刀弩手，用樞密院請也。

22 丁卯，右朝議大夫韓梠主管台州崇道觀。梠坐蔡攸親黨久斥，至是始得祠。

23 戊辰，詔：「御史臺朔參官用在京通直郎以上，望參用釐務通直郎以上。除宣制及非時慶賀，以望參官，餘並令朔參官趁赴。」

是夜雨雹。

是月，僞齊前尚書左丞張柬死。

是冬，金主亶以蒙國叛⑩，遣領三省事、宋國王宗磐提兵破之。蒙國者，在女真之東北，在唐爲蒙兀部。

其人勁悍善戰，夜中能視，以鮫魚皮爲甲，可捍流矢。僞齊劉豫獻海道圖及戰船木樣於金主亶，金主亶入其説，調燕、雲、兩河夫四十萬，入蔚州交牙山，採木爲栰，開河道，運至虎州，將造戰船，且浮海入犯。既而盜賊蜂起，事遂中輟。聚船材於虎州。以張匯節要、洪皓紀聞、王大觀行程録參修。虎州者，在雄州之北。蒙國，編年謂之萌骨子，記聞謂之盲骨子，今從行程録⑪。

是歲，都督行府令静江府、昭州折布錢每疋增一千，二郡之民歲輸布九萬疋有奇。舊法，每疋爲錢五百，至是始增之。此據路彬所奏修入。

左朝請大夫馮子修致仕。子修知普州，治有能名。上召之，子修以年踰七十，上章請老，乃有是命。子修，西充人，嘗爲長安令。童貫使陝西，士大夫入謁者皆拜庭下，子修長揖而入。貫怒，奏子修莅建神霄宮，不時興作，坐奪官⑫，晚乃得州。既致仕，後六年而卒。此據趙逵撰子修墓誌修入。其月日未見，且附年末，俟考。

南班宗室賜名者二十有一人，諸宗室命官者三十有七人。

兩浙路見管户二百十二萬餘，口三百五十三萬餘。廣南東路税、客户六十一萬餘，西路税户三十一萬餘，客户十一萬餘。陝府西路户四萬餘。荆湖南路户九十五萬餘。成都府路税户七十八萬餘，口二百十六萬餘；客户三十七萬餘，口九十萬餘。夔州路税、客户三十四萬餘，口八十六萬餘。福建路户一百三十三萬餘，口二百五十九萬餘。

有二龍死於冷山，金左丞相陳王希尹欲遣人截其角，或以爲不祥，乃止。松漠記聞。

夏國主乾順改元大德。四川總領所利州大軍庫有李顯忠西夏僞誥云：「大德五年正月下。」按顯忠以八年冬奔夏，九年六月還朝，合在紹興九年。逆數之，知此年改元也。

校勘記

①久欲釐正　此後原有四庫館臣按語：「神武乃高歡謚號，此云北齊軍號，未詳。」今删。

②四川制置大使席益將湖南兵自隨　「制置」，底本及叢書本二字均倒置，據宋史全文卷一九下乙正。

③雖放税不及七分州縣　「州縣」，原作「縣分」，據叢書本改。

④差五十小保長　「十」，原脱，據續資治通鑑長編卷三一一元豐四年正月庚戌紀事補。

⑤右迪功郎朱敦儒賜進士出身守秘書省正字敦儒既受官　「賜進」至「敦儒」共十三字，原俱闕，據叢書本補。

⑥乃取敗之道　「乃」，原闕，據叢書本補。

⑦而江浙之民巧僞有素　「僞」，原作「爲」，據叢書本改。

⑧屢召不赴　「召」，原闕，據叢書本補。

⑨中臺者出納王命　「者」，原作「省」，據宋史全文卷一九中改。

⑩金主亶以蒙國叛　「蒙國」，原作「蒙古」，據金人地名考證改。

⑪今從行程録　此後有四庫館臣按語：「蒙古字原本錯訛，今改正。其所列異同，姑存其舊。」今逕删。

⑫坐奪官　坐，原闕，據叢書本補。

建炎以來繫年要録卷九十七

1 紹興六年歲次丙辰。金熙宗亶天會十四年，僞齊劉豫阜昌七年。春正月己巳朔，上在臨安。

2 辛未，上以雪寒，細民艱食，命有司賑之。翌日，謂尚書右僕射張浚曰：「朕居燠室，尚覺寒，細民甚可念。若湖南、江西旱災去處，亦宜早措置賑濟。民既困窮，則老弱者轉於溝壑，强悍者流爲盜賊。朕爲民父母，豈得不憂？」浚曰：「陛下推是心以往，則足以感召和氣，況實惠乎？」上曰：「朕每以事機難明，專意精思，或達旦不寐。」浚曰：「陛下以多難之際，兩宫幽處，一有差失，存亡所係，慮之誠是也。然雜聽則易惑，多畏則易移。以易惑之心，行易移之事，終歸於無成而已。是以自昔人君，正心修己，仰不愧，俯不怍，持剛健之志，洪果毅之姿，爲所當爲，曾不他恤。以陛下聰明，苟大義所在，斷以力行，夫何往而不濟？臣願萬幾之暇，保養天和，澄心静氣，庶幾利害紛至而不能疑，則中興之業可建矣。」

3 壬申，都省請：「令吏部立勳官法，應破金人拓地主兵官，萬人以上第一等功，五千人已上奇功，並許加帶。大使臣已上，自武騎尉，月給帶勳錢十千。正任觀察使已上，自輕車都尉，月給二十千。應賞功合轉三官者，賜勳一轉，五官者賜勳二轉。雜壓序封，許用勳品。」後不果行。

初置行在和劑局，給賣熟藥，用權户部侍郎王俣請也。

左朝奉郎、都督府主管機宜文字熊彦詩爲尚書工部員外郎。直徽猷閣、提領都督府市易務張澄行尚書户部員外郎，兼提領市易務，行府專一措置財用。

4 癸酉，申命給舍甄別元祐黨籍。時樞密院檢詳諸房文字范直方言：「朝廷旌別淑慝，大開黨禁，以風動天下。凡隸名石刻之人，皆蒙追録，此千載盛德之舉也。然而其間賢否是非，未免混淆。方紹聖初，章惇、蔡卞用事，欲擠陷善良，以快私忿。上意未決，而李清臣首倡異議，助成京、卞之惡，善類由是塗炭。而清臣獨留廟堂，繼而奸人欺天，厚誣太母，有欲廢意，尚畏天下公議，不敢自恣。而邢恕乃唾手攘臂，力證其事。至於反覆變詐，如楊畏者，固又不足道。自崇寧以後，黨籍日衆，其間固多忠讜勁正之士，出處議論，具在方册。至如妬賢嫉能，助成黨論之人，偶乖迎合，以至睚眦。京、卞欲終廢之，故借黨籍以報怨，汙蔑善類。以至今日，子孫又從而藉口，僥覬恩典。倖門一啓，流風靡靡。雖故家遺族，未免衒鬻希進，傷教敗俗，莫此爲甚。伏望密詔近臣，博訪耆舊，重加審訂，稍示甄別，以行典禮。庶幾賢不肖各當其分，足以取信天下後世。」故有是旨。日曆書「有旨，依已降指揮，令給舍一就看詳」，而未見元降旨之日，當求他書參考。按黨籍，清臣執政第二十人，畏待制已上第三十三人，恕不在籍中。直方誤也。

詔故贈少保王淵，許以死事恩澤二資换給常州田二頃。以淵妻齊安郡夫人俱氏有請也①。

直秘閣、提點淮南刑獄公事張成憲同提領都督府市易務。

荆襄招討使岳飛言：「太行山忠義社梁興百餘人②，欲徑渡河，自襄陽來歸。」時金人併力攻興，故興以精騎突而至飛軍前。上曰：「果爾，當優與官，以勸來者。諜言固未可信，若此等人來歸，方見敵情。」沈與求曰：「若敵誠衰，來者衆，則敵情審矣。」紹興十二年六月十一日親衛大夫、忠州刺史梁興狀：「四年十月，與五馬太師接戰，次年奪路，渡大河歸本朝。」則興至飛軍前，當在去冬。今因奏到，附此。

5 甲戌，起居郎潘良貴試中書舍人，尚書右司員外郎董弅爲起居舍人。良貴未就職，以父喪免。給事中呂祉等言：「良貴以父年高，十五年之間，出仕不過數月。貧甚，無以舉喪。」詔賜錢五百緡，令所在以上供錢給之。賜錢指揮在是月壬辰。朱勝非秀水閑居録云：「有潘良貴者，父年九十餘，卧病累年。趙鼎聞其儉薄，欲引爲黨，許以從官，召之即至。自秘少遷柱史，又遷中書舍人。纔旬月間，命未下而厥父死矣。」

左承奉郎孫道夫爲秘書省正字③。道夫召對，上問以方今形勢之地，道夫請經營漢中，以爲復陝西之基；措置荆南，以爲守江左之策。上稱善。

武經郎、權知閤門事潘永思爲右武郎、同知閤門事。

6 乙亥，右諫議大夫趙霈言：「比年以奔競日滋，廉耻道喪，指臺閣爲要津，笑州縣爲俗吏，僥倖捷徑，以圖進身。已參選者，力求堂除；得外任者，謀改京局。故臣僚一遇賜對，則明與陞擢差遣；一有過累，則明與外任差遣。人既知朝廷之輕外任，孰不以内任爲重乎？願明詔大臣，凡任省臺寺監及二年，才可任煩劇者，悉補監司郡守之職；任監司郡守及二年，才可被陞擢者，悉充省臺寺監之選。劇邑有闕，擇寺監丞有才術者爲之宰；寺監有闕，擇縣令有治績者爲之丞。更出迭入，居中補外，以息奔競，以興廉耻，使士無入而不出之譏，郡守無雅意本朝之望。」疏奏，從之。

7丙子，承信郎徐如海杖脊黥隸化州。如海陷北不得歸，變姓名至臨安，爲僞齊詗事。因投匭上書，爲有司所覺，故黥之。

夜雷。

8丁丑，詔：「納粟別作名目授官人，毋得注親民、刑法官，已授者並罷。自今到部，隱漏不實者，抵其罪。」時論者謂：「縣令民之師帥，刑法之官人命所繫，不可輕以授人。比年軍興，以納粟得官者，不謂之納粟，或以上書文理可採，或作獻納助國，與理選限。原朝廷之意，欲激勸其樂輸，使得爲官户，而銓曹別無關防之法。近年以來，固有得縣令，亦有得法司者。此曹素未嘗知政務，直以多貲，一旦得官。若遂使之臨縣議刑，其不稱職必矣。既不能稱職，必爲民物之害。欲下吏部，立法關防，仍先次改正。」故有是旨。

9己卯，手詔：「朕以菲德，致兹旱災。痛念斯人流離窮苦，屢詔諸路常加撫存，尚慮未能深體此懷，奉承弗謹。今仰三省檢會累降寬恤事件，布告中外，悉力推行，務在實惠及民，毋使詔書徒爲文具。又勘會荆湖南北、江南東西路旱傷，湖南委吕頤浩、江西委李綱，各選差近上屬官，分詣管下，往來點檢賑濟。其湖北、江東並委帥守依此。」

詔戚里之家見任添差官，令別作措置。初，右諫議大夫趙霈入見，論：「今添差官員數猥多，無補於事。若不減罷，國用益窘。然有不可一概罷者，如宗室、歸明、歸朝官、軍班换授及軍功優異之人乞存留外，餘悉罷去，以紓今日用度之闕。」章再上，進奏院言：「除川陝外，諸路添差官一千五百四十員，戚里之家七，宗室六百六十七，歸朝官一百六十四，歸明官二百八十四，三省、樞密院遠赴行在官十，軍班換授一百八十八，軍功一百六十一，隨龍二十六，歸附官二十三，奉使之家十。」乃詔隨龍官係祖宗舊法，奉使官理當優恤，其餘忠義可嘉，皆勿罷。所省者七員而已。

起復徽猷閣待制、都督府參議軍事、權川陝宣撫副使邵溥試尚書禮部侍郎，仍兼參議軍事。

10 辛巳，罷綿州川陝宣撫司，邵溥俟結局赴行在。宣撫副使吳玠依江東淮南宣撫使體例，專治兵事，軍馬聽玠分撥，錢糧令都轉運使趙開拘收，限半月結局。初，張浚既召去，王似、盧法原以宣副代之，溥又代之。數人者，務私相勝，軍政民政弛紊，不可具言，故有是旨。舊宣撫司有兵三萬，馬數千，至是皆屬玠矣。熊克小曆云：「辛巳，吳玠陞宣撫使。」按玠正使名在九年正月，克但見日曆書有旨吳玠依舊川陝宣撫使，遂承其誤，不復考耳。恐是元降旨失契勘，或日曆脫字，當考。浚之初入蜀也，在軍中者，皆依銜官例給券，有職事人支供給月犒，隊下敢、效支錢米，其餘兵校則依軍額支衣糧及料錢。及玠專爲宣撫副使，始別立格例，隊官已上，依銜官支驛料供給，隊下有官人以武藝高下給月糧，又添支絹錢。敢、效諸軍，依軍額外，以武藝高下添支銀錢，蓋以爲激勸也。然諸軍折色米麥，各以軍屯所在之直爲準，故米每石少者八九千，多者至十二千，議者患其不均，然沿襲既久，終莫能革也。淳熙十三年二月辛亥吳挺奏請，并十五年七月戊午指揮可參考。

太常丞王普言：

宗廟之祭，於禮不合。臣請論之：僖祖非始封之君，而尊爲太祖，太祖實創業之主，而列於昭穆，其失自熙寧始。宣祖當遷而不遷，翼祖既遷而復祔，其失自崇寧始。蓋前日之失其甚大者有二：始祖之名不正，大禘之禮不行。今日之議，其可疑者有四：奉安之所，祭享之期，七世之數，感生之配是也。古者，太祖即廟之始祖，是爲廟號，非謚號也。惟我太宗嗣位之初，太祖皇帝廟號已定，雖更累朝，世次猶近。每於祫享，必虚東鄉之位，以其非太祖不可居也。至熙寧，又尊僖祖爲廟之始祖，百世不遷，而太祖常居穆位，則名實舛矣。儻以熙寧之禮爲是，則僖祖當稱太祖，而太祖當改廟號，此三尺之童，知其不可。

大傳曰：『王者禘其祖之所自出，而以其祖配之。』熙寧尊僖祖爲廟之始祖，而僖祖所出，系序不著，故禘禮廢。自元豐以來，宗廟之祭止於三年一祫，則是以天子之尊，而俯同於三代之諸侯，瀆亂等威，莫此爲甚。欲乞考古驗今，斷以聖學。自僖祖至於宣祖，親盡之數當遷。自太宗至於哲宗，昭穆之數已備。是宜奉太祖神主居第一室，永爲廟之始祖。每歲五享，三年一祫，則太祖正東鄉之位，太宗、仁宗、神宗南鄉爲昭，真宗、英宗、哲宗北鄉爲穆。五年一禘，則迎宣祖神主享於太廟，而以太祖配焉。如是則盡合禮經，無復前日之失矣。若四祖神主，臣謂宜倣唐禮，祔於景靈宮天興殿，遇大祫之歲，就行享禮。按禮，天子七廟，三昭三穆，與太祖之廟而七。則是四親二祧，止於六世，而太祖之廟，不以世數爲限。僖祖廟既當遷，又非郊禘之主，尚仍配帝，於禮無據。宣祖皇帝實生太祖，當爲禘主，萬世不易。則配食感生，無可疑者。

先是，起居舍人董弅嘗有是請，詔侍從、臺諫過防秋集議，未及行。逮普疏入，乃趣侍從、臺諫、禮官參議於尚書省。後二日，上謂左僕射趙鼎曰：「太祖開基創業，始受天命，祫享居東鄉之位，合於禮經，必無異議。」鼎曰：「三昭三穆，與太祖之廟而七，載在禮經，無可疑者。」士大夫往往有異同之論，乃命議者各具討論文狀申尚書省。既而卒不行。紹興元年十二月丙戌所書可參考。

罷御史臺平反刑獄推賞。時殿中侍御史王縉言：「察官皆出陛下親擢，糾察六曹之稽遺，乃其職事，平反刑獄，糾察之一也。居是職者，宜不待賞而勸。歲終刑部保明，與羣吏同賞，亦非所以待糾察之臣。」故有是旨。

刑部侍郎廖剛乞以磨勘一官，回贈其祖父丕右承務郎，從之。

11 壬午，宗室伯玖賜名璩，除和州防禦使，時年七歲。

初，命川陝四路轉運司，每季於孟月上旬定日，集注在司待次官窠闕，注訖申部，以革注擬不公之弊。用言者請也。既而都省言：「訪聞多是藏匿闕次，理宜約束。」詔制置大使席益覺察按奏。後旨在是月甲申。

12 癸未，尚書左僕射、兼監修國史趙鼎上重修神宗實録，通成二百卷。中書舍人兼侍講、資善堂翊善朱震試給事中，徽猷閣待制、提舉建隆觀兼史館修撰兼侍講、資善堂翊善范沖陞徽猷閣直學士，他職並如舊。

故中散大夫、開封府左司録孟彥弼追封咸寧郡王，以昭慈聖獻皇后親弟，特封之也。彥弼，忠厚父，已見。

淮東宣撫使韓世忠言：「恭惟主上當焦勞之日，減放宮女，節省中禁之費，務爲勤儉，以率天下。在於臣子，宜上體天心。伏自國家多事以來，養贍軍旅，調賦日新，所費不貲。世忠積俸之餘，尚可枝梧，願將世忠合得俸禄一切倚閣，俟至恢復中原，職方貢賦咸入天府，然後請於有司。」優詔不許。

13 乙酉，武功大夫、閤門宣贊舍人、知泗州劉綱丁祖母憂，乞解官承重。州人共留之，後五日，詔綱免持服。

14 丙戌，尚書右僕射張浚辭往荆襄視師。浚以敵勢未衰，而劉豫復據中原，爲謀叵測，奏請親行邊塞，部分諸將，以觀機會。上許焉。浚即張榜聲豫叛逆之罪。時淮東宣撫使韓世忠駐軍承、楚，淮西宣撫使劉光世屯太平州，江東宣撫使張俊屯建康府，而湖北京西招討使岳飛在鄂州，朝論以爲：「邊防未備，空闕之處尚多。」浚獨謂：「楚、漢交兵之際，漢駐兵殽、澠間，則楚不敢越境而西。蓋大軍在前，雖有他岐捷徑，敵人畏我之議其後，不敢踰越深入。故太原未陷，則黏罕之兵不復濟河，亦以此耳。論者多以前後空闕爲疑，曾不議其糧食所自來，師徒所自歸。不然，必環數千里之地，盡以兵守之，然後可安乎？」浚既白於上，又以告之同列，惟上深以爲然。於是參知政事沈與求言：「都督府闕取空名告敕宣札以萬數，臣疑其有所爲。以問趙鼎、張浚，而不以告臣。今又見浚言有川陜、荆襄之行，此固用兵之謀，臣初不以爲非，第欲審而後行。况遣宰臣之出，乃大議論。臣實參機務，而不與聞，是智不足謀國也。乞罷政。」不允。是日，詔百官出城送浚行。宗正丞孫緯向浚自言沂人，「丞相此行恢復中原，望以緯守本郡」。浚大喜，對衆稱善而許之。熊克小曆稱，詔百官出城班送浚行。誤也。日曆正月十五日癸未，三省奏勘會張浚視師荆襄，已免班送。有旨，令百官並出城餞送。今從之。

是日，總領四川財賦趙開增印錢引三百萬緡市軍儲。

15 丁亥，淮東宣撫司參謀官陳桷、淮西宣撫司參謀官李健、江東宣撫司主管機宜文字郗漸對於內殿。上諭以國家贍養大兵之久，國用既竭，民力已困，切須專意措置屯田，此亦自古已成之效。況軍中亦須先立家計，若有機會，方圖進取。後二日，以諭輔臣。趙鼎曰：「措置如此，社稷幸甚。」中興聖政：臣留正等曰：「古之行屯田者何其易，而其效何其廣也。趙充國之於湟中，是以將帥而行之也。張公謹之於代州，是以郡守而行之也。韓約之於振武，是以部刺史而行之也。率不過一二歲，而軍儲富矣。今以天子之命令，國家之事力，而每病其難，經歷歲月，未覩厥成，則將帥恬不加意，抑辜任使之意也？使其開渠引水，用以澆溉，能若鄧艾；躬耕百畝、課督將校，能若郭子儀。如是而有不成，臣不信也，亦在賞罰勵之耳。」

詔廣西提點刑獄公事韓璜市米三萬石，赴湖南帥司賑濟。此據呂頤浩五月一日所申修入。

16 己丑，以皇伯華州觀察使、同知大宗正事安定郡王令矼薨，輟視朝。尋贈令矼開府儀同三司，賜銀帛百匹兩。

17 庚寅，殿中侍御史王縉言：「有司申請，乞將預借坊場錢先還一半，不便。」上曰：「既預借，當悉還之。朝廷號令，貴於守信而已。儻或失信，何以使民服從？宜如縉所奏。」

18 辛卯，內侍衛茂恂降一官，送吏部。茂恂往岳飛軍前撫問，受餽過數，內批降黜。輔臣進呈，上曰：「受餽送過數，宜坐以贓罪。今降官已是寬典，須當逐之，使爲外任。」沈與求曰：「陛下罰此一人，可以爲後來之戒。」上曰：「有罪則罰，何但此一人？」趙鼎曰：「陛下懲戒如此，後人必不敢犯。」

詔諸路監司帥臣曰：「朕以督護之重，付在相臣，臨遣視師，俾分閫制。凡所措畫，動干事機，惟爾監司帥守郡縣之官，宜皆戮力同心，協濟國事。苟或懷私害公，慢令失職，已命張浚就加黜陟以聞。國有常典，朕不敢貸。咨爾衆士，毋敢弗虔。」

吏部尚書兼侍講孫近兼侍讀。

吏部侍郎劉大中兼侍講。制曰：「朕惟王教典籍，皆先聖所以致治之成法也。屬時多艱，不忘稽古。設官勸講，豈直踵故事而已哉？慨念熙寧以來，王氏之學行六十餘年④，邪説横興，正塗壅塞，學士大夫，心術大壞，陵夷至於今日之禍，有不忍言者。故孟氏以楊、墨之害甚於猛獸、亂臣賊子與夫洪水爲患之烈，信斯言也。朕方閑邪存誠，正心以正百官，推而至於天下之心，自非直諒多聞，所謂益友者，孰與考質疑義，以輔朕之不逮？大中博洽古今，持論不阿，擢自論思，俾充此選。夫作於心而害於政，念既往之不足懲，尊所聞而行所知，庶將來之有可復。朕罔敢不勉，爾宜悉其所藴。」

19 癸巳，殿中侍御史王縉言：「諸處推鞫公事，惟奸贓之吏多挾智數，重賄獄司，追理干繫，停緩歲月，使陳訴及照證之人各有退心，然後贓狀可以昭雪。其堅執不退者，往往非理致死。欲乞委諸路提刑司檢法官看詳，有情欵異同，而申報病死者，研究情實。如有寃枉，具申朝廷，庶幾官吏不致輕害人命。」從之。

20 甲午，以江、湖、福建、浙東旱，命監司帥臣修荒政。輔臣進呈戒約旱災路分監司帥守賑濟饑民等文字。上曰：「歲饑，民多流殍，朕心惻然。官爲發廩，以賑給之，則民受實惠。苟爲不然，雖詔令數下，恐徒文具耳。宜申飭有司，多方措置米斛。江東西、湖南北、福建、浙東路，令逐路監司行下旱傷州縣，恪意遵行。如奉行有方，別無流亡，當行旌賞。如流亡稍衆，或聚而爲盜，即重行竄責。並令帥臣監司比較優劣，保明來上，取旨賞罰。」中興聖政：臣留正等曰：「水旱之災，治世所不能免，然必有以處之。周有荒政，漢有賑貸之令。本朝從而推廣之，災之所被，必開倉廩，已逋負，休力役，甚則轉他路粟以給之，又甚則出内帑金帛以濟之，視前代益周密矣。至於戒飭監司，督州縣，以存恤有方與奉行不謹者，而爲之賞罰，則自太上皇帝始。州縣之官，以字民爲職者也。職乎字民，遇其災而不能救焉，罰將奚辭？彼知罰之可畏，而賞之可慕也，於救民何敢不力？民之免於溝壑者，非太上皇帝之賜歟？二百餘年之間，德積而彌高，澤濬而益深，民之戴宋，永永無斁，宜矣。」

21 乙未，萊州防禦使、權主管侍衛步軍司公事邊順乞外任⑤。趙鼎曰：「祖宗舊制，三衙用邊臣、戚里及軍班出身各一人，所以示激勸也。」上曰：「戚里未有可以當此任者，然近上戚里既擢用，後或有罪戾，罰之則傷恩，貸之則廢法，故不得不慎也。唐用宗室至爲宰相，本朝宗室雖有賢才，不過侍從而止，乃所以安全之也。」

中興聖政：臣留正等曰：「漢以諸吕幾亂天下，而文帝復使薄昭典兵，豈非以太后故，欲恩之耶？昭卒犯法誅死，尚足爲恩也哉？魏文帝譏之，以舅后之家，但當養育以恩，不當假借以權，亦可謂知言矣。觀太上皇帝之語趙鼎，真可爲萬世法也。」

22 丙申，進士魏悌特補將仕郎。悌，行可子也。行可之應募出使也，朝廷已官其子弟。至是，其家復援例乞官子孫四人。詔如所請。而言者論：「行可名節無聞，雖拘留未返，朝廷所當存恤，然恩例過厚，公論未允。」故但録其子孫焉。

23 丁酉，尚書都官員外郎錢葉改禮部。葉自御史府再轉爲郎，既而乞補外，乃除知泉州。二月辛亥除郡。

左朝散郎、新荆湖北路轉運判官馮康國爲都官員外郎，左宣義郎薛徽言守比部員外郎。

24戊戌，都督行府奏：「乞將大姓已曾買官人，於元名目上陞轉。文臣迪功郎陞補承直郎一萬五千緡，特改宣教郎七萬緡，通直郎九萬緡。武臣進義校尉陞補修武郎二萬二千緡，保義郎已上帶閤門祇候三萬緡，武翼郎已上帶閤門宣贊舍人十萬緡。已有官人，特賜金帶五萬緡，並作軍功，不作進納，仍與見闕差遣，日下起支請給。其家並作官户，見當差役科敷並免。如將來參部，注擬資考、磨勘改轉、蔭補之類，一切並依奏補出身條法施行，仍免銓試。金帶永遠許繫。」從之。

校勘記

①以淵妻齊安郡夫人俱氏有請也　「俱」，叢書本作「吴」，疑是。

②太行山忠義社梁興百餘人　「興」，原作「青」，據叢書本、本條下注文及卷一五八紹興十八年閏八月庚申記事改。下同。

③左承奉郎孫道夫爲秘書省正字　「左」，原作「右」，叢書本同。按：據宋史卷三八二本傳，孫道夫爲辟雍貢舉出身，其官階不應繫「右」，亦不能任秘省官員，故逕改正。皇朝中興繫年要録節要亦作「左」。

④王氏之學行六十餘年　「餘」，原在「行」後，據叢書本改。

⑤萊州防禦使權主管侍衛步軍司公事邊順乞外任　「軍」原闕，逕補。

建炎以來繫年要録卷九十八

1 紹興六年二月己亥朔，尚書金部員外郎陶愷知筠州。前三日，愷因面對言：「陛下未能建大中至正之道，未能平黨與，未能修政，未能用人。」其言頗主紹述之説，故命出守。三月己卯再責。

詔江西轉運司於去年上供米内，共撥二萬石，付帥司爲賑濟之用，即不得有妨應副岳飛一軍米數。

2 庚子，江西制置大使李綱、湖南制置大使吕頤浩並兼本路營田大使。翌日，詔淮西宣撫使劉光世、淮東宣撫使韓世忠、江東宣撫使張俊、湖北襄陽府路招討使岳飛、川陝宣撫副使吴玠亦如之，飛、玠惟不帶「大」字。

賜兩浙都轉運使李迨詔書獎諭，以右僕射張浚言「迨近措置酒税課利錢僅五十萬緡，備見體國」故也。

詔諸路給賣户帖錢①，依限逐旋催納起發，毋得希覬，妄亂申請。先是，已減下户所輸之半，又詔全無物力人户皆免。都省言：「廬州縣猾吏妄説事端，致令人户意望再有更易，不行依限送納。」故條約焉。既而右僕射張浚言：「元降指揮，非奉聖旨不得支使。方今軍事之際，兼措置屯田，所費益廣，已逐急取撥，應副使用。乞俟支使了畢，具實數奏請除破。」從之。浚奏請在三月癸巳。

3 辛丑，左承事郎鄒柄充樞密院編修官。

司農寺丞、都督府主管機宜文字蓋諒撫諭川陝還，入見，詔進秩二等。

4 壬寅，持服前左中大夫富直柔起復資政殿學士，知鎮江府。時直柔方持所生母喪，故有是命。既而言者論：「直柔偏以書達權貴，圖起復。」章格不下。會直柔辭免新命，趙鼎進呈，言：「實無此事。」上曰：「鎮江謀守，出自朕意。小大之臣，未嘗有薦直柔者。前已面諭臺諫，今且當降詔不允，彼再有請，則從之可也。」既而直柔引祖弼故事，乞終喪制。上許之。上詔在二月己未，直柔再奏在四月辛丑。

詔利州路經略安撫使郭浩、襄陽府路安撫使張旦、金均房州安撫使柴斌、知建康府主管江南東路安撫司公事葉宗諤、知鎮江府主管沿江安撫司公事李謨，並兼營田使。先是，淮東西、湖南北、荆南帥臣皆已兼帶，至是悉命之。

都督行府奏改江、淮屯田爲營田②。先是，言屯田者甚衆，而行之未見其效。會張浚出行邊，因出户帖錢二十萬緡爲本，浚請應事務並申行府措置，俟就緒日歸省部。許之。於是官田、逃田並行拘籍，依民間例，召莊客承佃。每五頃爲一莊，客户五家，相保共佃，一人爲佃頭。每莊官給牛五具，種子、農器副之，每家别給菜田十畝，又貸本錢七十千，分二年償，勿取息。若收成日，願以斛斗折還者聽。遂命屯田郎官樊賓、提舉糧料院王弗同推行焉。七月壬申又置營田司。

5 癸卯，司農寺丞蓋諒言：「四川提轉牧守之官，恃去朝廷阻遠，輒法外用刑。如軍民少有違犯，其處斷輕重，係於臨時喜怒之私，上負陛下好生之德。乞速加禁止。」詔制置大使司密切體究，按劾聞奏。

都督府效士張⿰𠦝焉，按⿰𠦝焉字，字書不載，或係翰字之訛③。特補下州文學。⿰𠦝焉，陝西免解進士也。解潛在荆南，便宜版授，至是命之。

夜雪。

6 甲辰，置行在交子務。先是，都督行府主管財用張澄請依四川法造交子，與見緡並行，仍造三十萬，用於江、淮矣。至是，中書言：「交子錢引并沿邊糴買文鈔，皆係祖宗舊法，便於民間行使。自軍興以來，未嘗檢舉。今商賈雖通，少有回貨。已倣舊法，先樁一色見緡，印造交子，分給諸路，令公私並同見緡行使，期於必信，決無更改。」詔諸路漕司榜諭，遂造百五十萬緡充糴本，將悉行東南焉。五月乙酉改爲關子。

尚書刑部侍郎廖剛充徽猷閣直學士，知漳州。剛引疾求去，疏三上，乃命出守。

左迪功郎林僬循兩資，與堂除差遣。僬乞上所著易書，詔給事中朱震詳問。震言：「僬積學有年，用功至勤。」乃令明州給札，録其所著易説及天道大備書、變卦纂集等，合二十六卷上之。故有是命。

7 乙巳，右諫議大夫趙霈言：「去秋旱傷，連接東南。今春饑饉，特異常歲，湖南爲最，江西次之，浙東、福建又次之。然今日賑救之術，不過二説，惟兼行之，斯可以活饑貧而消盜賊。一則發廩粟減價以濟之，二則誘民户賑糴以給之。諸路固嘗有旨許借常平義倉矣，又嘗令州縣措置賑糴矣，然艱難之際，兵食方闕，義倉之粟，諒亦無幾，州縣往往逐急移用，無可賑給，唯勸誘民户賑糴，尤爲實惠。然豪右閉糴，蓋其常態，況當饑歲，彼孰知恤？全在州責之守，縣責之令，多方勸諭上户，估定中價，俾以所食之餘，各行出糴，稍濟貧乏，務在均平。然自來官中賑濟，多在城郭，遂致鄉村細民不能徧及。臣願以上户所認米數，紐計城郭、鄉村之户多寡，分擘米數。縣差丞簿於在城及逐鄉要鬧處監視出糶，計口給曆照支④，或支五日，或併十日，其交籌收錢，並令人户親自掌管，官不得干預。既無所擾，人亦願從，此惠而不費之道，損有餘補不足之術也。」從之。

8 丙午，賜兵部尚書折彦質進士出身。時參知政事沈與求數求去，趙鼎欲引彦質代之，以其進不繇科第，乃有是命。

監察御史梁弁言：「行在倉官任滿有出剩之賞，由此諸州綱運多端加量，枉被監禁。望賜寢罷。若任内交納不擾，特與推恩，庶幾其弊可革。」從之。

敕令所奏：「川陝路知州、通判不並差川陝人，無通判而但有簽判或職官獨員者同，職官判司、兵官、令佐並準此。監司屬官，每司不得過二員。著爲令。」先是，吏部省記川陝人州不過三員，縣鎮寨一員，既而員外郎徐林以爲不便，乃更立法焉。

9 戊申，湖北襄陽府路招討使岳飛請復以襄陽府路爲京西南路，唐、鄧、隨、郢、金均、房州、信陽軍並爲所隸⑤。從之。

10 己酉，故承議郎、追復寶文閣待制鄒浩贈寶文閣直學士，謚曰忠。時浩子柄入對，上浩諫立元符皇后章疏手藁，給事中吕祉等奏：「其言直而婉，肆而隱，有古諫諍之風，與世所傳僞疏激訐淺俗繆妄之説不同。竊惟浩之名德，表在一世如是，而前日追復止於舊職，未厭公議。欲望優加贈典，仍許依曾肇、豐稷例賜謚，庶以副主上優恤黨人、旌顯忠直之意。」故有是命。

右儒林郎姜仲開特改右宣教郎，通判鄂州。仲開宰邑有聲，爲宣諭官薦對故也。

太學生張逸補右修職郎，進士魏昌明補右迪功郎。二人自淮北來歸，故録之。

進義副尉尹機爲右迪功郎，李鼒爲下州文學。鼒，陽翟人。祖薦，嘗從蘇軾學爲文章，元符末，以上書詆誣，入自訟齋，不第死。機，安化人。趙鼎之未第也，嘗從機父天民講學，天民仕不達而卒。二人嘗以策干主管馬軍司公事解潛於荆南，潛還朝，例補武職。鼒能爲歌詩，援黨人子孫例訴於朝，都省言：「薦在元祐間名重一時，坐應詔上書，終身廢棄。依赦合該録用子孫。」鼎又請以給使一官及親屬轉官恩例，爲機换文資，以伸師友之義。故有是命。

詔江西轉運司相度，以旱傷州縣下户所納苗米價錢，於江次糴發客販米斛。初，上以江西、湖南旱，命四等下户苗米，皆令折納價錢。而江西漕司請放税四分已下者，仍理本色。至是又言：「撫州已催二千餘斛，它郡皆無之。」乃詔洪、吉等州分析。殿中侍御史王縉言：「去歲災傷至甚，官司檢放，未必以實。四等以下，該納價錢者少，催督日久，未見申到，其實可見。近湖北轉運司申，鄂州見商販米斛船到岸價例不至高貴，乞降輕齎和糴。若令江西轉運司委能幹官就江次糴發，縱折納價少，除津般縻費欠折之外，官司貼支數亦不多，使一路細民免監督之苦，無逃移之患，甚大惠也。」詔相度措置，申尚書省。

11 庚戌，殿中侍御史王縉爲右司諫，監察御史石公揆守殿中侍御史。制曰：「古者天子有争臣七人，謂輔弼疑丞，大臣之職，朝夕納誨，務引君以當道者也。後世事任、言責析爲二途，官以諫爲名，而所用未必賢，於是大臣不得盡其規，而人主不得聞其過矣。況未濟艱難，慮多闕失，顧兹任屬，尤難其人。縉孝謹忠信，有古人之志，德稱於士友，而達於朝廷。頃自郎闈，擢居憲府，三院御史，爾歷其二焉。不好訐以爲直，不撓法以掩奸，不爲人飛走以搏吠所憎，肆惟汝嘉，俾陞諫列。夫孝有移忠之道，職在盡言之地。勉行爾志，以弼予違。」

詔：「江、浙、閩、廣諸路總領賣田監司榜諭人户，依限投買鄉村户絶、并没官及賊徒田舍，與江漲沙田、海道泥田。昨爲兼并之家，小立租額。佃賃者永爲己業，更無改易。」仍令户部與監司州縣，毋得申請少有更改。用三省奏也。

荆湖南路轉運判官、權安撫司公事薛弼言：「近以朝廷催趣應副岳飛月樁錢九萬貫，并撥上供米十萬石往鄂州，又撥四等折錢餘米應副岳飛，又撥二萬石應副荆南王彦，又撥一萬石應副鼎州。臣愚兼管潭州，備見帥漕兩司虚實。本路因旱甚民流，檢放之餘，通不及三分。税米内仍有五等下户折錢之數，委無可以支給。本路大軍并將兵，自十一月折半支錢，尚自拖欠一月，及口食等米無可指準，逐旋守等諸縣催趣殘零放不盡税，斗升支散，惴惴有旦暮之憂。今來十二月積陰，雨雪不止，自下旬雪霰交作，間有雷電，冰凝不解，深厚及尺。州城内外，饑凍僵仆，不可勝數。除用度牒招募僧行隨即瘞埋，旬日之間，閱實剃度僧行不少。自仲冬闕食⑥，城内白晝剽劫，城外十室九空。盜賊迫於饑窮，十數爲羣，持杖剽奪行旅舟船，道路幾於阻絶。

除散遣緝捕官晝夜巡察，遇有發露，隨即擒獲，斬決流配，殆無虛日。近方少戢，流移漸歸，墾治田畝。遭此凍雪，寒餓死損，枕籍道路。雖自席益在任，分置三場，給粥以濟日，近數目加增，至市里居民，逐軍營婦，不憚愧耻，與乞丐隨逐仰給。觀此災沴，正宜倍加賑恤，以副陛下仁民愛物之意。況本路州縣，累經敵馬，殘壞尤甚。遺黎九死之餘，去歲一年備兼五大：大兵、大火、大旱、大饑，今復大雪。若通融一路所有，極力救濟，或恐不能延及秋熟。蓋去麥熟尚四月，禾熟尚七月，若更撥錢九萬，及撥米應副四處，非唯上供已無可支移，其錢亦何由辦足？定見州縣剥膚搥髓，百姓愈不聊生。臣昨嘗以帥司激賞有備，屢乞責辦。相兼應副湖南軍馬及席益移鎮，罄竭所有，祗了迎新送故之費。今帥漕兩司空虛無一月之儲，而大軍諸兵有拖欠之積。萬一雨雪不止，移運不繼，饑寒併至，或生他虞。雖誅責臣身，無救於事。亦知朝廷費廣，不敢別覬支降。唯望特降睿旨，將應副諸處錢米速賜蠲免。」詔弼將節次降到米斛疾速措置賑濟；仍具去年上供苗米正色，及折錢實數，申尚書省。著此以見湖南事宜，兼自來監司所奏災傷，未有如此之詳者，故全載之。

12 辛亥，詔張浚暫赴行在所奏事。浚遂命京東宣撫使韓世忠自承、楚以圖淮陽，命淮西宣撫使劉光世屯合肥以招北軍，命江東宣撫使張俊練兵建康，進屯盱眙。又請權主管殿前司公事楊沂中領中軍爲後翼，命湖北京西招討使岳飛屯襄陽以圖中原。於是國威大振。上自書裴度傳賜浚。

右宣義郎、湖北京西招討使司參議官李若虛提舉京西南路常平茶鹽公事，兼權轉運提刑司公事，以招討使岳飛言「自收復後來，未曾差置監司，慮無以檢察州縣」故也。

13 壬子，都督行府闕：右朝奉大夫、江東宣撫使司主管機宜文字郗漸在軍日久，備見宣力，陞充本司參議官。

右承事郎、直秘閣邢孝揚爲武義大夫、忠州刺史，主管萬壽觀公事，以其家有請也。

14 癸丑，閤門祗候添差婺州兵馬鈐轄徐宗誠、閤門祗候添差徽州兵馬鈐轄丁禩並發付淮西宣撫司使喚。二人皆劉光世故校，故光世請之。

15 甲寅，兵部尚書、都督府參謀軍事折彦質充端明殿學士、簽書樞密院事。朱勝非秀水閒居録云：「堂饌自艱難以來，至爲菲薄。趙鼎增厚十倍，日有會集。侍從、諸將，下逮省寺官，所喜者次第召食。堂厨公吏云：『日費香直且數十緡，酒饌不計也。』如執政折彦質、劉大中輩，從官范沖、朱震、胡寅、魏矼輩每酣飲，必抵暮方出省。創爲巨杯，號升醆，一杯容酒一升，謂盞爲醆者，俚語也。至是，宰相不逮郡守，都堂成酒肆矣⑦。」勝非所云，不得其時。今且附彦質執政之後，其曲折當考。

遣帶御器械錢愐往台州，撫問其母秦魯國大長公主，仍以銀合茶藥賜之。

詔僞造綾紙度牒，依詐爲制書法斷罪。用禮部請也。時以軍興配賣度牒於諸路，故條約之。

16 乙卯，給事中朱震言：「國家改官之法，選人六七考，用舉主五員，始改京秩。所以周知民情，練達世務，養之以久，然後舉而任之。近歲戎馬生郊，士多失職。陛下覽羣臣之議，給宮廟之禄，待之固已優矣。而又用其考第，求薦於前執政之門，以充舉主五員之數，無乃太優乎？臣愚乞自今而後，有用宮廟年月改官者，須一任知縣或縣丞，補足合用考數，然後兩任關陞知州，一如舊法。不歷州縣者，不得任朝廷之官。若異才實能，朝廷之所擢用者，不在此例。如此，則抑僥倖之俗，止奔競之風，施之於政，庶無妄作害民之事矣。」詔吏部勘當。

左朝奉郎、知廣德軍湯鵬舉罰銅八斤，坐應報江東宣撫使張俊文書違滯也。俊劾：「鵬舉報事不實，出言輕慢。」趙鼎令鵬舉分析。俊再乞黜責，乃有是命。

淮東宣撫使韓世忠引兵至宿遷縣，執金人之將孛堇牙合⑧。時劉豫聚兵淮陽，世忠欲攻之，乃引兵踰淮、泗，旁符離而北。前一日，遣統制官岳超以二百人硬探，僞知邳州賈舍人者亦以千騎南來，與之遇。衆欲不戰，超曰：「遇敵不擊，將何以報？」敵鳴鼓，超率衆突入陣中，出入數四，敵乃還。翌日，世忠引大軍進趨淮陽城下，命統制官呼延通前行，世忠自以一騎隨之。行二十餘里，遇金人而止。世忠升高丘以望通軍，通馳至陣前請戰，金將孛堇牙合大呼，令解甲。通曰：「我乃呼延通也。我祖在祖宗時，殺契丹，立大功，誓不與契丹俱生。況爾女真小國，侵犯王略，我肯與爾俱生乎？」即馳刺牙合。牙合與通交鋒轉戰，移時不解，皆失仗，以手相格，去陣已遠。逢坎而墜，二軍俱不知。牙合刃通之腋，通扼其吭而擒之。既而世忠爲敵所圍，乃按甲不動，俄麾其衆曰：「視吾馬首所鄉。」奮戈一躍，已潰圍而出，不遺一鏃。世忠曰：「敵易與耳。」復乘鋭掩擊，敵敗去。

是日，澧州慈利縣山賊雷進爲其徒伍俊等九人所殺。先是，進據險爲寇，朝廷以武功大夫、忠州團練使招之⑨，進不受。直徽猷閣、知鼎州張觷使人説俊等，而遣兵捕之。俊斬進及其妻子，詣觷降，餘黨招戮殆盡。

後録其功，以俊爲秀州兵馬鈐轄，其徒一百七人授官有差。日曆：魯攀等一百七人以四月九日丙午補官。

17 丙辰，右武大夫、達州團練使、知襄陽府張旦復舊官，充荆湖北路兵馬鈐轄，用湖北京西招討使岳飛請也。先是，飛赴都督行府計事，遂自鎮江入朝。上召對於内殿，賜飛金酒器遣還。岳飛入朝，日曆不載，但於二月丁未，書「張俊乞令内殿引見」，及於此日書「有旨左藏庫進金二百兩，賜岳飛酒器使用」。不知何日引見也。

直秘閣、荆湖南路轉運判官薛弼陞一職，知荆南府兼管内安撫使。洪州觀察使、荆南府歸峽州荆門軍安撫使王彦爲保康軍承宣使，知襄陽府，充京西南路安撫使。朝議以襄陽重地，故命彦以所部鎮之。彦除襄陽，日曆不書。

是日，韓世忠圍淮陽軍。

18 丁巳，左從政郎徐嘉特改左宣教郎。嘉爲德化令，以宣諭官薦對，遂命監行諸軍糧料院。四月甲子。

詔湖北、京西帥司於招討使岳飛並用申狀。

19 戊午，詔中侍大夫、保信軍承宣使、權主管殿前司公事、提舉宿衛親兵楊沂中以入隊萬人赴都督行府使喚。張浚欲以沂中助韓世忠，故有是命。後二日，詔沂中落階官，爲密州觀察使、龍神衛四廂都指揮使，遣行。張浚以沂中助世忠事，詳見三月乙亥趙密事内。

右朝奉大夫王約監行在交子務。

詔諸路常平司於管下客旅會聚州軍權置市易務，候事平日罷。用都省奏也。

20 己未，遣權户部侍郎劉寧止往鎮江總領三宣撫司錢糧。尚書右僕射張浚言：「所用錢糧，雖各有立定窠名，及專委漕臣應辦，自來多是互相占吝，不肯公共那移，因致闕乏，動經旬月，深慮生事。望於户部長貳内輪那一員前來置司，專一總領措置，移運應辦。」故有是旨。寧止請：「諸路監司州縣事干錢糧如有違慢，許臣奏劾，重實典憲。内通判以下，一面對移沿邊州縣，依條取勘。」從之。寧止申請在是月丙寅。

21 辛酉，權主管侍衛馬軍公事解潛兼權殿前司。帶御器械劉錡兼權提舉宿衛親兵，以楊沂中出戍故也。

是日，韓世忠自淮陽引兵歸楚州。世忠既圍城，敵堅守不下。劉豫遣使如河間，求援於金右副元帥宗弼。先是，金、僞與其守將約，受圍一日則舉一烽，每日益之。至是，城中舉六烽，劉猊與宗弼皆至。世忠之出師也，請援於江東宣撫使張俊，俊不從，世忠乃還。道遇金師，世忠勒陣向敵，遣小校郝彦雄造其軍，大呼曰：「錦袍驄馬立陣前者，韓相公也。」衆咎世忠，世忠曰：「不如是，不足以致敵。」及敵至，世忠以數騎挑之，殺其引戰者二人。諸將乘之，敵敗去。趙雄撰世忠碑云：「攻淮陽，旦暮且下。會詔班師，王亟還。」此與趙甡之遺史所書不同。按世忠實以無援而退，非得城而不取也。今從遺史。碑又云：「大敗敵衆，暴屍三十里。」恐亦不然。蓋雄所撰碑，第據當時功狀，不參考他書故也。今不盡取。淮陽民從軍南歸者萬數，都督行府悉授田居之。上聞，詔州縣存恤之，毋令失所。詔州縣存恤在四月丁未。

22 壬戌，詔折彦質兼權參知政事。

湖北京西招討使岳飛言：「兩路州縣官有蠹政害民、贓污不法之人，乞許本司一面對移，事重者放罷，具事聞奏。」從之。

直龍圖閣、江東轉運使向子諲陞秘閣修撰。子諲赴都堂稟議，上召見，進職遣還。

殿中侍御史周秘言：「江、淮屯田，誠財用之本。然使兵民並耕，則不能無侵擾之患。臣愚以爲，必無願耕之民，然後使揀退之兵。如此，則軍民兩得其宜，於事爲當。」詔送都督行府。

23 癸亥，參知政事沈與求罷爲資政殿學士，知明州，從所請也。中書舍人任申先繳還詞頭，論其罪。與求繳詞頭，他書不載，今以趙霈劾申先章疏修入。與求乞宮觀，改提舉臨安府洞霄宮，免謝辭。

詔臨安府民間僦舍錢，不以多寡，並三分中減一分，白地錢減四分之一。

是日，觀文殿大學士、新江西制置大使李綱見於内殿。前一日，綱入國門，趙鼎奏：「已有旨内引，然來日偶是寒食正節。」上曰：「朕宫中每日食後，略治家事，即觀書寫字，此外別無他事。來日自可引對。」鼎曰：「陛下清修如此，天下幸甚。」後二日，綱以急切利害再對，因言及張浚。上諭綱曰：「浚自富平敗，始練軍事。」時綱所上疏凡十六，其論中興及金人失信、襄陽形勝與和戰、朋黨五事，皆利害之大者。上嘉勞久之。

24 丙寅，詔：「諸軍器甲漸已足備，自今置到軍器等，並於内軍器庫樁管。雖奉特旨，亦許執奏。」

是月，加封梁瀘州刺史陸弼爲靈濟昭烈王[10]。弼，咸陽人，天監中卒於郡，還葬射洪之白崖山下，因廟祀焉。後又加助順佑德四字。十一年五月加助順，二十三年二月又加佑德。

校勘記

① 詔諸路給賣户帖錢　「帖」，原作「貼」，叢書本同，據後文壬寅日記事改。又，叢書本「户」字闕。

② 都督行府奏改江淮屯田爲營田　「屯」、「營」原倒置，宋史卷二八高宗紀五：「紹興六年二月壬寅，雨雪，改江淮屯田爲營田。」據改。

③ 或係輸字之訛　「輸」，叢書本作「翰」。

④ 計口給曆照支　「曆」，原作「數」，據叢書本改。

⑤ 唐鄧隨郢金均房州信陽軍並爲所隸　「金」，原闕，据金佗稡编卷一八乞襄陽府路仍作京西路申者督府劄子補。

⑥ 自仲冬闕食　「仲」，原作「中」，據叢書本改。

⑦ 宰相不逮郡守都堂成酒肆矣　「不逮郡守」，疑爲衍字。叢書本無「不逮」二字。

⑧ 執金人之將孛堇牙合　「牙合」，原作「雅哈」，據金人地名考證改。下同。

⑨ 朝廷以武功大夫忠州團練使招之　按：本書卷九四載紹興五年十月，武功大夫、忠州團練使、新知邵州楊珪母郭氏贈夫人，邵州和澧州頗近，疑所招之人即楊珪。

⑩ 加封梁瀘州刺史陸弼爲靈濟昭烈王　「瀘」，原作「濾」，據蜀中廣記卷七九改。

建炎以來繫年要録卷九十九

1 紹興六年三月戊辰朔，初收官告綾紙錢。以尚書省言，新法綾係專一織造，費用倍多故也。

禮部尚書李光兼權刑部尚書。時臨安府多火災，或頃刻爇千百家。右諫議大夫趙霈建言，請峻其刑名，庶火初作，衆亟撲滅。事下刑部立法，光不奉詔，乃抗論：「天災譴告，人君宜修德以厭之，不當濫及無知之民。」朝廷謂刑部有司也，抗疏爲非，而諫官之論當略爲施行。起居舍人兼權中書舍人董弅白執政曰：「二者之論俱不過，使兩易之，則各爲舉職矣。」二疏不得其日，今因光攝刑部，附書之。四月戊午，光罷權。是月癸亥，霈徙官。此事必在三四月間也。日曆全不載，當求他書參考。

徽猷閣待制、知揚州葉焕引疾乞奉祠，以焕提舉江州太平觀。焕守揚纔一年。

川陝宣撫副使吴玠言：「本軍錢糧闕乏。」張浚乞令都轉運使趙開躬親前去應副，仍詰開違慢。從之。

右通直郎、知撫州劉子翼特遷一官，以江西諸司言子翼自到任後，發過岳飛軍糧五萬餘斛、錢二十四萬餘緡，又勸誘人户椿備賑糶米三萬餘斛，故有是命。子翼，子羽弟也。

金均房州管内安撫使柴斌乞名民軍曰保勝。先是，王彦移鎮荆南，盡將其部曲以行，惟存禁兵數十人而已。斌始集三州保甲，結成陣隊，每人免家業錢自五千至三十千止，號保勝軍。又請招必勝禁軍三千人，以實邊面。皆許之。斌乞招禁軍在三月壬申，今併繫此月。

2 己巳，少保、武成感德軍節度使、淮南東路兼鎮江府宣撫使韓世忠爲京東淮東宣撫處置使，兼節制鎮江府，徙鎮武寧安化，楚州置司。檢校少保、鎮寧崇信軍節度使、湖北京西路招討使岳飛爲湖北京西宣撫副使，徙鎮武勝定國，襄陽府置司。時朝廷鋭意大舉，都督張浚於諸將中每稱世忠之忠勇、飛之沉鷙，可以倚辦大事，故並用之。

是日，李綱入辭，退，上疏言：「今日主兵者之失，大略有四：兵貴精不貴多，多而不精，反以爲累；將貴謀不貴勇，勇而不謀，適爲敗擒；陣貴分合，合而不能分，分而不能合，皆非善置陣者；戰貴設伏，不設伏而直前，使敵無中斷邀擊之虞，皆非善戰者①。願明詔之，使知古人用兵之深意，非小補也。朝廷近來措置恢復，有未盡善者五，有宜預備者三，有當善後者二。今降官告，給度牒，賣户帖，理積欠，以至折帛博糴，預借和買，名雖不同，其取於民則一，而不能生財節用，覈實懋遷，一也；議者欲因糧於敵，去年春呂頤浩嘗有此奏。而不知官軍抄掠，甚於寇盜，恐失民心，二也；金人專以鐵騎勝中國，而吾不務求所以制之，三也；今朝廷與諸路之兵盡付諸將，外重内輕，四也；兵家之事行詭道，今以韓世忠、岳飛爲京東、京西宣撫，未有其實，而以先聲臨之，五也。且中軍既行，宿衛單弱，肘腋之變，不可不虞，則行在當預備；江南、荆湖之衆盡出，敵或乘間擣虛，則上流當預備；海道去京東不遠，乘風而來，一日千里，而蘇、秀、明、越全無水軍，則海道當預備。假使異時王師能復京東西地，則當屯以何兵，守以何將？金人來援，何以待之？萬一不能保，則兩路生靈，虛就屠戮，而兩河之民，絶望於本朝。勝猶如此，當益思善後之計。」綱又言：「今日之事，莫利營田。然淮南兵革，江湖旱災之餘，民力必不給。謂宜令淮南、襄、漢宣撫諸使，各置招納司，以招納京東西、河北流移之民，明出文榜，厚加撫諭，撥田土，給牛具，貸種糧，使之耕鑿。許江、湖諸路於地狹人稠地分自行招誘，而軍中人兵願耕者聽，則人力可用矣。初年租課，盡畀佃户，方耕種時，仍以錢糧給之，秋成之後，官爲糴買，次年始收其三分之一，二年之後，乃收其半，罷給錢糧，此其大概也。不然，徒有營田之名，初無營田之實，何補於事？」詔都督行府措置，其後頗施行之。綱營田議以是月戊辰行下，今後附此②。其奏恢復未善等事，必在到洪州之後，今且因除二宣撫，遂書之。

敕令所删定官左時面對言：「國家經費之大，藉於鹽者居多。入納之法雖詳，而未免乎壅滯者，法屢改而無以取信於商賈故也。今之商賈，本多而利寡，納久而請遲。法更於上，人疑於下，所以間有不通之弊。願詔有司，自今毋或輕議改法。」詔户部申嚴行下。

詔：「浙東州縣守令，勸誘上户，廣行出糶。如糶及三千石已上之家，依已降旨，等第補官。若有頑猾上户，依前閉糴之人，亦仰斷遣。仍令提舉官躬親檢察。」尚書省奏：「婺州積米之家乘時射利，閉倉遏糴。緣此細民轉致艱食，偷生爲盜。」故有是旨。未幾，殿中侍御史周秘入對，論：「發廩勸分，古之道也。臣但聞其勸分矣，未聞其迫之也。今止令州縣勸誘，猶懼其抑勒，若更許之以斷遣，則彼將何所不至？臣恐州縣官吏不復問民之有無，而專用刑威逼使承認，奸貪之吏因得濟其私，而善良之民或有被其害者矣。乘時射利，閉糴待價，富民好利之心固多如是。然而爲守令者苟能布宣陛下之德意，感之以至誠，動之以利害，再三諭勉，使各以不費之惠自周其鄰里鄉黨，彼宜無不從者。其或不從，則亦守令之政教約束不素行於其民也。欲望再降指揮，專委諸路提舉官徧詣所部，戒約守令，多方勸誘，務令民户樂從。或因今來酌情斷遣指揮，輒有分毫騷動，並令提舉官奏劾。」從之。三月丙申行下。

3 庚午，詔南劍州學春秋釋奠，就祭陳瓘祠堂。用給事中張致遠請也。

降授右迪功郎、新樞密院編修官陳淵依所乞改監潭州南嶽廟。

4 辛未，言者請：「命館職編纂前古中興君臣事迹有資於治體者，分以篇目，總爲一書，寫之御屏，置之便殿。萬幾之暇，得以參驗古今，鑒戒美惡。」從之。後不克成。

詔去歲旱傷及四分以上州縣，所負紹興四年已前錢帛租税，皆除之。執政初議倚閣，及進呈，上曰：「不若盡蠲以寬民力。」乃有是命。五月癸酉米斛事可參考。又詔：「旱傷四分地分闕食民户，盜劫米穀食物之屬，不曾毆傷人，罪至死者，聽知、通酌情減等刺配，俟麥成日如舊。各降敕付本州遵守，仍不下司。」

集英殿修撰、知湖州方孟卿充徽猷閣待制，提舉江州太平觀，從所請也。

拱衛大夫、惠州防禦使、知全州劉遠知邕州。趙鼎因論：「廣西買馬司空有所費，而實無補。欲相度，止令邕州知州專領，留屬官一員主管錢物。」上曰：「朕於諸事，每思慮必盡。昨計算餘杭監牧一歲支費，無慮二萬緡，自可收買戰馬百五十匹。卿等更可商量。」時已命左承議郎范直清提舉廣西買馬。後三日，遂以遠同提舉買馬，令直清與遠協力措置焉。

故朝議大夫周中特贈中奉大夫、直秘閣，官其家一人。中從弟户部員外郎聿訟中濰州死事狀於朝，事見建炎二年正月。下成都府路兵馬都監閻臯保明，如所請，故褒録焉。日曆載此狀，聿繫比部員外郎銜，臯繫江西兵馬都監銜，蓋是二人未改除時所上也。

故左迪功郎章之邵贈左宣義郎。之邵，政和中以上舍得官，老於選調。至是，有旨召察，未及用而死。給事中吕祉等請特與贈官，以爲抱義修潔者之勸，乃有是命。

詔總制司官候三省除執事日取旨。以沈與求去位故也。自是不復除。

5 壬申，罷潼川府路歲織官告、度牒綾，以轉運司告乏故也。

6 癸酉，秘閣修撰、四川都轉運使趙開陞徽猷閣待制。先是，川陜宣撫副使吴玠數言軍前糧乏，水運留滯，緣軍食少闕，所繫至重，緩急生事，愈害百姓。詔開躬往軍前，極力措置水運，如委遲緩，不能接濟見今急闕，即隨宜從長措置。仍令制置大使席益常切催督。翌日，開有是命。蓋朝廷之意，欲以解間隙、趣應辦也。熊克小曆載開除待制在今年正月。又云：「先是，詔開親至軍前，又令席益趣開行。」皆誤也。按日曆，此月戊辰有旨，令開親至軍前應副，至是，止令益催趣糧運耳。李燾撰開墓誌，稱「忠獻奏詰公違慢，又詔席大光趣公」，亦止謂催趣糧餉，克蓋小誤。

尚書吏部員外郎徐林守右司員外郎。

秘書省著作佐郎張九成守著作郎，秘書省正字兼史館校勘王蘋守著作佐郎。

直秘閣、知鼎州張觷陞直徽猷閣。觷引疾乞祠，而都督行府言其勞效，乃命進秩焉。

左朝奉郎范同爲福建路轉運判官。

詔川陝宣撫司以禮敦遣和靖處士尹焞赴行在。焞始被命召，自言：「昨於靖康中累被召旨，以疾力辭，誤蒙告命，賜之美名，聽其退處。兼以所習迂闊之學，施之事功，無一可者。願賜寢免，以安愚分。」故有是命。

起居舍人董弅言：「謹按直徽猷閣程芾，素不爲士大夫所齒。嘗除湖南漕，乃於廣西監司權知賀州，又於新任部内詭請官田千餘畝，使久佃之人一旦失業。望正典刑，以威貪吏。」詔芾罷宮祠③。芾今年二月丙寅與祠，以修注而按吏，頃所未有，故著之。

殿中侍御史周秘入對，論：「四川漕司注授不遵法令，孤寒之人無緣得禄。雖已令制置大使覺察，謂宜先絶其弊源，欲令每遇季月終，刷具應使之闕，於孟月首出榜，令在部人集注一次，更從朝廷取見四路合辟窠闕，行下曉諭。其監司違法差置權官，占據合榜窠闕，乞重加責罰。仍許徑赴大使司陳訴，具漕臣姓名申奏。如此則藏匿闕次，妄稱奏辟之弊，可以盡革。」上嘉納，謂秘曰：「蜀中利害，久無人論及，今日方見此章。」乃詔諸路運司遵守，如有違戾，令制置大使司按奏。日曆於一日内兩載秘此章，而章疏及所降指揮又多寡不同，今參取書之。

太常丞華權面對言：「行在輪對官已經召對，及既當輪者，乞令吏部會問，如偶無己見，願輪以次官者聽之。蓋天之降才不同，使其智識過人，遇事輒發，時可以上裨聰明者，顧對雖數而不嫌。儻效一官而僅足，且留於百執事之間，以各展其所長，庶幾輪對不爲文具。」從之。

7 乙亥，詔江東宣撫司統制官趙密、巨師古軍，並權聽殿前司節制。時都督張浚在淮南，謀渡淮北向，惟倚韓世忠爲用。世忠辭以兵少，欲摘張俊之將趙密爲助，浚以行府檄俊，俊拒之，謂世忠有見吞之意。浚奏乞降聖旨，而俊亦稟於朝。趙鼎白上曰：「浚以宰相督諸軍，若號令不行，何以舉事？俊亦不可拒。」乃責俊當聽行府命，不應尚稟於朝。復下浚一面專行，不必申明，慮失機事。時議者以爲得體。至是，浚終以俊不肯分軍爲患。鼎謂浚曰：「世忠所欲者，趙密耳。今楊沂中武勇不減於密，而所統乃御前軍，誰敢覬覦？當令沂中助世忠，却發密入衛，俊尚敢爲辭耶？」浚曰：「此上策也，浚不能及。」此以熊克小曆修入。但克繫於今年八月浚入奏之後，蓋不知其日月也。按日曆，今年二月二十日戊午有旨，楊沂中赴都督行府使喚。三月八日乙亥有旨，趙密權聽殿前司節制。此事正與克所云相合，但其後世忠兵未出而金重兵犯淮西，反以沂中隸俊，蓋臨機區處，非夙議也，故表而出之，以補史闕。

8 丙子，親衛大夫、寧州觀察使韋淵落階官，提舉萬壽觀。上之即位也，淵以覃恩遷遥郡。至是積十年，纔落階官焉。

拱衛大夫、同州觀察使致仕胡慽追三官勒停。慽坐私酤抵罪，當罰金按奏，特有是命。

是日，四川制置大使席益至成都府。益未至成都，道奏：「兩蜀去秋荒歉，乞米一二萬石，專充濟糴。」詔趙開除應付吳玠一軍歲計糧米外④，將其餘寬剩米斛付益。又言：「四川土禁軍自來懦弱，屯駐京軍亦非精鋭，屯駐既久，所存無幾。臣嘗乞郝晸、焦元、李建、陳元等軍馬，未蒙俞允。乞别撥一項精鋭軍馬前來，并許臣招收軍中兵將逃避之人，漸增軍數。」樞密院言：「招收逃亡，有害軍政。但許召募效用三百人而已。」益乞賑濟米，以是日奏至。乞招軍在後六日癸未，今併書之。

9 己卯，右朝請郎、新知筠州陶愷送吏部，與監當差遣。愷既補外，上謂近臣曰：「愷論事，言皆劫持，雖灼見懷奸，以其議及祖宗，未欲行出。」言者復奏：「愷所言劫持懷奸，誠如睿旨。觀其文理紕繆，固不足道，而迹其情狀，有不可貸者。今輒具前後聞見，以證其說。元祐之初，哲宗皇帝即位，是時天下士民言新法不便者以千萬計，於是進用司馬光、吕公著等，逐蔡確、章惇之徒，除去新法，盡復祖宗之舊。終元祐九年，天下太平。洎紹聖元年⑤，殿試進士，李清臣撰策題，其略曰：『恭惟神宗皇帝憑几聽斷十有九年，禮樂法度，所以惠遺天下者甚備。朕思述先志，夙夜不忘。』畢漸對策曰：『陛下亦知有神宗皇帝乎？』既唱名，畢漸第一。於是紹述之論始興。吕大防、蘇轍、范純仁相繼引去，章惇、蔡卞始用事，厚誣宣仁，欺罔哲宗，以神宗爲名，劫持上下，盡逐忠良，羣小畢進矣。逮太上皇嗣位之初，首召范純仁等忠義之士，流竄而尚存，及一時正人公議所屬者，悉皆召用。章惇以策立之際獨建異議，竄責嶺表。蔡卞等亦皆去位。曾未踰時，紹述之論復興。曾布、蔡京用事，亦以神宗皇帝爲名，劫持上下，奸人情僞，如出一律。方其召范純仁等，曾布乃爲建中之論，以此改元。蓋小人知其當退，遂欲雜用紹聖之臣，兼行紹聖之政。此説既行，則復出爲惡，得以肆其奸。持大中至正之論，以濟朋比傾邪之術，卒如其計也。蓋自紹聖之後，每爲小人所勝，必假神宗皇帝爲名。始於建中，終於大亂，此已事之驗，可爲痛心疾首者也。恭惟陛下聰明稽古，憲章祖宗，洞見是非真僞之實，深究治亂興衰之源，更修信史，垂示萬世。而愷乃以爲未能平黨與，未能修政，未能用人，愷何者而敢爲此言？是欲以一身爲羣奸先驅，鼓惑天下之聽，嘗試朝廷，庶幾僥倖萬一焉。自愷有此言，善類爲之不安，士大夫莫不疑惑，以謂既付之民社，未必以其言爲非也。伏望陛下明正典刑，揭示好惡，爲小人漸進之戒。」前二日，輔臣進呈，上曰：「所論甚詳，自當便與行遣。」又曰：「久不聞如此議論，忽然聞此，甚可怪。」折彦質曰：「此乃國論，不可不察。小人嘗試朝廷之意，若好惡小不明，則便出爲惡。」趙鼎乞送吏部，與合入差遣。上曰：「是亦輕典。」至是，輔臣再進呈，鼎奏曰：「愷係州縣資序，恐用以牧民非宜，欲送吏部與監當差遣⑥。」上曰：「甚好。」鼎因言：「愷乃節夫之子，節夫爲蔡京死黨，力主紹述之説。」彦質曰：「小人奸邪，自有源流。」

詔岳飛疾速兼程之鄂州措置軍馬。

左朝散郎勾龍如淵行秘書省校書郎。如淵，導江人也。

右通直郎、通判臨安府袁復一進秩一等，左迪功郎、添差臨安府府學教授周孚先特改左承事郎。復一，無錫人，與孚先皆引對而有是命。

10 庚辰，宣政使、貴州防禦使、提舉台州崇道觀陳有爲内侍省押班，主管温州景靈宫奉迎所。

11 辛巳，詔：「天章閣、萬壽觀祖宗帝后神御見在温州，令幹辦官黄彦節迎奉赴行在。惟聖祖像留温州如故。」既而中書言，恐内侍沿途騷擾，止命本州遣近上兵官迎奉焉。後旨在是月乙未。

檢校少師、奉寧保静軍節度使、川陝宣撫副使吴玠易鎮保平静難，興州置司。

樞密副都承旨馬擴兼沿海制置副使。擴自鎮江將殿前司策選鋒軍赴行在，遂有是除。

詔自今初磨勘改官人，不許堂除通判差遣。用殿中侍御史石公揆請也。時見任通判百五十員，待闕者乃有二百八十九員。公揆以爲僥倖冗濫，且非舊制，故有是請。

端明殿學士、提舉華州雲臺觀張深卒。

12 壬午，太常謚故贈安化軍承宣使劉鎮曰剛愍。鎮守真定，與金人巷戰而死。

13 癸未，左中奉大夫、直秘閣閻旦降二官取勘。旦爲成都府路轉運副使，怒府吏喬昇，會王似薨，旦攝府事，以旋風棒擊之至死。川陝宣撫副使邵溥以便宜罷旦，成都運司題名，旦以去年八月一日放罷。言於朝。上曰：「若以軍中法而馭吏，則安用三尺？此事雖朕亦不敢。」趙鼎退立曰：「陛下好生之德，天下共聞。」乃有是命。既而殿中侍御史石公揆劾旦違拒詔旨，不肯落銜，旦坐奪職。旦奪職在四月庚子。

詔臨安府官屬減年磨勘指揮勿行。先是，以行宮之勞第賞，而文武當受賞者百有餘人。御史石公揆言其太濫，周秘又乞令守臣覈實，折彥質奏外議頗不以行賞爲然，命遂寢。

降授右武大夫、果州團練使趙秉淵令赴江東宣撫司軍前自效。秉淵以掠和州水寨之罪，當遠謫，至是乞以功贖罪，張浚許之。

14 甲申，給事中張致遠充顯謨閣待制，知台州。致遠以母老乞奉祠，章四上，乃命出守。既而以海寇鄭廣未平，改知福州。致遠移郡在是月戊子。時言者論福建帥憲曾楙、呂聰問捕寇無方，又言聰問無檢身之操。趙鼎進呈，乃詔楙累乞宮祠，可提舉江州太平觀。聽問令致遠密切究實，事遂已。

詔命官諸色人捕獲兇惡彊盜，未經結録已前，在獄身死，更不理爲推賞人數。先是，惠州獲盜四十二人，而獄死者三十四。憲司以爲，吏受賕鍛鍊，致脅從之人拘囚至死，遂變换情詞，以爲正賊。乞今後未經結斷，在禁身死者，二名當一名。吏部尚書孫近等言：「如此，恐貪冒賞典之人，計囑獄司，愈將平人非理致死，其弊益深，故有是請。仍乞將惠州獄官貶秩衝替。自今彊盜獄死及五分以上，官吏比附歲終禁死及一分科罪，不以併計失滅。」詔惠州元勘獄官貶秩衝替，餘從之。

15 乙酉，進呈李彦所探事宜。趙鼎奏：「兩日併得陵寢神御器物，此必在天之靈，深有望於陛下者。」上愀然久之。

右朝奉郎、四川都轉運司幹辦公事王咨爲陜府西路轉運判官。殿中侍御史石公揆言：「咨爲總領司屬官，專務掊克，以苟進身，豈可居外臺耳目之寄？」乃降二秩罷之。咨尋卒。咨五月己丑降罷。洪邁夷堅甲志云：「永康軍導江縣人王咨者，以刻核彊鷙處官。紹興五年，爲四川都轉運司幹辦公事，被檄榷鹽於潼川路，王躬詣井所召民，强與約，率令倍差認課，當得五千斤者，輒取萬斤。又約來歲所輸不滿額者，籍其貲。王心知其不能如約，規欲没入之，使官自監煎。既復命，計使以鹽額倍增，薦諸宣撫使，擢爲利州路轉運判官。未幾死。」按史，咨今年方除陜西運判，與邁所記差不同。蓋是時宣撫司除監司帥臣，亦未嘗盡奏也。

16 丙戌，上不視朝。後二日，趙鼎等問聖體，上曰：「前夜已覺目痛，偶探報叢集，又新令范沖校陸贄奏議，有兩卷未曾看，過三更方看徹，比曉，目遂腫痛，不能出。」鼎曰：「陛下勤於政事如此，天下幸甚。」

右朝議大夫、直寶文閣任詩落職降二官，罷宮觀。右朝議大夫、夔州路轉運副使韓固罷。先是，朝廷聞詩帥夔無治狀，詔俾奉祠。五年十月癸巳。詩亦奏轉運判官王肇銓選不公，乃降肇二官放罷，令帥司拘留取勘。今年正月庚子。至是，制置大使席益言：「夔路帥漕皆非其才，三人不和，動相叱罵。詩素病狂易，專事貪苛，望行罷黜。」輔臣進呈，上曰：「蜀去朝廷遠，號令久不及，官吏無復知畏。」遂有是命。

17 庚寅，故承議郎、贈直龍圖閣龔夬加贈右諫議大夫，與恩澤，以其家有請也。

直秘閣、知大寧監龐修孺落職放罷。修孺方待次，言：「代者穆亶未上而亡，乞之任。」亶聞自言，詔貶修孺二秩。右司諫王縉劾其躁妄，故黜之。

是日，江西制置大使李綱始領使事於金谿縣。綱請蠲災傷州縣三等以下户四年積欠，又乞錢十萬緡爲營田本，上皆許之。洪州月費軍儲米五千斛、錢六千餘緡，而倉庫之見在者，米四斛有奇、錢五百千而已。綱具聞於朝，乃命都漕司應副一月。此並據綱行狀。

18 辛卯，京東淮東宣撫處置使韓世忠奏捷。上因語及世忠：「將所得青、徐州土兵、弓箭手皆放歸，甚善。朕思之，不若更與數百錢令去，此事雖似非急務，然使中原之人知朝廷恩意，縱被劉豫父子驅率，亦豈肯爲之盡力？」顧趙鼎曰：「卿可作書，速諭張浚。」

右諫議大夫趙霈請戒諭臺諫之臣，糾按奸弊。先是，吏部令史有隱匿過名遷補者，爲御史臺所察，事下大理。而御史私呼大理吏諭意，繫者不伏。詔移臨安劾治，臺史二人皆坐特旨編管。霈奏，恐百司緣此慢易，臺綱浸輕，乞加戒諭。上從之。

入内東頭供奉官陳成之追二官。成之爲熙河蘭廓路提轄、揀中保寧指揮，避難入蜀，寓居嘉州。及張浚罷歸，成之復出，行陝西之禄，至是爲權宣撫副使邵溥所劾，故有是命。成之已亡去，求之不獲。久之，復自歸，職如舊。紹興九年往陝西撫諭即此人也⑦。

19 壬辰，詔四川災傷州縣委實檢放人户所納户帖錢，權與倚閣一半，災傷至重去處全閣，俟秋成日催理。時制置大使席益言：「去年十二月六日聖旨節文：諸路旱傷去處，令轉運司審實，如委及四分以上，權住給賣。臣自入界以來，百姓遮道陳訴困窮，皆稱去秋旱傷，田畝所收，多者不過四五分，少者纔一二分。又緣官中糴買𦈢遏，米穀價例踴貴，無從得食，盡有菜色。又去秋西川水潦，東川旱暵，即今粒食昂貴，斗米錢兩貫，利路近邊去處又增一倍，民人饑流死者相枕籍於道，見行賑濟。臣契勘四川災傷如此，自合權住給賣。今轉運司並不遵用上文審實，却一概行下，殊失聖心。臣訪聞得，蓋緣蜀民自來不曉陳訴災傷，是致州郡漕司不曾依條檢放。間雖有檢放去處，並不以實。臣又契勘四川贍軍十年，民力困弊。計其生理蕩散，何啻旱傷四分以上？縱不災傷，亦合比附旱傷四分去處，奏請權住給賣。何況民方饑死，見行賑濟，而不得比於旱傷四分蒙被寬恤之令，臣若不言，朝廷何由得知四川水旱之實？有司便文，徒務推行，使遠民重困，嗟咨怨恨，上累國體，所繫非輕。」故有是旨。

癸巳，趙鼎言：「近史院編類元帥府事蹟，有可疑者。如言王雲行李中有短項頭巾，百姓知其果叛。」上曰：「雲死後，宗澤方遣客司齎兩頂番頭巾來，云得之雲行李中。是時耿延禧、高世則皆在坐，雲亦孜孜爲國，豈可誣衊以此？」又言：「黄潛善遣張宗入京，密結王時雍。」上曰：「此事亦不然。黄潛厚一日驟來見朕，哽噎不能言。再三叩之，乃云二聖已去，張邦昌僭立。朕是時更無分毫主意，同與見耿南仲商議，往招潛善。潛善既到，即檄諸路共力勤王。當時處置，皆是潛善。張宗見存，自可問也。」折彦質曰：「大抵人情喜宗澤而惡潛善故耳。」上曰：「潛善誤國，固有罪，然事之是非，亦不可不公。」

20 乙未，左通議大夫、提舉江州太平觀王庶知鄂州。初，庶召還未見，先獻論十六篇論時事。其論行法令，略曰：「人主威權之出，至於殺戮，事關軍政。儻罪狀明白，當守之不移，不可奪於好惡，使遠近窺測，動搖國事。」論先計後算，略曰：「臣伏見頻年數易將相，用兵制敵，初無成算。輕動則喪師，退守則失地。臨機倉卒，僥倖一勝，此非朝廷萬全之計。願任一二同心之臣，責其功效，假以歲月，使廟算先定，然後兵再出，而亂可平矣。」論賞罰曰：「人主之馭臣鄰，惟在賞罰。賞當則功勸，罰當則罪服。至於擾攘之時，此柄尤不可不謹。比年以來，爵賞失於濃厚，愚者苟得爲心，貪婪不已，無復激勸，傑猾者較功揣己，豈無不自信之人？伏望審信賞必罰之旨，以圖興復。」論行法令曰：「法令者，立國之大本，人主之至權。近者朝廷以四方未平，務從含貸，而臣下寖成驕慢，法令不行於軍旅，沮落於方岳，幾何而不陵遲？望明敕中外執憲之臣，振起綱條，以折奸雄之漸。」論虚實用度曰：「今天下自經兵火，以十有三四之土地、十有二三之耕牧，供十有六七之軍旅，數倍平日之官吏，雖使天雨鬼輸，無由得足。一有凶歉，何以支持？願解絃更張，以圖興復。」論敵人强弱曰：「金人僥倖立國，十有餘年。二太子、婁宿等數人零落殆盡，獨黏罕竊有其權⑧。土地闊遠，金玉子女盈積，自以爲非天崩地陷，無復可憂，喪兆漸萌。陛下欲雪大耻，正在今日。」論擇相曰：「陛下臨御以來，拔以爲相者十人矣，而在位多不久，何相之衆而去之速？願慎謀厥始，益加禮貌，且推赤心置其腹中，無令小人伺其隙。」論戰守曰：「用兵之道，不過戰守兩端而已。交鋒接刃，以決死生者，戰也。增陴浚隍，效死勿去者，守也。國家内外養兵無慮百萬，未嘗聲金鼓於行陣，聞敵之至，即曳兵而走，豈知所謂戰？未嘗修城郭，立宗廟，聞敵之至，則委而去之，豈知所謂守？或謂金人得古人用兵之道，奇正無常，變化不測，所向無前，安可以戰？所攻必克，安可以守？臣謂金人用兵，亦豈善哉？特以我不善，故彼爲善。以陛下之神武，託社稷之威靈，以今日天下之兵，戰亦可，守亦可，何所往而不可？」論政事本末曰：「政有小大，事有本末。今天下之言政事者，莫不以兵爲先。臣竊謂兵雖不可去，然非所先也。君君臣臣，父父子子，兄兄弟弟，夫夫婦婦，四民安其業，萬物遂其性，是乃政事也。今能修其政事，則本氣實而邪氣不能入，彼外敵不待攘之而自攘矣。」論兵曰：「大抵用兵之説有三，兵貴合，不貴離；兵貴精，不貴衆；兵貴速，不貴久。反此非惟不能成功，未有不敗亡。其數出易動，乍勝乍負，最兵家之大忌。」論形勢曰：「立國必處形勢之地。今天下十失七八，所謂咽喉、腹心、上流者，皆爲敵人所有。區區吴、蜀，乃一肢爾。自古吴以壽春、荆、襄爲上流，蜀以漢中、金、洋爲咽喉。今襄陽千里蕭條，有兵不能自養；梁、洋田壠丘墟，置之不復爲慮，兼梁、洋可戰可守，乃天下脊。願早定大計，勿使狂夫據之，乃有噬臍之悔。」

21 丁酉，詔於皇城内修蓋天章閣，以奉祖宗神御。後以親征，未及行。

武功大夫、知商州、充金均房三州都統制格禧知均州。王彦之棄金州也，宣撫司遣禧以所部戍之。及柴斌爲安撫使，以禧權均州，至是申命。

是春，僞齊劉豫再開貢舉，得邵世矩一云邵光規。以下六十九人。改明堂基爲講武殿，於其地造戰船。僞開封尹鄭億年爲吏部兼禮部侍郎，殿前都指揮使許清臣兼開封尹。

金太宗晟之后以病卒，謚曰明德皇后。

校勘記

①不設伏而直前使敵無中斷邀擊之虞皆非善戰者　此後有四庫館臣按語：「原本四條，止載其二，今據奏議補入。」逕删。「不設伏」，原闕，而歷代名臣奏議卷二三二「綱又上言」條有此三字。闕此三字，文義不全，故據補。

②今後附此　「後」字疑誤。

③詔芇罷宫祠　「宫」，原作「官」，據叢書本改。

④詔趙開除應付吴玠一軍歲計糧米外　「米」，原作「來」，據叢書本改。

⑤洎紹聖元年　「聖」，原作「興」，據叢書本改。「元」，原作「九」。按：哲宗紹聖無九年，李清臣爲中書侍郎，畢漸爲禮部進士第一人，皆在紹聖元年，故據宋史卷一八哲宗紀二改。有關畢漸對策，可參陳均九朝編年備要卷二四、宋史全文卷一

三下。

⑥欲送吏部與監當差遣　「差遣」，原闕，據叢書本補。

⑦紹興九年往陝西撫諭即此人也　此後原有四庫館臣按語：「此條文義疑有脱誤。」叢書本無。按，此條謂陳成之復出行陝西之禄云云，的文義難通，然無可補正。

⑧獨黏罕竊有其權　「獨」，原闕，據叢書本補。

建炎以來繫年要録卷一百

1 紹興六年夏四月戊戌朔，史館上大元帥府事蹟十卷。

左朝散大夫、直秘閣詹大和落致仕，以給事中吕祉、朱震、中書舍人任申先言其才也。

2 庚子，殿中侍御史周秘言：「國家歲以十五事考校監司，四善四最考校縣令，而五六年間，惟成都、潼川路一嘗奏到，其餘諸路課績並不申奏。法令廢弛，能否無辨，有善最者不賞，有過惡者無罰，吏治之不良，亦無足恠者。欲望責諸路監司州縣，自今各依限保明，其累年輒不申奏者，亦乞取問因依，從朝廷審度，歲取殿最各一二人，量行賞罰。庶幾監司守令咸知自竭，以副陛下責任之意。」詔吏部申嚴行下，違者令御史臺糾劾。

是日，上御經筵，給事中兼侍講朱震留身論：「四方奏讞，自王安石開按問之法，及曾布增强盜贓錢，遂皆不死。」翌日，上以語宰執曰：「此極弊事。若出得一人死罪，雖云陰德，然殺人者不死，亦豈聖人立法之意？」折彦質曰：「此非陰德，乃長奸爾。」上顧趙鼎曰：「遇有奏按，切須詳之。」

3 辛丑，顯謨閣待制、新知福州張致遠言：「臣聞自昔爲天下國家者，其建功立事，未嘗不謀於衆，亦未嘗必從於衆。然有成有敗，有得有失，顧從與違、能斷與不斷耳。大抵一二人立議，如楊國忠、張延賞輩，出於忿嫉則不可。如吴張昭，如晉桓沖，特識慮有不及耳。至若秦、隋之季，禁切斬殺，使人雷同，此敗亡之軌，可以永監。故曰謀貴衆，斷貴獨。謀不衆則利害不盡，斷不獨則臧否不決。臣竊惟陛下專任將相，慨然有爲，宸謀英斷，固已度越前古矣。至於前席臣工，開納羣策，亦未嘗不推誠務盡，第未聞何人抗論於朝，某人力陳於上，唯唯諾諾，幾至成風。得則暴揚私言，失則歸過君相，負陛下兼聽之意，墮公朝共濟之體，此臣朝夕之所寒心也。區區管見，欲望睿明采臣瞽言，特降親札，切責公卿大夫，各攄所蘊，無尚詭隨，利便闕失，指言其故。陛下與二三大臣熟復折衷，斷而行之，天下幸甚。」時張浚將大舉北伐，議論已定，致遠入辭，乃上此奏。上命學士降詔，出榜朝堂。

左朝奉郎、提舉洪州玉隆觀傅崧卿爲荊湖南路安撫制置大使司參謀官，降授左朝請郎、主管台州崇道觀王次翁爲參議官，左宣教郎知嚴州壽昌縣臧梓、武顯大夫閤門宣贊舍人王繪並充幹辦公事。繪仍落致仕。皆用制置大使呂頤浩奏也。後五日，詔復崧卿集英殿修撰。

免解進士宋藻特補右迪功郎。藻，興化軍人，上所著十君論，上召對而命之。

右承議郎程序杖脊，刺配新州牢城。序監新都縣商稅，盜用庫金，法當絞，故有是命。

4 壬寅，遣帶御器械韓世良往楚州軍前撫問，以淮陽之捷故也。仍以兩鎮節度使印賜世忠。且賜張浚手書曰：「世忠既捷，整軍還屯，進退合宜，不失事機，亦卿指授之方。卿更審虛實，徐爲後圖。或遣岳飛一窺陳、蔡，使敵枝梧之不暇也。」

寶文閣直學士劉洪道知揚州。洪道自武昌召歸，既對，遂有是命。

詔左朝請大夫主管台州崇道觀陳公輔、右朝奉郎直秘閣主管台州崇道觀吕本中、左從政郎監福州嶺口鹽倉梁習、左宣教郎黄鍰並召赴行在所。用史館修撰范沖薦也。沖奏：「公輔學術高明，可居議論之地。本中文章典雅，長於史學。習學有淵源，敏於爲政。恬退之節，人所難能，以其不求聞達，故世罕有知者。鍰學問純明，吏能精敏，抱才未試，風節甚高。閑廢之久，衆論惜之。伏望特賜召對，察其人才可否而進退之。」故有是命。

故贈保大軍節度使高士遜追封南平郡王，高士林追封普安郡王，右朝散大夫、新通判温州高世定進一官，直徽猷閣。士遜、士林，宣仁聖烈皇后弟。世定，士林孫也。先是，保静軍承宣使高世則言：「宣仁遺恩爲惇、卞所格。」有旨，令世則開具，遂自士遜以下十三人次第褒贈之。士林官止内殿崇班，世則稱嘗任節度使，繇是得王。按士遜追封制云：「生專節制之權。」士林制云：「親享牧伯八命之貴。」是時中書舍人任申先兼史館修撰，不知何以鹵莽如此。

5 甲辰，僞齊將王威攻唐州，陷之。團練判官扈舉臣、推官張從之皆死。詔各贈一官，録舉臣子初品文階，從之子進義校尉。九月丙戌贈官。

6 乙巳，詔：「湖北京西宣撫使岳飛丁母憂，已擇日降制起復。緣見措置進兵渡江，不可等待，令飛日下主管軍馬，措置邊事，不得辭免。」先是，飛母慶國太夫人姚氏卒於軍，飛不俟報，乃解官而去。上聞之，詔飛起復，遣東頭供奉官鄧琮持告撫諭，賜銀帛千匹兩，令官屬將佐、本路監司、本州守臣，日下敦請治事。翌日降制。已而琮見飛於廬山寺，飛欲以衰服謝恩，琮不聽。飛再辭，上不許，詔飛速往措置調發，毋得少失機會。

飛奉詔歸屯。日曆，飛奏以四月六日扶護來廬山卜葬，十二日至江州瑞昌縣被受密札起復，二十七日甲子降詔不允，五月壬申再降詔，今併附書之。諸書稱飛與張浚議不合，乞持服，乃紹興七年事，詳見本年四月丁未并注。

7 丙午，集英殿修撰、新知邵州胡寅充徽猷閣待制，知嚴州。三省勘會，寅自除中書舍人已及一年，故有是命。寅時留婺州未去，乃就用之。秀水閒居録稱寅不省父病，求改除，事見八年六月戊寅注。

右武大夫、降授文州刺史王健知閤門事。

江西制置大使李綱獻太上皇帝所賜犀帶、玉束帶、象簡各一，畫二軸。詔還以賜綱。先是，綱以二帝所賜御筆刻石送右僕射張浚。上聞之，欲見上皇真蹟，綱因以賜物上之。朱勝非秀水閒居録：「李綱帥豫章，許入覲。綱見上，盡以前朝所得書詔、犀玉帶及家藏寶玩次第進獻，上皆不納，賜廐馬、金帶、飲膳而已。綱既去，殊怏怏。」按，綱進前朝書詔，乃因上宣諭，事具日曆今年三月癸酉。

秘書省著作佐郎李公懋提舉江南西路常平茶鹽公事，從所請也。

詔諸州試經給降度牒，權住三分之二。舊法，降賜度牒凡二，有撥賜，有試經。自軍興以來，名山福地及他當賜者並罷。如寺觀有金寶牌及御書去處等。而每州試經猶不下三十人，至是，配賣度牒益多，官直百二十千，民間三十千而已。議者乞權住五年，故有是命。

8 丁未，左朝奉郎徐文中落致仕。文中通判吉州，與虜寇戰，傷重請老，至是疾愈，乃復令出仕。

9 戊申，僞齊進武校尉陳舜臣、張瓊並補承信郎。舜臣充嚴州兵馬監押，瓊充臨安府南蕩巡檢，仍舊京東、淮東宣撫處置司使喚。以韓世忠言，大兵至鎮淮軍，二人首率全城官吏軍民以迎王師，乞推恩故也。既而世忠再請，乃並轉三官。二人轉官在丙辰。

10 己酉，中書門下省言：「文武臣僚賜功臣號，係祖宗舊制。方今勸奬有功，理宜檢舉，重別措置。」詔應能決勝强敵，恢復境土，並降制特賜，以示異恩。

秘書省校書郎勾龍如淵行著作佐郎。

詔川陝宣撫司類省試武舉合格陳紹業等四人並補官，并文士所賜敕，降付制置大使司換給。時川陝宣撫副使吴玠專治兵，應選舉、差注、民事，皆隸制置司故也。

殿中侍御史石公揆請選人任京局改官後，並令罷任，庶幾待闕之人得以次進。從之。時删定、計議、編修官共十一員，而待次者至三十餘員，故公揆以爲請。

武功大夫、文州團練使韓昭特遷右武大夫，武功郎韓誠俟轉正使日除遥郡刺史，修武郎韓諮除閤門宣贊舍人。三人皆駙馬都尉嘉彥子，其家請用遺奏所得恩澤三資而命之。

起復左武大夫、文州團練使、廣南東路兵馬鈐轄、都督府摧鋒都統制韓京乞以捕盜賞二官，回贈祖楚一名目，詔如其請，贈楚承節郎。

11 庚戌，初命宗正寺訓諸宗室名。自元豐後，非祖免親，皆罷賜名之典，而宗正丞孫緯論同名者衆，故復訓名焉。

起復左朝奉大夫、川陝宣撫司幹辦公事邵博爲都督府幹辦公事。

12 辛亥，故朝請大夫趙君錫特贈徽猷閣直學士。君錫，河南人，元祐御史中丞，黨籍待制以上第六人，亳州居住。用其孫請也。上因言：「一時甚有濫居黨人之數者，范沖、任申先皆能辨之。」上又曰：「聞章惇家極恨申先，揚言於人，俟他日申先不在朝廷，當集衆訴於闕下。」折彦質曰：「此天下公論，豈係一申先？但除惡務盡，前日行遣太輕，不當其罪，故致此紛紛。」上曰：「然。」

遣内侍黄克柔往楚州勞韓世忠及一行將士。

13 壬子，韓世忠遣參謀官右朝散大夫秘閣修撰陳桷、參議官右通直郎新知建昌軍張偁、幹辦公事右承直郎竇灝等三人來奏捷。上引對，詔桷進一官，偁直秘閣，灝特改右宣教郎。三人遷官除職在甲寅。

時正陰雨，上數問輔臣不害麥否。趙鼎曰：「此正接梅雨，大抵江、浙須得梅雨乃能有秋，是以多不種麥。然更望陛下誠意感格，天必垂祐。」上曰：「善。」

殿中侍御史王縉入見，諫上取青碌、玳瑁。後二日，上諭趙鼎曰：「中間嘗取玳瑁數十兩，止造一帶鞓襯，餘令入藥。兼朕雅不愛此物，昨日縉疏中論及此。」又顧鼎問朝廷曾令取青碌否？鼎對：「雖不記子細，大概是令民間採取貨賣，官中收息耳。」上云：「疏中亦有此一事，當便爲理會。朕宫中未嘗輒修一椽屋，須此何用之？」明日，進呈縉諫疏，鼎因言：「青碌乃是提舉坑冶趙伯瑜起請，令民間從便採取，所得價錢，以供銅本。」上曰：「不若別更處置。言路既有聞，必是外間已有所議也。」鼎曰：「聽民間自取，此亦何害？然縉深得諫臣之體。大抵當防微杜漸，救之於未然。」上曰：「前日已嘗再三嘉獎。」乃出伯瑜所請，許召人興採抽買，毋得抑勒騷擾。上諭趙鼎在是月甲寅，進呈縉疏及出伯瑜所請在乙卯，今併書之。

14 癸丑，故奉直大夫韓璆贈右朝議大夫，官其家一人。璆建炎初通判洺州，死於難。至是，其弟廣西提點刑獄公事璜訟於朝，故有是命。

15 甲寅，京東淮東宣撫處置使司統制官、果州團練使呼延通特遷永州防禦使，諸將王權、劉寶、岳超、許世安、劉鋭、崔德明、單德忠、杜琳等十八人並進官有差，賞淮陽之捷也。是役也，將士受賞者萬七千人，論者或以爲過云。

16 乙卯，尚書右僕射、都督諸路軍馬張浚言：「契勘都督府并行府恭被聖訓，勸誘懷忠體國富豪之人，納金入粟，以助軍費。詢訪得平江府、湖、秀、常州、江陰軍、紹興府、衢、温州、建康府、廣德軍，最係豪右大姓數多去處，行府量度支降官告，委守貳隨宜勸誘上户請買，即不得例行均敷。如或委實勸誘不能敷足數目，即具狀申取行府指揮。若元係出等上户，即今物力減退，亦不得抑勒科配。」詔依已行事理。時殿中侍御史周秘亦言：「去歲諸路旱歉，民多殍亡，惟浙西一路粗爲豐登，所宜寬養其力，以備朝廷不時之用。而近者召人買爵，州縣因而爲奸，名爲勸誘，恐其實不免抑配，名召富民，其實均於下户。臣恐民力自此殫竭，有失國家日後之計。欲望睿慈特詔大臣，將鬻爵事更加詳議，審度民力，禁戢州縣，無得抑配，無及下户。未賣者，特與之蠲減。已買者，稍緩其征催。務使民力不至困竭，則國家用度亦無乏絶矣。」乃命諸路轉運司行下州縣，依都督府已行，毋得抑配。

中書舍人兼史館修撰任申先充集英殿修撰，提舉江州太平觀，免謝辭。先是，申先繳沈與求詞頭，有「臺諫陰附，相爲表裏」之語。右諫議大夫趙霈等見其章，皆闔門待罪，且言：「申先緣此，益肆凶暴，無所忌憚。每見臺諫有所論列，公然對衆指議，不問事之當否，屢言今日臺諫亦何足恤。如臣等果有朋比之迹，望速行竄斥。如申先欺罔聖聽，亦乞睿斷施行。」疏入，遂有是命。仍令霈等日下供職。時軍需甚急，故有鬻爵及配賣度牒錢引數事，朝士皆以爲不可，於是言者論之。申先，趙鼎客也。至是，獨助張浚，乃携臺諫章示秘書郎張戒曰：「此論何如？」戒言：「不知。」申先曰：「子以臺諫之言不敢議耶？」給事中吕祉謂人曰：「申先奸邪，第知附右相，不悟人之嗤己。」然或者以爲祉之附浚，又甚於申先者也。申先事，以熊克小曆所書附入。但克繫此事於正月己丑，恐誤。蓋今年二月甲辰方置交子務，三月末間言者方論交子不便，至此方論官告。申先持示張戒，當在此時。故趙霈疏中有云，「臺諫有所論列，公然對衆指議」，其罷去實以此也。今移附此日，庶不抵牾。

故中大夫趙瞻贈資政殿大學士，以其孫右承議郎戬有請也。瞻，鳳翔人，元祐間知樞密院事，薨於位。贈銀青光禄大夫，謚懿簡。黨籍執政第十五人，追奪贈謚。

成都府天寧萬壽禪寺住持圜悟禪師克勤卒，賜謚正覺禪師，塔名寂照。克勤，崇寧人，有戒行，自張浚已下皆尊禮之。

17 丙辰，司農寺丞金安節面對，論和糴之弊，大略言：「以行在觀之，去歲糴價，僅用今歲三分之一，而粒米有餘，願糴者衆。近歲州縣和糴，往往有弊。或不增價勸誘，使之願糴，而輒令有物力之家等第均認，雖名和糴，而實抑配，其弊一也。又所均之數亦未集，而輒先告辦，以覬恩賞。及當起發，乃始追呼，倉猝供輸，民力重困，其弊二也。又或與射利之民相爲表裏，貸以公帑，使營私利，取貴價於官，而以賤價糴之於民，專收其贏，利不及衆，其弊三也。願陛下申敕有司，各體德意，毋蹈玆弊。」安節又言：「近歲吏部注官，率數人而共一闕，又三歲而增數百人，豈不益甚乎？任宮觀而仰給州縣者衆，有未嘗歷任而坐理考，第用舉主陞改，又非特月費俸錢而已。望陛下明詔大臣，深思其弊，凡官至任子者，無論貴近，皆爲之限。宮觀嶽廟格法，更加裁約，俾無濫授。至於考任舉官，亦宜區別，無令與服勤州縣者一概收使，以絕僥倖。庶幾二弊可去，少捄今日官冗財匱之患，天下幸甚。」

18 戊午，翰林學士兼侍讀胡交修試刑部尚書，徽猷閣直學士、提舉建隆觀兼侍講兼史館修撰、資善堂翊善范沖爲翰林學士兼侍讀，他職如故。

19 己未，淮西宣撫使劉光世奏統制官張琦歸自金中。上曰：「無故而歸，必須有說，正當深察耳。」折彥質曰：「若其人稱金勢極衰，便當可疑。」先是，琦以所部戍蕪湖，爲裨將陳琳所劫叛去，至是復歸。光世以琦爲翼武軍同統制，尋進琦横行遙郡二官，充洪州兵馬鈐轄。其徒四人皆序進一官。琦以去年二月叛去，今年五月辛巳遷官，癸未陞帶，今聯書之。

寶文閣直學士、新知揚州劉洪道爲寶文閣學士，知襄陽府，賜銀帛三百匹兩。先是，新除保康軍承宣使、知襄陽王彥以岳飛嫌，辭不赴。都督行府奏令彥以前護副軍都統制兼本府參議軍事，遂命洪道代行。張浚因奏洪道兼行府參謀軍事，仍以江東户帖錢十萬緡、通、泰鹽三千袋爲回易本。二事並在是月丙寅。

尚書倉部員外郎辛次膺徙吏部。

右奉直大夫、川陝宣撫使司主管機宜文字薛仁輔爲尚書倉部郎中。時宣撫副使吴玠遣仁輔與其子忠訓郎拱偕來奏事，且進所市西馬千匹，故有是命。尋又進一官。

左宣教郎、監潭州南嶽廟蕭振爲秘書郎。振，平陽人，趙鼎所薦也。初，振入見稱旨，上欲除臺官而無闕，鼎請用爲樞密院承旨，上命以館職處之。

詔成都、潼川府路漕臣及四川都轉運使趙開並先次降兩官，令制置大使司取勘。以中書門下言，四川合應副王彦一軍錢糧，除夔路已有起發數目外，兩路並未見起發數目，都轉運司亦不催發故也。其合起錢糧，仍令大使司責立近限，須管催促，起發盡絶。李燾撰趙開墓誌：「吴武安與公所操持浸異，疊以餽餉不給訴於朝。詔公躬至軍前應副錢糧，更除公待制，加武安兩鎮節鉞。復降旨，都轉運使不當與四路漕臣同共繫銜，成都、潼川兩路漕臣與都轉運使，皆坐應副贍軍錢物愆期，各罰秩二等。凡此，皆所以交解間隙，趣辦饋餉也。」按漕臣降秩，乃爲王彦一軍錢糧，此時彦移屯荆南，已得旨，令行府應副，或是併以彦軍錢糧應副吴玠，亦未可知。當求總領所案牘參考。

20 庚申，都督行府奏無錫知縣劉寬治狀，乞加賞。上因論州縣得失，顧趙鼎曰：「卿須常留意，若有庸繆者，雖無顯過，亦當便與罷斥。」

21 辛酉，詔四川制置大使司禁止採伐禁山林木。蜀三面被邊，綿亘四百里，山溪險阻，林木障蔽。祖宗時，封禁甚備。前一日，太常博士李弼直面對，論：「頃歲以來，一切廢弛，加以軍興而製器械，運糧而造船筏，自近及遠，斫採殆盡。異時障蔽之地，乃四通八達。」輔臣進呈，上曰：「如河東黑松林，祖宗時所以嚴禁採伐者，正爲藉此爲阻，以屏捍外夷耳①。異日營繕，爲一時遊觀之美，遂使邊境蕩然，更無阻隔。」折彦質曰：「此皆臣下不言之罪。」

22 壬戌，名滁州劉位廟曰剛烈。

23 癸亥，左諫議大夫趙霈試尚書工部侍郎兼侍講。

左從政郎、樞密院計議官兼權檢詳諸房文字呂用中面對，請：「自今死事之人，若得恩澤，並須先補子孫，如無子孫，則令立後承受，或子孫皆已有官，然後及其近屬。庶幾絶其僞冒規圖鬻賣之弊，使忠義之家得蒙實惠。」從之。

24 甲子，少保、武寧安化軍節度使、京東淮南東路宣撫處置使韓世忠賜號揚武翊運功臣，加橫海武寧安化軍節度使，賞淮陽之捷也。世忠乞犒軍銀帛三萬匹兩，詔以五千予之。節度開三鎮，大將賜功臣號，皆自此始。

詔新製度牒權住給降應副其他官司，專充糴本支用。

故殿中侍御史陳洙特與一孫恩澤。洙，建陽人，嘉祐中嘗上疏，請擇宗室之賢者，立爲皇子。司馬光當國，奏官其子師雄，師雄未受命而死。及是，守臣魏矼爲之請，故有是命。

詔客載見緡往來者除其稅。言者論：「近聞諸處米穀皆貴，錢亦難得，是以小民重困。究其所以，兩年之間，折帛、預借、户帖之類，多起見緡，一州之間，亦不下數十萬，用給大軍，發往江、淮，而商旅販易，少有載見緡迴者。不唯脚乘之費，而所過場務例皆收税，自江上至行在，場務十餘，及往諸州，愈遠愈多，一一抽收，所餘無幾。是致滯於一方，不能流通，江、淮日益多，諸處日益竭。他日或須折帛之類，民間何以應副？」故有是旨。

25 丙寅，新除翰林學士范沖改翰林侍讀學士，兼職如故。沖再辭新命，上不許。沖復奏避親故事，典策具存，天下之人不可户曉。上乃令改命。自咸平初始置講讀學士，經元豐、紹聖再省，至是特以命沖。

詔岳飛仍舊兼節制蘄、黄州。

左朝奉郎、新知常州李易直秘閣、知揚州，先赴都堂稟議，訖之任。易以本貫辭，不許。

詔比減行在官吏俸禄，所損無幾，可罷之。事初見去年十一月甲申。

忠訓郎、川陝宣撫使司書寫機密文字吴拱特遷右武郎。其後行吏士，並進兩官資，遣還蜀。

除名内侍趙民彦特敘入内内侍省黄門，日下供職。民彦初坐驗視僞祁王失實，流英州。樞密院言：「民彦未嘗赴貶所，於叙法有礙。」詔特依已得指揮。

僞齊劉豫築劉龍城，以窺淮西。劉光世遣本司副統制王師晟破之，執僞統制官華知剛，盡俘其衆而還。

校勘記

① 以屏捍外夷耳　「夷」，原作「國」，據叢書本改。

建炎以來繫年要録卷一百一

1 紹興六年五月戊辰朔，輔臣進呈殿中侍御史石公揆論：「六部不任責，法可遵稟者，乃申之朝廷；事當勘當者，又推之於司。」上曰：「六部長貳，侍從高選，自當一面裁處。豈有不能決斷一部事，而一旦爲執政，便能決斷天下事耶？」趙鼎奏：「近時卿監以上補外，職名高下不一。故事，如侍郎在職未及二年，止得待制①。今一例除雜學士，太優。欲令兩省討論。」上曰：「卿等便可商量，立爲定制，亦免有好惡厚薄之嫌。」乃命兩省官同吏部長貳討論，申尚書省。是月庚辰降旨。

徽猷閣直學士胡世將試尚書兵部侍郎。世將自江西召還，乃有是命。

左中大夫富直柔充資政殿學士，提舉臨安府洞霄宮。

湖南制置大使呂頤浩乞：「本路州縣已注未上官，盡八月不至者，許奏辟一次。」又請催廣西運所糴賑濟米。皆許之。先是，去歲旱傷，湖南尤甚。頤浩既入境，即奏截撥上供米三萬石，及令廣西帥、漕兩司備五萬石，水運至本路，以充賑濟。又乞：「降助教敕、度僧牒，誘上户糴米。民不能耕，則借之糧種。夏税亦俟秋成併輸。」全活甚衆。廣西米事，先見正月丁亥。

2 己巳，保静軍承宣使、提舉萬壽觀高世則爲感德軍節度使，充觀使，亦用宣仁遺恩也。

3 庚午，武功大夫、忠州刺史、行營中護軍右軍統領劉紹先知隨州。

武功大夫、忠州刺史、閤門宣贊舍人、江南東路宣撫使司統領軍馬楊伯孫知郢州。按此又是以張俊偏裨屬岳飛，未知有無將帶所部之任，當考。

詔行在諸倉監官，任滿受納不擾，及無欠折，與減三年磨勘。此與梁弁元奏相關。

4 辛未，秘書少監吴表臣言：「親民之官，莫重縣令。除授之際，理宜措置。臣竊思之，將悉由堂除乎，則天下之大、縣令之衆，必欲人人自廟堂選授，勢有所不可行。欲望下諸路監司相度，取邑大而事劇，如平江之常熟，秀之華亭，婺之東陽，温之平陽之類，素號難治者，每路指定三五處，並從朝廷擇有風力、自來作邑有聲者，三年爲任。其赴官之初，優其禮數，依通判例，借與服色，或特許陛對；任滿日，委有異政，或除貼職，或賜章服，或遷官，或再任，或不次拔擢，隨其治狀高下而寵褒之。其不任職者，罰亦稱是。如此，則能吏得盡其才，而事必舉，民必安，庶幾仰副陛下惻怛之意。」事下吏部，其後遂以常熟、山陰等爲四十大邑。四十大邑，具十二月辛酉。

吏部侍郎兼侍講劉大中言：「祖宗用人，内外一體。或自州縣入居臺閣，或由侍從出典藩方，因其所長，歷試以事，故於緩急之際，多有可用之才。近世以來，廉耻道喪。既得患失，無復難進易退之規；爲人擇官，寖成内重外輕之弊。與監司郡守者謂之外，小人挂白簡丹書者，方補外任。非惟待士也賤，蓋亦視民爲輕。臣近求對經筵，亦嘗進説及此，伏蒙聖諭，深以爲然。臣因奏曰：陛下若革此風，請自臣始。儻不以臣爲不肖，試以一郡，俾之自效，庶幾稍全臣子進退之節，少革内外輕重之弊。」不許。

5 癸酉，上謂大臣曰：「宫中有金酒器五百餘兩，俟他時有功將帥至，當舉以賜之。日近却令造得少許漆器。大抵物要適用，何必觀美？」趙鼎曰：「仁宗皇帝用紅漆唾盂黄紬衾，兩府入對，内殿宫人嫌臥衾舊敝，遽取新易之，亦黄紬也。」上曰：「今則紬亦自難得。朕所服用，皆黄素羅衾褥。自祖宗以來如此。」折彦質曰：「此正陛下之家法也。」

給事中兼侍講、資善堂翊善朱震兼權直學士院。

左通議大夫、新知鄂州、荆湖北路安撫使王庶復顯謨閣待制，賜銀帛二百匹兩。庶既老，愈通習天下事。前二日入對，首言：「今日之患，莫大於士氣之委靡。願振拔名節士，起其氣。」又論安危在修己，治亂在立政，成敗在用人。上韙其言。庶因請曰：「臣肝膽未盡吐也，願賜臣間，得時縷數於前。」上乃燕見之，庶言益深。嘗跪而問曰：「陛下欲保江南，無所復事。如曰紹復大業，都荆爲可。荆州左吴右蜀，利盡南海。前臨江漢，可出三川，涉大河，以圖中原。曹操所以畏關羽者也②。」上大異之。此以庶附傳及晁公遡所作庶傳參修。公遡稱庶請間，天子數燕見之。日曆今年五月四日辛未，王庶引見上殿。十五日壬午，王庶朝辭上殿。是前後止再對也。或是又嘗内引，而不書於記注，亦未可知。今且云燕見之，去「數」字，更俟詳考。

詔自今臣僚未經上殿者，令三省審察訖，閤門引對。復舊典也。

隴右郡王趙懷恩爲恩州觀察使。懷恩建炎初自横行封王，不帶職。至是，因其請而命之。

和靖處士尹焞辭崇政殿説書新命，詔不許。令涪州加禮敦遣，疾速赴行在。

户部侍郎王俁請：「災傷路分，拖欠及侵用紹興四年已前上供米，并折斛錢物，并權行倚閣，俟豐熟日帶發。」上以旱故，蠲諸路錢帛租税。今年三月辛未。辛次膺時爲倉部郎官，建言：「諸路積年拖欠上供米斛，難於催理，無從出辦。」而俁謂無除放米斛明文，故申明焉。次膺今年四月己未遷吏部。

6 甲戌，户部言：「右武郎、同知閤門事潘永思增給餐錢不應格法。」上曰：「若於法不可，亦無如何。」趙鼎曰：「知閤門官，唯永思與韓恕二人。恕已係横行遥防，故所得差厚。永思官小，每月止得俸錢四十餘千，所以用度不足。」上曰：「永思輩端坐得此，亦足矣。今日戚里官，皆不過小使臣。方此國家艱難之時，且留爵禄，以賞戰士。」鼎等皆稱道聖德再三。

武議大夫、帶御器械韓世良自楚州以淮陽之俘入獻，詔遷一官。

7 乙亥，詔：「除見任知州已上，及嘗任侍從官依舊堂除宮觀外，餘並令吏部按格擬差。」時言者論：「艱難以來，士或不調。陛下憫其失職，授以祠觀，有六等宮觀之格，五項嶽廟之法。但其間有昔已叨竊名禄之人，論其家則豐羨，而乃更與失職寒士，均享家食，徒使州郡之間，用度不支。欲乞今後陳乞宮觀之人，除貧乏廉潔，朝廷所知者，其餘一切按格與之。或察其人富而貪，敢於格法之外，輒有干求者，懲戒一二。」故有是命。

詔廣西經略使胡舜陟與邕州守臣、同提舉買馬劉遠措置市戰馬。時都督行府言：「去歲所市馬，弱不堪用。」於是提舉官李預再貶秩，而更以其事付帥臣。先是，右朝請郎李棫爲提舉官，遣效用譚昂入大理國招馬，至是八年。去秋，大理國王段和譽遣清平官以馬五百及馴象隨昂入獻，至儂內州。預欲却之，言於朝，乃命舜陟更切相度。如無它意，即措置收買，仍密爲隄備，毋致引惹生事。會預代去，舜陟亦以聞，且請還馬直，却馴象，賜敕書，即邕州勞遣其使。皆從之。李預以是月庚寅申到，舜陟以六月庚子申到，今牽聯書之。

命沿海制置副使馬擴閱習水軍戰艦。時右司諫王縉言：「舟師實吴越之長技，將帥之選既慎矣，而舟船數百，多閣海岸，士卒逾萬，未聞訓習。欲乞明詔將帥，相視舟船，損漏者修之，士卒疲弱者汰之。船不必多，取可乘以戰鬭；人不必衆，取可資以勝敵。分部教習，周而復始。出入風濤，如履平地，則長技可施，威聲遠震，折衝千里之外矣。」疏奏，從之。

詔侍讀學士班翰林學士之下，恩數依學士例。

8 丙子，工部尚書李彌大復爲徽猷閣待制，提舉江州太平觀。彌大自廣西召歸，奏辭新命，且言：「五蒙除召，旋致煩言。乞改授在外宫觀。」故有是命。

詔劉摯特贈太師。以摯曾孫登仕郎芮言「係籍元祐，宰相六人，蒙追賁之寵，各已位登公師，惟摯獨未盡被恩典」故也。

右朝請大夫胡紡知楚州，仍令奏事訖之任。

9 戊寅，詔：「四川監司，應有違戾事件，並令四川制置大使席益按劾聞奏。其監司見兼宣司職事者並罷。」

右承議郎趙戩爲廣南西路轉運判官。戩，瞻孫。已見今年四月。

殿中侍御史石公揆言：「州縣勸誘鬻爵，不問貧富，一例科配，勸誘不行，亦不申禀，與元詔一切相反。乞申戒。」詔都督行府嚴切約束。

10 乙卯，寶文閣學士、新知襄陽府劉洪道兼京西南路經略安撫使。

寶文閣直學士、提舉江州太平觀連南夫陞寶文閣學士，知廣州。時廣東寇未平，帥臣曾開引疾乞奉祠，故有是命。

中書門下省檢正諸房公事張宗元兼都督行府諮議軍事。

徽猷閣待制、兩浙轉運使李迨陞徽猷閣直學士。

尚書户部員外郎、主管都督行府財用提領市易務張澄直顯謨閣，爲兩浙轉運副使兼管淮南漕運，兼權行府主管機宜文字，他職如故。皆用張浚奏也。時淮南不置漕臣，西路宣撫司錢糧，以江東轉運使向子諲應副，而東路宣撫司軍儲，多自浙西樁辦，故就用澄焉。熊克小曆云：「時駐蹕之所，計司已劇，而淮南漕職，亦令澄兼領。」蓋不考江浙餽運本末也。又詔兩浙、江東監司州縣，悉心體國，應行府措置調發事務，毋得少有住滯。仍令户部侍郎劉寧止常切催督，劾其違者以聞。又詔在庚寅，今併書之。

起復秘閣修撰、京東淮東宣撫處置使司參謀官陳桷充右文殿修撰。又旬日，陞兼都督行府隨軍轉運副使。桷陞運副，在是月庚寅。

武翼郎、添差溫州兵馬鈐轄趙子彥特遷武翼大夫，以璩授官故也。

太常謚故將作監丞耿傳曰忠憲。傳，康定間通判慶州，死西事，贈諫議大夫。至是，其曾孫左司郎中自求有請，乃命定謚焉。

11 庚辰，直秘閣、主管台州崇道觀孫佑陞直徽猷閣，知虔州。見任人韓昭與宫觀，理作自陳。時虔寇久未平，故起佑爲守。

12 辛巳，初，令吏部初官選人用四年闕，以在部積壓者多故也。

量移人滕膺許自便。膺坐李允文累，除名編置，至是始釋之。

13 壬午，資政殿大學士、知平江府張守提舉臨安府洞霄宫。守引疾乞奉祠，故有是命。

賜川陝宣撫副使吴玠四川户部錢十萬緡，爲隨軍激賞之費。

中書門下省言：「刑寺凡有疑案，第行問難，遂致淹延。乞依元豐舊制，應所議不同，限次日稟白。刑部若所斷未定，則刑部長貳限兩日率法寺官赴堂稟決施行。」從之。

右朝散大夫、知興國軍應繪添差荆湖北路轉運判官。繪未上而卒。

右承事郎、知夔州巫山縣王之才通判黔州。之才，庶仲子也。在巫山時，户部籍貧乏者上其名③，得不賦。即日盡疏其名上之，貧乏者因不亡去。王彦軍多羣盜，及鎮荆州，束於法不快，有潰去掠峽、歸二州而南者。府中皇惑，未知計所出。之才已集保伍，得五百人，會天大雨，徑以舟趨夷平，先奪其險待之。掠者至，不得出險，且見晝揚兵夜篝火於傍而鼓之，若大軍至，衆恟恟，怖而降。既測兵少，悔欲爲變，則盡執以歸府，戮百餘人，投尸於江。荆州軍見之，懼不敢復叛。彦歎服。

14 癸未，殿中侍御史周秘言：

昨見淮南州軍，相繼乞展放税限，朝廷皆從其請。聞淮南州縣，皆有收撮課子之例。夏則撮麥，謂之義麥，冬則撮穀。又有所謂助軍米者，又有所謂借牛租者。名色不一，於百姓所收之物，往往取至四五分。重斂如此，而乃以愛惜民力爲言，公然欺罔朝廷，使百姓虚被放免之惠。如此則淮南之民，何時而盡歸？蓋税賦則所取者少，收撮則所取者多；税賦則所取者有限，收撮則所取者無時。今誠欲信朝廷寬恤之令，發州縣官吏之姦，寬百姓輸納之力，則收撮課子，所當嚴禁。昨雖已有旨，收撮牛租不得過兩石，然既已許之收撮，則安能限以石數？欲乞將淮南田，除請佃依已立定課子輸納屯田合官私中外分，其餘並不得依前輸納課子。如舊例牛租之類，亦令一切禁止。或敢違戾，並許百姓越訴，官吏重寘於法。如州郡財計不足，令監司守臣别行措置。

詔提舉司體究改正訖，申尚書省。

15 甲申，權户部侍郎王俣言：「車駕駐蹕浙右，東南商賈繁盛，兼物價倍貴，比之昔日不同。乞今後諸路酒税務監官，任滿未立到新額去處，並且以紹興三年數爲則，比較推賞。如當年數少於舊租額，即自舊租額比較，不惟稍革僥冒，又使用心催趁課利。」從之。

16 乙酉，資政殿大學士、提舉臨安府洞霄宫秦檜充觀文殿學士，知温州。龍圖閣學士、知温州章誼知平江府。

詔糴本交子並依逐年所降關子已得指揮，其官吏並罷。初，用張澄議，置交子務於行在，今年二月甲辰。而未有所樁見錢，於是言者極論其害，以爲：

四川交子，行之幾二百年，公私兩利，不聞有異議者，豈非官有樁垛之錢，執交子而來者，欲錢得錢，無可疑者歟？今行在建務之初，印造三十萬，令榷貨務樁發見錢矣。續降指揮，印造和糴本錢交子，兩浙、江東西一百五十萬，而未聞樁撥此錢，何以示信於人乎？竊見前年和糴用見錢關子，已而赴榷貨務請錢者，以分數支，民間行使亦以分數論。去年和糴關子一百三十萬，先令榷貨務樁足見緡，日具數申省部。民間行使，亦依見緡用。然則可信者，固在此不在彼也。

欲乞應印造交子，先令庫務樁垛見錢，行使之日，齎至請錢者，不以多少，即時給付，則民無疑心，而行之可久矣。其或樁錢而不足，已樁而別用，或行於民間而不許之納官庫，或行於諸路而不許之充上供，或官司出納，並令行使。至於月給官兵，將以百十一二用，有不便焉。是爲一節有礙，則商旅留遷，井邑交易之際，必有不行者矣。重立法禁，恐不能勝，闇增物價，其弊不一。有如官告度牒，且猶有僞，數寸之紙，其無姦僞乎？貨財不通，獄訟繁興，當自兹始矣。立法剏制，貴於謀始。伏望詳酌利害，更詔大臣熟議之。

詔户部勘當。三月癸巳。又言：

昨見朝廷令榷貨務樁見錢二十萬貫，措置見錢關子，許淮南、江東路行使。其後有司措置，寖失本意，因改爲交子，欲廣行用。除初造見錢關子一十五萬貫，已係都督行府借撥户帖錢，樁充本錢外，後來所造廣南、福建等六路交子三十萬，兩浙路交子一十萬，臨安府界小交子一十萬，并見造江南、兩浙預充糴本交子一百五十萬，其合用錢本，並未見樁管。由是遠近士民，議論紛然，皆以爲不便。臣聞天下事有利必有害，苟所利者大，則雖有小害，在所不恤也。若祇利害相半，而事或出於不得已，則亦不暇恤也。至於所害者大而所利者小，則其事有不得不恤者。今之論交子者，其利有二，其害有四。一則饋糧實邊，減般輦之費；二則循環出入，錢少而用多：此交子之利也。一則市有二價，百物增貴；二則詐僞多有，獄訟益繁；三則人得交子，不可零細而用，或變轉則又慮無人爲售；四則錢與物漸重，民間必多收藏，交子盡歸官中，則又慮難於支遣：此交子之害也。

所謂害者，固已在於目前，而所謂循環之利者，亦恐未可必得。何以知之？交子出數既多，則人必知官中之無本。商賈縱或收買，豈肯停留私家？必須即時請換見錢，雖有樁垛數目，必不能給。既不能給，則交子之法大壞。今有司措置，皆用四川法。臣亦嘗詢究四川始末。頃因陝西借爲糴本，或官不收引，其法幾至大壞。後雖朝廷遣官措置，猶用新引一道，收换民間舊引四道。自是之後，不出泛料，幾三十年，而錢引之法，乃始復行。比年以來，又緣應副軍須，出數復多。目下雖粗通行，而議者亦頗憂其法壞也。況今東南利害，與四川全異。欲不樁本錢而多出交子，則其不可行也必矣。自古軍興之際，未有不以財用之絀爲患者。苟出數寸之紙，可足一時之用，則古之人亦何惜不特出數百萬以濟其闕，而乃區區講求理財之術也？今若行交子而使百物倍貴，萬一如軍兵所請，或言養贍不足，則又將何以給之？欲望聖慈博採衆言，付大臣熟議。或以其置造已成，必欲行之，即乞止用數十萬道，聽客人於沿邊入中斛斗，或納錢兑，便令持關子赴行在，請換見錢或茶鹽引，及香藥雜物之類，庶幾便商賈，省漕運，不失朝廷置關子之本意。

又言：

錢引之法，若必行之，兩浙等路有不便者五。今錢引之出於行商尚可，而無益於軍民之用；於道路之賫尚可，而無資於旦暮之需。今行商與軍民孰多？朝夕之需與道路之賫孰急？此不便一也。雖曰交子與錢並用，今一交子不過千錢，軍民之須，日用飯食，持一交子以適市，止有數百之用。用之不盡，將棄之乎？將爲數百之用乎？此不便二也。物重財輕，其日久矣。今又益之以此，乘時射利者必高其物價，此不便三也。富室豐家，典賣之際，故輕其引，必欲見緡。既得見緡，深藏不出。交子空行於市井，而物不得售，此不便四也。異時盜鑄銷鎔，皆出東南之民。今數寸之紙，能保其姦詐不爲乎？此不便五也。四月辛丑降出。

工部侍郎趙霈，時爲諫官，亦言：

其弊有五。法行之初，人必疑慮，蓋不行使，則起争端，若有減落，則違法禁。鋪户緣此，必致停閉，一也。市井交易，必立私約。用見錢則價直必平，用交子則價直必倍，二也。今以片紙，用爲千錢，細民得之，反以爲累。片紙不可以分裂，千錢不可以散用，三也。積日累月，物重財輕。緡錢藏於私家，官庫愈見匱乏，四也。官私既許通行，民間豈無詐僞？雖嚴爲僞造之禁，孰能懲冒法之人？五也。四月丙午。

刑部尚書胡交修時爲翰林學士，亦上疏力陳其害，以爲：

崇寧大錢，覆轍可鑒。方大臣建議，舉朝無敢非者。法行未幾，錢分兩等，市有二價，姦民盜鑄，死徒相屬，終莫能勝。今之交子，較之大錢，無銅炭之費，無鼓鑄之勞。一夫日造數十百紙，鬼神莫能窺焉。真僞莫辨，轉手相付，旋以僞券抵罪，禍及無辜。久之，見錢盡歸藏鏹之家，商賈不行，細民艱食，必無束手待盡之理，比及悔悟，恐無及矣。

江西制置大使李綱，亦遺執政書，言其不可行，繇是遂復爲關子焉。六月乙卯再降旨。

左朝奉大夫、直龍圖閣趙去疾通判辰州。右宣教郎閻大鈞通判靖州。二人皆李横京西參佐，故録之。

17 丙戌，張浚奏：「建康府畫到行宮寢殿，制度簡省，可以副陛下崇儉之意，乞降下本府，依此修蓋。」從之。時浚乞上幸建康，故有是請。六月甲寅不行。

詔以平江府陳滿塘地賜韓世忠。以世忠歸所賜南園，而請佃塘地也。

右司諫王縉請：「令浙西漕司，拘收應干裏外官司舟船，以備漕運。」從之。先是，以官舟少而漕運多，乃令沿流州縣，均之民户。期限迫促，催舟之費既倍，而裝發交卸，倉斗邀乞，折欠監錮，尚多有之。朝廷聞之，因出度牒，即上户市舟。又刷百司舟船應副，而蘇、常諸郡，科差如故。故縉有是請焉。浙路漕臣，亦請於華亭置場，歲造百二十舟，以浙西諸州分認錢數，及憲司二分頭子錢，與抽解木植，供其費，至是就緒。浙漕建請，日曆不載。此以今年五月二十四日浙西提刑朱締所奏增入。所謂前任漕臣，乃王俁、李謨、吴革，而縉亦其一也。

18 丁亥，樞密院檢詳諸房文字范直方自行府入見，上召對於内殿。

右承事郎王之道知開州。之道初見建炎元年十一月。

19 庚寅，少保、寧武寧國軍節度使、淮南西路兼太平州宣撫使劉光世爲保静寧武寧國軍節度使④，賞劉龍城之捷也。時光世遣參謀官直秘閣、新知袁州汪召嗣來獻捷，乃詔：「本司副統制王師晟進横行遥郡二秩，召嗣進秩一等。僞統制官華知剛等皆釋罪，付光世軍中使唤，其餘第賞有差。」師晟轉官在是月壬辰，召嗣進職，知剛放罪，在癸巳。後旬日，擢召嗣江南西路提點刑獄公事。言者論其過，乃止。後光世言：「知剛等三人未有使唤。」乃命送福建諸州廩給之，毋令失所。八月甲辰降旨。

直徽猷閣、知鼎州張觷以捕斬山賊雷進之勞，進職一等。而荆湖北路提點刑獄公事趙伯牛亦進一官。

20 辛卯，輔臣進呈時事，上方以愆雨爲念，謂趙鼎曰：「昨夜甚有雲氣，朕焚香密禱，過二更，雲氣散，方敢退。」鼎曰：「陛下憂勤如此，天必垂祐。」

給事中兼侍講、兼資善堂翊善、兼權直學士院朱震爲翰林學士兼侍讀，仍兼翊善。

蔡州進士謝克念特補右迪功郎，用朱震請也。震言：

臣切謂孔子之道傳曾子，曾子傳子思，子思傳孟子，孟子之後無傳焉。至於本朝，西洛程顥、程頤傳其道於千有餘歲之後，學者負笈摳衣，親承其教，散之四方，或隱或見，莫能盡紀。其高弟曰謝良佐，曰楊時，曰游酢。時晚遇靖康、建炎之間，致位通顯，諸子世禄。酢仕至監察御史，出典州郡，亦有二子仕宦。獨良佐終於監竹木務，名在黨籍，著於石刻，終身不遇。雖以朝奉郎致仕，奏補一子克己，入官後，克己逢巨賊於德安府，舉家被害。一子度嶺入閩，死於瘴癘。一子克念，今存，流落台州，貧窶一身，朝夕不給。竊見黨籍諸人，及上書得罪，身後無人食禄者，陛下皆寵之以官。良佐之賢，親傳道學，舉世莫及，又遭禁錮而死，諸子衰替，最爲不幸。伏望許依黨人及上書人例，特官其子克念，使奉良佐之祀，以昭陛下尊德樂道之實。」故有是命。

成忠郎李沆上皇宋大典三卷，詔進沆一官，其書付秘書省。沆高祖文易，嘗爲國子博士，故有是書。既而沆乞换文資，言者以爲不可，乃止。

是夜，金星犯畢。翌日，上諭大臣曰：「占法，邊有敗兵。當諭張浚，令諸將戒飭守邊者，天既有象，要須修人事以應之。」已而趙鼎言：「偏問日官，皆言自有所臨分野。」上曰：「畢主趙地，然既言邊有敗兵，則我亦不得不戒也。」鼎奏語在癸巳。

21 壬辰，秘書郎蕭振爲監察御史。時趙鼎薦人爲察官，上批除振。

定江昭慶軍節度使、開府儀同三司、江南東路宣撫使張俊加崇信奉寧軍節度使，進屯盱眙。右僕射張浚命依山築城。左僕射趙鼎歎曰：「德遠誤矣。是雖不爲資敵之具，然當念勞人也。」是役也，興於盛夏，自下運土而上者，皆有日課。望青採斫，數十里間，竹木皆盡。斸掘新舊冢，莫知其數，人甚苦之。城成，無水可守，亦無樵採。築城之際，僞齊遣三百騎於泗州境上，臨淮佇觀，久之而去。

22 癸巳，司農少卿周葵直秘閣，知信州。葵既去御史，以親年高不得迎養爲言，乞補外。上命趙鼎召至都堂，諭旨留之。葵力求去，乃有是命。

左朝請大夫、主管台州崇道觀高儼行秘書郎。儼召對，勸上聽言納諫。

直寶文閣、知婺州周綱進職二等，右奉議郎、知撫州劉子翼除直秘閣，並俟終更日令再任。以中書言綱等治郡有方，賑濟宣力故也。紹興八年四月五日，臣寮上言：「劉子翼守撫州，專意聚斂，以奉所知。竭倉庫所儲獻之督府，欲圖召用，不爲後人之計。既而遷職再任，軍糧不繼，幾至生變。又復詭計求脫，遂得持節一路。」此事當考。

故集英殿修撰、知拱州錢歸善賜謚恭愍。歸善靖康末守拱州，死於難。

刑部奏：「大理寺丞評斷議刑名，每歲於次年正月，取會差失刑名，比較死罪二人，或流徒六人，具名上都省，取旨責罰，失出者二名當一名。丞比評事增三分之一。謂死罪三人，流徒八人。已上執議不同建白者罪，著爲令。」

敕令所奏：「諸州以公使酒饋送，出本州界者，以違制論。以公使見錢金帛珍寶遺人，準盜論。知而受之，坐贓論。」以言者請立法也。

23 甲午，殿中侍御史周秘言：「今虜賊未能殄滅，而閩賊遁於廣南，出沒海上，窺伺間隙，此尤可憂。望嚴飭閩、廣二帥，早爲銷弭討治之策，勿使滋蔓。」時海寇鄭慶寇廣州扶胥鎮，爲東南第十一將官兵所掩，遂絶洋趨南恩州。詔江西制置大使李綱、廣東經略使連南夫、福建安撫使張致遠疾速措置。綱謂：

虔寇巢穴，多在江西、福建、廣南三路界首置立寨栅，爲三窟之計。一處有兵，則散往他處。官軍既退，則又復團聚。中間遣發軍馬，不能窮討，止以節制不一之故。若節制歸一，使不能散逸，且捕且招。威令既行，則窮寇别無他策，必須自歸。然後結以恩信，使之改過自新，將爲賊首徒黨桀黠之人，盡赴軍前使唤，以除後患。此最策之上者。乞於江西路置都統制一員，節制三路軍馬，以招捕虔賊。至於盜賊衰息之後，又須縣令得人，勞心撫字，使作過桀黠之人既去，良民得以復業，安於田畝，乃可以化盜區復爲樂土。然虔之諸縣，多是煙瘴之地，盜賊出没不常，朝廷初無賞格，士大夫之有材者，多不肯就，又難强之使行。欲望優立賞格，將來辟置知縣，到任半年，盜賊消除，良民復業，選人特與改官，京朝官與轉行一官，候任滿日各再轉一官。其賊平定之後，量與蠲免租税，已前欠負，並免催科。庶幾官吏盡心，民庶安業，復有承平之象。

疏奏，皆從之。此並據綱行狀，日曆未見。

詔：「自今銋鎔錢寶，及私以鍮銅製造器物，及買賣興販之人，一兩以上，並徒二年。本罪重者，自從重償錢三百千，許人告。鄰保失察鑄造者，償錢二百千。州縣官奉行滅裂，仰監司體訪，按劾以聞。」令尚書省榜諭。始用王俣奏也。俣奏在去年十二月。

江東轉運使向子諲言：「本路上供，歲入不敷，綱運留滯。乞於歲終比較一路州軍勤惰優劣，各一兩處，保舉按劾以聞。庶幾朞月之間，事可見功，民不告病。」從之。

24 乙未，殿中侍御史周秘試侍御史，仍賜五品服。先是，秘言：

臣聞太祖皇帝嘗欲以絹二百萬匹，盡市敵人之首。偉哉聖謨，是所以威制外國而創立萬世之基也。仰惟陛下，神武睿略，同乎祖宗。比將肆伐於北方，而糧餉之資，有所未備，故於常賦之外，薄取於民，會其所得，蓋不啻二百萬緡矣。然臣以爲恢復之圖不能一日而必成，糧餉之資不可一日而不備。今經常之費，既已不足，則官司借兑之類，恐不能免。目前之用，粗已有餘，則非泛賞賜之類，恐不能無。官司借兑，數雖未失也，然他日撥還，恐難指擬。非泛支用，數雖不多也，然積日累月，恐至侵耗。若不於此稍加靳惜，臣恐師未及舉，而二百萬緡之直無幾矣。

夫聚人者必以財，理財者必以義。所謂義者，知取予之宜而已。知取之難，則其予之也必慎。謂取之易，則其予之也必輕。今當百姓凋瘵之餘，諸路旱歉之後，半歲之間，屢有科斂。朝廷之取於民者，必曰將使百姓暫勞而永寧也。百姓之輸於官者，亦必曰繼此無復横斂也。今若以難得之財，而費之於無事之時，則他日遣發大兵，激賞戰士，一或有闕，復從何出？欲望聖慈密詔大臣，將近所取户帖官告等錢，盡令都督府樁管，無令有司輒有侵耗。庶幾糧餉預備，不誤恢復之大計。

詔密付都督行府。秘奏以丙申行下。

監察御史梁弁守尚書工部員外郎。

將作監丞趙渙守監察御史。

尚書祠部員外郎、都督府主管機宜文字楊晨移禮部。　尚書工部員外郎、都督府主管機宜文字熊彦詩移祠部。

左從政郎黄鍰特改左宣教郎，以范沖薦對也，尋除諸王宮大小學教授。除日在七月辛巳。

降授左朝奉大夫、淮西宣撫司參議官郗漸兼都督行府隨軍轉運判官。

25 丙申，詔：「諸州縣禁囚，監司每季親慮，不能徧及者，聽差官。即檢察不盡，致誤歲終賞罰者，徒一年。著爲令。」以言者請立法也。

是月，太常博士李弼直卒。　少卿何慤言其嘗主張元祐學術，坐廢十餘年，詔賜其家銀百兩。

校勘記

① 止得待制　「待」，原作「帶」，誤，據文義逕改。按：周必大益國文忠公集卷一五一管軍等許繫金帶御筆回奏：「尚書正侍郎，止得待制職名。」葉夢得石林燕語卷八：「權尚書真侍郎，皆止當得待制也。」

② 曹操所以畏關羽者也　「羽」，原作「侯」，乃四庫館臣所改，故從叢書本回改。

③ 户部籍貧乏者上其名　「籍」，原作「符」，據叢書本改。

④ 少保寧武寧國軍節度使淮南西路兼太平州宣撫使劉光世爲保静寧武寧國軍節度使　前一「軍」字，原闕，以意逕補。

建炎以來繫年要録卷一百二

1 紹興六年六月丁酉朔，上謂趙鼎曰：「朕於宮中親種一方稻，數日雨既霑足，昨日令人驗之，頓長四寸半，真可喜也。」

詔提舉淮南鹽事蔣璨提督措置控扼海道事務。先是，分海舟八十艘屯通州之料角，故命璨領之。

2 己亥，權尚書吏部侍郎晏敦復試給事中。兵部侍郎胡世將兼權吏部侍郎。

帶御器械錢愐兼權樞密副都承旨。

直龍圖閣、知建州魏矼充秘閣修撰，以中書言其政績也。

3 庚子，大理少卿張匯等言獄空，詔嘉奬，仍免表賀。十三年六月戊申、二十二年五月乙未、二十六年四月戊午、二十九年正月丙辰、三十年四月丙寅、三十一年五月庚辰，並同此。匯，河南人也。

4 辛丑，詔湖北安撫司統制官覃敵見管水軍官兵等，並撥隸侍衛步軍司。

5 癸卯，尚書右司員外郎樓炤守左司員外郎。

樞密院檢詳諸房文字范直方爲左司員外郎，仍兼都督府推行賞功文字。

詔龍圖閣直學士、提舉江州太平觀汪藻續次編類元符庚辰以來詔旨。初，藻守吴興，被旨編輯，未就而去。會史館初置，乃用修撰官綦崈禮言罷之。至是，修撰范沖言：「失今不就，事浸零落可惜。」乃先進藻一官，是月庚子。令接續編類，加賜史館修撰餐錢，官給筆劄。賜餐錢在七年三月，今併附此。

左中奉大夫、集英殿修撰、提舉台州崇道觀李友聞卒。友聞子儔、俅既臣劉豫，皆仕爲要官，朝廷不奪其禄養，冀招來之。此以紹興四年十二月詔書修入。友聞家居七年，年八十餘乃卒。

6 甲辰，給事中吕祉試尚書刑部侍郎，充都督行府參議軍事。以張浚言「調發大軍①，移屯淮南，乞選從官前來參議軍政」故也。

詔：「新除給事中晏敦復不候受告，令日下供職。」此又與近日言者建請相妨。

左宣義郎左時充樞密院編修官。時自敕局改官，當罷去，故以樞屬處之。此又與今年四月己酉石公揆請相妨。既而省待次員，乃以爲御史臺主簿。八月壬寅。

顯謨閣待制、新知鄂州王庶知荆南府，兼荆湖北路經略安撫使。荆南屢爲盜殘，庶與士卒披荆棘，致材用，治城隍，繕府庫，廨舍畢修，陶瓦爲民室廬，闤市區如承平時。流庸四集而喜曰：「公可恃，我其安於此矣。」庶曰：「府庫未充也。」乃下令：「有欲吾田者，肆耕其中，吾不汝賦。有能持吾錢出而得息者，視其息與去之日多少，授其職有差。」武吏争出應令，未幾，還輸其息，府庫大充，得以養兵，遂成軍，隱然爲雄藩。

7 乙巳，集英殿修撰、、提舉台州崇道觀程俱、左中奉大夫提舉江州太平觀黎確並復徽猷閣待制。

左從事郎、新饒州州學教授孫雄飛爲樞密院編修官，俟左時到任成資日上。雄飛自館職罷去，遄又用之。此亦與石公揆建請相妨。

直徽猷閣、知荆南府薛弼爲湖北京西宣撫司參謀官。武顯大夫、湖北京西宣撫司幹辦公事于鵬知鄧州。皆用岳飛奏也。

右朝奉大夫曾慥爲京西路轉運判官兼宣撫司隨軍轉運。慥以親年高，辭不赴。

夜，地震。

8 丁未，趙鼎奏：「前夕地震。」上曰：「知之。上天譴告，朕極憂恐。」鼎曰：「坤德宜安静，今震動不寧，皆臣等輔佐無狀。向緣地震，吕頤浩嘗罷政。」上曰：「頤浩之罪，非爲此。卿等但當與朕協力修政事，用答天譴耳。」

秘書省正字兼史館校勘喻樗面對，言：

自三代云遠，學校貢舉之制，一切苟簡。故蘇軾有言：「自政事論之，則策論詩賦均爲無用。」誠篤論也。臣伏見進士之外，有博學宏詞，以表制詔書布檄箴銘記贊頌序爲十二目，實爲有用之文。然法須命官，方許召試。彼一命之士，既有職業，則文藝之習，比之舉人，不能精專。欲望明詔天下，應舉人有願兼應宏詞科者，於科詔到後，以所業上之縣，縣上之州，州察其性行温厚，鄉評無玷者，以姓名文字保明，上之禮部，禮部上之朝廷，朝廷降學士院或後省看詳，文字典重，議論淵源者，報禮部赴試。西北人在行朝，無州縣可以保明者，令清望一二人薦舉。其程試之法，略如見行條法。所取人數，臨時取旨裁定，申選者免省試。行之數年，將見人材輩出，文章爾雅，可備朝廷選用。事下禮部，後不行。

是日，沿海制置司水軍統領修武郎嚴安雅、廣州水軍統領右儒林郎范德沖以舟師與海賊鄭廣戰於新會縣之三竈山。賊乘風衝突，兩軍俱失利，官軍多死，安雅等皆坐貶官。八月己未行遣。

9 戊申，趙鼎請下詔求言。上曰：「甚善。朕歷考前世故事，當避正殿，減常膳。今則所御止一殿，而常膳至薄。若更減損，亦無害。」鼎曰：「此皆文具也。應天消變之道，恐當專修人事，庶幾可召和氣。但即今費用浩大，科斂益煩，此傷和氣之大者也。臣等日夜不勝惴恐，而才力綿薄②，終恐上負委使。」又進呈軍器所事，上宣諭：「軍器所初緣李志道措置得有法，至今整齊。」因言：「志道夜間著帽而寢，中夜起治事，左手運籌，右手書計，不差毫釐，是亦人妖。」鼎曰：「惟其如此，便非國家之福。」

禮部尚書李光引疾求去，罷爲端明殿學士、知台州。

權户部侍郎王俣兼權禮部侍郎。

10 己酉，手詔曰：「朕以菲德，奉承大統。遭時艱厄，敵僞相挻。軍旅方興，賦役重困。瘠瘵恫矜，未知攸濟。乃六月乙巳地震，朕甚懼焉。政之失中，吏之無良。怨讟滋彰，乖氣致沴。坤厚之載，摇動靡寧。變不虚生，緣類而應。永思厥咎，在予一人。凡内外臣庶，有可以應變輔朕之不逮者，其各悉意以言，毋諱朕躬，毋悼後害。州郡守長，近民之官，宜爲朕惠養凋瘵，安輯流亡。察冤繫，禁苛擾，毋倚法以削，毋縱吏爲姦。

惟茲卿士，小大協恭，各祇乃事，以副朕寅畏天地，側身銷變之意。」

遣內侍往淮南撫問右僕射張浚，仍賜銀合茶藥，以浚將渡江巡按故也。浚以爲東南形勢，莫重於建康，實爲中興根本。且使人主居此，則北望中原，常懷憤惕，不敢自暇自逸。而臨安僻居一隅，內則易生安肆，外則不足以號召遠近，係中原之心。遂奏請聖駕，以秋冬臨建康，撫三軍而圖恢復。浚又渡江，撫淮上諸屯。屬方盛暑，浚不憚勞，人皆感悅。時防秋不遠，浚以方略喻諸帥，大抵先圖自守以致其師，而後乘機擊之。遂命淮西宣撫使劉光世自當塗進屯廬州，與韓世忠、張俊鼎立。又遣權主管殿前司公事楊沂中進屯泗州，軍聲大振。此以浚行狀增修。但熊克小曆繫之五月，恐太早。日曆，浚奏已擇定六月中旬渡江，前去淮甸巡按。不得其日，故因遣中使，遂書之。

武功大夫、貴州團練使、閤門宣贊舍人王淵令先次額外供職。淵者，降授宣慶使德慶軍承宣使仍之養子，自言仍嘗提舉邸府事，昨從上皇北狩未回，乞用隨龍官子孫恩例，先次供職故也。權中書舍人董弅言：「閤門官係三十員爲額，不聞其有廢事。今淵欲刱員外闕，以遂其私，臣未見其可。望寢前旨不行，仍乞自今應官司毋得陳乞額外刱添員闕。其自行陳乞額外官者，重寘典憲。」輔臣進呈，上曰：「弅所論甚善。大抵僥倖之門不可開，開則不能復閉矣。」遂已。進呈在是月甲寅。

右朝議大夫、主管台州崇道觀謝亮卒。

11 庚戌，紹興府嵊縣令錢墌對移餘姚縣丞。墌馭吏嚴，邑吏二百餘人訟其過於府中，一夕逃去。言者論：

「吏彊日久，兹實亂階，不可不治。而墉不能潔己，徒務淫刑，逢其盛怒，論決之際，渠水爲赤。恐難在任，望下本路憲司究實，擇清彊官對移。如有贓狀，自當按法施行。」至是，憲臣劉一止奏：「墉到官半歲，所決遣吏民二千七百餘人。而士民之言，以爲墉愛民不擾，皆詣本司借留。」乃命承勘官司照會。

12 辛亥，張浚遣中書門下省檢正諸房公事兼行府諮議軍事張宗元來奏事。

13 壬子，上御正殿，疎放臨安府等見禁輕刑，以大暑故也。

14 甲寅，給事中晏敦復繳江東帥臣葉宗諤修建行宮畫一録黄。上曰：「敦復所論如何？」趙鼎曰：「近日民間多事，若緩爲之，亦無傷。」上曰：「極是。要當以愛惜民力爲先。他時巡幸，粗庇風雨足矣。」於是鼎未欲上幸建康，故對語及之。事初在今年五月丙戌。按朱熹撰張浚行狀云：「公力陳建康之行爲不可緩，朝論同者極鮮。」蓋有所指也。

觀文殿學士、知紹興府孟庾提舉臨安府洞霄宮，從所請也。

命太常少卿何慤往都督行府撫問，上召對而遣之。

左迪功郎、秘書省正字朱敦儒改左承奉郎。敦儒入館未幾，上特引對而有是命。

直徽猷閣、知鎮江府李謨陞職一等。時都督行府在鎮江，而謨應辦無闕，故陟之。

權川陝宣撫副使邵溥言：「本司提點諸房文字王偉，隨軍調發軍馬，計備錢糧，措置戰守，首尾九年。又措置茶鹽酒息錢三千餘萬，製造軍器二百餘萬，類試舉人二千餘人。一切了畢，已便宜轉行貴州刺史。」詔許換給。當制舍人言：「據上項所陳，果皆成績，則帥臣將佐監司郡守之事也，提點文字使臣何預焉？且此數事，若有不及，當行責罰，則提點文字使臣必不預，顯見欺罔朝廷，冒昧官爵。」乃命依條回授。

白身陳佃特補右奉議郎。張浚之撫師川陝也，佃以言邊防利害授初品文階，又以往關外軍前撫諭之勞改京秩。至是，行府關送尚書省指揮，既易真命，遂以佃知廣安軍。七月乙酉。

15 乙卯，觀文殿學士、知温州秦檜改知紹興府。

武節郎、閤門宣贊舍人、添差江州兵馬鈐轄寇宏知黄州。

詔交子務官吏依已降指揮並罷。初，用臺諫及近臣議，改交子爲糴本關子，而榷貨務提轄官魏彦弼言：「本務受納錢物浩瀚，若押印關子，委與職事相妨。乞且令交子務印造。」朝廷從之。言者論：「自巡幸以來，凡用見錢關子，並係本務印造，而彦弼避事，妄有陳請，乞勒令分析。」於是遂罷。

16 丁巳，上諭大臣曰：「雨不妨事否？」趙鼎曰：「若得晴，亦不妨事。」上曰：「田中雨過多，猶可車水決堰，盡人力料理。若旱，則更無可擘畫。大率豐年自古難得，所以春秋書有年、大有年，蓋喜之也。況今日公私匱乏，望歲之心，尤爲切至。」

是日，營田官王弗候對。上望見之曰：「少間當子細諭弗，令竭力久任。若一二年間，營田就緒，庶幾可以少寬民力。朕知此已久，昨在會稽，嘗書趙充國傳以賜諸將。但上下不能奉承，由是且已。若早做得數年，即今已獲其利。」鼎曰：「爲國根本之計，莫大於此。」中興聖政：臣留正等曰：「務農之要有二，一曰審天時，二曰盡地利。太上皇於斯二者，兼舉而無遺。修水旱之備，所以審天時也。立營田之官，所以盡地利也。紹興之初，兵拏未解，調度百出，取給於民，其力困矣，故思有以寬之。始者，蓋嘗以屯田望諸將，惜其不能奉承也。肆主上休兵以來，博採羣議，遣使講求。兵之屯田者，責之將帥；民之營田者，責之守臣。兩淮、荆襄膏腴之地，墾闢幾徧。行之數年，殆見公私兼濟，倉庾盈溢。羊祜十年之積，蓋有不足道矣。」

右司諫王縉言：「臣聞應天以實不以文。近者乙巳地震，陛下深自儆懼，特降手詔，告誡中外，務在恤民，隱銷變異，誠意至矣。臣竊見浙江船渡，使臣阻節往來，回易收息，籠及柴薪，物價爲之頓增，嗟怨之聲，或干和氣。欲望特降睿旨，浙江船渡宜責邊江巡檢，回易宜取商旅情願。民瘼既除，變異自銷矣。」詔追使臣送大理治罪，回易强市者使臣停官。

時觀文殿大學士朱勝非奉祠居湖州，欲以三事應詔，而未敢遽上，見縉疏遂止。前二日，縉入對，嘗奏疏，論：「地震駐蹕之所，豈非天心仁愛，著陰盛之戒？女子小人則遠之，外國盜賊則備之，是皆陰類也。」又言：「陛下即位十年，軍政未立，國用未節。宜詔大臣參酌祖宗舊制，每歲出納之數而裁酌之，抑僥倖以靖衆志，薄賦斂以寬民力，爲長久之計。」疏留中不出。江西制置大使李綱亦列八事奏上。朱勝非秀水閑居録：「是月地震，手詔求言。勝非欲以三事應詔，而未敢遽上。有自行朝至湖者，爲勝非言：『大臣無所論。』勝非始不信，後數日，邸報論地震一疏云：『應天以實不以文。今浙江監渡使臣阻節往來，諸軍回易，擅增物價。能去二害，則和氣可召，災異自消，此應天之實也。』於是降旨追使臣送獄，立法禁回易强市。勝非歎駭累日，更不敢奏。時趙鼎作相，植黨如山，無敢言者。」勝非所云，即縉降出之疏也。

17 戊午，詔兩淮沿江守臣，並以三年爲任。用右朝奉大夫都督行府同措置營田王弗請也。弗入對，論：「軍興以來，兩淮殘破尤甚。賴朝廷寬恩，未加賦役，故零丁殘民，漸有生意。望陛下念殘民撫存之急，察郡守數易之弊，將兩淮及沿江守臣，並以三年爲任，無事不許更易。庶幾流移漸歸，耕稼滋廣。數年之後，有以助朝廷調度之費，豈特一方之幸也。」輔臣進呈，上曰：「朕昔爲元帥時，嘗見州縣官説及在官者，以三年爲任，猶且一年立威信，二年守規矩，三年則務收人情，以爲去計矣，況今止以二年者乎？雖有葺治之心，蓋亦無暇日也。弗所論甚當，當如此施行。」上論及治體，因曰：「治天下之道在乎必賞與必罰而已，刑固不可淫以逞也。然苟有罪，豈可不以刑威？卿等於此且更留意。」鼎曰：「近時贓吏雖不能依祖宗時一切棄市，然近亦數杖脊刺配。且如殺人者死，古今常法。比年皆從貸例，而臣等亦多酌情依斷。聖人以謂罪疑惟輕，既無所疑，何爲而貸？貸一有罪，則犯者愈衆，而善人咸被其禍。」七月甲戌有旨，沿江州軍係太平、江、池、鄂、岳州、興國軍。中興聖政史臣曰：「刑期於無刑，聖人之心也。治不能無刑，聖人之不得已也。昧其不得已之意，而謂刑可輕焉。貸一贓吏，而天下之貪者無所勸。縱一姦民，而天下之暴者無所懲。犯法滋多，賊民愈甚。以是爲仁，適以害仁也。帝者之世，茲用不犯於有司者，明於五刑之功也，非去刑而能使民不犯也。王者之世，遷善遠罪而不自知者，殺之利之之功也，非去殺而能使之遷善也。然則姑息之爲治，其亦不仁之甚哉！高宗之意，蓋欲以殺止殺者歟？」

遣金部員外郎霍蠡往岳飛軍前催督錢糧，以飛言「本軍糧乏」故也。

忠翊郎、湖南制置大使司親兵左部統領軍馬裴鐸遷一官，兼閤門祗候。用呂頤浩奏也。先是，郴、衡、桂陽草盜紛起，頤浩遣鐸與統制官步諒招捕，悉平之。吉川盜王權既受岳飛招安，復自軍中亡命，聚衆數百人爲寇，鐸擊破之，權棄仗遁去。鐸本馬擴部曲，以勞板授，至是正命之。鐸十二月乙未補正。

18 己未，秘書省正字李誼守監察御史。誼特被引對，論：「吏之臧否係乎人君之好惡，其從違常係乎人君之賞罰。嘗考漢書循吏傳六人，而五人出於宣帝。酷吏傳十二人，而八人出於武帝。唐書循吏傳十五人，而出於武德、貞觀之時者半。酷吏傳十二人，而出於武后之時者亦半。以是知吏之爲治，皆視上之趨嚮爾。願詔諸路監司，舉劾部内守令政績之善否，其有蔽賢容姦者，皆當坐以違制之罪。」詔下其章。翌日，遂有是命。

武功大夫、果州團練使、淮西宣撫使司提舉一行事務李鑄除名，邵武軍居住。以宣撫使劉光世劾其竊弄事權，蠹害軍政也。七月丁丑降詔獎諭。

19 庚申，右宣義郎趙伉爲太府寺丞。伉，抃孫也，朝廷以其世而用之。

湖北路提舉茶鹽常平公事范寅秩言：「茶鹽之利，常平之法，專一應副國家大計，州縣不得擅用。比因盜賊累年爲害，如本路州郡，衷私移用，或申畫朝旨，特免監司支取。朝廷一時取撥，免年限，或二年或三年，有至限滿又展年限，及有一面擅行支用錢米盡淨，申乞朝廷除破，提舉官縮手，坐視不敢誰何。欲乞自今後兩司錢物，應申畫展限及除破，并通融本州支用，及截撥并一面支取指揮，並乞行下本司覈實，保明收支的確下落，委實要用，及無可樁還，再行申明，方許依應。」從之。寅秩，建陽人也。

直秘閣知真州趙尚之、左朝散郎通判真州季洞並罷，洞仍降一官。二人不相能，交訟其不法。都督行府言：「二人別無贓污，若令根治，徒使干連之人無辜坐獄。」故有是旨。

20 辛酉，皇伯左中大夫、充集英殿修撰提舉臨安府洞霄宮令廣爲閬州觀察使，安定郡王。

詔以曾布記熙寧市易本末及紹聖以來奏對語録真蹟送史館。先是，布子直寶文閣紆上布三朝正論，事見去年四月庚午。趙鼎奏令紆親賫布真蹟赴行在。八月己酉。俄除知信州，令其子右奉議郎惇代賫赴闕。八月丙寅。

既又改紆知衢州，九月丁亥。未上而紆卒。十月戊辰。至是，始以其真蹟上之。紆言：「先臣以直道事三朝，知無不言。自紹聖以來，大臣報復元祐私怨，倡爲傾摇廢立之議。而蔡京、蔡懋等附會增飾，致滔天之謗，上及宣仁聖烈皇后。獨先臣每事極論，痛伐賊謀，故於宣仁，終不能遂其姦計。至元符之末，太上皇帝踐阼，欽聖獻肅皇后垂簾之初，親於簾前，稟問本末。欽聖聖語力辨謗誣，至云：『冤他，孃孃豈有此意？』親書記録，首尾具全。欲望聖慈，宣之外廷，付之史官，考驗真蹟，修定信書。除四十年蔽蝕之妖，正千萬世是非之實。」詔付史館，仍遷惇一官，賜銀帛百匹兩。八月戊戌。

軍器監丞黄祖舜特引對，乞堂除縣令。上謂大臣曰：「祖舜謂郡守朝廷知所選任矣，獨於縣令皆付之銓曹，專用資格差注。今若且委之郡守，使得澄汰無狀者，亦庶幾也。此論有理，其甄擢之。」熊克小曆稱吏部郎官黄祖舜乞堂除縣令。按祖舜今年七月，始自監丞遷屯田郎官，克恐誤。

翰林學士朱震言：

竊見陛下念虔州之民屢干邦憲，選任郡守，使牧其民，固已得治虔州之策矣。臣謂虔民弄兵，其説有二。越人勁悍，其俗輕生。見利必争，有犯必報。農事既畢，則徑度潮、梅、循、惠四州，驅掠良民，剽劫牛馬。此其一也。自軍興以來，守令多非其人。政令苛虐，科斂無藝。小民無告，横遭荼毒。互相扇動，遂萌姦心。徒黨浸多，乃成巨盗。原其本意，豈願屠戮，自取滅亡？良由吏失其職，奉法不虔，激之使然，罪至不赦。此其二也。

凡虔之民，均是人耳，烏有不可治者？臣願詔孫佑，令到任條具本州及諸縣官吏，有貪墨無狀、巽懦不職、無益於民者，一切罷去，聽佑選擇慈祥仁惠之吏，忠厚愿慤之人，異時治迹顯著者，咸以名聞，朝廷優加獎勸，或令再任。宿弊盡去，人樂其生，雖誘之爲盜，亦不爲矣。臣又願陛下詔樞密院，令於潮州安泊一軍，以斷賊路。今韶州已有韓京一軍，賊度嶺欲寇南雄、英、韶等州，則有所畏憚矣。如别置一軍，屯於潮州，姦盜之心，自息於冥冥之間，不待誅鋤剿絶，而老盜宿姦，心知其不可爲矣。至於本州掌兵之官，亦乞選用立功邊徼，有名於軍伍者爲之。如是而三年不治者，未之有也。

時新除守臣孫佑，方入辭未去，乃以付佑焉。

侍御史周秘言：

臣近見川陝宣撫司屢以糧運不繼聞於朝廷，而四川總制財用趙開亦稱所運糧斛盡已起發，臣不知其孰是也。今漕司之所較者，惟船運之費而已。且以成都一路言之，自水運至軍前，用錢四貫三百，可致米一石。若使税户自陸路般運，則每石所用三倍於水運之直。若值農時，民間雇人般運，則其所用又三倍於税户自運之費。水運稍遠，其行雖遲，而所費至少。陸運稍近，其行雖速，而所費至多。宣撫司欲其速至，則必以陸運爲便；總制官欲其省費，則必以水運爲便。此大將之所以有言，而漕臣之所以自辯也。

臣以謂大將爲陛下統率大兵，則軍食闕絶，固其所當慮。漕臣爲陛下臨治一路，則民力凋瘵，亦其所當惜。然就利害而熟計之，不有百姓，則何以養兵？不節所費，則何以活百姓？今既設漕臣，使專饋運，則但當責錢糧之辦足，不當問般運之遲速。但當前告以期限，不當取之於倉猝。協濟國事，在此而已。欲望聖慈特命川陝宣撫司，預計一年之費，分爲四限，令總制財用官常於一季前應辦。其水陸般運，悉從民便。庶不誤於軍期，亦稍寬於民力。

詔制置大使席益相度聞奏。

21 壬戌，顯謨閣直學士左承議郎提舉江州太平觀陳與義、左朝奉郎充集英殿修撰傅崧卿、左朝請郎守起居舍人董弅，並試中書舍人，與義仍兼直學士院兼侍講，不俟受告供職。故事，職事官同日除者，以寄禄官爲序。弅奏：「與義、崧卿皆故從官，乞依宣和故事，以除目爲序。」上許之。弅奏在七月己巳。與義嘗爲給事中，服金帶，至是更服舍人服。上諭曰：「朕當以卿爲内相。」

左朝請大夫陳公輔行尚書吏部員外郎，用范沖薦對也。

左奉議郎、江東宣撫司主管機宜文字張體純罷。體純初爲張浚所辟，今年四月癸卯。吏部審量當敦減。殿中侍御史石公揆言：「體純以助軍補官，上書赴殿試，便宜改官，皆不由格法，畏避討論，遂隸名軍中。望罷之，令浚改辟。」上曰：「當如所請。豈有不容於朝廷之人，而可爲大將幕屬邪？」於是體純依例追四官，改正出身，而體純在浚軍中如故。體純追官改正出身，日曆無此。明年正月十八日，體純自右承務郎，用淮西宣撫司功賞轉官。

22 癸亥，尚書右僕射同中書門下平章事兼知樞密院事、都督諸路軍馬南陽郡開國公張浚加食邑一千户，食實封肆百户。浚出按淮甸，故降制加恩焉。時浚密遣人至燕山回，知道君不豫，淵聖貽書金帥求絹。浚遂奏：「臣近得此信，不勝痛憤。願陛下剛健有爲，成敗利害，在所不恤。況孝悌可以格天，推此心行之，臣見其福不見其禍也。」趙鼎奏：「得浚書，云建康入納鹽錢甚盛。」上曰：「沿路既安，商賈放心來往。」鼎曰：「亦緣久不變法。」上曰：「法既可信，自然悠久。蓋自立對帶法，二年不變，故比之常歲增也。」

左從事郎范如圭爲秘書省正字。如圭，建陽人也。

故太子中舍、知封州曹覲賜謚忠肅。故右贊善大夫、知康州趙師旦賜謚莊愍。皇祐中，儂智高入寇，二人皆身捍賊而死。曾開在廣東，援五年十一月詔書，爲之請，至是賜之。日曆六月十三日，廣東經略司奏乞爲二人賜謚，無帥臣姓名。按連南夫今月十二日方辭免不允，則曾開所請也。

23 甲子，詔自今委保舉人避親牒試不實者，許人告，保官先降一官，然後取勘合負罪犯。用四川制置大使席益奏也。舊法，見任官子弟去本貫二千里，及監司守貳有服親、門客與婚姻之家，皆牒赴轉運司別試，七人而解試一人。後多冒濫，亦有以賄得者。前舉成都路漕司就試者三千餘人，解四百四十人。潼川路漕司就試者二千餘人，解三百人。益請於朝，故有是命。

詔：「自今諸州流寓舉人，每十五人解一名。不及十五人，令本路漕司類聚附試。仍不拘路分，召文臣二員結除名罪委保，所保不得過三人。」用國子監請也。事初見建炎四年五月。

校勘記

①調發大軍　「發」，原作「法」，據叢書本改。

②而才力綿薄　「力」，原闕，據叢書本補。

建炎以來繫年要録卷一百三

1 紹興六年秋七月按是月丁卯朔。己巳，翰林學士朱震言：「湖南去歲大旱，民多流亡。今夏又復乾旱，而一路連興大獄，無辜就逮，死於狴犴者甚衆。望特降旨，除有罪當繫者治之，其餘干繫，一切疎放。」詔本路憲臣躬親巡行，如震請。後五日，左司諫王縉又請諸路並依湖南已得指揮。從之。

2 辛未，吏部尚書兼權翰林學士孫近言：「見行官制，學士二員。今已有學士朱震、直院陳與義，乞罷兼職。」不許。

起復右文殿修撰、京東淮東宣撫處置使司參謀官陳桷落職，令吏部差監澧州在城酒務。先是，韓世忠遣桷陳乞淮陽功賞，而桷以空名印紙增填其從行吏士，冒賞者衆，爲世忠所劾，故黜之。是月丁丑降詔奬諭。既而桷言當待次之官，乃許持餘服。九月己卯得旨。

3 壬申，太常少卿何慤權尚書禮部侍郎①。

尚書屯田員外郎樊賓行司農少卿，提領營田公事。右朝奉大夫、都督行府同措置營田王弗行屯田員外郎，同提領營田公事。並於建康府置司。仍令行府兼行，俟還闕日罷。制曰：「嗚呼，爲君難，未有甚於今日者也。中原未復，不可去兵，而再三發輸，民力已困，旰食宵衣，凡以爲此。日者頒營田之政於四方，而未有大效。孰能爲朕趨時赴功，以紓兵民之急乎？爾才力治行，有聞於時。爲郎田部，知其曲折。其以少農，遂董斯政。吾將循名以責爾實，其惟勉勵，克就爾庸。」時議者以張浚出師，故專置一司措置。於是賓等乞再給錢三二十萬緡，應副支用。每十莊募土豪充監莊，假守闕副尉，與免身丁。依軍中例行券，俟秋成日，比較所收，最多者正補。每縣增置十莊就緒，令、尉各減磨勘二年。州縣官避事便文之人，許本司劾罷。皆從之。今年八月甲辰降旨。

詔川、陝諸州應奏及刑名疑慮等文案，許制置大使司酌情斷遣。用席益奏也。

故檢校少保保静軍節度使高公繪、故集慶軍節度觀察留後高公紀，並追封郡王。二人皆士林子也。宣仁聖烈皇后之上賓也，二人以遺恩，自防禦使升拜留後。公紀先卒，及免喪，公繪乃除節鉞。至是，其子世則數以惇、卞沮格遺恩爲言，遂有是命。公繪紹聖二年十月建節。

4 癸酉，尚書吏部侍郎兼侍講劉大中試兵部尚書。

直顯謨閣、提點台州崇道觀張燾守起居郎。

右朝奉郎、直秘閣、主管台州崇道觀吕本中守起居舍人。本中以范沖薦召還，未入見，詔曰：「本中學術淵源，本乎前哲。文采聲譽，絶於搢紳。更歷險夷，遂爲耆舊。可特賜進士出身。」遂有是命。

尚書吏部員外郎林季仲試太常少卿。

吏部員外郎王迪爲樞密院檢詳諸房文字。

詔：「新法綾紙度牒，除換給使用外，今後更不給降。應童行試經，並權住三年。仍自今年爲始。」先是，令諸路僧道人輸綾紙工墨錢十千，換給度牒。既而不復換，但令輸錢，批舊度牒焉。批度牒事，日曆不見日月。劉長源此日所上封事已言之，則指揮必在此後也。當更求他書參考之。

5 甲戌，試尚書刑部侍郎吕祉、給事中晏敦復並試吏部侍郎，祉仍兼都督行府參議軍事。

左司郎中、權中書門下省檢正諸房公事耿自求兼權給事中。

尚書司勳員外郎程克俊、左朝散郎黄次山並爲吏部員外郎。

左奉議郎范璹守尚書兵部員外郎。璹知甌寧縣甫踰歲，士民言其治狀於州，乞再任。守臣魏矼以聞，上召對而有是命。

6 丁丑，安定郡王令廌同知大宗正事。

軍器監丞黄祖舜守尚書屯田員外郎。時王弗在建康，故中書引六曹郎官差出近例而命之。

賜京東淮東宣撫處置使韓世忠、淮西宣撫使劉光世詔書獎諭。時右司諫王縉論：「唐郭子儀、渾瑊皆於唐室有大功，而恭慎抑畏，故能以功名終始。近者，淮西以麾下將領有欺隱軍人之券，淮東以幕中參佐有妄冒將士之賞，皆能按劾聞奏，以俟誅戮，小心恭慎，有足嘉尚。伏望特降詔獎諭。因使今日之後，凡奏功者必以實，而爵賞所加足以勸有功。凡勘給者必以實，而錢糧之餘足以養戰士。戰士宿飽，而競於立功，則强敵不足滅，而恢復可期矣。」故有是賜。淮西事見六月己未，淮東事見是月辛未。

7 戊寅，樞密院奏：「親衛大夫、利州觀察使、樞密院副都承旨兼都督行府都統制、沿海制置副使馬廣丁母嘉國太夫人田氏憂。」詔特起復，日下依舊治事。

殿中侍御史石公揆入對，言：「比都督行府恭稟聖訓，措置科斂之弊，以寬民力。内州縣賣官告，除大姓全户承買外，如糾定衆户，凑數請買之人，雖已均敷，若未送納，並截日住罷。非陛下勤恤民隱，何以及此？然全户承買，雖曰勸誘，實出科敷。欲乞以承買納錢者，令諸縣别置簿籍。他日如有科斂，即令參照，不得更敷，令以次得及之家均出。凑數事不見日曆，因公揆奏表出之。公揆又訪聞營田人假官勢力，因緣爲弊。如奪民農具，伐民桑柘，占據蓄水之利，强耕百姓之田。民若争理，則羣起攻之以爲盜。斯民無訴，有失朝廷本意也。今來秋成收刈，竊恐營田之人耕耘鹵莽，欲償其費，奪民之稼，以爲己功，侵漁攘劫，無所不至。望下營田司，預行戒約。」皆從之。

8 己卯，翰林學士朱震乞廢靖州爲縣。上曰：「前朝開拓邊境，似此等處，尤爲無益。」趙鼎曰：「非徒無益，且復傾數州事力，供輸不暇，至今爲害。」上曰：「朝廷拓地，譬如私家買田，儻無所獲，徒費錢本，得之何用？當時首議之臣，深可罪也。」乃命本路帥司相度，後不行。日曆，震劄子以此月己丑行下，疑是差十日。

尚書吏部員外郎陳公輔行左司諫。公輔甫至行在，上召見而命之。

監察御史黄珪罷爲尚書刑部員外郎。御史臺主簿閭丘昕守監察御史。

故奉議郎、贈直龍圖閣張庭堅加贈右諫議大夫，依所贈官，與恩澤，以其家援例有請也。

9 庚辰，宣慶使、明州觀察使、幹辦皇城司馮益與在外宮觀，日下出門。初，宰相趙鼎見益稍出鋒鋩，意其未戢，力言於上前。是日，上謂輔臣曰：「聞益交關外事，寖不可長，宜亟出之。」鼎等再三賀上威斷。上曰：「朕待此曹，未嘗不盡恩意，然纔聞過失，亦不少貸也。」先是，劉豫揭榜山東，妄言益遣人收買飛鴿，因有不遜之語，知泗州劉綱得而上之。僞齊録載僞詔云：「江南依前倣傚宣和間所爲，寵任内官馮御藥等，令恣受賄賂。官員受差遣者，往往尋買妾并鵪鶉、鵓鴿之屬與馮御藥等。」蓋即綱所得也。臣謹按日曆，上一聞益交關外事，即斥去之，則豫之誣罔聖德，可謂無忌憚者矣。其書頗行於世，故不可不詳辨。張浚請斬益以釋謗，上未許。鼎曰：「益事誠曖昧，然疑似間，有關國體。若朝廷略不加罰，外議必謂陛下實嘗遣之，有累聖德。不若暫解其職，姑與外祠，以釋衆惑。」上欣然出之。浚意未快，鼎曰：「自古欲去小人者，急之則黨合而禍大，緩之則彼自相擠。今益罪雖誅不足以快天下，然羣閹恐人君手滑，必力爭以薄其罪。不若謫而遠之，既不傷上之意，彼但見奪職責輕，必不致力營救。又幸其去位，必以次規進，安肯容其復入邪？若力排之，此輩側目正人，其黨愈固而不可破矣。」浚乃服。此以日曆及趙鼎事實、喻樗記趙鼎逸事參修。但樗所記，謂鼎與張浚同進呈則誤。按此時浚在淮上，疑劉綱自行府繳奏，而鼎進呈耳。熊克小曆稱「趙鼎意益未戢，言於上前」。今參考書之。

10 辛巳，都省言：「人户典買田宅文契，昨限半年投税，仍免倍税。又斷罪人户，往往樂於輸納。今聞尚有未曾趁限去處，蓋緣原降指揮出限別無約束。」詔更立限半年。元降投契指揮，日曆未見月日。

是日，行營前護副軍都統制王彦發荊南，以所部八字軍萬人赴行在。統制官焦文通、準備將趙樽等偕從焉。彥未至鄂州，湖北京西宣撫副使岳飛使人邀請艤舟相見，彥許之，而俟風順，即解纜張帆下鄂渚，其疾如飛。飛岸觀其過舟，歎伏久之而去②。熊克小曆：「六月壬子，詔荊南府依例帶湖北安撫使。時已召襄陽帥保康軍承宣使王彥爲行營前護軍都統制，以湖南漕臣權帥事薛弼代之。弼入境，彥遣親兵七千人來速。其將言：『王太尉未有去意。』弼徑趨入境。晨未起，已報新帥入府，乃出交政，仍起彥所部八字兵一萬赴行在。人頗不樂，弼竭帑犒師，彥遂統之以行。」按荊南先除薛弼，六月乙巳，改用王庶。所謂帶經略使者乃庶也。但此時庶未到，而弼先至荊南交割耳。所云彥未有去意，及八字軍不樂赴行在，他書皆無此說，更當考詳。

11 壬午，左承議郎陳康伯行太常博士。

12 癸未，詔張浚暫赴行在所奏事。

淮西宣撫司參議官韓進兼都督府隨軍轉運判官，以張浚言，見修濠州城，須官措置移運也。

13 乙酉，責授忻州團練使王仲嶷復左中大夫，與宮觀。仲嶷上疏稱述宣仁聖烈皇后定策之功，且訟父珪不忠之謗，故有是命。

14 戊子，侍御史周秘乞：「諸路疎放干繫人，如命官犯贓，合用供證者，本身雖無收坐之罪，亦聽暫時勒留對證。其淹延妄禁者，令憲臣按劾。」從之。初，上既從朱震、王縉之請，命諸路釋拘繫之人，而秘謂：「命官犯罪，先推干證。今一概釋之，恐獄吏舞文，縱釋贓吏。」故有是請。後數日，中書舍人董弅復言：「諸路見勘命官公事二百二十四，其間姦贓不法等罪爲數百二十有一，有及三四年未決者，干連禁繫，死於狴犴，不知其幾何人。望令諸路憲臣，詳加檢察，按其滯繫，以副陛下欽恤之意。」乃命刑部申嚴行下。弅奏請在八月丙申。

15 癸巳，詔川、陝監司守倅，内係宣撫司便宜所差，未受朝廷告敕之人，日下並罷。用都督行府奏也。行府又奏：「宣撫司自罷黜陟後，以雜功遷轉將士，並令四川制置大使席益取索改正。若委有勞績，令所屬保明，申尚書省取旨推賞。内有出川歸部之人，令吏部依濫賞條具申省。」皆從之。

彰武軍承宣使、利州路經略安撫使兼知利州郭浩爲永興軍路經略安撫使，兼知金州。武功大夫、閤門宣贊舍人邵隆知商州，並以所部軍馬之任。其金州權隸川陝宣撫司，仍令隆聽浩節制。經略商虢金均房安撫使柴斌，俟浩至日，赴都督行府。涇原經略使楊政兼權利路經略使，專管本路戰守軍馬事務。

翊衛大夫、貴州團練使、綿威茂州石泉軍沿邊安撫使兼知綿州、節制軍馬范綜令再任，用席益奏也。

直顯謨閣、兩浙轉運副使兼淮南漕運主管都督行府財用兼行府主管機宜文字、提領市易務張澄陞直寶文閣，充轉運使，他職如故。

直徽猷閣、川陝宣撫司參議官陳遠猷進職二等。忠翊郎閤門祇候吳扶、忠訓郎吳撝並爲右承事郎。扶、撝皆玠子也。

16 甲午，左朝奉郎、知廣德軍湯鵬舉知饒州，以江東轉運使向子諲言其政績也。已而，復詔進鵬舉一官再任。上諭大臣曰：「近時士大夫數言縣令多有不稱其任者，朕再三思之，亦難盡擇。莫若慎選監司郡守，以爲要道。正如朕深居九重之中，安能盡知百執事之能否？但當留意宰相耳。」鵬舉再任廣德在己酉。

詔：「營田課子除樁出種子外，且令官收四分，客户收六分，次年已後，即中停均分。自今請佃官莊倣此。」用都督行府奏也。

17 乙未，諸王宮大小學教授蔡安疆言：「祖宗之子，皆擇其後一名爲宗，世補環衛官，以奉祭祀，著於甲令。然自艱難以來，宗籍散闕，所存無幾，立嫡以繼，漫不可推。今諸王之祀，十年不供。願詔有司，考諸王之世，酌情之宜，選屬近而行尊者各一人補環衛官，襲封公爵，奉祀不怠。」詔禮部討論。權户部侍郎兼權禮部王俣言：「太常寺令封爵以嫡，而安疆所乞屬近行尊一節，不應襲封條令，難以施行。」事遂止。

是月，監察御史劉長源應詔上書言：

當今之弊，凡十有二事。一曰節儉之風，不行於臣庶。二曰威福之柄，漸移於臣下。三曰禁旅太弱。四曰從官輕去。五曰政令有不審。六曰賞罰有失當。七曰將帥失馭。八曰兵籍虛冗。九曰師旅有法不立。十曰賦斂有取無度。十一曰田荒不勸農。十二曰民困不擇令。

大略謂：

今内侍猶以奢侈相勝，賓友燕集，尚有宣政之餘習。遠而將帥，各以富貴自矜。財用節於陛下之一身，所省幾何？而蠹於天下，安得不匱？高祖親奪韓信兵柄於成皋，光武躬拒尋邑大敵於昆陽，繫海内之望，消未萌之釁，不得不爾也。獻帝則失是矣。曹操威望，隱然震赫，而天下推曹，漢鼎潛移矣，豈非獻帝不能收攬威福之柄所致歟？

今日之事，若諸將過江，分道並進，臣願陛下移蹕建康，親臨六軍，料敵督戰，非常之功，盡歸陛下。

四海之望，復安往哉？西漢重兵，悉在京師，四邊但設亭障。唐太宗分置府兵，而關内居二百六十有一。
藝祖平定天下，養兵止二十二萬，而京師十萬餘，皆明乎内重外輕，强幹弱枝之勢也。

今禁旅單寡，將領怯懦。卒有蕭牆之變，何以待之？欲乞於五大將軍各取五千人，更番直衛。在諸軍未爲妨事，而禁衛益二萬五千人，則心腹無患矣。仍别選智謀威望可以服衆，忠義誠實果於衛上者爲殿帥，庶幾首尾無顛置之失。

侍從之官，其任宜久。今也凡應是選，權侍郎者多不俟及二年而改除，除正任者多患久次而求去。其請外也，不在於方權之時，而常在正任之後，皆爲身謀也，非爲國計也。欲乞重侍從之選，必可與共圖興復之人然後用。既用矣，非有大故，弗聽便私而去。苟故爲異議以冀退罷，亦察其姦而明正典刑，以爲背公營私之戒。以近事觀之，如造交子、賣户帖、批度牒，或方行而遽罷，或既行而旋易。大抵皆因一人建言以爲可行而遂行，又因一人建言以爲不便而遂罷。雖見否而革，尚愈於遂非而不改。然政令之不一，所損於治體亦多矣。欲乞今後，每創有建明事，送尚書省集侍從臺諫本職官會議，委侍從官一員，同左右司董其事，謂之審議司，具可不可之因，以稟宰相。宰相判其是非，取旨而行。若猶有疑焉，不憚再議，必歸於是而後已。

今諸將行軍，喪師失地則未嘗有罰，收復殘破之空城則等第推賞。以目今在蜀一軍言之，一年保守和尚原，朝廷賞其功矣，大將增封加爵，而全軍轉五萬官資。又一年復失和尚原，大將不聞有敗績之責，而餘兵不復褫一官一資。是以敗爲常，以無勝負爲功，不復爲恢復之計矣。今乞大明誅賞，有功必賞，有罪必罰，使人人知所勸畏，則功無患乎不成。

今諸大將爵居師保之尊，權視輔弼之重，擁强悍之兵以自衛，奪生靈之財以自豐。所欲賞者，雖無功人，得冒處而不疑。所當罰者，雖有罪，彼且保全而不問。大臣畏避而不敢斥，諫官指陳而未嘗行。方兹多事，未可卒治。臣願陛下以漢高祖、武帝、先主爲法，以唐明皇爲鑒，徐以計銷其勢。使之由而不知，庶無肘腋之虞矣。自古取勝之兵，在精而不在衆。今天下之民力，困於養兵，而兵籍之數，類皆無實。且以蜀中論之，都運趙開，應副關外軍糧，紹興五年之數，比紹興二年四倍，比三年三倍，比四年一倍。每歲倍索，稍有稽緩，直中朝廷，遂云誤國。夫糧所以贍兵，必兵倍增然後糧亦倍增，未聞其逐年益兵也。度其私心，蓋謂倍索糧數，必有虧額。恐因寇至兵潰，欲移罪於漕運之臣。其自謀則善矣，如社稷生靈何？臣愚欲乞選擇文武官各一員，按閱諸軍之兵。其有年五十以上者汰之，年雖未至而有疾者亦汰之，則勇者存而怯者去，怯者並押送營田所收管，願歸農亦聽，歲用之費，十必省六七矣。

今大將統兵各十數萬，號令不行，士卒不練，賞罰不明。欲乞詔文武有學識通曉軍政之人，考古兵法可施於今者，勒爲成書，頒之軍中，上下遵守，庶幾兵皆可恃，動則成功。陛下施行臣所陳，汰孱兵之冗食，去軍帳之虚名，廣克儉之風，行勸農之實，而又減宫祠之俸，察軍功之濫，省不急之官，則用度節，財有餘，斂取有經矣。

凡官私之須，莫不出於農。奈何閲日寖久，上之人無一語及農。非特不勸督也，又從而摧沮之。接送官吏之上下，農也。在任者給親朋之負重，農也。遞兵不足而般運官綱，亦農也。一方有驚而負兵器賫行糧，亦農也。至若公家賦斂，私門租課，一有不足，或械之囹圄，或監之邸肆，纍纍然如以長繩聯狗彘，獄吏執箠而隨之，路人灑涕，爲之不忍，而州縣恬然不恤，爲民者何苦而爲農乎？

今殘破州縣，不耕之田，豈可勝計？流民散徙而爲盜賊，盜賊招安而爲官兵，官兵復仰給於縣官。田野半空，賦入甚微。耕者既寡，而食者愈衆。上下困竭，職此由也。比者朝廷建營田之官，行營田之政，施之淮南，固亦宜矣。若兼行於近裏州縣，則民之復業者，爲營田之兵所擾，是以欲歸者不敢，被擾者復去，非特無益，而又害之。欲乞營田只行於江北，所有江南民未歸業處，詔守令誘勸百姓歸業。有力者令其自營，無力者官爲假貸，以招復逋逃，勸課栽植之多寡，爲守令之殿最。如是，則田野闢而倉廩實，百姓足而國計豐矣。

民爲邦本，而與民最親者，莫如縣令。欲令得人，其術有五，曰遴選，曰重權，曰量才，曰久任，曰勸沮。不拘資格，必唯其賢。在内委省郎以上，在外委監司知州，歲舉一名，注籍吏部，有闕照鄉貫路分差注，仍赴堂審驗，然後給敕。委縣令稽考佐官之勤惰，上下半年，申州及監司。稍假以權，俾佐官協力，逐路審訂煩簡，分爲四等。應舉官充縣令者，亦等别之，盡以三年爲任。未滿不得遷，已滿而民願借留者聽再任。凡成任則具考課條中事件而别爲三等，政績優異者擢以省臺寺監之官，次則與增秩，次則與減年。政績無聞者，退歸選部，不得復任縣令。貪冒無恥，則放歸田里，永不敘用。行此五等，而縣令不得人者，未之聞也。

長源書凡六千餘言，其大要如此。

淮南宣撫使劉光世克壽春府。

校勘記

① 太常少卿何慤權尚書禮部侍郎 「太」，原作「大」，逕改。

② 歎伏久之而去 叢書本「伏」作「服」。

建炎以來繫年要録卷一百四

1 紹興六年八月丙申朔，詔：「寺監正丞、博士、司直、評事、六院倉場庫務編删計議官，並去替半年，方許差人。已除未到人，並別與差遣，願就祠廟者聽。」議者言：「今日用人之塗，自郎吏而上，莫匪遴選，其下則有寺監丞一等，蓋以待資望未深初召用者，率三四人守待一闕，使其才可用，將試之於數年之後，是姑以虚名予之。願詔大臣略行措置，使天下之士，才能有聞者得效所長，毋使棲遲羈旅，終以待闕而去。庶幾人才輩出，宏濟多難。」故有是旨。

2 戊戌，右迪功郎、權滁州軍事判官林珦特改右承務郎，以薦對也。

權户部侍郎王俁言：「近年以來，諸路監司被受朝省指揮，翫習太甚，恬不爲意。且以事干財用者言之，有坐待措置而踰年不報者，移用錢數是也。有逐季比較而全年不開具者，住賣錢數是也。有責令樁管而二年不具數者，上供錢物是也。有許令蠲減而二年不覈實者，逃閣之數是也。至於税場增分，酒務立額，擅使獻納錢，拋失綱運米，如此之類，不可殫數。雖省部舉催，他司究治，鄰路取勘，終無結絶。大抵或欲欺隱錢物，或欲庇護官司，或欲遷延歲月，或出於懈慢，或出於無術。故頑者付之以不報，黠者雖報而不盡。其視符命，蓋蔑如也。欲望明詔大臣，應諸路監司廢弛，鹵莽乖謬，出限違欠等事，令六曹類聚，申尚書省，委官看詳。擇其尤甚者，顯責一二，自餘嚴立之期，尚或稽違，必罰無赦。庶幾少儆外服，以稱陛下孜孜圖治之意。」

詔如所奏，每季類聚申尚書省，委左右司看詳，將稽滯最多去處，取旨重行黜責。

樞密院檢詳諸房文字王迪言：「道州丁米，一丁有出四斗者，脚乘之費不與。臣聞閩、廣之間，往往有不舉子之風，以成丁之後，還爲家害，故法雖設而莫能禁。願詔有司，講求諸路丁錢丁米之數，隨田税帶納，非小補也。」乃命諸路漕司，具本路有無丁錢丁米及如何催理申尚書省。

3 己亥，觀文殿學士、新知紹興府秦檜入見，命坐賜茶。

吉州萬安縣丞司馬宗召添差兩浙路轉運司幹辦公事。先是，翰林侍讀學士范沖入對，言：「司馬光家屬，向者伏蒙聖慈，月給錢米，故得存在至今。切惟光爲國宗臣，遠近中外言及之則以手加額，功在社稷，澤在斯民。今奉祀之主，行路之人，莫不哀之。宜有以賑恤，昭示四方，爲忠義之勸。光族系單寡，目今止有族曾孫宗召一人，難以使之出繼。欲乞令宗召權主光祀，特與添差就近一合入差遣。光名德顯著，其後衰絶如此，朝廷特恩，不容有援例者。」故有是命。初，光孫植既死，立其再從孫稹爲嗣①，而稹不肖，其書籍生產，皆蕩覆之。有得光記聞者，上命趙鼎諭沖，令編類進入。沖言：「光平生記録文字甚多，自兵興以來，所存無幾。當時朝廷政事，公卿士大夫議論，賓客遊從，道路傳聞之語，莫不記録。有身見者，有得於人者。得於人者，注其名字，皆細書連粘，綴集成卷，即未暇照據年月先後，是非虛實，姑記之而已，非成書也。故自光至其子康，其孫植，皆不以示人，誠未可傳也。臣既奉詔旨，即欲略加刪修以進。又念此書已散落於世，今士大夫多有之，删之適足以增疑，臣雖不敢私，其能必人以爲無意哉？不若不删之爲愈也。輒據所録，疑者傳疑，可正者正之，闕者從闕，可補者補之。事雖疊書，而文有不同者兩存之。要之，此書雖不可盡信，其有補治道亦多矣。」於是沖裒爲十册上之，其書今行於世。上因覽沖奏，謂鼎曰：「光字畫端勁，如其爲人，朕恨生太晚，不及識其風采耳。」

觀文殿學士、左通議大夫、提舉臨安府洞霄宫范宗尹薨於台州，年三十七。訃聞，贈特進，輟朝二日，令所屬量給葬事。

4 庚子，集英殿修撰權都督行府參議軍事劉子羽、祠部員外郎都督行府主管機宜文字熊彦詩撫諭川、陝還至行在，新除權禮部侍郎何慤亦自行府歸，上皆召見之。

左司諫陳公輔入對，上奏曰：

臣聞人君所以得天，莫先於孝；所以得民，莫先於誠。今二聖北征，遠在沙漠，願陛下跬步在念，斯須不忘，焦心勞思，以圖恢復，期於報父兄之讎，雪積年之恥。若乃前日懷姦罔上，陷吾親至此，不忠不義，負國之徒，吾痛恨之，殺而勿貸可也。今日有竭忠盡力，削平僭亂，俾廟社復安，庭闈無恙，必思所以厚報之。庶幾復還兩宫，得以盡問安侍膳之禮。如此用心，孝斯至矣。用兵以來，勞民費財，願陛下誠意惻怛，孚於四方，雖曰取之不敢不以道，雖曰用之不敢不知節，凡一金之細，一縷之微，未嘗妄有所費也。其間貪吏猾胥，並緣爲姦，重害於民者，吾痛懲之，罰而勿赦。儻能體國愛民，撫循不擾，俾均而無貧，勞而無怨，必思所以重賞之。事平之後，庶幾與民休息，盡罷無名橫斂。如此用心，誠斯至矣。中興根本，不出於此。願陛下守之而勿失，行之而不倦，實宗社之福，生靈之幸。」疏奏，上大感動。是日，詔公輔論奏，深得諫臣之體，可賜三品服，令尚書省以其奏疏修寫成圖進入。

白身穆松年特補承信郎，添差監秀州都酒務。先是，兵部侍郎司馬朴在燕，遣松年間行，以敵情來告，故官之。

饒州童子梁璵賜束帛，免文解一次。璵年十歲，能誦五經及七書，射鵠六發四中。

直秘閣王庭秀卒。

5 辛丑，選人文旦循二資，進士崔岩補上州文學。岩，子方子也。先是，上遣中使持子方春秋解，命學士朱震校正，而中書以旦所上春秋要義付震看詳。震言：「旦博採衆說，以明聖經，非篤志此學，積之歲月，不能成書。子方一時名儒，獨抱聖經，閉門講學，專意著述，自成一家。非特立獨行之士，不能如此。子方雖没，其後尚存，望賜旌褒，以勸來者。」故有是命。子方已見建炎二年六月。

6 癸卯，徽猷閣直學士兩浙都轉運使李迨進職四等，爲四川都轉運使都大提舉茶馬，賜銀帛三百匹兩，令臨安府差從卒百人，自襄、郢便道，星夜之任。徽猷閣待制四川都轉運使趙開，俟迨至，將本司財賦文籍交割訖，赴行在所。先是，開復與制置大使席益不和，抗疏乞將舊來宣撫司年計應副軍期，但干錢物，並不許他司分擘支用。又指陳大使司截都運司錢，就果、閬、利州糴米非是。又言：「應副吴玠軍須，紹興四年總爲錢一千九百五十五萬七千餘緡，五年視四年又增四百二十萬五千餘緡。蜀今公私俱困，四向無所取給，事屬危急，實甚可憂。乞許以茶馬司奏計一赴行在，庶得盡所欲言。」又言：「軍務惟錢糧最爲要切，欲乞自都督府節制其調發，則無輕舉妄動，枉費錢糧，虧損威勢。自都督府節制其用度，則將兵請給，皆可覈實裁處。量入爲出，公私無由困弊。即今公私俱困弊，無所措手矣。」朝論悉言開與玠，益不可共事，故有是命。

集英殿修撰劉子羽復徽猷閣待制，知泉州。子羽自川、陝歸，言敵未可圖，宜益治兵屯田，以俟機會。時張浚以淮西宣撫使劉子翼驕惰不肅，密奏請罷之，而欲以其軍屬子羽，子羽辭，乃命出守。熊克小曆載此事於明年四月末，蓋誤。

7 甲辰，手詔曰：「乃者强敵紊常，阻兵猾夏②，兩宫北狩，六馭南巡，霜雪十年，關河萬里。朕爲人之子，而雞鳴之問不至；爲人之弟，而鴒原之難不聞。眷言臣子之心，誰無父兄之念？而又干戈未息，疆埸多虞。遣戍經時，不離甲冑；飛芻越險，久棄室家。爾則效忠，朕寧不愧？是用當饋投匕，未明求衣。弗辭馬上之勞，以便軍中之務。諒彼同舟之衆，知茲發軔之情。咨爾有官，各揚其職。布告中外，悉使聞知。」時張浚自江上歸，浚到行在，未見本日。日曆八月九日甲辰，張浚放告謝。蓋浚以內引，故修注官不書也。力陳建康之行爲不可緩，朝論不同，上獨從其計。先是，三大帥既移屯，而湖北京西宣撫副使岳飛亦遣兵入僞地。僞知鎮汝軍薛亨，素號驍勇，飛命統制官牛皐擊之，擒亨以獻。引兵至蔡州，焚其積聚。

眉州布衣師維藩治春秋學，累舉不第。至是，赴行在，上中興十策，請車駕視師。上下其議於朝，浚以爲可用。會諜報劉豫有南窺之意，趙鼎乃議進幸平江。趙鼎事實曰：「是秋，探報實有南窺之意，乃議前期幸平江，就近應接。張浚先在江上，已令張俊城盱眙，移軍居之。鼎謂非便，浚堅欲爲之。鼎以其行府措置，不欲力争，每爲上陳其利害云。」

詔：「百司隨從人，比四年三分減一。應軍旅非泛支降錢穀差出，並隨行在所處分。其餘百司常程事務，留臨安府，聽行宫留守司予決。内有不可予決者，即申奏行在所。」

修武郎王恪爲閤門祗候，知隨州。

海賊鄭慶、鄭廣並補保義郎。慶受福建安撫使張致遠招安，故有是命。其徒十九人，授官有差。

8 乙巳，詔：「權主管侍衛馬軍司公事兼權殿前司解潛，以所部精鋭千人扈從。權主管步軍司公事邊順留臨安府彈壓，兼治殿前馬軍司事務。」

9 丙午，新除權禮部侍郎何慤充集英殿修撰知瀘州。慤引嫌力辭，故有是命。

左朝請郎知巴州勾濤爲尚書兵部員外郎。濤，新繁人。少從張商英游，至是以范沖薦得召。濤入對，具言：「今日首行嘉祐之法，次舉元祐之政。既用其法，當究其意。既究其意，當行其實。」上稱善。

顯謨閣直學士、知臨安府梁汝嘉爲巡幸隨駕都轉運使。

直顯謨閣、新除兩浙運副使李謨陞直寶文閣，知臨安府。

10 丁未，觀文殿學士、新知紹興府秦檜充醴泉觀使，兼侍讀，行宫留守。

觀文殿學士、提舉臨安府洞霄宫孟庾提舉萬壽觀兼侍讀、行宫同留守，權許赴尚書省治事。時檜留行在未去也。趙甡之遺史云：「秦檜爲行宮留守，張浚薦之也。初，與孟庾皆除留守，而同爲觀文殿學士。庾以先除，欲居檜上。檜曰：『檜嘗爲宰相，公執政耳，檜宜居上。』争久不定，奏取旨，乃以庾爲副。」按二人同日並除，而檜先入謝，庾後數日方至，又除目已帶同字。八月丁巳，續降旨，秦檜、孟庾並日下供職。與甡之所云全不同，當考。

詔景靈宮神御令温州四孟行禮，俟還臨安日如舊。

11 戊申，手詔賜沿江諸帥曰：「天地之大，義莫重於君臣。堯舜之至仁，無先於孝悌。一自衣冠南渡，敵馬北侵，五品弗明，兩宫未返。念有國有家之道，必在正名；盡事父事兄之誠，詎宜安處？將時巡於郡國，以周視於軍師。爾其慎守封圻，嚴戒侵擾。虔共乃職，謹俟朕行。」

是日，湖北京西宣撫司第四副將、武經郎楊再興引兵復西京之長水縣。

右中大夫、提舉台州崇道觀黄潛厚卒。

詔侍從官更互赴行在所供職。時户部侍郎王俁先往平江措置，於是兵部尚書劉大中、翰林學士朱震、侍讀學士范沖、中書舍人陳與義、董弅、工部侍郎趙霈、起居郎張燾、侍御史周秘、左司諫陳公輔、右司諫王縉、監察御史趙涣、劉長源、左司郎中耿自求、右司員外郎徐林、樞密院檢詳諸房文字王迪、編修官孫汝翼、吏部員外郎黄次山、鄭士彦、户部員外郎周聿、比部員外郎薛徽言、太常少卿林季仲、博士黄積厚皆從。仍以大中兼權吏、禮部尚書，霈兼權户、刑部侍郎。又命秘與殿前司統制官趙密彈壓舟船，帶御器械劉錡與管軍解潛同總禁衛。時吏部侍郎吕祉、户部侍郎劉寧止、中書門下省檢正諸房公事張宗元、右司員外郎范直方皆爲行府屬，而新除起居舍人吕本中未至行在，近臣之留行宫者，惟吏部尚書孫近、侍郎晏敦復、刑部尚書胡交修、中書舍人傅崧卿、左司員外郎樓炤、殿中侍御史石公揆、監察御史蕭振、李誼而已。按耿自求此時以左司兼權給事中。

尚書兵部侍郎胡世將充徽猷閣直學士，知鎮江府。世將引疾乞祠，章再上，乃命出守。

12 庚戌，廣東經略安撫使連南夫言：「去朝廷遠，如遇經制盜賊事，不可待報者，乞許便宜施行訖以聞。」從之。

吏部尚書兼權翰林學士兼侍讀孫近充龍圖閣學士，復知紹興府，從所請也。

徽猷閣待制程昌寓落職。昌寓守江州，爲漕臣逢汝霖等所劾。詔南康軍治罪，而昌寓亦上奏自辨，且詆汝霖等不法。至是，獄成，法寺當昌寓公罪徒，罰金，上命貶秩。後省言：「昌寓初自秉義郎以鄧洵仁繳進詩頌，特換京官。嘗爲吏部審量，其守鼎州，拒寇無功。及移九江，恣横廢法，望别議罪。」故有是旨。事初在去年八月癸卯。

13 辛亥，太廟神主發臨安。

殿中侍御史石公揆言：「今者車駕巡幸，措置約束，務從簡省。如陳設之具，已有儀鸞，舟船牽挽，已有兵梢，膳羞之奉，不過隨宜。切恐所過州縣，帟幕供帳極於侈靡，舟船人夫煩於調發，飲食膳羞過求珍異。以至應副百司，極其所須，以爲己功，不恤民力，皆非陛下恭儉愛民之意。伏望戒飭州縣，勿爲侈費。若排辦太過③，有苦於百姓者，令監司按劾。」從之。

14 壬子，直寶文閣、川陜宣撫司參議官陳遠猷充秘閣修撰，四川轉運副使。朝廷以吴玠與計臣不和，故用其幕客爲副焉。

15 癸丑，徽猷閣待制、樞密都承旨兼都督行府參議軍事郭執中卒。上覽遺表歎息，特贈徽猷閣直學士，賜其家銀帛二百匹兩。張浚曰：「執中崇寧初以上書邪等，禁錮二十年，晚乃遭際陛下，而年齒已老，不得爲陛下收尺寸之效。」上曰：「不知當時入邪等者以何事？」趙鼎曰：「凡蔡京、蔡卞所惡者，皆入邪等。」折彦質曰：「蔡卞以紹述爲説，其所斥己者，盡誣以誹謗先帝。」上愕然曰：「太上皇帝内禪之初，嘗遣梁師成宣諭淵聖皇帝云：『朕聞司馬光爲前朝名相，今日朝廷諸事，但當以光爲法。』然則上皇之意，固可知矣。且如朕今所施行，與上皇時豈無修潤者？要之，一切從百姓安便而已。百姓安便，乃是上皇之意也。」執中黨籍餘官第七十五人。

龍圖閣直學士、提舉江州太平觀耿延禧卒於温州。以元帥府屬官，特贈龍圖閣學士，賜其家銀帛二百匹兩。

16 甲寅，秦檜入見，命坐賜茶。

江西都轉運使趙子湏言：「龍泉縣民抗拒不納税賦官物。」詔有官人特勒停，餘人杖一百，有蔭人仍不用蔭。又一月不足，並送遠惡州軍編管。其後間如此行之。日曆無此，今以十月十九日江西運司檢準狀增入。

17丙辰，中書門下省請：「尚書省應給降敕劄，並依舊式，給降内敕，添用中守階銜。六曹諸官司中省及承受詞狀，内有格法，合取旨事，並請畢送，不須取旨事，並隨事批劄行下。」又詔：「應章奏房舍進入用寶，降奏出狀，不候畫寶，先次作奉御寶，留守司用印，付所屬施行。」皆用中書請也④。

直徽猷閣、兩浙西路提點刑獄公事宇文時中陞直寶文閣，知湖州。

18丁巳，詔權罷講筵，俟過防秋日如舊。以右司諫陳公輔言扈駕從官員數不多，又當道路之間，講讀故事，皆所未暇故也。

左朝散郎馮檝試宗正少卿。

19戊午，孟庾入見，命坐賜茶。

大食蕃客蒲囉辛特補承信郎，仍賜公服履笏。以福建市舶司言，囉辛所販乳香直三十萬緡，理宜優異推恩故也。

20己未，寧州觀察使、提舉萬壽觀韋淵爲德慶軍節度使，充觀使。

户部乞依四年例，預借江、浙民户來年夏税紬絹之半，盡令折納米斛，約可得二百餘萬，庶幾儲蓄稍豐。詔本部勘當。於是兩浙紬絹，各折七千，江南六千，有半以米斛價例紐折，每匹折米二石。户部勘當到事理，日曆不書，今以九月十七日王縉乞不收頭子錢劄子，并九月二十七日中書門下省勘會别立米價指揮增入。

白身吳琰補保義郎。琰，玠從弟，自陝西來歸，故録之。

是日，監察御史劉長源面對，奏疏曰：

臣竊謂致治之道，莫先於用人。用人之道，莫先於覈實。不可懷愛憎以爲去取，不可徇朋黨以忘賢愚，不可信毀譽以爲進退。或謂應係元符以前人臣之子孫皆可用，臣恐其失近於官人以世，而其人未必皆賢。夫以房玄齡爲賢相，而其子遺愛預叛逆之誅；盧奕爲忠臣，而其子杞居姦邪之列。況不逮玄齡與奕而可保其子孫盡賢乎？苟曰盡賢，則不賢者冒濫於其間，而人莫敢言矣。或謂應係崇寧以後人臣之子孫皆不可用，臣恐其失近於罰及其嗣，而其人未必皆愚。夫以郤芮有謀弑晉文公之罪，而子缺有獲白狄之大功；李義府有議立武昭儀之姦，而子湛乃復中宗之良佐。況不爲芮與義府，而可誣其子孫盡愚乎？苟曰盡愚，則賢者隱晦於其中，而人莫敢舉矣。

臣嘗究前代明君之選任，賢臣之進戒，唯孜孜切切，以辨君子小人爲要。凡親賢臣，遠小人，則國無不興隆；親小人，遠賢士，則國無不衰替。其所謂家世，實不繫於人才之賢愚與天下之治亂，亦明矣。至若封倫、裴矩其姦足以亡隋，而其智反以佐唐。李勣、許敬宗在太宗時則致治，而在高宗時則致亂，是所用之人不易一身，可使爲治，可使爲亂，其故何哉？兹乃人君善持用人之柄，馭得其道，以君子制小人，而莫不爲吾之用，則其爲治亂，又在人君之操術焉。臣敢併持是説以爲獻，伏冀陛下以判君子小人爲先，而濟以駕馭之術。勿拘於家世，則開天下之公道，洗積年之私怨。籠絡海内智能才德之士，使四面交歸，不復它往，則賢者皆無遺，而治道興矣。

21 庚申，趙鼎進呈劉長源奏劄。上曰：「長源昨日多有開陳，至比戰國之士，若不用於秦，則歸於楚，論議殊可怪。」鼎曰：「陶愷雖邪論，尚不敢至此。」上曰：「然。」張浚曰：「長源不學無識，至如疏中引證事實，皆非所敢聞者。況元符以後，人臣子孫，誰爲可用而不用者？」折彥質曰：「如蔡京、王黼輩，是乃國家之深仇也。罪通於天，幸逃族誅，今日正使子孫真有可用者，猶不當用。」上曰：「長源之罪，過於陶愷，當與遠小監當，朝廷明正典刑可也。」於是退而批旨：「長源識趣卑陋，不可寘之臺列，送吏部與監當差遣。」不知何以去「遠小」二字。制曰：「御史耳目之寄，自非剛明不惑之士，鮮克勝任。爾識趣卑陋，學術膚淺。嘗謂其恬退不競，擢寘臺察，今兹論奏，殊駭聽聞。朕於人才，唯賢是用，一付之公議。汝爲是説，意必有在，匪出於憎惡，則有所阿黨，不然則汝之昏懵無知也。乃若引用事實，尤害風教，何至是哉？紀綱之地，非汝宜處。斥歸銓選，往莅権征。循省之餘，勉思學問。」熊克小曆止稱上殿官劉長源，蓋不考真爲御史也。

詔職事官月給米三斛。自郎官外，舊止有職錢添給，至是始增之。

22 辛酉，武節大夫、榮州刺史兼閤門宣贊舍人薛安靖爲武功大夫、文州團練使，充沿海制置司參議官，仍與右朝奉大夫、通判明州李文淵同共措置海道事務。

進義校尉陳晟爲承節郎。以都督行府言，晟自河北從楊珪還朝，乞推恩也。

武節郎王逵除名，虔州編管。逵，崑山人。以朱勔給使授官，因事至縣庭，詬詈邑宰。法寺當私罪杖，該恩原。守臣言其情重，特有是責。

右奉直大夫、成都府路轉運判官安邡追五官，添差監郴州在城酒務。左中奉大夫、成都府路轉運副使賈若谷降三官放罷。先是，川陝宣撫副使吴玠言：「軍前糧食屢闕，伏望勾臣赴行朝應副使唤，免致有誤邊防，虚負罪責。」而撫諭官劉子羽等亦言：「得制置大使席益咨目，稱邡端坐廨宇，一向弛慢。」故貶。

23 壬戌，詔侍讀、侍講官自今並許正謝，著爲令。時行宮留守秦檜、同留守孟庾，並兼侍讀。檜以前宰相入謝，詔錫衣帶鞍馬，而庾亦以是日受告，審於朝，三省言：「講讀官在法雖無許正謝之文，緣多係前執政及從官兼充，理宜正謝。」故有是旨。

詔：「左司郎官樓炤兼權中書舍人，書行户房文字。中書舍人傅崧卿兼權户部侍郎。吏部侍郎晏敦復兼權工部侍郎。宗正少卿馮檝兼權右司員外郎，兼權給事中，並行宮職。」馮檝兼職，據檝今年十一月十二日辭免轉官狀結銜如此，而日曆不書，當求別本參考。

是日，僞齊遣兵掠鄧州之高安鎮。於是守臣武德郎、閤門宣贊舍人韓遹坐降一官。遹十一月壬辰降官。

24 癸亥，左司諫陳公輔請：「奏蔭無出身人，並令銓試經義，或詩賦論策三場，以十分爲率，取五分合格。雖累試不中，不許參選，亦不許用恩澤陳乞差遣。」詔吏部措置。其後吏部請試律外，止益以經義或詩賦一場，年三十五已上，累試不中之人，許注殘零差遣，餘如公輔所奏。從之。吏部狀在明年四月癸卯。

觀文殿學士、行宮留守秦檜言：「伏覩陛下親御六軍，往護諸將，而臣罪戾之餘，猥蒙召用，切願扈從鑾輅，身冒矢石。伏念臣陷敵累年，敵國詭計，稍知一二，賊豫狂謀，備見本末。若有探報遠近，或可以備顧問。

至於留司職事，孟庾有已試之效，其人詳練慎密，欲望聖明特加財察。」優詔不許。

秘書省著作郎張九成直徽猷閣，提點兩浙東路刑獄公事。以九成言父老乞侍養故也。

右中奉大夫、知郴州許和卿降二官放罷。先是，和卿之子太虚以捕獲宜章土寇之勞免文解，而湖南制置大使呂頤浩言，祖宗以來，監使知通親戚，不許於所部從軍，以革冒濫。乞申明行下。和卿遂罷。

25 甲子，廢白州爲博白縣，隸瓊州。龔州爲平南縣，隸潯州。以廣西提點刑獄公事郭孝友言，二郡土曠人稀，不能償官吏之費故也。

26 乙丑，詔信安郡王孟忠厚、德慶軍節度使韋淵特許赴行在。

是月，詔榷貨三務，歲收及一千三百萬緡，許推賞。大率鹽錢居十之八，茶居其一，香礬雜收又居其一焉。二十四年，收二千六十萬有奇，三十二年收二千一百五十六萬有奇，乾道六年三月癸丑立額。

左宣教郎、遂寧府府學教授程敦厚應詔上書，且獻所注經世十論，曰畏天、恤民、量敵、覈實、正俗、練兵、生財、專任、廣聽、審慮。大略言：「敵勢方堅，吾寧未復於兩河，而不忍輕用於民力。願汰冗兵，節浮費。」又言：「宰相有好功之志，非社稷之福。願陛下加意審慮，寧拙而遲，無速而悔。」又上趙鼎書言：「今日之事，戰未必爲是，而和未必爲非。要不可令敵執其權，而反以制我。」鼎亟稱之。張浚曰：「姑試而用未晚也。」乃除通判彭州。敦厚，之元孫也。之元，眉山人，故衛尉少卿。敦厚上書，以文集、行狀修入，而不得其時。按今年六月下詔求言，八月張浚始自行府還朝，且附此月末，當考。

校勘記

① 光孫植既死立其再從孫槇爲嗣　「槇」，原作「稹」。司馬光孫輩名從「木」不從「禾」，故其再從孫亦應以「木」字爲偏旁，逕改。

② 阻兵猾夏　「猾夏」，原作「軼界」，據叢書本改。

③ 若排辦太過　「太」，原作「大」，據叢書本改。

④ 皆用中書請也　此句之後原有館臣按語：「此條文義未明，疑有脱誤。」

建炎以來繫年要録卷一百五

1 紹興六年九月丙寅朔，上發臨安府。先詣上天竺寺焚香，道遇執黄旗報捷者，乃湖北京西宣撫副使岳飛所遣武翼郎李遇。先是，飛遣統制官王貴、郝政、董先引兵攻虢州盧氏縣，下之，獲糧十五萬斛。上已登舟，召守臣李謨即舟中奏事，遂宿北郭之税亭。

2 丁卯，御舟宿臨平鎮。上於舟中與宰執論：「岳飛之捷固可喜，淮上諸將，各據要害，雖爲必守計，然兵家不慮勝，惟慮敗爾。萬一小跌，不知如何，更宜熟慮。」趙鼎等奉命而退。

邵武軍進士危無咎特補下州文學，以川陝宣撫副使吴玠言無咎從軍日久，委有勞效也。

3 戊辰，上次崇德縣。縣令趙涣之入對。上問以民間疾苦，涣之言無之。又問户口幾何，涣之不能對。言者論涣之儲偫擾民，詔轉運副使張匯究實。匯言：「涣之和借塗金溺器至十，收辦衛士五千人食用肉，直千緡，而止償民三分之一。」乃削涣之二秩，仍令匯治罪。趙鼎曰：「陛下所以延見守令者，正欲知民間疾苦耳。」上曰：「朕猶恨累日風雨，不能乘馬親往田間，問勞父老。」

4 己巳，次皂林。上謂宰執曰：「岳飛之捷，兵家不無緣飾。宜通書細問，非吝賞典，欲得措置之方爾。」張浚曰：「飛措置甚大，今已至伊洛，則太行一帶山寨，必有通謀者。自梁青之來，彼意甚堅。」趙鼎曰：「河東山寨，如韋銓輩，雖力屈就金人招，而據險自保如舊，亦無如之何，羈縻而已。一旦王師渡河，此輩必爲我用。」上曰：「斯民不忘祖宗之德，吾料之必非金人所能有。」鼎等曰：「願陛下修德，孜孜經營，常如今日也。」

5 庚午，上次秀州。

直秘閣王喚、韓琰並充京東淮東宣撫處置使司參議官。

權殿前司公事解潛，帶御器械提舉宿衛親兵劉錡，各罰銅八斤，坐以不經御史臺印驗旗號舟船，於禁衛内乘使，爲侍御史周秘所劾也。

起復右武大夫、文州團練使、廣南東路兵馬鈐轄、都督府摧鋒軍統制韓京領和州防禦使，以掩殺嶺南諸盜之勞，故有是命。

6 辛未，御舟次平望。

7 壬申，次吴江縣。

平海軍承宣使、兩浙東路馬步軍副都總管藺整權主管侍衛馬軍司公事，行宫供職。

是日，僞齊故相張孝純遣其客薛筇間道走行在，上書言利害。先是，劉麟嘗養俠士蒯挺等二十餘人，待以殊禮，孝純自言得其陰謀。孝純書云：「蒯挺訪臣曰：『有人自兩浙來，攜宋帝御書，云酷好黄庭堅墨跡。東宮得之，喜曰：吾得計矣。近以黄庭堅墨跡二十餘本授挺，令與王開道等效學，務令精肖，不久與相公别矣。』臣方知賊臣輩，欲令挺輩袖匕首，微行二浙，以庭堅書取媚於陛下，得以肆其狠毒矣。」事見三年九月乙卯。又言：「金人於沿海州縣置通貨場，以市金漆皮革羽毛之可爲戎器者，以厚直償之，所積甚衆。孝純言於豫曰：『聞南人治舟久矣，旦暮乘風北濟。而所在岸口，視之恬然。儻利於吾，彼寧不爲之禁？』豫大懼，遽罷通貨埸。」又言：「豫遣使封廣王，事見三年九月乙卯。羅誘上南征議，事見四年七月。盧偉卿乞師，李成獻策，事並見四年九月。徐文犯通、泰，事見三年五月辛酉。防俠士，禁商販之可爲軍器者。」並見前。又請分兵守京西諸州，斷孛堇之糧道①，擣劉豫之巢穴，則淮南、關、陝之兵不攻自解。又言：「山東長吏，皆本朝舊人，日望王師之來，争爲内應，以贖前罪。惟李鄴有異志，不復心懷本朝。孝純嘗與鄴論及朝廷，鄴曰：『死無所憚，但恐如陸漸之禍，惡名終不可免。』」漸事見二年六月戊戌。故孝純及之。孝純所上書，僞齊録有之，不得其年。其書有云：「自太原失守，於今十年。」以年計之，當是紹興五年，而書中所引，多紹興三年事，不知何也。如云徐文北奔，兀朮西犯②，皆在三年；敵出助兵，李成獻計，皆在四年，則其書當在金豫未入犯之前。今且依徐夢莘北盟會編附此，疑非今年也。書首稱僞尚書左僕射。按僞齊有左右丞相，而無僕射。又孝純久已罷去，此時僞相乃劉麟、張昂爲之，姑附此，俟考。

8 癸酉，上次平江府。以水門隘，不通御舟，乃就輦於城外。百官朝服，乘馬扈從。至行宮，賜百司沐浴三日。

9 甲戌，江西制置大使李綱乞赴行在扈從，優詔不許。

10 乙亥，韓世忠自楚州來朝，上特燕世忠，令入内内侍省都知黄晃押伴。上督世忠進兵，世忠不從。此據趙甡之遺史，日曆不書世忠入見，但於今月十五日書世忠辭免御筵，今併附此。

起居郎張燾兼權給事中。

秉義郎郭彦卿、忠翊郎行營中護軍準備將韓瑶並爲閤門祗候。以彦卿自北來歸，而張浚言瑶向在川陝宣撫司，嘗獻陳法，頗有可采也。

武翼大夫、閤門宣贊舍人、添差洪州兵馬鈐轄王才令再任。

11 戊寅，命中書門下省檢正諸房公事張宗元撫問江東淮西宣撫司諸軍家屬之在金陵、當塗者。

詔行在職事官日輪一員面對。

12 己卯，上謂執政曰：「前此大臣誤國，科斂百姓，以供不急之費。今日正復用兵，未能蠲除力役，真有愧也。」

詔四川都轉運使李迨與制置大使司及川陝宣撫司行移並用申狀，書檢不繫銜。始，趙開於兩司並用申狀，至是改之。

13 庚辰，趙鼎奏：「昨日趙密、巨師古軍中苦重腿之疾者，得陛下所賜藥，皆一服輒愈。」上曰：「朕於醫藥嘗所留意。每退朝後，即令醫者診脈，纔有虧處，便當治之。正如治天下國家，不敢以小害而不速去也。」

詔臨安府百司行移，並增行宮二字。

行宮留守司奏，以秘書少監吴表臣兼參議官，直寶文閣、知臨安府李謨兼詳議官，秘書省正字胡珵兼主管機宜文字。又請右承議郎、通判臨安府袁復一、趙令結並兼幹辦公事，大理寺丞吴彦章準備差遣，皆從之。復一以十月己亥，令結以十月己未，彦章以十一月庚辰奏辟，今聯書之。

詔四川應上供内藏、封樁等錢，並許都轉運司拘收應用。從都轉運使李迨請也。一曰封樁禁軍闕額錢，二曰減罷吏人請受錢，三曰耆户長雇錢，四曰經制頭子錢，五曰贍學租課錢。於是，歲撥提刑司錢八十九萬。後四日，追始辭行。

14 辛巳，詔龍圖閣直學士汪藻所辟編類詔旨官二員，並理在任月日，俟成書投進日，比附自來修書體例，取旨推恩。

右朝請大夫、新廣南西路提點刑獄公事呂聰問直秘閣。以樞密院言，聰問在閩中招捕海賊鄭廣宣力故也。又賜福建安撫使張致遠詔書獎諭。致遠賜詔在是年甲申。

15 壬午，翰林侍讀學士兼史館修撰范沖言：「近重修神宗皇帝實録，於朱墨二本中有所刊定。依奉聖旨，別爲考異一書，明著是非去取之意，以垂天下後世。今來重修哲宗皇帝實録，考其議論，多有誣謗。以當日時政記及諸處文字照據甚明，亦乞別爲一書，志其事實，欲以『辨誣』爲名。每月校勘到卷數，差人吏親事官送至行在，付沖看詳修定，就呈監修相公訖，有合添改去處，即發回史館，庶幾不致妨廢。」從之。

鑄行在所度支、金、倉部、太府、司農寺印。

岳飛以孤軍無援，復次鄂州。

是日，新除崇政殿説書尹焞發涪州。初，焞固辭新命，右朝議大夫、夔州路轉運副使韓固奉詔，即所居敦遣，焞始就道。固時已有罷命，俄除知開州。固除郡在十月辛丑。

16 癸未，詔太廟神主權奉安於平江府能仁寺，遇朔享日，令太常寺焚香。

詔嗣濮王仲湜、安定郡王令廣交互赴行在。

武舉童子江自昭年十二，能誦兵書及步射，詔行宫户部賜帛寵之。自昭，江山人也。

直秘閣、淮西宣撫司參議官李健知宣州。

降授右朝請大夫、主管台州崇道觀陸彦欽知婺州。降授右朝奉大夫、直秘閣范正己知衢州。彦欽等始爲吴玠所劾，送潼川府治罪，而中書言別無合勘事理，故以郡守處之。事祖在去年閏二月。

是日，左司諫王縉入對，乞：「江、浙人户預以米斛折納紬絹者，抵斗交量，勿收耗。凡頭子縻費之類，皆捐之。」翌日，如所請行下。時縉以大臣不和爲憂，乃言：「今陛下所以共濟艱難復大業者，二三大臣爾。或出而總戎，或處而秉軸。交修政事之間，進退人才之際，謀慮有不相及，則初意未必盡同。苟無私心，惟其當而已。願戒大臣俾同心同德，絶猜間之萌，以同濟國事。」至再三言之。縉疏在此月，而不得其日。因縉上殿附見。

17 乙酉，詔龍神衛四廂都指揮使、洪州觀察使、行營前護副軍都統制、權都督府參議軍事王彦免持服。彦行至鎮江，遭母憂，上疏乞解官，不許，仍趣還引對。時左武大夫、康州刺史种潛爲彦中軍統制官，從至行在。詔潛領文州團練使，亦以金帶錫之。潛，師中子也。彦入對，潛遷官，並在十月丁酉。

18 丙戌，故左宣義郎石芳特贈一官。芳元符末爲太學正，坐上書入邪上尤甚籍停官，興元府羈管。至是，用其家請而贈之。

詔宜州守臣兼帶提點買馬。

19 丁亥，吏部侍郎晏敦復、權户部侍郎王俁等上紹興重修禄秩新書五十八卷，看詳一百四十七卷，乞鏤板施行。詔俁落權字，敦復與離所提舉詳定官各進一秩，在所删定官遷秩者一人，選人改京秩者五人。其後俁再辭，乃止遷一秩。三省户、刑房已下減磨勘年有差。

20 戊子，詔江東轉運使向子諲應副劉光世軍錢糧，副使俞俟應副張俊軍錢糧。子諲與俊不協，俊數有論奏，而光世向氏婿也，故改命之。尋詔子諲與直秘閣、兩浙轉運副使俞俟兩易。子諲乞還政，不許。子諲與俞俟兩易，在十月庚子。乞致仕不允，在戊申。今聯書之。

命户部員外郎霍蠡就鄂州置司，專一總領岳飛一軍錢糧。

左承議郎、新提舉兩浙西路常平茶鹽公事計有功充都督行府書寫機宜文字。

21 己丑，徽猷閣直學士、江南西路都轉運使趙子渲陞寶文閣直學士，以中書言子渲應副岳飛大軍及行府官兵錢糧無闕故也。轉運判官逢汝霖令再任。

建州布衣胡憲特賜進士出身，添差建州州學教授。憲，安國從兄子也。有學行，累召不至。

右朝請大夫、知處州吕不問直秘閣。徽猷閣待制知明州仇悆、直徽猷閣知衢州吴革，各進一官。以三省言，不問等究心郡政，吏戢民安故也。

温州進士張頎召赴都堂審察。頎，瑞安人。以歲旱民饑，率鄉人就陶山湖之側，築陂儲水，溉田萬餘畝，小民就食者且千人。龍圖閣學士章誼時守温州，上其事於朝，且言頎素有文行，衆所推許，乃有是命。

22 庚寅，直秘閣秦梓知台州。

尚書左司郎中耿自求言：「竊見祖宗以來，内自京師畿邑，外及五路，養兵數百萬衆，所以重本兵也。願詔天下諸州府，招刺一二萬衆，先足禁衛兵額，次招上中禁軍，仍寬以數年之限，歲選强壯及等之士，以充其額。」詔樞密院措置。

是日，張浚復往鎮江視師。初，僞齊劉豫因金領三省事晉國王宗維，尚書左丞、參知政事高慶裔在兵間而得立，故每歲皆有厚賂，而蔑視其他諸帥。左副元帥魯王昌初在山東，回易屯田，徧於諸郡，每認山東爲己有。及宗維以封豫，昌不能平，屢言於金太宗晟，以爲割膏腴之地以予人非計，晟不從。及是，豫聞上將親征，遣人告急於金主亶，求兵爲援，且乞先寇江上。亶使諸將相議之。領三省事宋國王宗磐言曰：「先帝所以立豫者，欲豫闢疆保境，我得安民息兵也。今豫進不能取，又不能守，兵連禍結，愈無休息。從之則豫受其利，敗則我受其弊。況前年因豫乞兵，嘗不利於江上矣，奈何許之？」金主乃聽豫自行遣，右副元帥瀋王宗弼提兵黎陽以觀釁。於是，豫以其子僞尚書左丞相梁國公麟領東南道行臺尚書令，改封淮西王。又以主管殿前司公事兼開封尹許清臣權諸路兵馬大總管，尚書右丞李鄴爲行臺右丞，講議軍事。户部侍郎馮長寧爲行臺户部侍郎，兼行軍參議。又以故叛將李成、據李大諒征蒙記，成此時爲僞中侍大夫、安化軍承宣使、知鄭州。孔彦舟、關師古爲將，簽鄉兵三十萬，號七十萬，分三路入寇。中路由壽春犯合肥，麟統之。東路由紫荆山出渦口，犯定遠縣，以趨宣、徽，侄猊統之。西路由光州犯六安，彦舟統之。僞詔榜示，指斥鑾輿，尤甚於五年淮泗之役。諜報，豫挾金兵來寇。主管殿前司公事楊沂中在淮壖③，先以二百騎馳至盱眙，觀形勢還奏事，留宿内殿三日，條上禦寇之策。於是分遣諸將，以備要害。時江東宣撫使張俊軍盱眙，沂中軍泗上，京東淮東宣撫處置使韓世忠在楚，湖北京西宣撫副使岳飛在鄂，聲勢了不相及。獨淮西宣撫使劉光世在當塗。光世遣輕騎據廬，而沿江一帶，皆無軍馬④。左僕射趙鼎甚憂之。浚乞先往江上視師，至是，發行在。

23 辛卯，中書舍人董弅言：「陛下雖當巡狩，必載廟主。然近歲時享，徒以有請勿殺牛者，至三牲不備，而謂之隨宜。今陵寢尚淪僞境，歲時衣冠之游，未獲嚴奉。獨有太廟神主，祀事必過於厚，情文始稱。願明詔禮官舉行，以稱陛下祇事神靈之意。」從之。

都督行府擬定盜賊徒中自相招誘出首賞格，五十人已上守闕進勇副尉，三千人忠翊郎，凡十等，仍並賜銀絹有差。

24 壬辰，上諭大臣曰：「資治通鑑首論名分，其間去取，有益治道，即知司馬光雅有宰相器。若唐鑑，正可爲諫書耳。」 何俌龜鑑：「高宗之崇儒講學，即太宗身屬事櫜鞬⑤，風灑露沐，而鋭情經術，開文學館之時也。況聖訓有曰：『朕之務學，欲知治亂成敗，君子小人之迹。』而他日之讀通鑑，且曰：『通鑑去取皆益治道，唐鑑正可爲一諫書耳。』是則帝王務學也，豈徒誦説云乎哉！」

左司諫王縉言：「竊見軍興以來，費用百出。州縣科敷，有不能免。已降指揮，官户並同編户，所以寬下民也。諸處寺院有莊産多者，類請求於貴臣之門，改爲墳院，乞免科敷。朝廷優禮大臣，特從所請。然官户既不免，墳院之名，蓋緣官户，豈得獨免哉？況又前宰執員數不少，所在僧徒，僥倖干請，使莊産多者獨免，則合科之物，均之下户，非官户同編户之意也。」詔户部申嚴行下。

左朝奉郎林叔豹知饒州。叔豹爲御史，坐秦檜累久斥，至是稍復之。

進士何疇獻孫子解語，賜束帛。

25 癸巳，翰林學士朱震言：「按大理國本唐南詔，大中、咸通間，入成都⑥，犯邕管，召兵東方，天下騷動。藝祖皇帝鑒唐之禍，乃棄越嶲諸郡，以大渡河爲界，欲寇不能，欲臣不得，最得禦戎之上策。今國家南市戰馬，通道遠夷，其王和譽遣清平官入獻方物，陛下詔還其直，却馴象，賜敕書，即桂林遣之，是亦藝祖之意也。然臣有私憂，不可不爲陛下言之。今日干戈未息，戰馬爲急。桂林招買，勢不可輟。然而所可慮者，蠻人熟知險易，商賈囊槖爲姦，審我之利害，伺我之虛實，安知無大中、咸通之事？願密諭廣西帥臣，凡市馬之所，皆用謹信可任之士，勿任輕獧生事之人，務使羈縻而已。異時西北路通，漸減廣馬，庶幾消患未然。」詔劄與廣西帥臣。

校勘記

① 斷孛堇之糧道　「孛堇」，原作「貝勒」，據金人地名考證改。

② 兀朮西犯　「兀朮」，原作「烏珠」，據金人地名考證改。

③ 主管殿前司公事楊沂中在淮壖　「沂」，原作「存」。按：楊沂中之賜名存中，事在紹興十二年二月，見宋史卷三〇高宗紀

七，本書卷一四四亦載其事，不應此時即言存中也。故改。

④ 皆無軍馬 「軍」，原作「車」，據叢書本改。

⑤ 即太宗身屬櫜鞬 「櫜」，原作「槖」，據叢書本改。

⑥ 入成都 「成」，原作「城」，據叢書本改。

建炎以來繫年要録卷一百六

1 紹興六年冬十月乙未朔，上率百官，遥拜二帝。

右朝散大夫、提舉淮南東西路茶鹽公事蔣璨直秘閣。上召璨入對，乃有是命。璨初除不帶「茶」字，當時張澄改除，乃并以茶事歸監司耳。

2 丙申，詔諸路州軍，將西北流移無歸人民，情願充軍，堪披帶少壯人，招填禁軍闕額。

尚書右僕射張浚言：「昨令兩浙、江東州軍，勸誘大姓，就買官告。今來將欲就緒，望將每州勸誘及三十萬緡以上知、通、縣令當職官，各減二年磨勘。及二十萬緡，減半推賞。」從之。後旬日，中書言恐當職官趁數希賞，却致科歛。乃命行府覈實，如無抑配擾人，即如前詔。中書所奏，在是月丙午。

秉義郎李綱特除名，送潯州編管。綱入内黄門也，主承受劉光世軍奏報文字，坐罪轉歸吏部。光世以其貧，乃贈之金。趙鼎、張浚聞之，奏綱不法，下大理獄。具坐嘗與光世交通，光世爲之市常州田數百畝，又遺以五十金。法寺當綱贓罪徒，追二官，罰金。鼎進呈，特有是命。綱後死於貶所。趙甡之中興遺史：「睿思殿祇候李綱者，能謳詞，善小説，主養飛禽。吕頤浩在都堂，聞飛禽數百，其聲如音樂，問之，曰：『鵓鴿也。』詰其所主，曰：『内侍李綱所養，每鴿有金錠錠其足，又有鷹鷂之屬甚衆，皆御前者。』頤浩不樂，明日奏之，詔綱送吏部，應主管飛禽有官人，皆與遠惡州指使，綱遂居於金壇之别業。綱嘗爲劉光世承受，光世以其貧，乃贈之金。頤浩聞之，下大理寺，除名勒停，潯州編管，死貶所。」甡之係此事於紹興三年二月。據綱案欵，稱：「紹興四年十月内，差充承受劉光世軍奏報文字。」則其送吏部不應在三年，亦非由頤浩所奏也。此事恐與今年八月庚辰馮益事相關。按日曆：「八月二十三日戊午，中書門下省勘會，李綱昨在内侍省日，公受賄賂，所爲不法。有旨，令大理寺勾追根治，具案聞奏。」是時張浚自行府初還朝，故知同鼎奏請也。如喻樗所記，張浚乞斬馮益事，亦恐或在此時。今併甡之所云附此，須求他書參考。

故朝散郎游議特與一資恩澤。議，師雄孫也。靖康中爲河北轉運判官，真定之破，議在城中。至是，其家援例求恩，且引侍御史周秘爲證。秘言：「嘗與議同在圍中，而不知其所以死。」特録之。

3 丁酉，吏部侍郎、都督府參議軍事吕祉還行府供職。先是，劉麟等令鄉兵僞金人服，於河南諸處千百爲羣，人皆疑之，以金僞合兵而至。淮西宣撫使劉光世奏禦賊事宜，謂廬州難守，且密干左僕射趙鼎，欲還太平州。又江東宣撫使張俊方駐軍泗州，都督張浚奏：「敵方疲於奔命，決不能悉大衆復來，此必皆豫兵。」而邊報不一，俊、光世皆請益兵。衆情洶懼，議欲移盱眙之屯，退合肥之戍，召岳飛盡以兵東下。浚獨以爲不然，乃以書戒俊及光世曰：「賊豫之兵，以逆犯順，若不剿除，何以立國？平日亦安用養兵？爲今日之事，有進擊，無退保。」而鼎及簽書樞密院事折彦質皆移書抵浚，欲飛軍速下，且擬條畫項目，請上親書付浚。大略欲退師還江南，爲保江之計，不必守前議。趙鼎事實曰：「鼎移書張浚，令張俊、楊沂中兩軍併力剿滅麟、猊二賊，然後移軍建康，固守江上，以待後來者。諜者言，二賊之後，金兵騎不斷。知兵者亦謂金使麟、猊爲前驅，金以精騎繼之。萬一出此，枝梧不暇矣。鼎復以書與浚云：『使張、楊協軍掃蕩之後，敵騎未必不望風而遁。蓋兵家之勢如此。』折彦質亦以書言之尤切。鼎爲上言之，上曰：『此謀之善者也。』因令鼎擬定所以措置之方，上親書賜浚，且曰：『今有數條，與卿商量。』初未嘗執定決行之也。其後浚謂沮害其功者，此也。明年，言者論折彦質言淮南之役，首議斂兵，幾敗國事，坐此落職，亦觀望者不詳首尾，一意投合，且出其私意，非公言也。」按此與朱熹所撰張浚行狀及張栻所作王繙墓誌全不同。以史及他書考之，其實鼎專爲守江之計，而浚力督諸將進兵，以此異議。餘具此月癸卯趙鼎進呈注。

於是，淮東宣撫使韓世忠統兵過淮，遇敵騎，與訛里也孛堇等力戰①，既而亦還楚州。或請上回臨安，且追諸將守江防海。浚奏：「若諸將渡江，則無淮南，而長江之險與虜共②。淮南之屯，正所以屏蔽大江。使賊得淮南，因糧就運，以爲家計，江南其可保乎？今淮西之寇，正當合兵掩擊，況士氣甚振，可保必勝。若一有退意，則大事去矣。又岳飛一動，則襄漢有驚③，復何所制？願朝廷勿專制於中，使諸將不敢觀望。」上乃手書報浚：「近以邊防所疑事咨卿，今覽所奏甚明，俾朕釋然無憂。非卿識高慮遠，出人意表，何以臻此？」祉亦言：「士氣當振，賊鋒可挫。」榻前力争，至於再四。彦質密奏：「異時誤國，雖斬晁錯以謝天下，亦將何及？」上不聽。乃命祉馳往光世軍中督師。時劉猊將東路兵至淮東，阻世忠，承、楚之兵不敢進，復還順昌。麟乃從淮西繫三浮橋而渡，於是賊衆十萬，已次於濠、壽之間。江東宣撫使張俊拒之，即詔併以淮西屬俊。主管殿前司楊沂中爲浚統制官，浚遣沂中至泗州，與俊合，且使謂之曰：「上待統制厚，宜及時立大功取節鉞。或有差跌，浚不敢私。」諸將皆聽命。

4 戊戌，沂中至濠州，會劉光世已舍廬州而退。趙甡之遺史云：「劉光世軍廬州，聞劉麟入寇，其勢甚熾，密申宰相趙鼎，乞降樞密院指揮，退保太平州。簽書樞密院事折彦質助爲之請，遂檄光世退軍。張浚大怒，遣向子諲等督光世復還廬州。」林泉野記所書亦同。按光世但私請於鼎，無緣便降密劄，許其退保，此所云恐誤。然張浚行狀，稱鼎欲退合肥之戍，召岳飛之軍東下。而日曆十一月九日癸酉，岳飛奏，依奉處分，往江州屯駐。則是果嘗降此指揮也。甡之或有所據，姑附著之，更俟參考。浚甚怪之，即星馳至采石，遣人喻光世之衆曰：「若有一人渡江，即斬以徇。」且督光世復還廬州。右司諫王縉亦言：「主將有慢令不赴期會者，請奮周世宗、我太祖之英斷，以厲其餘。」上親筆付沂中：「若不進兵，當行軍法。」趙鼎事實曰：「時鼎又督沂中徑趨合肥，以援光世。而張浚謂楊軍新戰勝④，當少休。然劉麟已逼合肥，光世輜重已回，江北人情大懼。浚急以書屬鼎曰：『欲上親幸江上，先作一指揮行下，庶諸將用命。』鼎慮行府號令不行，有失機事，即白上：『今者軍事已急，萬一少有差跌，利害不細。須自朝廷主張其事，庶使張浚事有骨肋。』上深以爲然，乃擬呈親筆付浚云：『有不用命，當依軍法從事。』浚乃使人懷此御筆，馳往合肥，見光世，微出示之。光世驚駭，大呼諸將曰：『汝輩且向前，救取吾首級。』即躍馬而出，諸將帥其部曲，倉皇追之。麟兵方大集，光世適與之遇，血戰終日，麟遂大敗。是時，非朝廷措置，以御筆督之，勝負殊未定。鼎之誠心協濟如此，而議者謂沮軍事，可謂厚誣矣。」按日曆，明年五月丁丑載上語「不進軍者，當行軍法」，乃指謂楊沂中，與鼎事實差不同。光世不得已，乃駐兵與沂中相應，遣統制官王德、酈瓊將精卒自安豐出謝步。遇賊將崔臯於霍丘，賈澤於正陽，王遇於前羊市，皆敗之。是日，賊攻壽春府寄治芍陂水寨，守臣閤門祗候孫暉夜劫其寨，又敗之。初，光世言糧乏，詔轉運使向子諲濟其軍。九月戊子。子諲晝夜併行至廬州，而光世兵已出東門。子諲直入城，見光世具言綱船至岸次，光世乃止。

5 己亥，詔平江府城内外民旅買賣錢物出入，並各從便。自上駐蹕以來，有司舉行京城錢不出門之禁，糴價貴踊，右司諫王縉以爲言，乃罷之。

右中奉大夫李平仲起復，充四川制置大使司檢法官。平仲，開封人，舉明法爲大理評事，不去廷尉者十年，職至丞。梁師成用事，欲見之，平仲不往。建炎初，出知榮州，代去，丁母憂，寓居於蜀。至是，席益奏用之，而平仲卒矣。

右從事郎、平江軍節度推官趙慶孫特改右承事郎。翰林學士朱震等言：「慶孫内行孝友，施於政事，明敏可觀。」故引對而有是命。

6 辛丑，詔提點淮南公事張成憲重別措置大軍所須茭芻，毋令騷擾。時淮、泗大軍所須茭芻甚夥，而成憲均之揚、楚、泰州暨高郵州，每州十萬束至二十萬束。民間津送，每束有至五六百錢者。右司諫王縉請令諸軍願得錢就便收買者聽，餘令採之近地，雇人以官舟運之。故有是旨。

右迪功郎李若樸試大理司直。若樸，若虚弟也。

左文林郎鄭剛中、右迪功郎李郁，並充敕令所刪定官。剛中，金華人。爲温州判官，受知秦檜，故檜薦用之。郁已見。

資政殿學士、四川制置大使席益薦嘗任知縣人十三員政績，乞：「已任通判者與大郡，見任縣道者與小郡，並俟終更日赴任，仍從本司隨才選差，内選人俟改官，丁憂人俟服闋日依此。」從之。時益所薦士頗衆，而左宣教郎馮時行、左通直郎樊汝霖爲之最，後皆知名。汝霖，金堂人也。時行已見。

罷四川諸州軍縣鎮酒官一百七員，用席益奏也。時川路多置比較務，科定人户出錢，以資妄費，民不堪之。上聞，命益相度裁減。益請州縣有官可兼，鎮市鄉村相近者並罷，餘令都轉運司選差，申制置大使司審度給劄。從之。

詔巡幸隨軍都轉運使舉官，依發運使例減半。

7 壬寅，顯謨閣直學士、巡幸隨軍都轉運使梁汝嘉爲浙西淮東沿海制置使，帶御器械劉錡副之。翌日，更命行營前護副軍都統制王彥爲制置副使，以所部屯通州之料角。汝嘉等乞以右通直郎、新知濠州蔡延世等二人充參議官，量賜激賞錢，仍令浙西漕臣、淮南提點官應副軍食。皆從之。熊克小曆載汝嘉此除於十月癸丑，蓋誤。

左迪功郎方疇、左從事郎朱翌並爲敕令所删定官。翌，載上子。載上，懷寧人。靖康司農少卿。疇，趙鼎客也。疇已見元年五月。

監察御史趙渙請：「令御史臺今後日受諸路詞訴，其事重害，日久不決者，申取朝廷指揮。其監司州縣留滯經時，裁處失當，亦許依法彈奏。」詔御史臺所受諸路詞訟，如有事理重害，日久不決者，具申尚書省取旨看詳，餘如所請。

詔：「總制司錢，令諸路州軍通判依已降指揮，悉心拘收，別用庫眼樁管，依限起發。非專降朝旨，不以是何官司，並不得應副。如違，通判先降二官放罷。仍令提刑司檢察。」時諸郡多截用總制錢，申乞除破，都省言總制錢乃朝廷於常賦之外講畫到錢數，故申飭之。尋命監司守臣擅行兑借截用者，視此。後旨在十一月丁卯。

詔：「廣西路宣和官鑄當二小平錢，並令行使。有鼓唱爲毛錢之人，重行決配。」

右通直郎、都督府幹辦公事張斛引對，翌日，詔賜同進士出身，與陞擢差遣。

是日，劉猊以衆數萬過定遠縣，欲趨宣城，以犯建康。權主管殿前司公事楊沂中與猊前鋒遇於越家坊，敗之。猊孤軍深入，恐王師掩其後，欲會麟於合肥。

癸卯，趙鼎進呈劉光世所奏事宜。上曰：「光世之意，似欲退保采石。」鼎曰：「據諸處探報，殊無金人，如此則自當鏖擊。若官軍與豫賊戰而不能勝，或更退撓，則他時何以立國？但光世分兵，隨處禦捍，已見失策。今賊兵既已渡淮，惟當急遣張俊合光世之軍，盡掃淮南之寇，然後議去留，兹爲得計。萬一使賊得志於光世，則大事去矣。」折彦質曰：「誠如趙鼎所論。」上顧鼎曰：「卿此策頗合朕意。朕度金人行兵不如此，止是劉豫之衆。若合張俊、光世之軍擊之，理無不勝者。」此段據日曆所記修入。按鼎所奏，與諸家記録，及當時諫官論列全不同。當時鼎與折彦質初欲抽兵，後知無金人，乃有此奏也。不則彦質撰時政記容有修潤，亦未可知，更當詳之。

8 甲辰，沂中至藕塘，與猊遇。賊據山險，列陣外嚮，矢下如雨。沂中曰：「吾兵少，情見則力屈，擊之不可不急。」乃遣摧鋒軍統制吴錫以勁騎五千突其軍。賊兵亂，沂中縱大軍乘之，自將精騎，繞出其脅，短兵接，即大呼曰：「破賊矣。」賊方愕視，會江東宣撫司前軍統制張宗顔等自泗州南來，率兵俱進，賊衆大敗。猊以首抵謀主李諤曰：「適見髯將軍，鋭不可當，果楊殿前也。」即以數騎遁去。餘黨猶萬計，皆僵立駭顧。沂中躍馬前叱之曰：「爾曹皆趙氏民，何不速降？」皆怖伏請命。官軍獲李諤與其大將李亨等數十人。麟在順昌，聞猊敗，拔寨遁去。光世遣王德追擊之。先是，上賜德親劄，諭令竭力協濟事功，以副平日眷待之意。德奉詔，與沂中追麟至南壽春而還。是役也，通兩路所得賊舟數百艘，車數千兩，器甲、金帛、錢米、僞交鈔、告敕軍須之物，不可勝計。於是孔彦舟圍光州，守臣敦武郎王莘拒之。彦舟聞猊敗，亦引去。北方大恐。趙鼎事實曰：「初，麟、猊之報甚急，張浚倉皇出江上，未知爲計。鼎白上，嚴督諸將，皆鼎自擬詔，檢上親筆付諸將，於是皆恐悚奔命。楊沂中自泗上率吳錫、張宗顔直前，與劉猊遇，多破之，使麟賊失援，大衂而遁，皆鼎之始謀也。」吕中大事記：「自紹興四年趙鼎爲相，僞齊與金分道入犯。鼎決親征之議，於是世忠進屯揚州，流星庚牌之計一行，遂捷於大儀鎮，而金僞俱遁矣。鼎又薦浚可當大事，以樞府視師江上。將士見浚來，勇氣百倍，而軍聲大作矣。自五年楊么既平，東南無盜區，於是鼎左浚右，並平章事兼領樞密，俱帶都督。浚出視師，以行府爲名。而鼎居中總政，表裏相應，雖孟庾、沈與求有三省樞密奉行府文書之譏，而鼎至公協心，未嘗計較。說一般話，行一般事，用一般人，諸賢聚會，一時號小元祐矣。自六年浚親行邊，盛暑不憚，命世忠自承楚以圖淮陽，光世屯廬州以招北軍，岳飛屯襄陽以窺中原，張俊爲進屯盱眙之計⑤，而鼎與浚同心，責張俊以當聽行府命，告浚以邊事不必稟朝廷，恐失機會。故僞齊入寇，浚獨建有進擊無退保之論，諭諸將以一人渡江即斬以徇之言，於是楊沂中捷於藕塘，北方大恐，而金廢劉豫矣。此紹興四年以後，七年以前，所以又大異於紹興之初也。」

司農少卿樊賓請：「沿江閑田不成片段者，比民間例，只立租課。上等立租二斗，次減二升，又次一斗有半，召人承佃，免一年租。」從之。

故朝奉大夫俞賙追一官。賙家以致仕乞任子，而吏部言：「賙用明堂結局改秩，雖已身亡，亦合審量。」故有是命。

9 乙巳，四川制置大使席益言：「被旨令催促趙開應副吳玠軍前糧餉，臣即考其稽滯之由，方見得見今水運尚係以前歲計合起之數，蓋緣遞年登帶，以至今日。臣準指揮催促，雖據回申，止是泛稱已牒逐路運司管認，措置裝發，並無的確已未起發之數。由臣人微望輕，無以號令諸司，竊恐緣此上累國事，伏望特降睿旨下趙開，應本司文移，略行報應，庶於職事免致曠弛。」趙鼎乞令開分析。上可之。時益已命逐路漕臣分認地分，遞相交割。後半月，又言，開別不應副舟船及水脚錢。乃詔開與逐路漕臣同措置津運，如軍食少有不繼，並一等取旨。後詔在是月庚申。

歸正人黄捷特補成忠郎。捷，承縣人。劉豫之叛也，捷率鄉民保守山寨，數報賊中事宜。至是與其弟淵挺身來歸，故録之也。

詔潼川府守臣景興宗進職一等，廣安軍守臣李瞻、果州守臣王隲、宗正少卿馮檝並進一官。去年蜀中旱，興宗等率民賑貸，檝居遂寧府，自出米數百斛，以率鄉人，鄉人讙趨之，饑者賴以濟。制置大使席益聞於朝，故賞之。隲，郫縣人也。日曆無此，今以紹興七年十月八日尚書省檢會指揮修入。

10 丙午，右從事郎、鄂州蒲圻縣令劉旁循一資再任。旁爲邑再歲，户口益增，用部使者請而命之。

11 丁未，左宣教郎、江西制置大使司幹辦公事羅薦可進秩一等。先是，觀文殿大學士、江西制置大使李綱聞上巡幸，遣薦可奉表問起居，且言：「自古用兵，相持既久，則非出奇不足以取勝。願速遣得力兵將，自淮南前來蘄、黄間，約岳飛兵相爲掎角以夾擊之，大功可成。」繼而王師屢捷，綱又奏陳利害，大略以謂：「竊見閒探所報，僞齊乞兵於金人，頭項頗多，未聞有渡淮而南者。其侵犯淮、淝及光山、六安等處作過，只是李成、孔彦舟叛將簽軍，深慮賊情狡獪，匿重兵於後，而以簽軍來嘗我師。若一勝之後，兵驕氣墮，則爲患有不可勝言者。伏望降詔諸將，益務淬礪，以待大敵。仍命朝廷按圖以視諸路，某路固實，當設疑以欵賊兵；某路空虚，當增兵以禦侵掠。使江、淮之間，表裏相資，首尾相應。」上以綱所陳利害，切中事機，賜詔奨諭。綱再奏：「願降哀痛之詔，憫將士罹兵革之苦，凡死於戰陣，先加封爵，厚給賻贈，收恤其家，死者褒則生者勸矣。然後明詔統帥，審定功狀，俟防冬解嚴，慶賜併行，其誰曰不然？」

故武經郎种廣特贈武翼大夫、雄州防禦使。廣守陝州，死於難，張浚在陝西嘗贈一官，至是樞密院以爲薄，乃申命焉。事在建炎元年四月。

左司諫陳公輔言：「在法，臺諫官不許出謁，許見客。都司、大理寺官，並禁出謁，休日許見客。比緣多事廢弛，往往不依法禁，非惟不能杜絕請求，亦恐有妨職事。乞申明行下。」從之。

12 戊申，上謂大臣曰：「近日淮西有警，朕常至夜分方寢。奏報到，又輒披衣以起，或至再三。」趙鼎曰：「致陛下憂勞如此，臣等之罪也。」

左從事郎張登特改左承事郎。登以薦對而有是命。

13 辛亥，楊沂中捷奏至，俘戮甚衆。上愀然曰：「此皆朕之赤子，迫於凶虐，勉强南來，既犯兵鋒，又不得不殺，念之痛心。」顧趙鼎曰：「可更戒敕諸將，爾後務先招降。其陣歿之人，亟爲埋瘞。仍置道場三晝夜，以示矜惻。」上嘉張浚之功，賜詔，略曰：「賊雖犯順，犯壽及濠。卿率師徒，臨敵益壯。遂使凶渠宵遁，同惡自焚。瘏瘝忠勤，不忘嘉歎。」仍令浚具上都督府隨行官吏軍兵推賞。浚言：「賞或濫加，則將士解體。乞將至龜山、太平州人，並轉一官資，別有功人，量與增賞。」上從之。浚奏以七年正月丁卯下，今聯書之。

左文林郎、江州管內安撫司幹辦公事胡執特改左宣教郎。執在政和中嘗上書，言：「當以堯舜之道治天下，不當用黄老之説。」又言：「蔡京誤國，童貫、梁師成等不當用事。」坐奪官，舒州編管。至是，用趙鼎薦對，乃有是命。翌日上謂鼎曰：「朕昨覽孰所上疏，極爲忠憤，而孰纔編管耳，此有以見道君皇帝之聖德也。若據諸人之意，必殺之矣。」制曰：「朕側席圖治，渴聞讜言。爾頃在難言之日，鋭然獻忠，以取竄逐，豈知有今日之遇乎？爰因造朝，召對便殿，遂俾改秩，錫以贊書，庶幾四方，知朕好惡。」

直徽猷閣、新兩浙東路提點刑獄公事張九成改除直秘閣。九成以貼職太峻，固辭不受。上不許，九成言：「今日辭免，非矯激要名，第不欲因九成上紊朝廷綱紀。」朝廷察其意，爲之改命，仍賜詔奬之。

14 壬子，四川制置大使席益以便宜增印錢引六百萬緡⑥，市軍儲。七年五月禁泛印。制司增印錢引始此。

15 癸丑，右司諫陳公輔言：「近行在職事官輪對已周，目今臺諫止有三員，逐日上殿，班次亦少。見在行在審計、官告、糧料、榷貨、鹽倉及茶場等元不係面對，上件文臣皆係朝廷選差之人，今來若有已見願面對者，乞許輪對一次，庶使臣下各得盡其所言，而艱難之時，亦少裨聖政之萬一也。」乃命輪對如二年之詔。二年五月丙子，詔行在釐務官得輪對。八月丙申罷之。

是日，張俊、楊沂中引兵攻壽春府，不克而還。

16 乙卯，侍御史周秘奏貸遺所得之俘。上曰：「秘此意甚善。朕方痛念西北之民皆吾赤子，進爲王師所戮，退爲劉麟所殘，不幸如此，今當給與錢米，然後遣之使歸。」

翰林學士朱震、翰林侍讀學士范沖各進官一等，以建國公讀孟子終篇也。於是本閣官武經大夫帶御器械邵諤已下，及資善堂官吏，各進一官資。

詔省部應平江府管内士民陳訴事件，不拘常制，許令受理。用權户部侍郎王俣請也。

17 丙辰，直龍圖閣、知建康府葉宗諤陞秘閣修撰。中書言：「宗諤治效有聞，民安其政。」故陟之。

龍圖閣學士、知平江府章誼入對，論：「平江之民，所甚苦者在於催科之無法，税役之不均。彊宗巨室，阡陌相望，而多無税之田，遂使下户爲之破産。今欲革此二弊，若責之監司，則不過移文於郡守；責之郡守，則不過移文於縣令。是三人者，吏課叢委，酬應多方，雖有敏强之吏，功不能專，力所未暇。況吏不盡才，則又非徒無益也。伏望明降詔旨，專委通判一員，均平税役。先開首原之路，次舉告陳之令，詢考鈎稽，責以期限，賞信而罰嚴，則二弊可革，貧富俱安，公私共濟矣。」乃命左朝奉郎、添差通判府事孫邦措置，後不果行。

詔江西制置大使司辟右迪功郎李琦上猶縣丞指揮勿行。琦以李綱奏辟，仍乞免避本路茶鹽官親嫌。詔特許，而言者謂：「丞闕當用京官。琦攝官未及二考，無舉主，不在奏辟之數。徇李琦而廢朝廷之法四，臣切惜之。」命遂寢。

18 丁巳，修武郎張勳特换右通直郎。勳在劉光世軍中權主管機宜文字，張浚言其有學行，乃策試而命之。

19 戊午，改廣州奉真觀爲來遠驛，以備招來諸國貢使。

20 己未，趙鼎奏：「比見探報，劉麟所起山東、京畿人夫，有自書鄉貫姓名於身而就縊者。」上曰：「何故如此？」鼎曰：「苦其力役耳。臣昔在陝西，親見調夫，而民間大不聊生，號哭之聲，所不忍聞，是以聖人常以用兵爲戒。仁宗皇帝勤儉積累四十二年，府庫盈溢，下無貧民。」上曰：「他時事定，願不復更見兵革。」

21 庚申，右司諫王縉言：「州縣和糴關子，勘合繳連，多所阻滯。乞令只於關子背批鑿年月日、州名，用印給付，任其行使。」從之。

右宣義郎、賜緋魚袋李弼追二官，改正章服。弼自國子内舍生以進明堂頌授官，校正御前文籍，改秩賜服。至是自言恐合審量，故有是命。

是日，都督行府摧鋒軍效用易青爲廣東賊曾衮所執，青不屈，死之。衮本軍士，去爲盜，後受經略使季陵招安，以爲承信郎，已而復叛。至是，經略使連南夫與摧鋒軍統制韓京會於惠州，督諸兵討之。京募敢死士七十三人，夜劫衮營，青在行中，爲所執。賊驅至後軍將趙續寨外，謂續曰：「汝大軍爲我所擒者甚衆。」青大呼曰：「勿信，所擒者我耳。」賊又言：「我不汝殺，第令經略持黄榜來招安。」易青呼曰：「勿聽，任賊殺我。我惟以一死報國家。」賊怒焚之，青詈不絶口而死。青無妻子，事聞，特贈保義郎閤門祗候，官爲薦祭焉。青贈官在十二月癸卯。

22 辛酉，左從政郎王湛循二資。湛獻負薪論於朝，起居郎權給事中張燾言其人可用故也。按此王湛有二人，其一人進士出身，紹興十一年除軍器監主簿。其一人從軍補官，紹興十一年爲樞密院計議官。此乃有出身者也。

23 壬戌，直秘閣、知雅州李革爲陝府西路轉運判官。

廢梅州爲程鄉縣，隸潮州。又廢長樂縣爲鎮。時梅州之北四百餘里，地不耕種，人無室廬，而長樂户口不滿數百，故用諸司請而廢之。十四年復梅州。

詔太平州編管人范燾移惠州編管。燾初以上書詆誣昭慈聖獻皇后，奪官編置。至是，復獻書張浚，詆毀大將，故竄之。此恐是言劉光世，當考。

是日，日中有黑子。

24 癸亥，張浚遣左承議郎、行府書寫機宜文字計有功來奏事。後二日，除直秘閣遣還。初，趙鼎得政，首引浚共事。其後二人稍有異議，賓客往來其間，遂不協。及楊沂中奏捷，鼎即求去位。上不許，鼎因曰：「臣始初與張浚如兄弟，近因呂祉輩離間，遂爾睽異。今同相位，勢不兩立。陛下志在迎二聖，復故疆，當以兵事爲重。今浚成功淮上，其氣甚鋭，當使展盡底蘊，以副陛下之志。如臣但奉行詔令，經理庶務而已。浚當留，臣當去，其勢然也。浚朝夕還，俾臣奉身而退，則同列之好，俱無所傷。他日或因物議，有所去留，則俱失之矣。」上曰：「朕自有所處，卿勿爲慮。」鼎曰：「萬一議論紛紛，曲直殽亂，是時陛下必不秘今日之言，臣狼狽無疑矣。陛下即位以來，命相多矣，未有一人得脱者，豈不累陛下考慎之明乎？」上徐曰：「俟浚歸議之。」浚奏車駕宜乘時早幸建康，鼎與折彦質並議回蹕臨安⑦，以爲守計，上許之。朱熹撰張浚行狀云：「公未至平江，時鼎等已議回蹕臨安。公入見之次日，具奏云，上翻然從公計。」今掇取附此。呂中大事記：「建炎二年，幸揚州，三年，幸杭州，此汪、黄爲之也。然自明州而航海幸越，幸平江，亦汪、黄爲之乎？自紹興八年，定都臨安，不復進都，此秦檜爲之也。六年，浚獨相，乃有建康之幸。七年，鼎獨相，已有駐蹕臨安之議，亦檜爲之乎？胡寅有言：陛下父兄在金中，日夕南望曰：吾有子弟，爲中國帝王，吾之歸有日矣。痛爲愁苦屈辱之中，發此念，爲此言，於今三年，日迫日切，而獻謀奉慮之人，方導陛下南狩，日遠日忘，遂無復讎之心，別求建都之地，臣所未諭。不得已則如張浚所謂都建康，則北望中原，常懷憤惕可也，今乃息心於一隅，何義哉？」

故左武大夫、貴州防禦使郝仲連贈中侍大夫、明州觀察使，更與七資恩澤。始録河中死事之勞也。事見建炎元年五月。

江南東路提舉茶鹽常平公事吴序賓乞去歲本路三州旱歉流移歸業之人，與免差役一次。從之。

1 十有一月乙丑朔，進士詹叔霆特免文解一次，仍賜帛三十匹。叔霆，玉山人。嘗投匭上書，且獻平定策，樞密院檢詳諸房文字王迪言其可採，故旌録焉。

太常謚故贈少保种師中曰莊愍。

2 丙寅，故中大夫范純禮再贈資政殿學士，其合得恩澤，依數貼還，以其家有請也。後謚恭獻。純禮，元符尚書右丞，黨籍執政第二十二人，徐州居住。

權主管殿前司公事楊沂中言：「近剿殺劉猊賊馬盡浄，生擒簽軍萬餘人，已將强壯之人團結入隊，天寒無衣。」詔有司製綿裘四千授之。

3 丁卯，左司郎中耿自求言：「殺人者死，古今不易之典也。吏緣爲姦，迎合時好，希覬賞典，不以情實，例奏可憫。苟盡原貸，生者即幸矣，奈死者冤抑何？願詔監司州郡，今後詳究可憫之理，謂所以傷人，不應致死，偶而致死者，方爲可憫。若因鬭争毆詈，復有用棒刃手足等殺人致死，則相犯各有輕重，尚何情之可憫乎？仍乞詔憲司州郡，如案情疑慮，誤用法意，能雪活人命，自合依舊日賞典施行，庶幾絶官吏希覬之望，使生者死者均被聖明平允之澤。」詔刑部看詳申省。

太常謚王巖叟曰恭簡，以其孫右迪功郎循友有請也。

4 戊辰，左宣奉大夫、守尚書右僕射、同中書門下平章事兼知樞密院事、都督諸路軍馬兼提舉詳定一司敕令張浚特遷左光禄大夫，以禄秩成書也。浚固辭，不許。請回授其兄右承事郎直徽猷閣滉。於是，資政殿學士提舉臨安府洞霄宮沈與求乞以經修一官回授兄右迪功郎夢求。上皆許之。中興後，輔臣以進書恩回授親屬，自此始。浚乞回授在是月甲申，與求乞回授在十二月甲辰。

詔應轉對官，如有疾故，許實封投進文字，更不引對。

起居舍人呂本中引疾，再請奉祠，不許。本中言：「自古中興，必有根本之地，以制四方之地；必有根本之兵，以制四方之兵。今都邑未定，禁衛單弱。望諭大臣，先求二者之要而力行之。」

武經郎、閤門祗候、知壽春府孫暉特遷武功郎、閤門宣贊舍人，録堅守水寨之勞也。暉言，本府進士金覺，贊畫有方。乃以覺爲下州文學。

5 己巳，右奉議郎、知濠州韓元傑以軍儲無闕，遷一官。

停官人鄭漻上書，言用兵急切、邊機利害二策。詔漻叙故官，爲左從政郎。

右宣教郎蘇籀知大宗正丞。籀，轍孫也。起居郎權給事中張燾言：「比罷待闕寺監等官二百餘人，蓋欲慎選才能，天下莫不拭目以觀新除。而籀乃以專事馳騖，干請權貴，無恥而得之，士論紛然以爲不可。」遂罷其命。

6 庚午，詔張浚召還行在所，令學士院降詔。上又別賜手書，遣内侍勞問，仍以端石硯、筆墨、刀劍、犀甲賜之。

7 辛未，中書舍人兼直學士院兼侍講陳與義爲翰林學士。趙鼎事實曰：「張浚既因羣小離間，遂有見逼之意。會中書舍人陳與義不樂於鼎，遂傾心附之，乃以資善引范沖之説告之，浚以爲奇貨。劉子羽與聞其事，嘗爲人言之。」

左司諫陳公輔請：「措置宮廟之官，毋使太濫。曾任侍從以上，俸給優者捐之，曾經除名編置，罪惡重者罷之。百官禄料米麥數多，亦當酌中例與折減。」詔堂除宮觀，依已得旨，除見任郡守、前侍從外，非吏部格者，令御史臺彈奏。

8 癸酉，湖北京西宣撫副使岳飛奏依奉處分，往江州屯駐。上曰：「淮西既無事，飛自不須更來。」趙鼎曰：「此有以見諸將知尊朝廷，凡所命令，不敢不從。」上曰：「劉麟敗北，朕不足喜。而諸將知尊朝廷，爲可喜也。」熊克小曆：先是，詔湖北京西招討使岳飛駐江州。癸酉，飛奏已至。按此止是飛起發，未至江州也。上語云：「飛自不須更來。」則必止其行矣。當考。

9 丙子，左朝請大夫直秘閣新知宣州李健、右中大夫直秘閣新知袁州汪召嗣並降一官放罷。健等爲劉光世軍中謀議官，金之入犯也，自廬州遁歸，且勸光世退保采石。至是，張浚言：「健等久在軍中，坐食厚禄，倉皇南渡，上下解體。」故罷之。中書舍人董弅奏：「二人議罪施行，當坐軍法。今日正大明賞罰，以警中外之時，不容輕貸。」乃又降一官。

10 丁丑，觀文殿學士、行宮同留守孟庾自臨安來朝，翌日，辭還。

都督行府關立定回易庫官賞格，凡本錢萬緡，歲中收息及六分，賞錢二百千。遞增及十分，賞錢千緡。本錢五萬緡已上，各更轉一官。不及六分，令檢察司取戒飭。不及五分，申行府，當議酌情行遣，仍勒令陪還。從之。

左文林郎、新敕令所删定官鄭剛中引對。剛中言：「陛下臨御十年，寬刑罰，省科徭，戒貪贓，恤饑窮，嚴警備。每一詔下，丁寧懇惻，而德澤未偏者，蓋天下有虛文之弊。臣願爲士大夫下勵精之詔，許自今宣布實德，視斯民利害，如在其家。不得以虛名文具，欺罔朝廷。使陛下之誠意，被覆赤子之身，而不在於官府文書之上。」翌日，輔臣進呈。上曰：「近所引對，多是人才。朕雖得珠玉珍玩，不足爲寶，但冀一歲之閒，得十數輩人物，乃足爲寶也。」又翌日，以其言令學士降詔，出榜朝堂。遂以剛中爲左宣教郎，充樞密院編修官。上語在是月戊寅，降詔在己卯，剛中改官在辛巳。今聯書之。

11 戊寅，右司諫王縉言：「切見朝廷抛降軍須之類，諸路州縣承受，鮮有不均之民閒者。緣朝廷有不許科敷之文，監司不敢任科敷之責，而責之屬部。知通復不敢任責，而委之屬縣。令佐欲避其名，則付之胥吏，姦弊百出，無不至矣。若自今以後，應和糴糧斛之類，有不免均之人户者，逐縣各具承受之數，以編户計之，少則均及上户，逐等分上中下三等各若干；多則用物力或苗税通計，每若干貫石當若干，零數與免。逐鄉開人户姓名，逐户具合買數目，并官給價錢，真書大字，榜之通衢，使民間知其無廣抛之數，則胥吏無所容其姦，豪右不得計囑而幸免，善弱下户無倍出之患矣。」從之。

詔：「諸路宣撫司屬官，許本司奏辟，或朝廷差除。內京官並以二年爲任，願留再任者取旨。」時議者以爲：「自兵興以來，士大夫一入軍中，便竊議而鄙笑之，指爲濁流。皆緣朝廷未知審擇，一聽其辟差，故所用之人，或坐罪廢，或報私恩，或因應副，或出干求，貪利覓官，略無去就之節，有更十年而不退者。」故條約焉。

右宣教郎、知虔州信豐縣彭合轉一官，俟任滿日與陞擢差遣。合，廬陵人。守臣孫佑奏詔薦其材略有餘，盗不入境，故有是命。

故左朝議大夫孫諭特贈左中奉大夫，以其曾孫右朝奉郎致仕偉乞以覃恩一官回授也。偉先見建炎二年。諭爲吏廉，紹聖初引年告老，有司以諭子孫皆亡，不許蔭補，遂絶禄仕。湖北諸司上其事，請官其曾孫偉，以爲天下廉吏之勸。奏可，著爲令。

封嘉陵江神爲善濟侯。江自鳳州之梁泉，歷興、利、閬、果、合、恭，以入大江。川陝宣撫副使吴玠言，正係餉軍漕運水路，望加封爵故也。

12 庚辰，上諭大臣曰：「司馬光隸字真似漢人，近時米芾輩所不可髣髴。朕有光隸字五卷，日夕寘之座隅，每取展玩。又所書乃中庸與家人卦，皆修身治家之道，不特玩其字而已。」趙鼎曰：「如光所謂動容周旋中禮，而無纖毫遺恨者也。」

詔韓世忠駐軍淮上，簡練有方，金豫畏服，不敢輕犯。令學士院降詔，遣內侍盧祖道往軍前撫問，仍以銀合茶藥賜之。

右修職郎趙衛特賜同進士出身，爲諸州教授，以薦對也。

13 壬午，左從事郎黃豐爲敕令所删定官。豐初見建炎元年二月。

四川制置大使席益上漕運六策，令學士院降詔獎諭。初，宣撫副使吴玠以水運稽留，欲從陸運，而都轉運使趙開以其費大難之，上命益措置。至是，益言：

> 蜀中民已告病，而軍尚乏食。詳觀弊源，圖所以救之，不一而足。所以奏請轉般，欲於上流水澀之時，併運在閬、利近處，春水生後，一發運至軍前，庶免如今年夏秋頓至闕絶，一也。又奏請於利、閬州就糴入中，庶免如今年多支脚錢，而運遠路之貴米，二也。又於瀘、叙、嘉、黔等州打造運船，及自用收拾水流木、斫伐官地木造船，庶免向來擄船之弊，致客旅逃避，棄毁其船，官失指準，三也。秋初於閬州急糴萬斛，以應軍前急闕，又遣官於軍前計議梁、洋就糴十萬石，庶免如向來陸運之弊，人民役死，田萊多荒，又得軍前早有糧餉，四也。行下三路漕司，任責起發合運之米，自五月後來至今，在倉米數，起發將盡，庶免如向來積米在倉，軍前告乏，五也。又差本司屬官賫錢物往瀘、叙、恭、涪，依私下糴買新米，就近發赴軍前，却於西路水運最遠去處兑樁米數，省水運舟船之費，而民無科糴之苦，六也。

時開已召而未去，亦言制司就果、閬市軍儲非是。已見今年八月癸卯。議者又謂，伐木造舟，於邊禁非宜。李蘩直奏請。而玠與益相疑，事亦竟止。是冬，復行陸運，名曰支移。民間率費七十千而致一斛糧，夫死者甚衆。支移事，以明年七月馮康國所奏修入。

14 乙酉，詔隴右郡王趙懷恩令四川制置大使司月支供給錢百千。先是，懷恩自熙河入蜀，依閬州宣撫司。及司廢，席益奏徙居成都。久之，乃有是命。

15 丙戌，起居舍人吕本中兼權中書舍人。時有監階州倉草場苗亘者，以贓獲罪黥之。本中奏曰：「近歲官吏犯贓，多抵黥罪。且既名士人，行法之際，宜有所避。況四方之遠，或有枉濫，何由盡知？若遽施此刑，異時察其非辜，雖欲深悔，亦無所及矣。論者皆以嚴刑上法祖宗。夫祖宗之時，臨機制變，事有不得已也。然自神宗而降，寬大之政，久已成風，累聖相承，不敢輒易。今一旦盡改成法，欲用祖宗權宜之制，將重失人心，臣未見其可也。又此刑既用，臣恐後世不幸，姦臣弄權，必且借之以及無罪，直言私議，亦不能免。何者？用之已熟，彼得藉口，不以爲異也。使國家此刑不絶，則紹聖以來，憸人盜柄，搢紳遭此，殆無遺類矣。願酌處常罰，以稱陛下仁厚之意。」疏再上，從之。苗亘事，日曆不載，會要矜貸門亦無之，今以本中奏議附入。按本中明年四月罷去，此事必在數月之閒，故因其兼權書命書之，當求他書，別係本日。

16 丁亥，日中黑子没。

17 戊子，諸王宮大學生不微特遷一官。不微，濮安懿王後，南班官士㚎子也。母病，割股肉爲羹以進，故褒之。

18 己丑，故翰林侍讀學士王洙之孫楚老獻仁宗皇帝所賜飛白字及御書，賜銀帛百匹兩。洙在翰林，仁宗問今歲科舉内中合要奏告文宣王及諸賢表章。趙鼎奏：「此事不見於他書。」上曰：「祖宗留意人材如此，天下安得不治？」

直秘閣、京東淮東宣撫處置使司參謀官王喚兼都督行府隨軍轉運副使。

19 庚寅，湖北京西宣撫司參議官李若虛以所擒僞知鎮汝軍薛亨等赴行在。上引對，進若虛官，賜章服，仍釋亨罪，命以官，付飛軍中使喚。後四日，擢若虛荆湖北路轉運判官。若虛除漕，在十二月甲午，今聯書之。其遷官賜服，日曆不書。又日曆止云：「薛亨放罪。」而岳侯傳云：「上赦薛亨等，賜銀絹，并各人官資，上更賜一官，付侯軍中使喚。」故附此。若虛遷官賜服，以周秘劾疏修入。

20 辛卯，秘書省正字朱敦儒兼權兵部郎中，行在供職。

進士朱昉應詔上書，謂地震咎由失信。中書後省奏：「其言明切，有補治道。」詔永免文解，仍賜帛三十匹。昉，無錫人也。

21 壬辰，上書大成殿榜，賜成都府學官，用左迪功郎新府學教授范仲殳請也。仲殳，成都人。奏疏言：「本府學殿建於東漢之初平，漢人以大隸記其修築歲月，刻於東楹，至今九百四十三年，蓋天下棟宇之古，無過於此者。」上從其請，命仲殳就持以歸。

左承議郎、知邵武軍趙子木至官，言利害，詔特減二年磨勘。日曆不載子木陛官，今以武陽志增入。

高麗將入貢，先遣持牒官金稚圭、劉待舉來。朝廷懼其與金人爲閒。是月，詔賜稚圭等銀帛各百匹兩，及衣帶器幣而遣之。於是，稚圭至明州而反。日曆無此，今以會要及吳芾奏議參考修入。

初，劉麟等既敗歸，金人遣使問劉豫之罪。豫懼，廢猊爲庶人以謝之，於是金人始有廢豫之意矣。熊克小曆：「於是金廢豫之意決矣。」此蓋因張匯節要所云也。考之諸書，金人前此未有廢豫之意，今略修潤附入。豫之初出師也，僞知臨汝軍宋著部夫後至，麟斬之，納其女於豫。繼斬使臣趙倚，語人曰：「吾已去趙宋矣。」識者曰：「趙宋如是不可去矣。」麟竟敗去。豫又免僞知濟南府劉復官，徙知淮陽軍劉觀爲東路留守，其妻弟翟綸爲南路留守。

校勘記

① 與訛里也孛堇等力戰　「訛里也孛堇」，原作「阿哩雅貝勒」，據金人地名考證改。

② 而長江之險與虜共　「虜」，原作「敵」，據皇朝中興繫年要録節要卷八改。

③ 則襄漢有驚　「驚」，叢書本作「警」。

④ 而張浚謂楊軍新戰勝　「浚」，原作「俊」，據叢書本改。

⑤ 張俊爲進屯盱眙之計　「俊」，原作「浚」，當爲「俊」之誤，逕改。

⑥ 以便宜增印錢引六百萬緡　「六」，原作「三」。宋史卷三七四李迨傳：「遇歲計有闕，即添支錢引補助。紹興四年添印五百七十六萬道，五年添印二百萬道，六年添印六百萬道。」本書卷一一一紹興七年五月壬午記事同此。故據改。李心傳所謂置錢引始此，亦誤。

⑦ 鼎與折彥質並議回蹕臨安　「並」，皇朝中興繫年要録節要作「共」。